COLLECTION D'HISTORIENS CONTEMPORAINS

HISTOIRE

DE

LA GRÈCE

PARIS. — IMP. POUPART-DAVYL ET Cᵗᵉ, RUE DU BAC, 30.

G. GROTE

Vice-Chancelier de l'Université de Londres, Associé étranger de l'Institut de France

HISTOIRE

DE

LA GRÈCE

DEPUIS LES TEMPS LES PLUS RECULÉS

JUSQU'A LA FIN DE LA GÉNÉRATION CONTEMPORAINE D'ALEXANDRE LE GRAND

TRADUIT DE L'ANGLAIS

PAR A.-L. DE SADOUS

Professeur au Lycée impérial de Versailles, Docteur ès lettres de la Faculté de Paris

TOME NEUVIÈME

SEULE ÉDITION FRANÇAISE AUTORISÉE PAR L'AUTEUR

AVEC CARTES ET PLANS

PARIS

LIBRAIRIE INTERNATIONALE

15, BOULEVARD MONTMARTRE

Au coin de la rue Vivienne

A. LACROIX, VERBOECKHOVEN ET Cᴵᴱ, ÉDITEURS

A Bruxelles, à Leipzig et à Livourne

1866

1re PARTIE. — GRÈCE LÉGENDAIRE

Ἀνδρῶν ἡρώων θεῖον γένος, οἳ καλέονται
Ἡμίθεοι προτέρη γενέη.
HÉSIODE.

2e PARTIE. — GRÈCE HISTORIQUE

. . . . Πόλιες μερόπων ἀνθρώπων.
HOMÈRE.

HISTOIRE DE LA GRÈCE

DEUXIÈME PARTIE

GRÈCE HISTORIQUE

CHAPITRE I

DEPUIS LES TROUBLES DE KORKYRA DANS LA CINQUIÈME ANNÉE DE LA GUERRE DU PÉLOPONÈSE JUSQU'A LA FIN DE LA SIXIÈME ANNÉE

Prise de Minôa, vis-a-vis de Megara, par les Athéniens sous Nikias. — Nikias, présenté pour la première fois. — Sa position. — Son caractère. — Changements dans l'état et la condition du parti oligarchique à Athènes. — Points d'analogie entre Nikias et Periklês. — Différences essentielles. — Soin que prend Nikias de maintenir sa popularité et de ne point faire ombrage ; son caractère très-religieux. — Son soin à accroître sa fortune. — Spéculation dans les mines de Laureion. — Il loue des esclaves pour un salaire. — Nikias opposé d'abord à Kleôn. — Ensuite à Alkibiadês. — Associations ou Hetæries oligarchiques à Athènes, pour des desseins politiques et judiciaires. — Kleôn. — Sa fonction réelle est l'opposition. — Son pouvoir réel inférieur à celui de Nikias. — 427 avant J.-C. — Renaissance de la maladie épidémique à Athènes pendant une autre année. — Perturbations atmosphériques et terrestres en Grèce. — L'invasion lacédæmonienne en Attique suspendue pour cette année. — Fondation de la colonie d'Hêrakleia par les Lacédæmoniens, près des Thermopylæ.— Ses nombreux colons, ses grandes espérances et sa carrière malheureuse. — Expédition athénienne contre Melos, sous Nikias.— Opérations des Athéniens sous Demosthenês en Akarnania. — Expédition de Demosthenês contre l'Ætolia. — Ses vastes plans. — Marche de Demosthenês. — Territoire de l'Ætolia impraticable. — Grossièreté et bravoure des habitants. — Il est complétement battu et obligé de se retirer avec perte. — Attaque dirigée sur Naupaktos par les Ætoliens et les Péloponésiens que commande Eurylochos. — Naupaktos est sauvée par Demosthenês et les Akarnaniens. — Eurylochos, repoussé de Naupaktos, concerte avec les Ambrakiotes une attaque sur Argos. — Demosthenês et les Athéniens, aussi bien que les Akarnaniens, viennent pour protéger Argos. — Marche d'Eurylochos à travers l'Akarnania pour faire sa jonction avec les

Ambrakiotes. — Leur armée combinée est défaite par Demosthenês à Olpæ. —
Eurylochos est tué. — Le commandant spartiate survivant fait une capitulation
séparée pour lui-même et les Péloponésiens, en abandonnant les Ambrakiotes.
— Les Ambrakiotes éprouvent de grandes pertes dans leur retraite. — Un autre
corps considérable d'Ambrakiotes, venant de la ville comme renfort, est intercepté par Demosthenês à Idomenê et taillé en pièces. — Désespoir du héraut
ambrakiote en voyant le grand nombre des hommes tués. — État faible et sans
défense d'Ambrakia après cette perte ruineuse. — Tentative faite pour calculer
la perte des Ambrakiotes. — Convention conclue entre Ambrakia d'une part et
les Akarnaniens et les Amphiloques de l'autre. — Retour triomphal de Demosthenês à Athènes. — Purification de Dêlos par les Athéniens. — Renaissance de
la fête Dêlienne avec un éclat particulier.

Vers la même époque où survenaient les troubles de Korkyra, Nikias, le général athénien, conduisit un armement
contre l'île rocheuse de Minôa, qui était située à l'entrée
du port de Megara, et était occupée par une forteresse et
une garnison mégariennes. Le canal étroit, qui la séparait
du port mégarien de Nisæa et en formait l'entrée, était défendu par deux tours en avant de Nisæa, que Nikias attaqua
et détruisit, au moyen de machines de siége placées sur ses
vaisseaux. Il coupa ainsi la communication de Minôa de ce
côté avec les Mégariens, et la fortifia de l'autre côté où elle
communiquait avec la terre ferme par une chaussée qui traversait la lagune. Minôa, devenant ainsi entièrement isolée,
fut fortifiée plus complétement et forma une possession
athénienne, vu qu'elle était éminemment commode pour
entretenir un blocus efficace contre le port mégarien, ce
que les Athéniens n'avaient fait jusque-là que de la côte opposée de Salamis (1).

Bien que Nikias, fils de Nikeratos, eût pendant quelque
temps joué un rôle saillant dans la vie publique, et qu'il eût
été, dit-on, plus d'une fois stratêgos avec Periklês, c'est ici
la première occasion où Thucydide le signale à notre attention. Il était alors un des stratêgi ou généraux de la république, et paraît avoir joui, en général, d'une estime per-

___

(1) Thucydide, III, 51. V. la note du
Dr Arnold et le plan compris dans son
ouvrage pour la topographie de Minôa,
qui a cessé maintenant d'être une île,
et qui est une colline sur la terre ferme
près du rivage.

sonnelle plus grande et plus constante qu'aucun citoyen d'Athènes, depuis le moment actuel jusqu'à sa mort. Sous le rapport de la fortune et de la famille, il était rangé dans la première classe des Athéniens : comme caractère politique, Aristote le plaçait, avec Thucydidès, fils de Melêsias, et Theramenês, au-dessus de tous les autres noms de l'histoire athénienne, — vraisemblablement au-dessus de Periklês (1).

Un tel jugement, de la part d'Aristote, mérite une respectueuse attention, bien que les faits que nous avons sous les yeux démentent complétement une appréciation aussi élevée. Il marque cependant la position qu'occupait Nikias dans la politique athénienne, comme principal personnage de ce que l'on peut appeler le parti oligarchique, succédant à Kimôn et à Thucydidès, et précédant Theramenês. En examinant les conditions dans lesquelles ce parti continua d'exister, nous verrons que, pendant l'intervalle de temps qui s'écoule entre Thucydidès (fils de Melèsias) et Nikias, les formes démocratiques avaient acquis un ascendant si prononcé qu'il n'aurait cadré avec le dessein d'aucun politique de donner des preuves d'hostilité positive à leur égard, antérieurement à l'expédition de Sicile et au grand embarras dans les relations étrangères d'Athènes qui résulta de ce désastre. Après ce changement, les oligarques athéniens s'enhardirent et devinrent agressifs, au point que nous trouverons Theramenês au nombre des principaux conspirateurs dans la révolution des Quatre Cents. Mais Nikias représente le parti oligarchique dans son état antérieur de calme et de torpeur, s'accommodant à une démocratie souveraine, et existant sous forme de sentiment commun plutôt que de desseins communs. Et c'est là un exemple remarquable du naturel réel du peuple athénien qu'un homme de ce caractère, connu comme oligarque, mais non craint comme tel, et servant sincèrement la démocratie, soit resté jusqu'à sa mort le personnage le plus estimé et le plus influent de la ville.

____

(1) Plutarque, Nikias, c. 2, 3.

Nikias était un homme d'une égale médiocrité, en intelligence, en éducation et en éloquence : empressé à remplir ses devoirs militaires, et non-seulement courageux personnellement dans le combat, mais jusque-là reconnu capable comme général dans des circonstances ordinaires (1); assidu aussi à accomplir tous les devoirs politiques à l'intérieur, et particulièrement comme stratègos ou l'un des dix généraux de l'État, poste pour lequel il fut souvent élu et réélu. Nikias possédait deux des nombreuses et importantes qualités que réunissait son prédécesseur Periklès, et dont le souvenir était encore frais dans l'esprit athénien, et c'était sur ces deux qualités surtout que reposait son influence, — bien que, à proprement parler, cette influence appartienne à l'ensemble et non à quelque attribut spécial de son caractère : d'abord il était entièrement incorruptible quant aux avantages pécuniaires, — qualité si rare dans les hommes publics grecs de toutes les villes, que quand une fois il devenait notoire qu'un citoyen la possédait, il acquérait la confiance à un plus haut degré que ne la lui aurait assurée toute supériorité d'intelligence; en second lieu, il adopta l'idée de Periklês quant à la nécessité pour Athènes d'une politique étrangère conservatrice ou stationnaire, évitant de nouvelles acquisitions éloignées, des risques aventureux, ou toute provocation à de nouveaux ennemis. Avec ce point important d'analogie, il y avait en même temps entre eux des différences essentielles, même par rapport à la politique étrangère. Periklês était un conservateur, résolu à ne pas se résigner à voir l'empire perdu ou réduit, mais en même temps arrêtant son agrandissement. Nikias, en politique, était pusillanime, opposé à tout effort énergique pour quelque dessein que ce fût, et disposé non-seulement à maintenir la

---

(1) Καίτοι ἔγωγε καὶ τιμῶμαι ἐκ τοῦ τοιούτου (dit Nikias dans l'assemblée athénienne, Thucyd. VI, 9) καὶ ἧσσον ἑτέρων περὶ τῷ ἐμαυτοῦ σώματι ὀῤῥωδῶ · νομίζων ὁμοίως ἀγαθὸν πολίτην εἶναι, ὅς ἂν καὶ τοῦ σώματός τι καὶ τῆς οὐσίας προνοῆται.

Toute la conduite de Nikias devant Syracuse, dans les circonstances les plus critiques, fait plus que justifier cette vanterie.

paix, mais même à l'acheter par des sacrifices considérables. Néanmoins, il fut le principal champion du parti conservateur de son temps, toujours puissant à Athènes; et comme il était constamment familier avec les détails et la marche actuelle des affaires publiques, capable de mener à bien une idée sage et prudente, et jouissant d'un crédit illimité pour des desseins honnêtes, — sa valeur comme conseiller permanent fut toujours reconnue, même bien que dans des cas particuliers son conseil ne fût pas suivi.

Outre ces deux points principaux, que Nikias avait en commun avec Periklês, il savait employer parfaitement des moyens moindres et indirects pour être bien avec le peuple, moyens que ce grand homme ne s'était pas inquiété de pratiquer. Tandis que Periklês s'attachait à Aspasia, dont les brillantes qualités ne rachetaient aux yeux du peuple ni son origine étrangère ni son impudicité, les habitudes domestiques de Nikias paraissent avoir été strictement conformes aux règles du décorum athénien. Periklês était entouré de philosophes, Nikias de prophètes dont les avis étaient nécessaires, tant pour consoler sa nature que pour guider son intelligence dans les difficultés. L'un d'eux fut constamment à son service et dans sa confiance, et sa conduite paraît s'être sensiblement ressentie de la différence de caractère entre un prophète et un autre (1), précisément comme le gouvernement de Louis XIV et celui d'autres princes catholiques ont été modifiés par le changement de confesseurs. A une pareille vie rigoureusement bienséante et ultrareligieuse,— deux qualités éminemment agréables aux Athéniens, — Nikias ajoutait le judicieux emploi d'une fortune considérable en vue de la popularité. Les liturgies (ou devoirs publics dispendieux dont se chargeaient les hommes riches, tour à tour, dans toutes les autres cités de la Grèce aussi bien qu'à

---

(1) Thucydide, VII, 50; Plutarque, Nikias, c. 4, 5, 23. Τῷ μέντοι Νικίᾳ συνηνέχθη τότε μηδὲ μάντιν ἔχειν ἔμπειρον · ὁ γὰρ συνήθης αὐτοῦ καὶ τὸ πόλυ τῆς δεισιδαιμονίας ἀφαιρῶν Στιλ- βίδης ἐτεθνήκει μικρὸν ἔμπροσθεν. Ceci est suggéré par Plutarque comme excuse pour des fautes de la part de Nikias.

Athènes), que le sort lui assignait, étaient remplies avec
tant de splendeur, de munificence et de bon goût qu'elles lui
attiraient des éloges universels, et elles dépassaient tellement celles de ses prédécesseurs qu'on s'en souvenait et
qu'on les vantait longtemps. La plupart de ces liturgies se
rattachaient au service religieux de l'État : de sorte que
Nikias, par sa manière de s'en acquitter, déployait son zèle
pour l'honneur des dieux, en même temps qu'il mettait en
réserve pour lui-même un fonds de popularité. En outre, les
précautions et la timidité remarquables, — non devant un
ennemi, mais à l'égard de ses propres concitoyens, — qui
marquaient son caractère, le rendaient extraordinairement
scrupuleux et l'empêchaient de porter ombrage à qui que ce
fût, ou de se faire des ennemis personnels. Tandis que sa conduite à l'égard des citoyens pauvres était en général équitable et conciliante, les présents qu'il faisait étaient nombreux, tant pour gagner des amis que pour réduire des
agresseurs au silence. Nous ne sommes pas surpris d'apprendre que divers matamores, que les écrivains comiques
tournent en ridicule, firent leur profit de cette sensibilité.
Mais à coup sûr Nikias, comme homme public, bien qu'il pût
par occasion se voir escroquer de l'argent, profitait grandement de la réputation qu'il acquérait ainsi.

Les dépenses inévitables dans une telle carrière, combinées avec une rigoureuse honnêteté personnelle, n'auraient
pu être défrayées sans une autre qualité, qui ne doit pas
être comptée comme déshonorante pour Nikias, bien qu'en
ceci encore il différât de Periklês. Il était plein de soin et
d'activité pour gagner de l'argent : il spéculait dans les
mines d'argent de Laureion, et possédait mille esclaves
qu'il louait pour y travailler, recevant pour chacun une
somme fixe par tête. Les esclaves surveillants qui adminis-
traient les détails de cette affaire étaient des hommes de
grande capacité et d'une haute valeur pécuniaire (1). C'était
en cela que consistait la plus grande partie de la fortune de

---

(1) Xénophon, Memorab. II, 5, 2; Xénophon, De Vectigalibus, IV, 14.

Nikias, et non en propriétés foncières. A en juger par ce qui nous reste des auteurs comiques, cette source de revenu doit avoir été regardée comme une manière parfaitement honorable de gagner de l'argent; car tandis qu'ils abondent en railleries au sujet de Kleôn, le corroyeur, d'Hyperbolos, le lampiste, et de la marchande de légumes à qui Euripide doit la naissance, nous ne les entendons rien dire pour ravaler Nikias, le loueur d'esclaves.

Le soin extrême que ce dernier apportait ainsi à sa fortune privée, en même temps que la modération de son caractère, en général, lui faisait souvent désirer de se retirer des affaires publiques. Mais cette répugnance peu ambitieuse, rare parmi les hommes publics de l'époque, ne fit que rendre les Athéniens plus désireux de le mettre en avant et de conserver ses services. Aux yeux des Pentakosiomedimni et des Hippeis, les deux classes les plus riches d'Athènes, il était l'un d'eux, — et en général l'homme le meilleur, comme prêtant si peu au reproche ou à la calomnie, qu'ils pussent opposer aux corroyeurs et aux lampistes, qui souvent les réduisaient au silence dans l'assemblée publique. Les hoplites, qui méprisaient Kleôn, — et ne considéraient pas beaucoup même le brave, le hardi, le martial Lamachos, parce qu'il se trouvait être pauvre (1), — respectaient dans Nikias l'union de la fortune et de la naissance avec l'honnêteté, le courage et le soin dans le commandement. La multitude maritime et commerçante l'estimait comme un homme bien né, plein de convenance, honnête, religieux, qui donnait de magnifiques chorégies, traitait les gens pauvres avec considération, et ne tournait jamais le service public en agiotage à son profit, — qui, de plus, s'il ne possédait pas de qualités supérieures de manière à donner à ses amis une autorité impérative et irrésistible, méritait toujours cependant d'être consulté, et était une ferme sauvegarde contre un mal-

---

(1) Thucydide, V, 7; Plutarque, Alkibiadês, c. 21. Ὁ γὰρ Λάμαχος ἦν μὲν πολεμικὸς καὶ ἀνδρώδης, ἀξίωμα δ' οὐ προσῆν οὐδ' ὄγκος αὐτῷ διὰ πενίαν : cf. Plutarque, Nikias, c. 15.

heur public. Avant la fatale expédition de Sicile, il n'avait jamais commandé dans aucune entreprise très-sérieuse ni très-difficile ; mais ce qu'il avait fait avait été accompli heureusement : de sorte qu'il jouissait de la réputation d'un commandant heureux et prudent (1). Il paraît avoir été proxenos des Lacédæmoniens à Athènes, probablement de son propre choix, et avec plusieurs autres.

La première moitié de la vie politique de Nikias, — après le temps où il parvint à jouir d'une complète considération à Athènes, étant déjà d'un âge mûr, — se passa en lutte avec Kleôn ; la seconde moitié, en lutte avec Alkibiadês. Pour employer des termes qui ne conviennent pas absolument à la démocratie athénienne, mais qui cependant expriment mieux que tout autre la différence que l'on a l'intention de signaler, Nikias était un ministre ou un personnage ministériel, qui souvent exerçait réellement, et qui toujours était dans le cas d'exercer des fonctions officielles, — Kleôn était un homme de l'opposition, dont l'affaire était de surveiller et de censurer les hommes officiels pour leur conduite publique. Nous devons dépouiller ces mots du sens accessoire qu'ils sont censés avoir dans la vie politique anglaise, celui d'une majorité parlementaire constante en faveur d'un parti : Kleôn emportait souvent dans l'assemblée publique des décisions que ses adversaires, Nikias et autres de même rang et de même position, qui servaient dans les postes de stratégos, d'ambassadeur, et dans d'autres charges importantes désignées par le vote général, étaient obligés d'exécuter contre leur volonté.

Pour parvenir à ces charges, ils étaient aidés par les *clubs* politiques ou *conspirations* (pour traduire littéralement le mot original) établies entre les principaux Athéniens afin de se soutenir les uns les autres, tant pour acquérir un

---

(1) Thucydide, V, 16. Νικίας πλεῖστα τῶν τότε εὖ φερόμενος ἐν στρατηγίαις — Νικίας μὲν βουλόμενος, ἐν ᾧ ἀπαθής ἦν καὶ ἠξιοῦτο, διασώσασθαι τὴν εὐτυχίαν, etc. — VI, 17. Ἕως ἐγώ τε (Alkibiadês) ἔτι ἀκμάζω μετ' αὐτῆς καὶ ὁ Νικίας εὐτυχὴς δοκεῖ εἶναι, etc.

office que pour se prêter un mutuel secours en justice. Ces clubs ou hétæries doivent avoir joué un rôle important dans le jeu pratique de la politique athénienne, et il est fort à regretter que nous ne possédions pas de détails à leur sujet. Nous savons qu'à Athènes ils étaient complétement oligarchiques de disposition (1), — tandis que l'égalité de position et de rang, ou quelque chose s'en rapprochant, a dû être essentielle à l'harmonie sociale des membres. Dans quelques villes, il paraît qne ces associations politiques existaient sous forme de gymnases (2) pour l'exercice mutuel des membres, ou de syssitia pour des banquets communs. A Athènes elles étaient nombreuses, et sans doute non-habituellement en bonne intelligence entre elles; puisque les antipathies qui séparaient les différents hommes oligarchi-

---

(1) Thucydide, VIII, 54. Καὶ ὁ μὲν Πείσανδρος τάς τε ξυνωμοσίας, αἵπερ ἐτύγχανον πρότερον ἐν τῇ πόλει οὖσαι ἐπὶ δίκαις καὶ ἀρχαῖς, ἁπάσας ἐπελθὼν, καὶ παρακελευσάμενος ὅπως ξυστραφέντες καὶ κοινῇ βουλευσάμενοι καταλύσουσι τὸν δῆμον, καὶ τἄλλα παρασκευάσας, etc.

Après avoir organisé ainsi les hétæries, et les avoir amenées à coopérer pour ses desseins révolutionnaires contre la démocratie, Peisandros quitta Athènes pour se rendre à Samos. A son retour, il trouve que ces hétæries avaient été employées très-activement, et avaient fait de grands progrès dans le sens du renversement de la démocratie. Elles avaient assassiné le démagogue Androklês et divers autres ennemis politiques. — Οἱ δὲ ἀμφὶ τὸν Πείσανδρον — ἠλθον ἐς τὰς Ἀθήνας, — καὶ καταλαμβάνουσι τὰ πλεῖστα τοῖς ἑταίροις προειργασμένα, etc. (VIII, 65).

Isokrate mentionne l'ἑταίρεια politique à laquelle appartenait Alkibiadês, de Bigis, Or. XVI, p. 348, sect. 6. Λέγοντες ὡς ὁ πατὴρ σύναγοι τὴν ἑταίρειαν ἐπὶ νεωτέροις πράγμασι. Des allusions à ces ἑταιρεῖαι et à leurs desseins politiques et judiciaires bien connus (par malheur ce ne sont que des allusions) se trouvent dans Platon, Theæt. c. 79, p. 173. Σπουδαὶ δὲ ἑταιρειῶν ἐπ' ἀρχὰς, etc.; et Platon, Leg. IX, c. 3, p. 856; Platon, Repub. II, c. 8, p. 365, où elles sont mentionnées conjointement avec συνωμόσιαι — ἐπὶ γὰρ τὸ λανθάνειν ξυνωμόσιας τε καὶ ἑταιρείας συνάξομεν — également dans le pseudo-Andocide, Cont. Alkibiad. c. 2, p. 112. Cf. les remarques générales de Thucydide, III, 82, et Demosth. Cont. Stephan. II, p. 1157.

Deux dissertations, par Vischer et Büttner, réunissent les chétives indications relatives à ces hétæries, et font pour les étendre et les, approfondir quelques tentatives qui sont plus ingénieuses que dignes de confiance (Die Oligarchische Partei und die Hetairien in Athen, von W. Wischer, Basel, 1836, Geschichte der politischen Hetairien zu Athen, von Hermann Büttner, Leipzig, 1840).

(2) Sur les effets politiques des Syssitia et des Gymnasia, V. Platon, Leg. I, p. 636; Polybe, XX, 6.

ques étaient extrêmement fortes, et que l'union établie entre
eux à l'époque des Quatre-Cents, résultant seulement du
désir commun d'abattre la démocratie, ne dura que peu de
temps. Mais la désignation des personnes devant servir en
qualité de stratêgos, et remplir d'autres charges importantes,
dépendait beaucoup d'elles, — aussi bien que la facilité de
passer par l'épreuve de ce jugement de responsabilité auquel
tout homme était exposé après son année de charge. Nikias,
et des hommes en général de son rang et de sa fortune, soutenus par ces clubs et leur prêtant à leur tour de l'appui,
composaient ce qu'on peut appeler les ministres, ou fonctionnaires individuels exécutifs d'Athènes : hommes qui
agissaient, donnaient des ordres pour des actes déterminés,
et veillaient à l'exécution de ce qu'avaient résolu le sénat et
l'assemblée publique. Surtout en ce qui concernait les forces
militaires et navales de la république, si considérables et si
activement employées à cette époque, les pouvoirs de détail
possédés par les stratêgi ont dû être très-grands, et essentiels à la sûreté de l'État.

Tandis que Nikias était ainsi revêtu de ce qu'on peut appeler des fonctions ministérielles, Kleôn n'avait pas assez
d'importance pour être son égal ; mais il était limité au rôle
inférieur d'opposition. Nous verrons dans un autre chapitre
comment il finit par avoir pour ainsi dire de l'avancement,
en partie par sa propre pénétration supérieure, en partie
par l'artifice malhonnête et le jugement injuste de Nikias et
d'autres adversaires, dans l'affaire de Spakteria. Mais son
état était actuellement de trouver en faute, de censurer, de dénoncer ; son théâtre d'action était le sénat, l'assemblée publique, les dikasteria ; son principal talent était
celui de la parole, dans lequel il a dû incontestablement surpasser tous ses contemporains. Les deux dons qui s'étaient
trouvés réunis dans Periklès, — une capacité supérieure
pour la parole aussi bien que pour l'action, — étaient maintenant séparés, et étaient échus, bien que tous deux à un
degré très-inférieur, l'un à Nikias, l'autre à Kleôn. En qualité d'homme d'opposition, d'un naturel ardent et violent,
Kleôn était extrêmement formidable à tous les fonctionnaires

en exercice ; et grâce à son influence dans l'assemblée publique, il fut sans doute l'auteur de maintes mesures positives et importantes, allant ainsi au delà des fonctions qui appartiennent à ce qu'on appelle l'Opposition. Mais bien qu'il fût l'orateur le plus puissant dans l'assemblée publique, il n'était pas pour cela le personnage le plus influent de la démocratie. Dans le fait, sa puissance de parole ressortait d'une manière d'autant plus saillante, qu'elle se trouvait séparée de cette position et de ces qualités, que l'on considérait, même à Athènes, comme presque essentielles pour faire d'un homme un chef dans la vie politique.

Afin que la condition politique d'Athènes à cette époque fût comprise, il a été nécessaire d'établir cette comparaison entre Nikias et Kleôn, et de faire remarquer que, bien que le second pût être un orateur plus victorieux, le premier jouissait de plus d'influence et de pouvoir directeur. Les points gagnés par Kleôn étaient tous palpables et faisaient grand bruit ; parfois, cependant, ils avaient sans doute beaucoup d'importance, — mais la marche des affaires était beaucoup plus sous la direction de Nikias.

Ce fut pendant l'été de cette année (la cinquième de la guerre, — 427 av. J.-C.) que les Athéniens commencèrent en Sicile des opérations sur une petite échelle ; contrairement, comme il est probable, à l'avis de Nikias et de Kleôn, ni l'un ni l'autre n'étant vraisemblablement favorables à ces entreprises éloignées. Toutefois, je réserve pour une division séparée, la série des mesures athéniennes en Sicile, — qui devinrent dans la suite le point critique de la fortune de l'État. Je les reprendrai séparément et les amènerai jusqu'à l'expédition athénienne contre Syracuse, quand j'arriverai à la date de cet important événement.

Pendant l'automne de la même année, la maladie épidémique, après avoir discontinué pendant quelque temps, recommença ses ravages à Athènes, et dura encore pendant une année entière, causant la lamentable ruine et de la force et du bien-être de la cité. Et il paraît que cet automne, aussi bien que l'été suivant, se distingua par une violente perturbation atmosphérique et terrestre. On éprouva de nombreux tremblements de terre à Athènes, en Eubœa, en Bœôtia, surtout près d'Orchomenos. On ressentit également un ressac soudain de la mer et des marées sans exemple sur la côte d'Eubœa et de Lokris, et sur celle des îles d'Atalantê et de Peparêthos; le fort athénien et un des deux vaisseaux de garde à Atalantê furent détruits en partie. Les tremblements de terre produisirent un effet favorable pour Athènes. Ils détournèrent les Lacédæmoniens d'envahir l'Attique. Agis, le roi de Sparte, était déjà arrivé à l'isthme dans ce dessein; mais on considéra des tremblements de terre répétés comme un présage défavorable, et le projet fut abandonné (1).

Toutefois, ces tremblements de terre ne parurent pas suffisants aux Lacédæmoniens pour les détourner de la fondation d'Hêrakleia, nouvelle colonie près du défilé des Thermopylæ. A cette occasion, nous entendons parler d'une branche de la population grecque qui n'avait pas encore été mentionnée auparavant pendant la guerre. Le côté nordouest du défilé des Thermopylæ était occupé par les trois subdivisions des Maliens, — Paralii, Hierès et Trachiniens. Ces derniers, touchant immédiatement au mont Œta sur son côté septentrional, — aussi bien que les Dôriens (la petite tribu, proprement appelée ainsi, qui était regardée comme le berceau primitif des Dôriens en général) qui étaient adjacents à la même chaîne de montagnes au sud, — étaient tous deux harcelés et pillés par les montagnards maraudeurs, probablement des Ætoliens, sur les hautes terres qui les séparaient. D'abord les Trachiniens étaient disposés à se jeter dans les bras d'Athènes afin d'avoir sa protection. Mais n'étant pas assez sûrs de la manière dont elle les traiterait, ils se joignirent aux Dôriens pour réclamer l'aide de Sparte : en effet, il ne paraît pas qu'Athènes, ne possédant qu'une supériorité navale et étant inférieure sur terre, eût pu leur donner un secours efficace.

Les Lacédæmoniens, empressés de saisir l'occasion, se

---

(1) Thucydide, III, 87, 89, 90.

décidèrent à établir une forte colonie dans cette situation séduisante. Il y avait, dans les contrées avoisinantes, du bois propre à construire des vaisseaux (1), de sorte qu'ils pouvaient espérer acquérir une position navale pour attaquer l'île voisine d'Eubœa, tandis que le passage des troupes destinées à combattre les alliés, sujets d'Athènes en Thrace, serait également rendu plus facile; l'impossibilité où ils étaient de franchir ce passage les avait forcés, trois ans auparavant, d'abandonner Platée à son sort. Un corps considérable de colons, — spartiates et periœki lacêdæmoniens, — fut réuni sous la conduite de trois œkistes spartiates, — Leôn, Damagôn et Alkidas; ce dernier (nous devons le présumer, bien que Thucydide ne le dise pas) était le même amiral qui s'était trouvé avec si peu de succès en Jônia et à Korkyra. On fit de plus une proclamation pour inviter tous les autres Grecs à se joindre comme colons, en exceptant nominalement les Ioniens, les Achæens, et quelques autres tribus non spécifiées ici. Probablement l'exclusion distincte des Achæens a dû être plutôt la continuation d'un ancien sentiment que dictée par quelque raison actuelle; puisque les Achæens n'étaient pas alors ennemis déclarés de Sparte. Un nombre de colons, que l'on ne porte pas à moins de dix mille, affluèrent vers l'endroit, ayant confiance dans la stabilité de la colonie sous la puissante protection de Sparte. La nouvelle ville, à la vaste enceinte, fut bâtie et fortifiée sous le nom d'Hèrakleia (2); non loin de l'emplacement de Trachis, à trois kilomètres et demi environ du point le plus rapproché du golfe Maliaque, et au double, environ, de cette distance du défilé des Thermopylæ. Près de ce dernier, et dans le dessein d'en être maître d'une manière efficace, on

---

(1) Relativement à cette abondance de bois, aussi bien qu'à l'emplacement d'Hèrakleia en général, consult. Tite-Live, XXXVI, 22.

(2) Diodore, XII, 59. Non-seulement Hèraklês était le premier père mythique des rois spartiates, mais toute la contrée près de l'Œta et de Trachis était ornée de légendes et d'incidents héroïques qui se rattachaient à lui. V. le drame des Trachiniennes de Sophokle.

construisit un port avec un bassin et des logements et emménagements pour des vaisseaux.

Une ville populeuse, établie sous la protection lacédæmonienne dans ce poste important, alarma les Athéniens et fit naître beaucoup d'espérance dans toutes les parties de la Grèce. Mais les œkistes lacédæmoniens furent durs et inhabiles dans leur administration, tandis que les Thessaliens, dont le territoire trachinien était tributaire, considérèrent la colonie comme un empiétement fait sur leur sol. Désireux d'en empêcher le développement, ils la harcelèrent par des hostilités dès le premier moment. Les assaillants œtæens furent aussi des ennemis actifs; de sorte que Hèrakleia, ainsi pressée du dehors et mal gouvernée au dedans, perdit peu à peu sa population primitive et ne tint pas ses premières promesses; elle conserva simplement l'existence (1). Toutefois, dans des temps plus récents, nous la verrons revivre et devenir une ville d'une importance considérable.

Le principal armement athénien de cet été, consistant en soixante trirèmes, entreprit une expédition côntre l'île de Melos. Melos et Thera, toutes deux habitées par d'anciens colons de Lacédæmone, n'avaient jamais été dès le commencement membres de l'alliance athénienne ou sujettes de l'empire athénien, et elles refusaient encore de l'être. Elles formaient ainsi exception à toutes les autres îles de la mer Ægée, et les Athéniens se croyaient autorisés à avoir recours à la contrainte et à la conquête : ils pensaient avoir le droit de commander à toutes les îles. Ils auraient pu soutenir, il est vrai, et avec une grande plausibilité, que les Méliens avaient actuellement part à la protection étendue sur la mer Ægée contre la piraterie, sans contribuer aux dépenses qu'elle nécessitait; mais si l'on considère la répugnance obstinée et les fortes préventions des Méliens pour la Laconie, si l'on songe qu'ils n'avaient point pris part à la guerre ni donné aucun motif de plainte à Athènes, sa tentative de les réduire par la force ne pouvait guère se justifier

---

(1) Thucydide, III, 92, 93 ; Diodore, XI, 49 ; XII, 59.

même comme calcul de gain et de perte, et était simplement une satisfaction donnée à l'orgueil du pouvoir en étendant ce que, dans les temps modernes, nous appellerions le principe de l'empire maritime. Melos et Thera formaient des coins malencontreux, qui détruiraient la symétrie du champ d'un grand propriétaire (1); et la première finit par imposer à Athènes la plus lourde de toutes les pertes, — un acte de sang qui déshonora profondément ses annales. A cette occasion, Nikias visita l'île avec sa flotte, et après avoir sommé en vain les habitants, il ravagea les terres, mais se retira sans entreprendre un siége. Il partit ensuite et vint à Orôpos, sur la frontière nord-est de l'Attique contiguë à la Bœôtia. Les hoplites à bord de ses vaisseaux débarquèrent la nuit, et s'avancèrent dans l'intérieur de la Bœôtia jusque dans le voisinage de Tanagra. Là, suivant un signal levé en l'air, ils furent rejoints par des forces militaires d'Athènes qui s'y rendirent par terre; et l'armée athénienne réunie ravagea le territoire tanagræen et remporta un avantage insignifiant sur ses défenseurs. En se retirant, Nikias rassembla son armement, fit voile vers le nord, le long de la côte de la Lokris, en y exerçant les ravages ordinaires, et retourna à Athènes sans rien faire de plus (2).

Vers l'époque où il partit, trente autres trirèmes athéniennes, sous Demosthenês et Proklês, avaient été envoyées autour du Péloponèse pour opérer sur la côte d'Akarnania. Conjointement avec toutes les forces akarnaniennes, à l'exception des hommes d'Œniadæ, — avec quinze trirèmes de Korkyra et quelques troupes de Kephallenia et de Zakynthos, — elles ravagèrent tout le territoire de Leukas, tant en dedans qu'en dehors de l'isthme, et renfermèrent les habitants dans leur ville, qui était trop forte pour être prise autrement que par un mur de circonvallation et un ennuyeux

---

(1) Horat., Sat. II, 6, 8.   Proximus accedat, qui nunc defor-
        O si angulus iste   [mat agellum!
(2) Thucydide, III, 91.

blocus. Et les Akarnaniens, auxquels la ville était particulièrement hostile, pressèrent Demosthenês d'entreprendre
cette opération sur-le-champ, puisque l'occasion pourrait ne
pas se représenter et que le succès était presque certain.

Mais cet entreprenant officier commit la grave imprudence
de les offenser sur une question de grande importance, afin
d'attaquer un pays le plus impraticable de tous, — l'intérieur
de l'Ætolia. Les Messêniens de Naupaktos, qui souffraient
des déprédations des tribus ætoliennes voisines, enflam-
mèrent son imagination en lui suggérant un vaste plan d'opérations (1), plus digne des forces considérables qu'il commandait que la simple réduction de Leukas. Les diverses
tribus des Ætoliens, — grossières, vaillantes, actives, adon-
nées au pillage, et sans rivales dans l'emploi de la javeline,
qui quittait rarement leur main, — s'étendaient en travers
du pays depuis la région située entre le Parnassos et l'Œta
jusqu'à la rive orientale de l'Achelôos. Le plan suggéré par
les Messêniens était que Demosthenês attaquât les grandes
tribus ætoliennes du centre, — les Apodôti, les Ophionçis et
les Eurytanes; si elles étaient vaincues, toutes les autres
tribus continentales, entre le golfe Ambrakien et le mont
Parnassos, pourraient être appelées à faire partie de l'alliance d'Athènes ou forcées d'y entrer, — les Akarnaniens
y étant déjà compris. Après s'être ainsi procuré le commandement de forces continentales considérables (2), Demosthenês méditait le dessein ultérieur de marcher à leur tête
à l'ouest du Parnassos, par le territoire des Lokriens Ozoles,
— qui habitaient le nord du golfe Corinthien, amis d'Athènes
et ennemis des Ætoliens, auxquels ils ressemblaient tant

---

(1) Thucydide, III, 95. Δημοσθένης
ὁ' ἀναπείθεται κατὰ τὸν χρόνον τοῦτον
ὑπὸ Μεσσηνίων ὡς καλὸν αὐτῷ στρατιᾶς
τοσαύτης ξυνειλεγμένης, etc.

(2) Thucydide, III, 95. Τὸ ἄλλο ἠ-
πειρωτικὸν τὸ ταύτῃ. Aucune des tribus
proprement appelées Epirotes n'était
comprise dans cette expression : le nom
ἠπειρῶται est ici un nom général (et non
pas un nom propre), comme Poppo et
le Dr Arnold le font remarquer. Demosthenês comptait qu'il aurait sous ses
ordres les Akarnaniens et les Ætoliens,
et quelques autres tribus en outre;
mais *quelles* autres tribus, c'est ce qu'il
n'est pas facile de spécifier : peut-être
les Agræi, à l'est de l'Amphilochia,
étaient du nombre.

par leurs habitudes que par leur manière de combattre, — jusqu'à ce qu'il arrivât à Kitynion, en Dôris, dans la partie supérieure de la vallée du fleuve Kèphisos. Il descendrait ensuite facilement cette vallée jusqu'au territoire des Phokiens, qui vraisemblablement se joindraient aux Athéniens s'il se présentait une occasion favorable, mais qu'on pouvait à tout prix contraindre à le faire. De la Phokis, le projet était d'envahir par le nord le territoire limitrophe de la Bœôtia, la grande ennemie d'Athènes, qu'il serait possible de soumettre ainsi complétement, si on l'attaquait en même temps par l'Attique. Un général athénien, qui aurait exécuté ce plan compréhensif, eût acquis dans sa patrie une célébrité immense et bien méritée. Mais Demosthenès avait été mal renseigné et sur les invincibles barbares, et sur le pays dépourvu de routes, compris sous le nom d'Ætolía. Quelques-unes des tribus parlaient une langue à peine intelligible à des Grecs, et mangeaient même leur viande crue; et le pays, même jusqu'au temps actuel, est resté non-seulement sans être conquis, mais sans être traversé par un ennemi armé.

En conséquence, Demosthenès s'éloigna de Leukas, malgré les remontrances des Akarnaniens, qui non-seulement ne purent être amenés à l'accompagner, mais qui retournèrent chez eux avec un déplaisir visible. Il fit ensuite voile avec ses autres forces, — Messêniens, Kephalléniens et Zakynthiens, — vers Œneon, dans le territoire des Lokriens Ozoles, municipe maritime sur le golfe Corinthien, non loin à l'est de Naupaktos, — où son armée fut débarquée des trirèmes avec trois cents epibatæ (ou soldats de marine); elle renfermait à cette occasion, ce qui n'était pas ordinairement le cas à bord (1), quelques-uns des hoplites d'élite choisis

------

(1) Thucydide, III, 98. Les epibatæ, ou soldats servant à bord (soldats de marine), étaient plus ordinairement pris parmi les Thêtes, ou classe de citoyens la plus pauvre, auxquels l'État fournissait une armure pour l'occasion, — et non parmi les hoplites réguliers inscrits sur le rôle. On parle donc communément des troupes de marine comme de quelque chose d'inférieur; les trirèmes actuelles de Demosthenès sont mentionnées au point de vue d'une

tous dans les jeunes gens de même âge sur le rôle athénien. Après avoir passé la nuit dans l'enceinte sacrée de Zeus Nemeus, à Œneon, mémorable comme endroit où fut tué, dit-on, le poëte Hésiode, il entra de bonne heure le matin en Ætolia, guidé par le Messênien Chromôn. Le premier jour, il prit Potidania, le second Krokyleion, le troisième Teichion, — tous villages non fortifiés et non défendus; car les habitants les abandonnaient et fuyaient aux montagnes qui les dominaient. Là, il inclina à faire halte et à attendre la jonction des Lokriens Ozoles, qui s'étaient engagés à envahir l'Ætolia en même temps, et étaient presque indispensables à son succès, à cause de la connaissance qu'ils avaient de la guerre ætolienne et de la ressemblance des armes. Mais les Messêniens le persuadèrent encore d'avancer sans retard dans l'intérieur, afin que les villages fussent attaqués séparément et pris avant que des forces collectives pussent être rassemblées; et Demosthenês fut tellement encouragé pour n'avoir pas jusque-là rencontré de résistance, qu'il s'avança jusqu'au bourg d'Ægition, qu'il trouva également abandonné et dont il s'empara sans opposition.

Toutefois c'est là qu'il trouva le terme de sa bonne fortune. Les montagnes à l'entour d'Ægition étaient occupées

---

exception (ναυτικῆς καὶ φαύλου στρατιᾶς, Thucyd. VI, 21).

De même chez les Romains, le service dans les légions était regardé comme plus relevé et plus honorable que celui des classiarii milites (Tacit., Histor., I, 87).

Les epibatæ athéniens, bien qu'ils ne formassent pas un corps distinct d'une manière permanente, correspondent par leurs fonctions aux soldats de marine anglais, qui semblent avoir été distingués pour la première fois d'une manière permanente des autres fantassins vers l'an 1684. « Comme on avait trouvé nécessaire dans maintes occasions d'embarquer des soldats à bord de nos vaisseaux de guerre, que de simples hommes de terre commençaient par être extrêmement maladifs — et que d'abord, jusqu'à ce qu'ils fussent accoutumés à la mer, ils étaient dans une grande mesure hors d'état de servir, — on finit par juger utile de désigner pour ce service certains régiments, qui furent exercés aux différents modes de combat sur mer, et aussi rendus propres à quelques-unes des manœuvres d'un vaisseau où il est besoin d'un grand nombre de bras. A cause de la nature de leur devoir, on les distinguait par la dénomination de *soldats maritimes* ou troupes de marine » — Grose's Military Antiquities of the English Army, vol. I, p. 186 (London, 1786).

non-seulement par les habitants de ce village, mais encore par les forces entières de l'Ætolia, dont faisaient partie même les tribus éloignées Bomiês et Alliês, qui touchaient au golfe Maliaque. Les Ætoliens avaient connu à l'avance l'invasion de Demosthenês, et non-seulement ils avertirent toutes leurs tribus de l'approche de l'ennemi, mais ils envoyèrent aussi des ambassadeurs à Sparte et à Corinthe pour demander du secours (1). Cependant ils se montrèrent entièrement capables de défendre leur propre territoire sans secours étranger. Demosthenês se trouva assailli dans sa position à Ægition de tous les côtés à la fois par ces agiles montagnards armés de javelines, qui se précipitaient des hauteurs voisines. N'engageant pas de combat corps à corps, ils faisaient retraite quand les Athéniens s'avançaient pour charger, — et ils recommençaient leur attaque aussitôt que ceux qui les poursuivaient, et qui ne pouvaient jamais avancer bien loin à cause des difficultés du terrain, se mettaient à retourner vers le corps principal. Le petit nombre d'archers qui étaient avec Demosthenês mit pendant quelque temps aux abois leurs adversaires dépourvus de boucliers. Mais l'officier qui commandait les archers ne tarda pas à être tué; la provision des flèches finit par être presque épuisée, et ce qui fut pire encore, Chromôn le Messênien, le seul homme. qui connût le pays et pût servir de guide, fut tué également. Les archers furent ainsi inutiles ou dispersés, tandis que les hoplites eux-mêmes s'épuisaient en vains

---

(1) Thucydide, III, 100. Προπέμψαντες πρότερον ἔς τε Κόρινθον καὶ ἐς Λακεδαίμονα πρέσβεις — πείθουσιν ὥστε σφίσι πέμψαι στρατιὰν ἐπὶ Ναύπακτον διὰ τὴν τῶν Ἀθηναίων ἐπαγωγήν.

Cela ne veut pas dire, à mon avis, (comme le suppposent Goeller et le Dr Arnold), que les Ætoliens envoyèrent des ambassadeurs à Lacédæmone avant qu'il fût question de l'invasion de l'Ætolia ou qu'on y songeât, simplement par suite de l'antipathie constante qu'ils

avaient pour Naupaktos; mais qu'ils avaient envoyé des ambassadeurs immédiatement après avoir appris les préparatifs faits pour envahir l'Ætolia — toutefois avant que l'invasion s'effectuât. Les mots διὰ τὴν τῶν Ἀθηναίων ἐπαγωγὴν montrent que c'est là le sens.

Le mot ἐπαγωγὴν est bien expliqué par Haack, contrairement au Scholiaste, — « parce que les Naupaktiens cherchaient à amener les Athéniens à envahir l'Ætol'a. »

efforts afin de poursuivre et de battre un ennemi agile, qui
revenait toujours sur eux, et à chaque attaque successive
éclaircissait leurs rangs et les inquiétait de plus en plus.
A la fin les forces de Demosthenès furent complétement
rompues et forcées de fuir, sans chemins frayés, sans guides,
et dans un pays qui non-seulement leur était étranger, mais
qu'une suite non interrompue de montagnes, de rochers et
de forêts rendait impraticable. Un grand nombre d'entre
eux furent tués dans la fuite par les montagnards à leur poursuite, supérieurs non moins par la rapidité de leurs mouvements que par leur connaissance du pays ; quelques-uns
même se perdirent dans la forêt et périrent misérablement au
milieu des flammes allumées autour d'eux par les Ætoliens.
Les fugitifs furent enfin rassemblés à Œneon, près de la mer,
après avoir perdu Proklès, le collègue de Demosthenès dans
le commandement, aussi bien que cent vingt hoplites, des
mieux armés et des plus vigoureux du rôle athénien (1). Ce
qui restait de l'armée fut bientôt transporté de Naupaktos à
Athènes ; mais Demosthenès resta en arrière : il craignait
trop le déplaisir de ses compatriotes pour revenir à un tel
moment. Il est certain qu'il se conduisit de manière à encourir justement leur mécontentement, et que l'expédition
contre l'Ætolia, qui aliénait un ancien allié et provoquait un
ennemi nouveau, avait été conçue avec un degré de témérité
que la faveur inattendue de la fortune aurait pu seule contre-
balancer.

La force du nouvel ennemi, que son attaque malheureuse
avait poussé à agir, se fit bientôt sentir. Les ambassadeurs
ætoliens, qui avaient été envoyés à Sparte et à Corinthe,
obtinrent sans difficulté la promesse de forces considérables
qui se joindraient à eux dans une expédition contre Naupaktos. Vers le mois de septembre, un corps de trois mille
hoplites péloponésiens, comprenant cinq cents hommes de la
colonie nouvellement fondée d'Hèrakleia, se réunit à Delphes, sous le commandement d'Eurylochos, de Makarios et

---

(1) Thucydide, III, 98.

de Menedêmos. Pour se rendre à Naupaktos ils avaient à traverser le territoire des Lokriens Ozoles, qu'ils se proposaient ou de gagner ou de soumettre. Ils eurent peu de difficulté avec Amphissa, le municipe lokrien le plus considérable et situé dans le voisinage immédiat de Delphes, — car les Amphissiens étaient dans un état de querelles avec leurs voisins de l'autre côté du Parnassos, et ils craignaient que le nouvel armement ne servît d'instrument à l'antipathie phokienne contre eux. A la première demande, ils entrèrent dans l'alliance spartiate, et donnèrent des otages comme gage de leur fidélité : de plus, ils conseillèrent à beaucoup d'autres petits villages lokriens, — entre autres aux Myoneis, qui étaient maîtres du défilé le plus difficile de la route, — d'imiter leur exemple. Eurylochos reçut de ces divers municipes des renforts pour son armée, aussi bien que des otages comme gage de leur fidélité, qu'il déposa à Kytinion, en Dôris, et il put ainsi traverser tout le territoire des Lokriens Ozoles sans rencontrer de résistance, si ce n'est de la part d'Œneon et d'Eupalion, villes dont il s'empara par la force. Quand il fut arrivé dans le territoire de Naupaktos, il y fut rejoint par toutes les forces des Ætoliens. Combinant leurs efforts, ils dévastèrent tout le voisinage, et se rendirent maîtres de la colonie corinthienne de Molykreion, qui était devenue sujette de l'empire athénien (1).

Naupaktos, avec une vaste enceinte de murs et faiblement défendue, était dans le plus grand danger, et elle eût certainement été prise, si elle n'eût été sauvée par les efforts de l'Athénien Demosthenès, qui y était resté depuis la malheureuse expédition en Ætolia. Informé de la marche prochaine d'Eurylochos, il se rendit en personne chez les Akarnaniens, et les persuada d'envoyer des forces pour aider à la défense de Naupaktos. Pendant longtemps ils furent sourds à ses sollicitations, par suite de son refus de bloquer Leukas, — mais ils finirent par être amenés à consentir. A la tête de mille hoplites akarnaniens, Demosthenès se jeta dans Nau-

---

(1) Thucydide, III, 101, 102.

paktos; et Eurylochos, voyant que la ville avait été mise ainsi
à l'abri d'une attaque, abondonna tous ses desseins sur elle,
— et il s'avança plus loin à l'est, jusqu'aux territoires voisins de l'Ætolia, — Kalydôn, Pleurôn et Proschion, près de
l'Achelôos et des frontières de l'Akarnania.

Les Ætoliens, qui étaient venus pour se joindre à lui,
dans le dessein commun d'attaquer Naupaktos, l'abandonnèrent ici et se retirèrent dans leurs demeures respectives.
Mais les Ambrakiotes, réjouis de voir une armée péloponésienne si considérable dans leur voisinage, le déterminèrent à les aider à attaquer Argos d'Amphilochia aussi bien
que l'Akarnania, l'assurant qu'il y avait à ce moment une
belle perspective d'amener sous la suprématie de Lacédæmone toute la population du continent, entre le golfe Ambrakien et le golfe Corinthien. Après avoir persuadé à Eurylochos de tenir ainsi ses forces réunies et prêtes, eux-mêmes
avec trois mille hoplites ambrakiotes envahirent le territoire d'Argos d'Amphilochia, et s'emparèrent de la colline
fortifiée d'Olpæ, qui touchait immédiatement au golfe ambrakien, à environ trois milles (4 kil. 800 mèt.) d'Argos
elle-même ; colline employée dans les temps passés par les
Akarnaniens comme lieu propre à un congrès judiciaire public de toute la nation (1).

Cette entreprise, communiquée sur-le-champ à Eurylochos, fut le signal d'un mouvement des deux côtés. Les
Akarnaniens, s'avançant avec toutes leurs forces pour protéger Argos, occupèrent un poste appelé Krênæ, dans le
territoire de l'Amphilochia, pour empêcher Eurylochos d'effectuer sa jonction avec les Ambrakiotes à Olpæ. En même
temps ils envoyèrent de pressants messages à Demosthenès,
à Naupaktos et à l'escadre athénienne de garde, composée
de vingt trirèmes, sous Aristotelês et Hierophôn, demandant
son aide dans le présent besoin, et invitant Demosthenès à
être leur commandant. Ils avaient oublié leur mécontentement
contre lui, qu'avait fait naître son refus récent de bloquer

---

(1) Thucydide, III, 102-105.

Leukas,—refus dont ils le croyaient probablement assez puni par son échec en Ætolia ; tandis qu'ils connaissaient et estimaient ses talents militaires. Dans le fait, l'accident qui l'avait retenu à Naupaktos, avait à ce moment un heureux effet pour eux aussi bien que pour lui. Il leur assurait un commandant respecté de tous, ce qui prévenait les jalousies parmi leurs nombreux petits municipes, — il lui procurait le moyen de rétablir sa propre réputation à Athènes. Demosthenês, empressé de saisir une si précieuse occasion, vint promptement dans le golfe Ambrakien avec les vingt trirèmes, conduisant deux cents hoplites messèniens et soixante archers athéniens. Il trouva toutes les forces akarnaniennes concentrées à Argos d'Amphilochia, fut nommé général, nominalement avec les généraux akarnaniens, mais jouissant, en réalité, de la direction entière des opérations.

Il trouva aussi toutes les forces de l'ennemi, — les trois mille hoplites ambrakiotes et la division péloponésienne, sous Eurylochos, — déjà réunies et en position à Olpæ, à environ trois milles de distance. Car Eurylochos, aussitôt qu'il avait été informé que les Ambrakiotes avaient atteint Olpæ, leva sur-le-champ son camp à Proschion, en Ætolia, sachant que la meilleure chance qu'il avait de traverser le territoire hostile de l'Akarnania consistait dans la célérité : cependant toute l'armée akarnanienne s'était déjà rendue à Argos, de sorte que sa marche à travers ce pays se fit sans obstacle. Il franchit l'Achelôos, marcha à l'ouest de Stratos, par les municipes akarnaniens de Phytia, de Medeôn et de Lymnæa ; ensuite, quittant et l'Akarnania et la route directe d'Akarnania à Argos, il se jeta un peu plus à l'est, dans le district montagneux de Thyamos sur le territoire des Agræens, qui étaient ennemis des Akarnaniens. De là il descendit de nuit dans le territoire d'Argos, et passa sans être aperçu, à la faveur des ténèbres, entre Argos elle-même et l'armée akarnanienne à Krênæ ; de manière à rejoindre en sûreté les trois mille Ambrakiotes à Olpæ, à leur grande joie. Ils avaient craint que l'ennemi, à Argos et à Krênæ, ne se fût opposé à son passage ; et croyant leurs forces insuffisantes pour lutter seuls, ils avaient envoyé chez eux de

pressants messages demander des renforts considérables
pour eux-mêmes et pour leur propre défense (1).

Demosthenès, trouvant ainsi à Olpæ un ennemi réuni et
formidable, qui lui était supérieur par le nombre, conduisit
ses troupes d'Argos et de Krênæ pour l'attaquer. Le terrain
était raboteux et montagneux, et entre les deux armées se
trouvait un ravin escarpé, que ni les uns ni les autres ne
voulaient passer les premiers ; de sorte qu'ils restèrent inac-
tifs pendant cinq jours. Si nous avions eu Hérodote pour
historien, il aurait probablement attribué ce délai à des sacrifices défavorables (ce qui, dans le fait, peut avoir été le
cas) et nous aurait rapporté d'intéressantes anecdotes, relativement aux prophètes des deux côtés ; mais le génie plus
positif et plus pratique de Thucydide se borne à nous apprendre que le sixième jour les deux armées se mirent en ordre de
bataille, — probablement toutes deux fatiguées d'attendre.
Le terrain étant favorable pour une embuscade, Demosthenês cacha dans un vallon buissonneux des hoplites et des
soldats armés à la légère, au nombre de quatre cents, qui
devaient, au milieu de l'action, s'élancer soudainement sur
l'aile gauche des Péloponésiens, débordant sa droite. Il était
lui-même à droite avec les Messèniens et quelques Athéniens, en face d'Eurylochos, à la gauche de l'ennemi : les
Akarnaniens avec les akontistæ d'Amphilochia, ou soldats
lançant le javelot, occupaient sa gauche, opposés aux hoplites
ambrakiotes ; toutefois les Ambrakiotes et les Péloponésiens
étaient mêlés dans la ligne d'Eurylochos, et c'étaient seulement les Mantinæens qui occupaient une place particulière
et séparée, vers le centre gauche. La bataille commença en
conséquence, et Eurylochos, avec ses forces supérieures en
nombre, s'avançait pour envelopper Demosthenès, quand
soudain les hommes placés en embuscade se levèrent et tombèrent sur ses derrières. Une panique saisit ses soldats, qui
ne firent pas une résistance digne de leur réputation péloponésienne ; ils se rompirent et s'enfuirent, tandis qu'Eury-

---

(1) Thucydide, III, 105, 106, 107.

lochos, s'exposant sans doute avec une bravoure particulière pour rétablir le combat, ne tarda pas à être tué. Demosthenês, qui avait près de lui ses meilleures troupes, les pressa avec vigueur, et leur panique se communiqua aux troupes du centre, de sorte que les ennemis furent tous mis en fuite et poursuivis jusqu'à Olpæ. A la droite de la ligne d'Eurylochos, les Ambrakiotes, les Grecs les plus belliqueux des contrées épirotiques, défirent complétement les Akarnaniens qu'ils avaient devant eux, et poussèrent leur poursuite même aussi loin qu'Argos. Toutefois la victoire remportée par Demosthenês sur les autres troupes était si complète, que les Ambrakiotes eurent beaucoup de difficulté à se frayer en combattant un chemin jusqu'à Olpæ, ce qu'ils ne firent pas sans des pertes sérieuses, et tard dans la soirée. Parmi tous ces soldats battus, les Mantinéens furent ceux qui conservèrent le mieux leur ordre de retraite (1). Les pertes dans l'armée de Demosthenês montèrent à environ trois cents hommes ; celles des ennemis furent beaucoup plus considérables, mais le nombre n'est pas spécifié.

Des trois commandants spartiates, deux, Eurylochos et Makarios, avaient été tués : le troisième, Menedæos, se trouva assiégé et par mer et par terre, — l'escadre athénienne étant de garde le long de la côte. Il paraîtrait, à la vérité, qu'il aurait pu se frayer, en combattant, un chemin vers Ambrakia, d'autant plus qu'il aurait rencontré le renfort ambrakiote venant de la ville. Mais que cela ait été possible ou non, le commandant, trop découragé pour le tenter, profita de la trêve accordée, suivant l'usage, pour ensevelir les morts, et entama des négociations avec Demosthenês et les généraux akarnaniens, dans le dessein d'obtenir que sa retraite ne fût pas inquiétée. Il éprouva un refus péremptoire ; mais Demosthenês (du consentement des chefs akarnaniens) fit dire secrètement au commandant spartiate et à ceux qui l'entouraient immédiatement, en même temps qu'aux Mantinéens et aux autres troupes péloponésiennes,

_____

(1) Thucydide, III, 107, 108 : cf. Polyen, III, 1.

— que s'ils voulaient faire une retraite séparée et subrep-
tice, en abandonnant leurs camarades, il ne leur serait pas
fait d'opposition. Il avait dessein par là, non-seulement
d'isoler les Ambrakiotes, les grands ennemis d'Argos et de
l'Akarnania, avec le corps de mercenaires mélangés qui
étaient venus sous Eurylochos, — mais encore d'obtenir
l'avantage plus durable de déshonorer les Spartiates et les
Péloponésiens aux yeux des Grecs Épirotiques, comme
lâches et traîtres à la camaraderie militaire. La même raison qui poussait Demosthenès à accorder une évasion facile
et séparée, aurait dû être une raison impérieuse auprès de
Menedæos et des Péloponésiens qui l'entouraient, pour la
leur faire repousser avec indignation. Cependant ils étaient
tellement désireux d'assurer leur salut personnel, que cette
honteuse convention fut acceptée, ratifiée et mise à exécution sur-le-champ. Elle est unique dans l'histoire grecque,
comme exemple de trahison séparée de la part d'officiers,
en vue d'acheter leur propre salut et celui de leurs camarades immédiats, en abandonnant le corps général de troupes
sous leur commandement. Si les officiers eussent été Athéniens, elle eût été sans doute citée comme preuve de la prétendue déloyauté de la démocratie. Mais, comme ce fut l'acte
d'un commandant spartiate, conjointement avec beaucoup
de Péloponésiens de haut rang, nous nous permettrons seulement de la faire remarquer comme une nouvelle manifestation de cet égoïsme naturel aux peuples du Péloponèse et
de ce peu de souci des obligations à l'égard des Grecs en
dehors de la presqu'île, sentiments que nous voyons dominer
d'une manière si déplorable pendant l'invasion de Xerxès :
et dans le cas actuel aggravés, il faut le dire, par ce fait,
que les hommes qu'ils abandonnaient étaient des Dôriens de
même race et des compagnons d'armes qui venaient de combattre dans les mêmes rangs.

Aussitôt que la cérémonie de l'enterrement des morts eut
été achevée, Menedæos et les Péloponésiens qui étaient protégés par cette convention secrète s'en allèrent furtivement
et par petites bandes, sous prétexte de ramasser du bois
et des légumes. Arrivés à une petite distance, ils hâtèrent

le pas et s'esquivèrent, — au grand effroi des Ambrakiotes, qui coururent après eux en s'efforçant de les atteindre. Les Akarnaniens se mirent à leur poursuite, et leur chef eut beaucoup de peine à leur expliquer la convention secrète qui venait d'être conclue. Ce ne fut pas sans quelques soupçons de trahison, et même sans danger personnel de la part de leurs propres troupes, qu'ils finirent par faire respecter les Péloponésiens fugitifs; tandis que les Ambrakiotes, les plus odieux des deux aux Akarnaniens, furent poursuivis sans aucun ménagement, et deux cents d'entre eux furent tués avant d'avoir pu atteindre le territoire ami des Agræens (1). Distinguer les Ambrakiotes des Péloponésiens, semblables de race et de dialecte, ce n'était cependant pas tâche facile. Plus d'une dispute s'éleva dans des cas individuels.

Quelque déloyale que fût cette perte, qui accabla Ambrakia, une calamité beaucoup plus cruelle lui était encore réservée. Le renfort considérable de la ville, que le détachement à Olpæ avait demandé avec instance, se mit en marche aussitôt qu'il put être prêt, et entra dans le territoire de l'Amphilochia vers le temps où la bataille se livrait à Olpæ; mais il ignorait ce malheur et espérait arriver assez à temps pour se ranger auprès de ses amis. Les Amphiloques firent connaître leur marche à Demosthenès le lendemain de la bataille, et en même temps ils lui indiquèrent la meilleure manière de les surprendre dans la route raboteuse et montagneuse qu'ils avaient à suivre, aux deux pics remarquables appelés Idomenè, immédiatement au-dessus d'un défilé étroit qui menait jusqu'à Olpæ. On sut à l'avance, par la ligne de marche des Ambrakiotes, qu'ils s'arrêteraient pendant la nuit au moins élevé de ces deux pics, prêts à franchir le défilé le lendemain matin. Cette même nuit un détachement d'Amphiloques, sur l'ordre de Demosthenès, s'empara du plus haut des deux pics, tandis que ce commandant lui-même, partageant ses forces en deux divi-

____

(1) Thucydide, III, 111.

sions, partit de sa position à Olpæ le soir après souper. Une de ces divisions, ayant l'avantage d'avoir pour guides des Amphiloques du pays même, marcha par une route non fréquentée de la montagne jusqu'à Idomenê; l'autre, sous Demosthenès lui-même, alla directement par le défilé qui menait d'Idomenê à Olpæ. Après avoir marché toute la nuit, ils arrivèrent au camp des Ambrakiotes un peu avant l'aurore, — Demosthenès lui-même étant à l'avant-garde avec ses Messêniens. La surprise fut complète. On trouva les Ambrakiotes encore couchés et endormis, tandis que les sentinelles elles-mêmes, qui ne savaient rien de la récente bataille, — s'entendant accoster dans le dialecte dôrien par les Messêniens, que Demosthenès avait placés en tête exprès dans ce dessein, — et ne voyant pas très-clair dans le crépuscule du matin, — les prirent par erreur pour quelques-uns de leurs propres concitoyens qui revenaient de l'autre camp. Les Akarnaniens et les Messêniens tombèrent ainsi au milieu des Ambrakiotes endormis et non armés, et dépourvus de tout moyen de résister. Un nombre considérable d'entre eux fut tué sur place, et le reste s'enfuit en tous sens dans les montagnes voisines, aucun d'eux ne connaissant ni les chemins ni la contrée. C'était le pays des Amphiloques, — sujets d'Ambrakia, mais sujets auxquels cette condition était odieuse, et qui actuellement se servaient de leur connaissance parfaite des lieux et de leur équipement à la légère, pour tirer de leurs maîtres une terrible vengeance. Quelques-uns des Ambrakiotes s'enchevêtrèrent dans des ravins, — d'autres furent pris dans des embuscades tendues par les Amphiloques. D'autres encore, craignant avant tout de tomber entre les mains de ces derniers, — barbares de race aussi bien qu'animés de sentiments extrêmement hostiles, — et ne voyant pas d'autres moyens de leur échapper, gagnèrent à la nage les vaisseaux athéniens qui croisaient le long du rivage. Il n'y eut qu'une faible proportion d'entre eux qui survécurent pour retourner à Ambrakia (1).

____

(1) Thucydide, III, 112.

La victoire complète d'Idomenê, admirablement préparée par Demosthenês, fut achevée sans presque de pertes. Les Akarnaniens, après avoir érigé leur trophée et dépouillé les morts de l'ennemi, se préparèrent à porter à Argos les armes prises ainsi.

Toutefois, le matin, avant cette opération, ils reçurent la visite d'un héraut, venant de la part de ces Ambrakiotes qui s'étaient réfugiés dans le territoire agræen, après la bataille d'Olpæ et la poursuite subséquente. Il venait avec la requête habituelle de soldats vaincus, pour obtenir la permission d'enterrer les morts qui avaient succombé dans cette poursuite. Ni lui, ni ceux de la part de qui il venait, ne savaient rien de la destruction de leurs frères à Idomenê, — précisément comme ces derniers avaient ignoré la défaite à Olpæ; tandis que, d'autre part, les Akarnaniens du camp, dont les esprits étaient pleins de l'avantage plus récent et plus capital obtenu à Idomenê, supposaient que le message se rapportait aux hommes tués dans cet engagement. Les nombreuses panoplies que l'on venait de gagner à Idomenê étaient entassées dans le camp, et le héraut, en les voyant, fut étonné de la hauteur du monceau, dépassant tellement le nombre de ceux qui manquaient dans son propre détachement. Un Akarnanien qui était là lui demanda la cause de sa surprise, et combien de ses camarades avaient été tués, — pensant qu'il s'agissait des victimes faites à Idomenê.—« Deux cents environ, » répondit le héraut.—« Cependant ces armes que voici indiquent, non pas ce nombre, mais plus de mille hommes. » — « Alors ce ne sont pas les armes de ceux qui combattaient avec nous? » — « Non; — mais ce sont elles, — si c'était vous qui combattiez hier à Idomenê. » — « Nous ne nous sommes battus avec personne hier : c'était le jour d'avant, dans la retraite. » — « Oh! alors, il faut que tu saches que *nous*, nous en sommes venus aux mains avec ces gens-ci, qui étaient en marche et venaient de la ville d'Ambrakia comme renfort. »

Le malheureux héraut apprit alors pour la première fois que le renfort considérable venant de la ville avait été taillé en pièces. Le sentiment d'angoisse et de surprise mêlées fut si intense qu'il poussa un grand cri de douleur et s'éloigna rapidement à la hâte, sans dire un mot de plus; il n'adressa même pas de requête au sujet de l'enterrement des morts, — qui paraît avoir été négligé dans cette fatale occasion (1).

Son désespoir fut justifié par la grandeur prodigieuse du malheur, que Thucydide regarde comme ayant été le plus grand qui ait accablé une ville grecque pendant toute la guerre avant la paix de Nikias; si incroyablement grand, en effet, que bien qu'il eût appris le nombre des victimes, il refuse de le dire, par crainte de n'être point cru; — scrupule que ses lecteurs regrettent à tous égards. Il paraît que presque toute la population militaire adulte d'Ambrakia fut détruite, et que Demosthenês pressa les Akarnaniens d'y marcher immédiatement. S'ils y avaient consenti, Thucydide nous dit positivement que la ville se serait rendue sans coup férir (2). Mais ils refusèrent de se charger de l'entreprise,

---

(1) Thucydide, III, 113.

(2) Thucydide, III, 113. Πάθος γὰρ τοῦτο μιᾷ πόλει Ἑλληνίδι μέγιστον δὴ τῶν κατὰ τὸν πόλεμον τόνδε ἐγένετο. Καὶ ἀριθμὸν οὐκ ἔγραψα τῶν ἀποθανόντων, διότι ἄπιστον τὸ πλῆθος λέγεται ἀπολέσθαι, ὡς πρὸς τὸ μέγεθος τῆς πόλεως. Ἀμπρακίαν μέντοι οἶδα ὅτι εἰ ἐβουλήθησαν Ἀκαρνᾶνες καὶ Ἀμφίλοχοι, Ἀθηναίοις καὶ Δημοσθένει πειθόμενοι, ἐξελεῖν, αὐτοβοεὶ ἂν εἷλον · νῦν δὲ ἔδεισαν, μὴ οἱ Ἀθηναῖοι ἔχοντες αὐτὴν χαλεπώτεροι σφίσι πάροικοι ὦσι.

Nous pouvons faire remarquer que l'expression κατὰ τὸν πόλεμον τόνδε — quand elle se rencontre dans le premier, le second, le troisième ou dans la première moitié du quatrième livre de Thucydide — semble faire allusion aux dix premières années de la guerre du Péloponèse, qui se terminent par la paix de Nikias.

Dans une dissertation pleine de soin de Franz Wolfgang Ulrich, où il analyse la structure de l'histoire de Thucydide, il montre que le premier, le se-

cond et le troisième livre, avec la première moitié du quatrième, — furent composés pendant l'intervalle qui s'écoula entre la paix de Nikias et le commencement des neuf dernières années de la guerre, appelée la guerre Dékéleienne, en ayant égard à deux passages de ces premiers livres, qui ont dû être subséquemment introduits.

Les livres postérieurs semblent avoir été repris par Thucydide comme un ouvrage séparé continuant les premiers. Ils ont une sorte de préface séparée (V, 26), γέγραφε δὲ καὶ ταῦτα ὁ αὐτὸς Θουκυδίδης Ἀθηναῖος ἑξῆς, etc. C'est dans cette dernière partie qu'il adopte cette idée qui lui est particulière, de calculer les vingt-sept années entières comme une seule guerre continue qui n'est que nominalement interrompue (Ulrich, Beitraege zur Erklaerung der Thukydidês, p. 85, 125, 138, etc. Hamburg, 1846).

Cf. ἐν τῷ πολέμῳ τῷδε (III, 98), qui signifie également la guerre antérieure à la paix de Nikias.

craignant (suivant l'historien) que les Athéniens à Ambrakia
ne fussent pour eux des voisins plus fàcheux que les Ambrakiotes. Que cette raison fût efficace, nous n'avons pas lieu
d'en douter ; mais elle ne peut guère avoir été la seule , ni
même la principale, car s'il en avait été ainsi , ils auraient
également redouté la coopération athénienne dans le blocus
de Leukas, qu'ils avaient demandée avec instance à Demosthenês, dont le refus avait causé une querelle. Ambrakia
était moins près d'eux que Leukas, — et dans son état actuel
d'épuisement elle inspirait moins de crainte ; mais le mécontentement occasionné par le premier refus de Demosthenês
n'avait été probablement jamais apaisé, et ils n'étaient pas
fàchés de trouver une occasion de le mortifier de la même
manière.

Dans le partage du butin, trois cents panoplies furent
mises à part comme le revenant-bou de Demosthenês : le
reste fut ensuite distribué, un tiers pour les Athéniens, les
deux autres tiers entre les municipes akarnaniens. La réserve immense appropriée personnellement à Demosthenês
nous permet de faire quelque vague conjecture quant à la
perte totale des Ambrakiotes. La fraction d'un tiers, assi-
gnée au peuple athénien, a dû être, nous pouvons l'imaginer,
six fois aussi grande, ou peut-être même dans une proportion plus considérable, que la réserve du général. Car ce
dernier était à cette époque sous le coup du mécontentement du peuple, et il désirait par-dessus tout regagner sa
faveur, — dessein qu'il eût plutôt manqué qu'il n'en eût
amené la réalisation, si sa part personnelle dans les armes
n'eût pas été en grande disproportion avec les prétentions
collectives de la cité. En raisonnant sur cette hypothèse,
les panoplies assignées à Athènes seraient dix-huit cents,
et le total des morts ambrakiotes dont les armes devinrent
propriété publique serait de cinq mille quatre cents. A ce
chiffre on doit ajouter quelques Ambrakiotes tués dans leur
fuite d'Idomenê par les Amphiloques, dans des vallons, des
ravins et des lieux écartés : probablement les Amphiloques
qui les tuèrent, s'approprièrent les armes séparément. sans
les apporter à la masse générale. D'après ce calcul, le nombre

total des morts ambrakiotes dans, les deux batailles et dans les deux poursuites, serait d'environ six mille; nombre en rapport avec les graves expressions de Thucydide, aussi bien qu'avec ses assertions, à savoir que le premier détachement qui se rendit à Olpæ était fort de trois mille hommes, — et que le message envoyé à Ambrakia demandait comme renfort les forces totales de la ville. Ce qui prouve d'une manière encore plus concluante à quel état désespéré était réduite Ambrakia, c'est ce fait que les Corinthiens furent obligés d'envoyer par terre un détachement de trois cents hoplites pour la défendre (1).

Les trirèmes athéniennes retournèrent bientôt à leur station de Naupaktos; ensuite une convention fut conclue entre les Akarnaniens et les Amphiloques, d'un côté, et les Ambrakiotes et les Péloponésiens (qui s'étaient réfugiés après la bataille d'Olpæ dans le territoire de Salynthios et des Agræi) de l'autre,—assurant une sortie sûre et tranquille aux deux derniers peuples (2). On fit avec les Ambrakiotes une pacification plus durable : les Akarnaniens et les Amphiloques conclurent avec eux une paix et une alliance pour cent ans, à condition qu'ils rendraient tout le territoire et les otages des Amphiloques qu'ils avaient en leur possession, et qu'ils s'engageraient à ne fournir aucun secours à Anaktorion, alors en hostilité avec les Akarnaniens. Toutefois chaque parti conserva son alliance séparée, — les Am-

---

(1) Thucydide, III, 114. Diodore (XII, 60) abrége le récit de Thucydide.

(2) Thucydide, III, 114. Ἀκαρνᾶνες δὲ καὶ Ἀμφίλοχοι, ἀπελθόντων Ἀθηναίων καὶ Δημοσθένους, τοῖς ὡς Σαλύνθιον καὶ Ἀγραίους καταφυγοῦσιν Ἀμπρακιώταις καὶ Πελοποννησίοις ἀναχώρησιν ἐσπείσαντο ἐξ Οἰνιαδῶν, οἵπερ καὶ μετανέστησαν παρὰ Σαλύνθιον.

C'est un passage très-difficile. Hermann a conjecturé, et Poppo, Goeller et le Dr Arnold l'approuvent tous, la leçon παρὰ Σαλυνθίου au lieu des deux derniers mots de la phrase. Le passage pourrait certainement être expliqué avec cette correction; et cependant il y aurait encore un embarras dans la position du relatif οἵπερ par rapport à la particule καὶ, et dans celle de la particule καὶ; qui devrait alors proprement venir après et non avant μετανέστησαν. La phrase signifierait alors que « les Ambrakiotes et les Péloponésiens, qui s'étaient réfugiés dans l'origine à Salynthios, avaient quitté ce territoire pour se rendre à Œniadæ, » ville d'où ils eurent alors un départ à l'abri d'inquiétude.

brakiotes avec la confédération péloponésienne ; les Akarnaniens avec Athènes. Il fut stipulé qu'on ne demanderait pas aux Akarnaniens d'aider les Ambrakiotes contre Athènes, ni aux Ambrakiotes d'aider les Akarnaniens contre la ligue Péloponésienne ; mais contre tous les autres ennemis, chacun s'engageait à prêter aide à l'autre (1).

Quant à Demosthenès personnellement, les événements survenus sur la côte du golfe Ambrakien furent pour lui une bonne fortune signalée, bien méritée, il est vrai, par l'habileté dont il avait fait preuve. Il put expier l'imprudence qu'il avait commise lors de l'expédition Ætolienne, et se rétablir dans la faveur du peuple athénien. Il revint en triomphe à Athènes, dans le courant de l'hiver, avec son présent réservé de trois cents armures, qui acquirent une valeur additionnelle par suite de l'accident suivant : le nombre plus grand des armures, portion des dépouilles réservée au peuple athénien, fut pris en mer, et n'arriva jamais à Athènes. En conséquence, celles qu'apporta Demosthenès furent le seul trophée de la victoire, et comme telles on les déposa dans les temples athéniens, où Thucydide les mentionne comme se trouvant encore à l'époque où il écrivait (2).

Ce fut dans le même automne que les Athéniens furent engagés par un oracle à entreprendre la purification plus complète de l'île sacrée de Dèlos. On fit probablement cette démarche pour se rendre Apollon favorable, puisqu'ils étaient persuadés que le terrible châtiment de l'épidémie était dû à sa colère. Et comme ce fut vers cette époque que disparut la seconde attaque de l'épidémie, après avoir duré une année, — beaucoup d'entre eux attribuèrent probablement cette délivrance à l'effet de leurs soins pieux à Dèlos. Toutes les tombes de l'île furent ouvertes ; les cadavres furent ensuite

---

(1) Thucydide, III, 114.
(2) Thucydide, III, 114. Τὰ δὲ νῦν ἀνακείμενα ἐν τοῖς Ἀττικοῖς ἱεροῖς Δημοσθένει ἐξηρέθησαν, τρια-κόσιαι πανοπλίαι, καὶ ἄγων αὐτὰς κατέπλευσε. Καὶ ἐγένετο ἅμα αὐτῷ μετὰ τὴν τῆς Αἰτωλίας ξυμφορὰν ἀπὸ ταύτης τῆς πράξεως ἀδεεστέρα ἡ κάθοδος.

exhumés et enterrés de nouveau dans l'île voisine de Rheneia ; et on donna des ordres pour que dans l'avenir on ne permît ni naissances ni morts dans l'île sacrée. De plus, on renouvela alors l'ancienne fète Dèlienne, — jadis le point commun de réunion et de solennité pour toute la race ionienne, et célèbre par ses luttes musicales avant que les conquêtes des Lydiens et des Perses eussent détruit la liberté et la prospérité de l'Iônia. Les Athéniens célébrèrent la fète avec les combats qui l'accompagnaient, et même avec la course de chars, avec plus d'éclat qu'on n'en avait jamais vu dans le passé. Ils décidèrent qu'une fète semblable serait célébrée tous les quatre ans. A cette époque ils étaient exclus et des jeux Olympiques et des jeux Pythiens, ce qui probablement leur rendit plus agréable la renaissance de la fète Dèlienne. Nikias déploya à Dèlos d'une manière frappante sa munificence et son zèle religieux (1).

(1) Thucydide, III, 104 ; Plutarque, Nikias, c. 3, 4 ; Diodôre, XII, 58.

CHAPITRE II

Septième année de la guerre. — Invasion de l'Attique. — 425 avant J.-C. — Détresse de Korkyra par suite de l'attaque des exilés oligarchiques. Une flotte péloponésienne et une flotte athénienne y sont toutes deux envoyées. — Demosthenês s'embarque sur la flotte athénienne avec un commandement séparé. — Il fixe son choix sur Pylos, en Laconie, pour élever un fort. Topographie de Pylos et de Sphakteria. — Eurymedôn, l'amiral de la flotte, insiste sur la nécessité de pousser jusqu'à Korkyra, sans s'arrêter à Pylos. La flotte est jetée dans Pylos par une tempête. — Demosthenês fortifie l'endroit, grâce au zèle volontaire des soldats. Il y est laissé avec une garnison pendant que la flotte va à Korkyra. — Marche lente des Lacédæmoniens pour recouvrer Pylos. — Préparatifs de Demosthenês pour défendre Pylos contre eux. — Opérations de l'armée lacédæmonienne ; — elle envoie un détachement occuper l'île de Sphakteria, en face de Pylos. — Elle attaque la place par terre et par mer ; — vaillante conduite de Brasidas dans l'attaque du côté de la mer. — Retour d'Eurymedôn et de la flotte athénienne à Pylos. — Il défait la flotte lacédæmonienne dans le port de Pylos. — Le détachement lacédæmonien est bloqué par la flotte athénienne dans l'île de Sphakteria ; — armistice conclu à Pylos. — Mission des ambassadeurs lacédæmoniens à Athènes pour proposer la paix, et solliciter l'élargissement de leurs soldats prisonniers dans Sphakteria. — Les Athéniens, sur les instances de Kleôn, demandent qu'on leur restitue Nisæa, Pêgæ, Trœzen et l'Achaia, conditions auxquelles ils rendraient les hommes enfermés dans Sphakteria et feraient la paix. — Les ambassadeurs ne veulent pas consentir à ces demandes ; — Kleôn s'oppose à une négociation ; — ils sont renvoyés à Pylos sans aucun résultat. — Remarques sur cette assemblée et sur la conduite des Athéniens. — Fin de l'armistice et reprise des hostilités à Pylos. Eurymedôn se rend maître de la flotte lacédæmonienne. — Blocus de Sphakteria par la flotte athénienne ; — difficultés et misères des marins de la flotte. — Durée prolongée et incertitude probable du blocus ; — Demosthenês envoie à Athènes demander des renforts pour attaquer l'île. — Conduite de l'assemblée athénienne à l'arrivée de cette nouvelle ; — proposition de Kleôn ; — manœuvres de ses ennemis politiques pour l'envoyer, contre sa volonté, comme général à Pylos. — Réflexions sur ce procédé et sur la conduite des partis à Athènes. — Kleôn se rend à Pylos avec un renfort ; — état de l'île de Sphakteria; — nombre et positions des Lacédæmoniens dans l'île. — Kleôn et Demosthenês y débarquent leurs troupes et l'attaquent. — Nombreuses troupes légères de Demosthenês employées contre les Lacédæmoniens dans Sphakteria. — Détresse des Lacédæmoniens; — leur bravoure et leur longue résistance. — Ils se retirent dans leur dernière redoute à l'extrémité de l'île. — Ils sont cernés et forcés de se rendre. — Etonnement que cause dans toute la Grèce la reddition des hoplites lacédæmoniens; — l'éclat des armes spartiates en est diminué. — Jugement prononcé par Thucydide lui-même; — réflexions à ce sujet. — Préjugé de Thucydide à l'égard de Kleôn. Kleôn montra un jugement sain et de la décision, et fut une des causes essentielles du succès. — Effet produit à Athènes par l'arrivée des prisonniers lacédæmoniens. — Les Athéniens poursuivent la guerre avec un redoublement d'espérance et de vigueur. Les Lacédæmoniens font de nouvelles avances pour obtenir la paix, mais en vain. — Remarques sur la politique d'Athènes; — on croyait universellement alors qu'elle avait les chances les plus favorables en poursuivant la guerre. — Fluctuations dans le sentiment athénien pour ou contre la guerre : il y eut deux occasions dans lesquelles Kleôn contribua à les influencer dans le sens de la guerre. — Expédition de Nikias contre le territoire corinthien. — Il se rembarque, — ravage Epidauros, — établit un poste sur la péninsule de Methônê. — Eurymedôn, avec la flotte athénienne, va à Korkyra. Défaite et captivité des exilés korkyræens dans l'île. — Les captifs sont mis à mort; — cruautés et horreurs dans cet acte. — Prise d'Anaktorion par les Athéniens et les Akarnaniens. — Conduite des Athéniens à Chios et à Lesbos. — Les Athéniens prennent Artaphernês, ambassadeur persan, en route pour Sparte. — Succession des rois perses; — Xerxês, Artaxerxês Longue-Main, etc., Darius Nothus.

L'invasion de l'Attique par les Lacédæmoniens était devenue maintenant une opération ordinaire, entreprise dans toutes les années de la guerre, la troisième et la sixième exceptées, et omise alors seulement par suite de causes accidentelles, bien qu'elle ne fît plus concevoir les mêmes espérances qu'au commencement de la guerre. Pendant le printemps actuel, Agis, roi de Sparte, conduisit l'armée péloponésienne dans le territoire, vraisemblablement vers la fin d'avril, et renouvela les ravages accoutumés.

Toutefois il sembla que Korkyra fût près de devenir le principal théâtre des opérations militaires de l'année. Car les exilés du parti oligarchique, qui étaient revenus dans l'île et s'étaient fortifiés sur le mont Istônê, firent avec tant d'activité la guerre aux Korkyræens de la ville, que la détresse et même la famine y régnèrent. Soixante trirèmes péloponésiennes y furent envoyées pour soutenir les agresseurs. Aussitôt qu'on apprit à Athènes combien les Korkyræens de la ville étaient rudement pressés, on donna à une

flotte athénienne de quarante trirèmes, qui était sur le point
de partir pour la Sicile sous le commandement d'Eurymedôn
et de Sophoklês, l'ordre de s'arrêter en route à Korkyra, et
de fournir tous les secours qui seraient nécessaires (1). Mais
dans le cours de ce voyage, il se présenta ailleurs un incident, que personne n'avait ni prévu ni imaginé, et qui donna
à toute la guerre un nouveau caractère et de nouvelles
perspectives ; — il prouva d'une manière frappante les
observations qu'avaient faites Periklês et Archidamos avant
qu'elle commençât, sur l'impossibilité de calculer la tournure que prendraient les événements (2).

Demosthenès était si haut placé dans la faveur de ses
compatriotes après ses brillants succès dans le golfe Ambrakien, qu'ils lui accordèrent, sur sa propre requête, la
permission de s'embarquer et d'employer la flotte à opérer
telle descente qu'il jugerait utile sur la côte du Péloponèse.
L'attachement de cet actif officier pour les Messêniens à
Naupaktos lui inspira l'idée d'établir un détachement de ce
peuple dans un poste maritime bien choisi sur l'ancien territoire messênien, d'où ils pourraient constamment harceler
les Lacédæmoniens et provoquer une révolte parmi les Ilotes,
— surtout à cause de l'analogie de race et de dialecte. Les
Messêniens, actifs corsaires, et sans doute connaissant bien
les points de cette côte, qui tous avaient appartenu jadis à
leurs ancêtres, lui avaient probablement indiqué Pylos sur
le rivage sud-ouest.

Ce nom ancien et homérique servait spécialement et proprement à désigner le promontoire qui forme l'extrémité
septentrionale de la baie moderne de Navarin, en face de
l'île de Sphagia ou Sphakteria, bien qu'en termes vagues
tout le district voisin semble avoir été aussi appelé Pylos.
Conséquemment, quand on fit le tour de la Laconie, Demosthenès demanda que la flotte s'arrêtât dans cet endroit assez
longtemps pour lui permettre de le fortifier, s'engageant à
y rester ensuite et à le garder avec une garnison. C'était

---

(1) Thucyd. IV, 2, 3.   (2) Thucyd. I, 140; II, 11.

un promontoire inhabité, — à environ quarante-cinq milles
(72 kilom.) de Sparte, c'est-à-dire aussi éloigné que n'importe quelle partie de son territoire, — présentant des
falaises pleines d'anfractuosités, et facile à défendre tant par
mer que par terre. Mais ce qui, par rapport à la puissance
maritime d'Athènes, ajoutait à ce lieu une grande valeur,
c'est qu'il surplombait le spacieux et sûr bassin appelé aujourd'hui la baie de Navarin. Ce bassin faisait face à l'îlot
appelé Sphakteria ou Sphagia, qui le protégeait; îlot vierge,
inhabité et plein de bois, qui s'étendait le long de la côte
dans l'espace d'environ un mille trois quarts (= 2 kilom.
800 mètres), ne laissant que deux entrées étroites, l'une à
son extrémité septentrionale, en face de la position adoptée
par Demosthenês, si resserrée qu'elle ne recevait que deux
trirèmes de front, — l'autre à l'extrémité méridionale, environ quatre fois aussi large, tandis que l'eau intérieure à
laquelle amenaient ces deux passes était à la fois spacieuse
et protégée. Ce fut sur la côte du Péloponèse, un peu en
dedans de la passe septentrionale ou la plus étroite des
deux, que Demosthenês se proposa d'établir son petit fort,
— le terrain étant lui-même éminemment favorable, avec
une source d'eau douce (1) au centre du promontoire (2).

----

(1) Thucyd. IV, 26.

(2) Topographie de Sphakteria et de
Pylos. La description donnée par Thucydide des mémorables incidents qui
se passent à Pylos et à Sphakteria ou à
côté, est parfaitement claire, intelligible, et logique en elle-même quant
à la topographie. Mais quand nous consultons la topographie du théâtre telle
qu'elle est aujourd'hui, nous trouvons
diverses circonstances qu'il n'est pas
possible de concilier avec Thucydide.
Le colonel Leake (Travels in the Morea, vol. I, p. 402-415) et le docteur
Arnold (Appendice au second et au
troisième volume de son Thucydidês,
p. 444) ont donné des plans de la côte
accompagnés de précieuses remarques.

La principale différence, entre le
renseignement de Thucydide et l'état
actuel de la côte, se trouve dans la largeur des deux passes entre Sphakteria
et le continent. La passe méridionale
menant dans la baie de Navarin a aujourd'hui de 1188 à 1280 mètres de
largeur, avec une profondeur d'eau variable de 9 mèt., 12 mèt. 75 cent.,
50 mèt. 96 cent., 60 mèt.; tandis que
Thucydide avance qu'elle n'a qu'une
largeur suffisante pour recevoir huit
ou neuf trirèmes de front. La passe septentrionale n'est large que de 137 mètres environ, avec un bas-fond ou barre
de sable en travers sur lequel il n'y a
pas plus de 45 centimètres d'eau. Thucydide nous dit qu'il n'y avait pas de
place pour plus de deux trirèmes, et
son récit implique une profondeur

Mais Eurymedôn et Sophoklês rejetèrent décidément toute proposition de délai; et avec beaucoup de raison, puisqu'ils avaient été informés (bien que vraisemblablement la

---

d'eau beaucoup plus grande, de manière à rendre l'entrée pour des trirèmes absolument sans obstacle.

Le colonel Leake suppose que Thucydide fut mal informé quant à la largeur de la passe méridionale; mais le docteur Arnold répond sur ce point d'une manière satisfaisante en disant que l'étroitesse est non-seulement affirmée dans les nombres de Thucydide, mais qu'elle est indirectement impliquée dans son récit, où il nous dit que les Lacédæmoniens avaient l'intention de les obstruer toutes deux par des trirèmes étroitement serrées les unes contre les autres. On ne pouvait évidemment songer à cet expédient que pour une entrée très-étroite. La même réponse suffit pour lever les doutes que Bloomfield et Poppo (Comment. p. 10) conçoivent au sujet de l'authenticité des chiffres ὀκτὼ ou ἐννέα dans Thucydide, doute qui transporte simplement l'erreur supposée de Thucydide à celui qui a écrit le manuscrit.

Le docteur Arnold a lui-même élevé un doute plus grave encore: à savoir si l'île appelée aujourd'hui Sphagia est réellement la même que Sphakteria, et si la baie de Navarin est le port réel de Pylos. Il soupçonne que *Vieux-Navarin* (*Pale-Navarino*), qu'on a pris en général pour Pylos, était en réalité l'ancienne Sphakteria, séparée du continent dans l'antiquité par une passe au nord aussi bien que par une autre au sud-est, — bien qu'aujourd'hui ce ne soit pas du tout une île. Il soupçonne encore que le lac ou lagune appelé lac d'Osmyn Aga, au nord du port de Navarin et immédiatement au-dessous de ce qu'il suppose avoir été Spakteria, — était l'ancien port de Pylos, dans lequel se livra le combat naval entre les Athéniens et les Lacédæmoniens. A

la vérité, il ne l'avance pas comme une opinion positive, mais il y incline comme étant la plus probable, — en admettant qu'il y a des difficultés d'une manière ou de l'autre.

Le docteur Arnold a exposé quelques-unes des difficultés qui entourent cette hypothèse (p. 447), mais il y en a une dont il n'a point parlé qui me semble la plus formidable de toutes, et me paraît rendre son opinion inadmissible. Si le Paleokastro de Navarin était réellement l'ancienne Spakteria, il a dû y avoir une seconde île située au nord de Sphagia. Par conséquent, il a dû exister *deux* îles très-rapprochées l'une de l'autre à la hauteur de la côte et près du théâtre. Or, si le lecteur veut suivre le récit de Thucydide, il verra que certainement il n'y a pas plus d'*une* île, — Sphakteria, sans aucune autre voisine ou contiguë ; V. en particulier c. 13 : la flotte athénienne sous Eurymedôn, dès son arrivée, fut obligée de reculer à quelque distance jusqu'à l'île de Prôtê, parce que l'*île* de Sphakteria était remplie d'hoplites lacédæmoniens; si l'hypothèse du docteur Arnold était admise, il n'y aurait rien eu pour les empêcher de débarquer à Sphagia même, — on peut tirer la même conclusion du c. 8. Ce que dit Pline (H. N. IV, 12), qu'il y avait *tres Sphagiæ* à la hauteur de Pylos, à moins que nous ne supposions avec Hardouin que deux d'entre elles étaient de simples rochers, me paraît incompatible avec le récit de Thucydide.

Je pense qu'il n'y a pas d'autre alternative que de supposer qu'il s'est opéré un grand changement dans les deux passages qui séparent Sphagia du continent, pendant l'intervalle de deux mille quatre cents ans qui se sont écoulés entre Thucydide et nous. Le conti-

chose ne fût pas vraie) que la flotte korkyræenne était réellement arrivée à Korkyra. Ils pouvaient bien s'être rappelé le malheur qui était résulté, trois ans auparavant, du retard du renfort envoyé à Phormiôn, retard causé par quelques opérations décousues sur la côte de Krête. En conséquence, la flotte passa à côté de Pylos sans s'arrêter; mais une terrible tempête la repoussa en arrière et la força de chercher un abri dans le port même auquel s'était fixé Demosthenês, — le seul port qui fût à portée. Cet officier profita de cet accident pour renouveler sa proposition, que toutefois les commandants jugèrent chimérique. Il y avait une grande quantité de caps déserts autour du Péloponèse (disaient-ils), s'il voulait ruiner les ressources de la république en les occupant (1). Les raisons qu'il leur donna en réponse les laissèrent insensibles. Se voyant ainsi repoussé, Demosthenês se permit d'user de la permission illimitée que lui avait accordée le peuple athénien, pour s'adresser d'abord aux soldats, et en dernier lieu aux taxiarques ou officiers inférieurs, — et pour leur persuader de seconder son projet, même contrairement à la volonté des commandants. Ce conflit d'autorité aurait bien pu produire de graves inconvénients; mais il se trouva que les soldats et les taxiarques virent la chose du même point de vue que leurs commandants, et refusèrent de s'y prêter. Nous ne pouvons pas nous étonner d'une telle répugnance, en réfléchissant à l'improbabilité apparente de pouvoir maintenir un tel poste contre la grande supériorité réelle, et supposée encore plus grande, de l'armée de terre lacédæmonienne. Toutefois, il arriva que la flotte y fut retenue pendant quelques jours par un temps orageux; de

---

nent au sud de Navarin a dû être beaucoup plus rapproché qu'il ne l'est aujourd'hui de la partie méridionale de Sphagia, tandis que la passe septentrionale doit aussi avoir été alors et plus étroite et plus dégagée. Supposer un changement dans la configuration de la côte à ce degré, ne me paraît nullement extravagant; toute autre hypothèse qu'on pourra avancer se trouvera enveloppée d'une difficulté beaucoup plus grande.

(1) Thucyd. IV, 3. Le récit à la fois maigre et inexact que fait Diodore de ces événements intéressants de Pylos et de Sphakteria, se trouve dans cet auteur, XII, 61-64.

sorte que les soldats, n'ayant rien à faire, furent pris du désir spontané de s'occuper de la fortification, et ils affluèrent
à l'entour pour l'exécuter avec toute l'émulation de volontaires empressés. Comme ils n'avaient songé à rien de pareil
à leur départ d'Athènes, ils n'avaient ni outils pour tailler
la pierre, ni oiseau (hotte) pour porter du mortier (1). Conséquemment, ils furent obligés de construire leur mur en
rassemblant les morceaux de rochers ou pierres tels qu'ils
les trouvaient, et de les réunir selon que chacun pouvait
s'ajuster ; toutes les fois qu'on avait besoin de mortier, ils
l'apportaient sur leur dos en se courbant, avec les mains
jointes derrière eux pour l'empêcher de couler. Cependant
ces lacunes furent comblées, en partie par l'ardeur sans
bornes des soldats, en partie par les difficultés naturelles du
terrain, qui n'avait guère besoin de fortification, si ce n'est
sur des points particuliers ; le travail fut complété grossière-
ment en six jours, et Demosthenês fut laissé en garnison
avec six vaisseaux, tandis qu'Eurymedôn, avec le gros de la
flotte, fit voile pour Korkyra. Les équipages des cinq vaisseaux (dont deux cependant furent envoyés poûr avertir
Eurymedôn dans la suite) montaient à environ mille hommes
en tout. Mais il arriva bientôt deux corsaires messèniens
armés, de qui Demosthenês obtint un renfort de quarante
hoplites messèniens, avec une provision de boucliers d'osier,
bien que plus propres pour la montre que pour l'usage, afin
d'armer ses rameurs. En tout, il paraît qu'il a dû y avoir
environ deux cents hoplites, outre les marins à demi-
armés (2).

La nouvelle de cette tentative faite pour établir sur le
territoire lacédæmonien même un poste hostile, source de
honte et d'ennui, fut bientôt transmise à Sparte. Cependant on ne prit pas de mesures immédiates pour marcher
vers le lieu, ce qui fut dû à la lenteur naturelle du carac-

----

(1) Thucyd. IV, 4.

(2) Thucyd. IX, 9. Demosthenês
plaça le *plus grand nombre* (τοὺς πολ-
λοὺς) de ses hoplites autour des murs
de son poste, et en choisit *soixante*
pour descendre au rivage. Ceci implique un total qui ne peut guère avoir
été inférieur à deux cents.

tère spartiate, augmentée par une fête que l'on se trouvait
en train de célébrer, et à la persuasion que dès qu'on attaquerait l'ennemi, il serait expulsé à coup sûr. Toutefois, la
nouvelle fit une plus forte impression sur l'armée lacédæmonienne alors en Attique, qui souffrait en même temps du
manque de provisions (le blé n'étant pas encore mûr) et
d'un printemps extraordinairement froid ; aussi Agis la ra-
mena-t-il à Sparte, et la fortification de Pylos eut ainsi
pour effet de réduire l'invasion à la courte et insolite période
de quinze jours. Elle contribua de la même manière à la
protection de Korkyra, car la flotte péloponésienne, qui venait d'y arriver ou qui était encore en route, reçut ordre de
revenir immédiatement sur ses pas pour attaquer Pylos.
Après avoir évité la flotte athénienne en transportant les
vaisseaux à travers l'isthme, à Leukas, elle arriva à Pylos à
peu près en même temps que l'armée de terre lacédæmonienne de Sparte, composée des Spartiates eux-mêmes et
des Periœki voisins. Car les Periœki plus éloignés, aussi
bien que les alliés péloponésiens, qui venaient de revenir de
l'Attique, bien qu'on les sommât d'arriver aussitôt qu'ils le
pourraient, n'accompagnèrent pas cette première marche (1).

Au dernier moment, avant que la flotte péloponésienne
entrât dans le port et l'occupât, Demosthenès détacha deux
de ses cinq trirèmes pour avertir Eurymedôn et le gros de
la flotte, et pour demander un secours immédiat ; quant aux
autres vaisseaux, il les tira sur le rivage, au pied de la fortification, les protégeant par des palissades plantées sur le
devant, et se prépara à se défendre du mieux qu'il pourrait.
Après avoir posté la plus grande partie de ses hommes, —
dont quelques-uns étaient simplement des marins sans
armes, et beaucoup étaient seulement à demi armés, — autour des points attaquables de la fortification, pour résister
aux attaques des forces de terre, lui-même, avec soixante
hoplites choisis et quelques archers, sortit de la fortification et descendit sur le bord de la mer. C'était de ce côté

____

(1) Thucyd. IV, 8.

que le mur était le plus faible; car les Athéniens, confiants dans leur supériorité navale, s'étaient donné peu de peine pour se garantir contre l'agression d'une flotte. En conséquence, Demosthenês prévit que le principal effort de l'attaque serait du côté de la mer. Son seul moyen de salut consistait à empêcher l'ennemi de débarquer, dessein que favorisait le rivage dangereux et hérissé de rochers, qui ne laissait à des vaisseaux la possibilité d'approcher que sur un espace étroit situé immédiatement au pied de la fortification. C'est là qu'il se posta, sur le bord de l'eau, adressant quelques mots d'encouragement à ses hommes et les avertissant qu'il était inutile actuellement de faire de l'esprit à calculer des périls qui n'étaient que trop évidents, — et que la seule chance d'échapper consistait à affronter hardiment l'ennemi avant qu'il pût mettre le pied sur le rivage, la difficulté de débarquer en face d'une résistance étant mieux connue des marins athéniens que de n'importe qui (1).

Avec une flotte de quarante-trois trirèmes sous Thrasymelidas et une puissante armée de terre, faisant une attaque simultanée, les Lacédæmoniens espéraient bien enlever d'un seul coup un rocher converti si précipitamment en poste militaire. Mais comme ils prévirent qu'il se pourrait que la première attaque échouàt, et que la flotte d'Eurymedôn reviendrait probablement, ils résolurent d'occuper sur-le-champ l'île de Spakteria, la place naturelle que la flotte athénienne prendrait pour station, dans le dessein d'aider la garnison du rivage. La côte voisine sur le continent du Péloponèse était à la fois dépourvue de ports et hostile, de sorte qu'il n'y avait pas d'autre endroit rapproché où elle pût mouiller. Et les commandants lacédæmoniens comptaient pouvoir obstruer, pour ainsi dire mécaniquement, les deux entrées conduisant dans le port, au moyen de trirèmes amarrées ensemble de l'île à la terre ferme, avec leurs proues tournées en dehors; de sorte qu'ils seraient en état à tout événement, en occupant l'île aussi bien que les deux passes,

---

(1) Thucyd. IV, 10.

de ne pas laisser avancer la flotte athénienne et de tenir
Demosthenês étroitement bloqué (1) sur le rocher de Pylos,
où les provisions ne tarderaient pas à lui faire défaut. C'est
dans ces vues qu'ils détachèrent, par la voie du sort, quelques hoplites de chacun des lochi spartiates, accompagnés
d'Ilotes selon l'usage, et qu'ils les firent passer à Spakteria,
tandis que leur armée de terre et leur flotte approchèrent à
la fois pour attaquer la fortification.

On nous dit peu de chose relativement à l'assaut du côté
de la terre. Les Lacédæmoniens étaient d'une inhabileté
proverbiale dans l'attaque de tout ce qui ressemblait à une
place fortifiée, et ils paraissent alors n'avoir produit que peu
d'effet sensible. Mais l'effort principal et la vigueur de l'attaque vinrent du côté de la mer, comme Demosthenês l'avait
prévu. Le lieu de débarquement, même là où il était praticable, était encore garni de rochers et difficile, — et de
dimensions si étroites, que les vaisseaux lacédæmoniens ne
pouvaient approcher que par petites escadres à la fois; tandis que les Athéniens tenaient ferme pour empêcher qu'un
seul homme mît le pied sur le rivage. Les trirèmes d'attaque
ramaient avec de grands cris et des exhortations mutuelles,
s'efforçant de se placer de manière que les hoplites sur
l'avant pussent opérer un débarquement : mais telles étaient
les difficultés que présentaient en partie les rochers et en
partie la défense, que les escadres les unes après les autres
l'essayèrent en vain. Et le vaillant exemple de Brasidas ne
leur procura pas même un meilleur succès. Cet officier qui
commandait une trirème, et remarquait que quelques-uns
des pilotes à côté de lui évitaient de pousser leurs vaisseaux
tout près du rivage, dans la crainte de les briser contre les
rochers, les engagea avec indignation à ne pas ménager les
planches de leurs navires quand l'ennemi les avait insultés en
érigeant un fort dans le pays : des Lacédæmoniens (s'écriait-
il) devaient emporter le débarquement de vive force, dussent

---

(1) Thucyd. IV, 8. Τοὺς μὲν οὖν ἔσπλους ταῖς ναυσὶν ἀντιπρώροις βύζην κλήσειν
ἔμελλον.

même leurs navires être mis en morceaux ; les alliés péloponésiens devraient être empressés à sacrifier leurs bâtiments pour Sparte, en retour des nombreux services qu'elle leur a rendus (1). Le premier à agir aussi bien qu'à exhorter, Brasidas contraignit son propre pilote à pousser son vaisseau tout près de la côte, et il s'avança en personne même sur les marches de débarquement, dans le dessein de sauter à terre le premier. Mais il se trouva exposé à toutes les armes des défenseurs athéniens, qui le repoussèrent et l'accablèrent de tant de blessures qu'il perdit connaissance et tomba sur l'avant (ou partie antérieure de la trirème, au delà des rameurs) ; tandis que son bouclier, glissant de son bras, roula par-dessus le bord dans la mer. Son vaisseau fut obligé de se retirer, comme les autres, sans avoir opéré de débarquement. Toutes ces attaques successives du côté de la mer, répétées pendant tout un jour et une partie du lendemain, furent repoussées par Demosthenês et par sa petite troupe avec une bravoure victorieuse. Des deux côtés il semblait s'être effectué un renversement étrange des relations ordinaires (2) ; les Athéniens, peuple essentiellement maritime, combattaient sur terre, — et cela sur le sol lacédæmonien, — contre les Lacédæmoniens, les guerriers de terre les plus distingués de la Grèce, actuellement à bord, et s'efforçant en vain d'effectuer un débarquement sur leur propre rivage. Les Athéniens, en l'honneur de leur succès, érigèrent un trophée, dont le principal ornement fut le bouclier de Brasidas, poussé à la côte par les vagues.

Le troisième jour, les Lacédæmoniens ne renouvelèrent pas leur attaque, mais ils envoyèrent quelques-uns de leurs vaisseaux à Asinê, dans le golfe Messênien, chercher du bois de charpente pour construire des machines de siége, qu'ils

---

(1) Thucyd. IV, 11, 12 ; Diodore, XII. Consulter une excellente note du docteur Arnold sur ce passage, dans laquelle il oppose le vague et l'exagération de Diodore à la clarté modeste de Thucydide.

(2) Thucyd. IV, 12. Ἐπὶ πολὺ γὰρ ἐποίει τῆς δόξης ἐν τῷ τότε, τοῖς μὲν ἠπειρώταις μάλιστα εἶναι καὶ τὰ πεζὰ κρατίστοις, τοῖς δὲ θαλασσίοις τε καὶ ταῖς ναυσὶ πλεῖστον προέχειν.

avaient l'intention d'employer contre la muraille de Demosthenès, du côté qui regardait le port, où elle était plus haute, et ne pouvait être attaquée sans machines, mais où le débarquement en même temps présentait beaucoup de facilité, — car leur attaque antérieure avait été dirigée sur le côté faisant face à la mer, où le mur était plus bas, mais les difficultés de débarquement insurmontables (1).

Mais avant que ces vaisseaux fussent revenus, la face des affaires fut changée sérieusement par le fâcheux retour de la flotte athénienne de Zakynthos sous Eurymédôn, renforcée de quatre vaisseaux de Chios et de quelques-uns des navires de garde à Naupaktos, de sorte qu'elle comptait maintenant cinquante voiles. L'amiral athénien, trouvant la flotte de l'ennemi en possession du port, et voyant l'île de Sphakteria occupée, et le rivage opposé couvert par des hoplites lacédæmoniens (2), — car les alliés de toutes les parties du Péloponèse étaient accourus alors, — chercha en vain à l'entour un endroit pour débarquer. Il ne put trouver d'autre station de nuit que l'île inhabitée de Prôtê, qui n'était pas très-éloignée. De là il cingla le matin vers Pylos, préparé pour un engagement naval, — espérant que peut-être les Lacédæmoniens sortiraient pour le combattre en pleine mer, mais résolu, si cela n'arrivait pas, de forcer l'entrée et d'attaquer la flotte dans le port; la largeur de la mer entre Sphakteria et le continent étant suffisante pour permettre des manœuvres nautiques (3). Les amiraux lacé-

---

(1) Thucyd. IV, 13. Ἐλπίζοντες τὸ κατὰ τὸν λιμένα τεῖχος ὕψος μὲν ἔχειν, ἀποβάσεως δὲ μάλιστα οὔσης ἑλεῖν μηχαναῖς. V. une note de Poppo sur ce passage.

(2) Thucyd. IV, 14.

(3) Thucyd. IV, 13. Les Lacédæmoniens παρεσκευάζοντο, ἢν ἐσπλέῃ τις, ὡς ἐν τῷ λιμένι ὄντι οὐ σμικρῷ ναυμαχήσοντες.

L'expression « le port qui n'était pas petit, » pour désigner la baie spacieuse de Navarin, a donné lieu à beaucoup de remarques de la part de M. Bloomfield et du docteur Arnold, et fut en effet une des raisons qui amenèrent ce dernier à soupçonner que le port dont voulait parler Thucydide *n'était pas* la baie de Navarin, mais le lac voisin de Osmyn Aga.

J'ai déjà discuté cette supposition dans une note antérieure; mais par rapport à l'expression οὐ σμικρῷ, nous pouvons faire observer d'abord que l'emploi d'expressions négatives pour présenter une idée positive était dans

dæmoniens, vraisemblablement confondus par le prompt
retour de la flotte athénienne, ne songèrent jamais à sortir
du port pour combattre, et ils ne réalisèrent même pas leur
projet d'en bloquer les deux entrées avec des trirèmes étroitement amarrées ensemble. Laissant les deux entrées ouvertes, ils se déterminèrent à se défendre à l'intérieur :
mais même là, leurs précautions furent si défectueuses, que
plusieurs de leurs trirèmes étaient encore amarrées, et que
tous leurs rameurs n'étaient pas tous à bord, quand les amiraux athéniens pénétrèrent par les deux entrées à la fois
pour les attaquer. La plupart des trirèmes lacédæmoniennes,
à flot et en état de combattre, résistèrent à l'attaque pendant un certain temps ; mais à la fin elles furent vaincues et
poussées à la côte, avec un sérieux dommage pour beaucoup
d'entre elles (1). On en prit cinq qu'on remorqua, l'une
d'elles ayant tout son équipage à bord. Les Athéniens, poursuivant vigoureusement leur succès, donnèrent contre celles
qui se réfugiaient sur le rivage, aussi bien que contre celles qui
n'étaient pas garnies d'hommes au moment où l'attaque commença, et qui n'avaient pu être mises à flot ni entrer en
action. Quelques-unes des trirèmes vaincues étant abandonnées par leurs équipages, qui sautèrent sur le rivage, les
Athéniens se mettaient en devoir de les remorquer, lorsque
les hoplites lacédæmoniens, sur l'autre côte, opposèrent une
nouvelle et énergique résistance. Irrités au plus haut degré
par la vue de la honteuse défaite de leur flotte, et sachant
les cruelles conséquences qu'elle amènerait, ils entrèrent
dans l'eau tout armés, saisirent les vaisseaux pour empêcher
qu'on ne les entraînât, et engagèrent une lutte désespérée

---

la manière ordinaire de Thucydide.

Mais de plus, — j'ai dit dans une
note précédente qu'il est indispensable,
à mon avis, de supposer que l'île de
Sphakteria était beaucoup plus rapprochée du continent à l'époque de Thucydide qu'elle ne l'est actuellement.
Par conséquent, à cette époque, il est
très-probable que le bassin de Navarin n'était pas aussi vaste que nous le
voyons aujourd'hui.

(1) Thucyd. IV, 14. Ἔτρωσαν μὲν
πολλὰς, πέντε δ' ἔλαϐον. Nous ne pouvons pas dire *blesser* une trirème, —
bien que le mot grec soit à la fois ex-
pressif et exact pour représenter le
coup que lui donne le choc de l'éperon
d'un vaisseau ennemi.

pour déjouer les efforts des assaillants. Nous avons déjà vu un acte semblable de bravoure, deux ans auparavant, de la part des hoplites messêniens qui accompagnaient la flotte de Phormiôn près de Naupaktos (1). Ici on déploya des deux côtés une audace et une valeur extraordinaires, dans l'attaque aussi bien que dans la défense, et les cris et la confusion furent tels, que ni l'habileté des Lacédæmoniens sur terre, ni celle des Athéniens sur mer, ne furent d'une grande utilité : ce fut, des deux côtés, une lutte toute de valeur personnelle et de souffrances considérables. Enfin les Lacédæmoniens l'emportèrent, et sauvèrent tous les vaisseaux à terre ; aucun ne fut amené, excepté ceux qui avaient d'abord été pris. C'est ainsi que les deux parties se séparèrent ; les Athéniens se retirèrent dans leur forteresse à Pylos, où ils furent salués, sans doute, avec des transports de joie par leurs camarades, et où ils élevèrent un trophée comme monument de leur victoire ; — ils rendirent à l'ennemi ses morts pour qu'il les enterrât, et ils recueillirent sur les eaux les débris des navires (2).

Mais le grand prix de la victoire n'était ni les cinq vaisseaux saisis, ni la délivrance apportée aux assiégés dans Pylos. Il consistait dans les hoplites qui occupaient l'île de Sphakteria, et qui actuellement se voyaient toute communication avec le continent coupée, aussi bien que tout secours intercepté. Les Athéniens, faisant voile autour de l'île en triomphe, déjà les regardaient comme leurs prisonniers ; tandis que les Lacédæmoniens sur le continent opposé, dans une profonde affliction, mais ne sachant que faire, envoyèrent à Sparte demander avis. La circonstance était si grave, que les éphores vinrent immédiatement sur les lieux en personne. Comme ils pouvaient encore réunir soixante trirèmes, nombre plus grand que celui des vaisseaux athéniens, — outre une armée considérable sur terre et la disposition complète des ressources du pays, — tandis que les Athéniens

---

(1) V. tome VIII, chapitre 3 de cette histoire.   (2) Thucyd. IV, 13, 14.

n'avaient de pied à terre que sur le promontoire étroit de
Pylos, nous aurions cru qu'un effort vigoureux pour enlever
le détachement emprisonné et pour le transporter, à travers
le détroit resserré, jusqu'à la terre ferme, aurait présenté une
heureuse chance de succès. Et probablement, si Demosthenês ou Brasidas avait été revêtu du commandement, on aurait tenté un tel effort. Mais le courage lacédæmonien était
plutôt ferme et résistant qu'aventureux. De plus, la supériorité des Athéniens sur mer, exerçait sur les esprits des
hommes une sorte de fascination analogue à celle des Spartiates eux-mêmes sur terre; de sorte que les éphores, en
arrivant à Pylos, virent leur position d'un œil découragé, et
envoyèrent un héraut aux commandants athéniens proposer
un armistice, afin de donner à des ambassadeurs le temps
d'aller à Athènes et de traiter de la paix.

Eurymedôn et Demosthenês accédèrent à cette demande,
et un armistice fut conclu aux conditions suivantes. Les Lacédæmoniens consentirent à livrer non-seulement toutes
leurs trirèmes actuellement dans la rade, mais encore toutes
les autres qui se trouvaient dans leurs ports, en tout au
nombre de soixante ; à s'abstenir aussi de toute attaque
contre la forteresse de Pylos, soit par terre, soit par mer,
pendant tout le temps qui serait nécessaire pour la mission
des ambassadeurs envoyés à Athènes aussi bien que pour leur
retour, double démarche pour laquelle on avait fourni une
trirème athénienne. Les Athéniens, de leur côté, s'engagèrent à cesser toute hostilité pendant cet intervalle ; mais il
fut convenu qu'ils veilleraient sur l'île rigoureusement et
sans relàche, sans cependant y débarquer. Pour la subsistance du détachement enfermé dans l'île, les Lacédæmoniens
furent autorisés à envoyer chaque jour deux chœnices de
farine d'orge en gâteaux tout cuits, deux cotylæ de vin (1)

---

(1) Thucyd. IV, 16. La chœnice
était équivalente à environ deux pintes,
mesure sèche anglaise (1 lit. 79 millil.) :
on la considérait comme l'alimentation
journalière habituelle pour un esclave.

Chaque soldat lacédæmonien avait
donc le double de cette ration journalière, et en outre de la viande dont la
quantité et le poids ne sont pas spéci-
fiés ; le fait que la quantité de viahde

et un peu de viande, pour chaque hoplite, — avec la moitié de cette quantité pour chacun des Ilotes qui les servaient ; mais le tout devait se faire sous la surveillance des Athéniens, avec l'obligation péremptoire de n'envoyer en secret aucune autre provision en plus. En outre, on stipula expressément que si une disposition de l'armistice, importante ou non, était violée, le tout serait considéré comme nul et sans effet. Enfin, les Athéniens s'engagèrent, au retour des ambassadeurs envoyés à Athènes, à rendre les trirèmes dans l'état où ils les recevaient.

Ces conditions attestent suffisamment l'humiliation et l'anxiété des Lacédæmoniens ; tandis que la reddition de toute leur flotte, au nombre de soixante trirèmes, qui fut exécutée sur-le-champ, démontre en même temps qu'ils croyaient sincèrement à la possibilité d'obtenir la paix. Sachant bien qu'ils étaient les premiers auteurs de la guerre, à une époque où Athènes désirait la paix, — et que cette dernière avait en outre fait des ouvertures inutiles pendant qu'elle était sous le poids de l'épidémie, — ils présumaient que les mêmes dispositions y régnaient encore, et que leurs désirs pacifiques actuels seraient accueillis avec assez de contentement pour leur procurer sans difficulté l'élargissement des soldats prisonniers dans Sphakteria (1).

Les ambassadeurs lacédæmoniens, transportés à Athènes dans une trirème athénienne, parurent dans l'assemblée publique pour exposer leur mission, suivant la coutume, en faisant précéder leur discours de quelques excuses pour la concision de langage particulière à leur pays. Leur proposition était très-simple en substance. — « Rendez-nous les hommes qui sont dans l'île, et acceptez, en échange de cette faveur, la paix avec l'alliance de Sparte. » Ils appuyèrent

---

n'est pas spécifié semble prouver qu'ils ne craignaient pas d'abus dans cet article.

La kotyle contenait environ une demi-pinte, mesure de vin anglaise (0 lit. 270 millil.). Chaque soldat lacédæmonien avait donc une pinte de vin par jour. C'était toujours l'usage en Grèce de boire le vin largement mélangé d'eau.

(1) Thucyd. IV, 21 : cf. VII, 18.

leur cause par des appels, bien tournés et conciliants, en
partie il est vrai à la générosité, mais plus encore au calcul
prudent d'Athènes ; en admettant explicitement la position
élevée et glorieuse dans laquelle elle était actuellement
placée, aussi bien que leur dignité abaissée et leur situation
inférieure (1). Eux, les Lacédæmoniens, la première et la
plus grande puissance de la Grèce, étaient frappés par la
fortune contraire de la guerre, — et cela encore sans mauvaise conduite de leur part, de sorte qu'ils étaient pour la
première fois obligés de demander à un ennemi la paix,
qu'Athènes avait la précieuse opportunité d'accorder, non-
seulement avec honneur pour elle-même, mais encore de
manière à faire naître dans leurs esprits une amitié ineffa-
çable. Et il convenait à Athènes de faire usage de sa bonne
fortune actuelle pendant qu'elle l'avait — mais non pour
compter sur sa constance ni pour en abuser par d'extravagantes prétentions. Sa propre prudence supérieure, aussi
bien que l'état actuel des Spartiates, pouvait lui apprendre
combien les accidents les plus désastreux survenaient d'une
manière inattendue. En accordant ce qui était maintenant
demandé, elle pouvait faire une paix qui serait beaucoup
plus durable que si elle était fondée sur les concessions
extorquées à un ennemi affaibli, parce qu'elle reposerait
sur l'honneur et la reconnaissance spartiates; plus était
grande l'inimitié antérieure, plus serait fort ce sentiment
réactionnaire (2). Mais si Athènes refusait maintenant, et
si, dans la continuation ultérieure de la guerre, les hommes
enfermés dans Sphakteria venaient à périr, — un motif
nouveau et inexpiable de querelle (3), particulier à Sparte

---

(1) Thucyd. IV, 18. Γνῶτε δὲ καὶ ἐς
τὰς ἡμετέρας νῦν ξυμφορὰς ἀπιδόν-
τες, etc.

(2) Thucyd. IV, 19.

(3) Thucyd. IV, 20. Ἡμῖν δὲ καλῶς,
εἴπερ ποτε, ἔχει ἀμφοτέροις ἡ ξυναλλαγὴ,
πρίν τι ἀνήκεστον διὰ μέσου γενόμενον
ἡμᾶς καταλαβεῖν, ἐν ᾧ ἀνάγκη ἀΐδιον
ὑμῖν ἔχθραν πρὸς τῇ κοινῇ καὶ
ἰδίαν ἔχειν, ὑμᾶς δὲ στερηθῆναι ὧν νῦν
προκαλούμεθα.

Je comprends ces mots κοινὴ et
ἰδία conformément à l'explication du
Scholiaste, dont le docteur Arnold,
aussi bien que Poppo et Goeller, s'é-
loigne, à mon avis, d'une manière er-
ronée. Toute la guerre avait été commencée par suite des plaintes des alliés

seule, serait ajouté à ceux qui existaient déjà, et auxquels Sparte était intéressée plutôt comme chef de la confédération péloponésienne. Et ce n'étaient pas seulement le bon vouloir et la reconnaissance des Spartiates qu'Athènes obtiendrait en acceptant la proposition qui lui était faite ; elle acquerrait de plus l'honneur et la gloire de donner à la Grèce la paix que tous les Grecs reconnaîtraient comme lui étant due. Et quand une fois les deux puissances prééminentes, Athènes et Sparte, auraient cimenté entre elles une amitié sincère, les autres États grecs seraient trop faibles pour résister à ce que toutes deux elles pourraient prescrire (1).

Tel fut le langage tenu par les Lacédæmoniens dans l'assemblée à Athènes. Il était sagement calculé pour leur dessein, bien que, si nous retournons au commencement de la guerre, et que nous lisions les hautaines déclarations des éphores spartiates et de l'assemblée relatives aux torts de leurs alliés et à la nécessité d'arracher pour eux à Athènes une indemnité complète, — le contraste soit en effet frappant. Dans l'occasion actuelle, les Lacédæmoniens agirent entièrement pour eux-mêmes et par considération pour leurs propres besoins ; ils se séparèrent de leurs alliés, et

---

péloponésiens, et des torts qu'ils prétendaient *leur* avoir été faits par Athènes : Sparte elle-même n'avait pas de motif de plainte, — aucun grief dont elle désirât le redressement.

Le docteur Arnold traduit : « Nous aurons pour vous une haine non pas seulement nationale, pour le coup que vous aurez porté à Sparte, mais encore individuelle, parce qu'un si grand nombre d'entre nous auront perdu leurs parents par suite de votre inflexibilité. » — « L'aristocratie spartiate (ajoute-t-il) ressentirait comme une blessure personnelle de perdre à la fois tant de ses membres liés par le sang ou le mariage à ses principales familles. » (Cf. Thucyd. V, 15.)

Nous devons toutefois nous rappeler qu'il n'était pas possible que les Athéniens sussent à ce moment que les hoplites enfermés dans Sphakteria appartenaient dans une grande proportion aux premières familles de Sparte. Et les ambassadeurs spartiates avaient sans doute la prudence diplomatique de s'abstenir de tout fait ou de tout argument qui leur révélât ou même leur suggérât un secret si important.

(1) Thucyd. IV, 20. Ἡμῶν γὰρ καὶ ὑμῶν ταῦτα λεγόντων τό γε ἄλλο Ἑλληνικὸν ἴστε ὅτι ὑποδεέστερον ὂν τὰ μέγιστα τιμήσει.

Aristoph. Pac. 1048.

Ἐξὸν σπεισαμένοις κοινῇ τῆς Ἑλλάδος ἄρχειν.

sollicitèrent une paix spéciale pour eux, avec aussi peu de scrupule que le général spartiate Menedæos l'année précédente, quand il abandonna les confédérés ambrakiotes après la bataille d'Olpæ, afin de conclure une capitulation séparée avec Demosthenês.

Cependant la marche qu'Athènes devait convenablement adopter au sujet de la proposition, n'était nullement évidente. Selon toute probabilité, la trirème qui amenait les ambassadeurs lacédæmoniens apportait aussi la première nouvelle de la tournure imprévue et instantanée qu'avaient prise les événements, tournure qui avait fait des Spartiates dans Sphakteria des prisonniers assurés (c'est ainsi qu'on le croyait alors) et mis en son pouvoir toute la flotte lacédæmonienne, donnant ainsi à la guerre un caractère entièrement nouveau. L'arrivée soudaine d'une nouvelle si prodigieuse, — la présence étonnante d'ambassadeurs lacédæmoniens, portant la branche d'olivier et dans une attitude d'humiliation, — durent produire dans le public sensible d'Athènes des émotions de la dernière intensité ; un orgueil et une confiance tels qu'on n'en avait probablement jamais éprouvé de pareils depuis que Samos avait été reconquise. D'abord il fut difficile de mesurer toute la portée de la nouvelle situation, et Periklês lui-même aurait hésité sur le conseil à donner. Mais l'impression immédiate et dominante dans le public en général fut qu'Athènes pouvait maintenant dicter ses propres conditions, eu égard aux prisonniers de l'île (1).

Kleôn (2) se fit l'organe énergique de cette tendance régnante, comme il l'avait fait trois ans auparavant dans la

---

(1) Thucyd. IV, 21.

(2) Thucyd. IV, 21. Μάλιστα δὲ αὐτοὺς ἐνῆγε Κλέων ὁ Κλεαινέτου, ἀνὴρ δημαγωγὸς κατ' ἐκεῖνον τὸν χρόνον ὢν καὶ τῷ δήμῳ πιθανώτατος · καὶ ἔπεισεν ἀποκρινάσθαι, etc.

Cette phrase a l'air de présenter pour la première fois Kleôn à l'attention du lecteur. Il semblerait que Thucydide avait oublié qu'il avait présenté Kleôn auparavant à l'occasion de la reddition de Mitylênê, et cela encore dans des termes qui y ressemblent beaucoup, — III, 36. Καὶ Κλέων ὁ Κλεαινέτου, — ὢν καὶ ἐς τὰ ἄλλα βιαιότατος τῶν πολιτῶν, καὶ τῷ δήμῳ παρὰ πολὺ ἐν τῷ τότε πιθανώτατος, etc.

sentence adoptée au sujet des Mitylénæens : homme qui, —
comme les grands journaux dans les temps modernes, —
paraissait souvent guider le public parce qu'il donnait une
vive expression à ce que ce dernier sentait déjà, et le déve-
loppait dans ses rapports et ses conséquences indirects.
Dans l'occasion actuelle, il parlait sans doute avec la conviction la plus véritable; car il était plein du sentiment de
la force et de la dignité supérieure d'Athènes, aussi bien
que disposé à une idée confiante des chances de l'avenir. De
plus, dans une discussion semblable à celle qui était ouverte
en ce moment, où il y avait beaucoup de place pour le
doute, il s'avançait avec une proposition à la fois claire et
décisive. Rappelant aux Athéniens la honteuse trêve de
Trente ans à laquelle les malheurs du temps les avaient
forcés d'accéder, quatorze ans avant la guerre du Péloponèse, Kleôn dit avec force que maintenant le moment était
venu pour Athènes de recouvrer ce qu'elle avait perdu alors,
— Nisæa, Pégæ, Trœzen et l'Achaia. Il proposa qu'on
demandât à Sparte de les rendre à Athènes, en échange des
soldats actuellement bloqués dans Sphakteria; après quoi on
conclurait une trêve pour un temps aussi long qu'on le jugerait utile.

Ce décret, adopté par l'assemblée, fut communiqué comme
étant la réponse d'Athènes aux ambassadeurs lacédæmoniens, qui s'étaient probablement retirés après leur premier discours, et qui furent rappelés alors pour l'entendre.
Instruits de la résolution, ils ne firent aucun commentaire
sur sa substance; mais ils invitèrent les Athéniens à nommer des commissaires, qui discuteraient avec eux librement
et mûrement les conditions convenables d'une pacification.
Cependant à ces mots Kleôn éclata à leur égard en reproches
pleins d'indignation. Il avait pensé dès le principe (disait-il)
qu'ils venaient avec des desseins malhonnêtes; mais actuellement la chose était claire, — c'était la seule signification
de ce désir de traiter avec un petit nombre d'hommes séparément du public en général. S'ils avaient réellement quelque
proposition convenable à faire, il les priait de la proclamer
ouvertement devant tous. Mais les ambassadeurs ne purent

se décider à le faire. Ils étaient probablement venus avec
l'autorisation de faire certaines concessions; mais annoncer
ces concessions snr-le-champ, c'eût été rendre une négociation impossible, et en outre les déshonorer aux yeux de
leurs alliés. On s'exposait aussi à encourir ce déshonneur
sans aucun avantage si les Athéniens après tout rejetaient
les conditions, ce que les dispositions de l'assemblée qu'ils
avaient devant eux ne rendaient que trop probable. En
outre, ils étaient sans aucune expérience dans l'art d'en user
avec une assemblée publique, de telles discussions étant
assez rares pour être inconnues en pratique dans le système
lacédæmonien. Pour répondre à la dénonciation d'un orateur véhément comme Kleôn, il fallait une facilité d'élocu-
tion, une habileté et un empire sur soi-même, qu'ils n'avaient
pas eu l'occasion d'acquérir. Ils restèrent silencieux, —
confondus par l'orateur et intimidés par les dispositions de
l'assemblée. Leur mission se termina ainsi, et ils furent re-
conduits dans la trirème à Pylos (1).

Il est probable que si ces ambassadeurs avaient pu faire
une réponse efficace à Kleôn, et défendre leur proposition
contre son accusation de projet frauduleux, ils auraient été
soutenus par Nikias et par un certain nombre d'entre les principaux Athéniens; de sorte que l'assemblée aurait été amenée à tenter du moins l'issue d'une discussion privée entre
agents diplomatiques des deux côtés. Mais la nature du cas
exigeait absolument que les envoyés se présentassent avec
quelque défense pour eux-mêmes, ce que Nikias pouvait seconder d'une manière efficace, mais qu'il ne pouvait créer;
et comme cette tâche était au-dessus de leurs forces, toute
l'affaire manqua. Nous trouverons ci-après d'autres exemples
dans lesquels l'inaptitude d'ambassadeurs lacédæmoniens à
affronter le débat public de la vie politique athénienne, produit des résultats malheureux. Dans le cas actuel, la proposition des ambassadeurs d'entrer en pourparlers avec des commissaires choisis était non-seulement tout à fait raisonnable,

---

(1) Thucyd. IV, 22.

mais elle fournissait la seule possibilité (bien que ce ne fût sans doute pas une certitude) de quelque pacification définitive; et la manœuvre à l'aide de laquelle Kleôn la discrédita fut un abus grave de la publicité, — non inconnu dans la vie politique moderne, bien que plus fréquent dans l'ancienne. Kleôn pensait probablement que si l'on nommait des commissaires, Nikias, Lachès et autres politiques du même rang et de la même couleur, seraient les personnes choisies; personnes que leur désir d'avoir la paix et de contracter alliance avec Sparte rendrait trop faciles et peu soucieuses d'assurer les intérêts d'Athènes. On verra, quand nous en viendrons à décrire la conduite de Nikias quatre années plus tard, que ce soupçon n'était pas mal fondé.

Par malheur, Thucydide, quand il décrit les actes de cette assemblée, si importante par ses conséquences en ce qu'elle intercepta une ouverture de paix pleine de promesses, est bref comme d'ordinaire; il ne nous rapporte que ce que dit Kleôn et ce que décida l'assemblée. Mais bien qu'il ne soit rien avancé de positif relativement à Nikias et à ses partisans, nous apprenons par d'autres sources, et nous pouvons conclure de ce qui se présenta dans la suite, qu'ils s'opposèrent avec vigueur à Kleôn, et qu'ils considérèrent froidement l'entreprise subséquente contre Sphakteria comme étant une mesure qui lui était propre (1).

Il a été d'usage de regarder le renvoi des ambassadeurs lacédæmoniens en cette occasion comme un exemple particulier de folie démocratique. Cependant une appréciation exagérée des chances futures, résultant du succès, et portée à un degré plus extravagant que celle dont Athènes se rendit alors coupable, n'est nullement particulière à la démocratie. D'autres gouvernements, opposés à la démocratie non moins par le caractère que par la forme, — un despote habile comme l'empereur Napoléon, et une aristocratie puissante comme celle d'Angleterre (2), — ont trouvé dans le succès poussé à ses

---

(1) Plutarque, Nikias. c. 7; Philochore, Fragm. 105, éd. Didot.

(2) Lisons quelques remarques de M. Burke sur les dispositions de l'An-

dernières limites une source d'erreurs. Qu'Athènes désirât profiter de ce retour inattendu de bonne fortune, cela était parfaitement raisonnable ; qu'elle s'en servît pour regagner des avantages que d'anciens malheurs l'avaient forcée d'abandonner, c'était un sentiment assez naturel. La demande était-elle excessive, et jusqu'à quel point? — c'est là une question toujours au nombre des plus embarrassantes à déterminer pour tout gouvernement, — monarchique, oligarchique ou démocratique.

Toutefois, nous pouvons faire remarquer que Kleôn donna une tournure impolitique au sentiment athénien, en le dirigeant vers le recouvrement entier et littéral de ce qui avait été perdu vingt ans auparavant. A moins que nous ne devions considérer sa quadruple demande comme une prétention exagérée que devait modifier une négociation subséquente, elle semble présenter quelque plausibilité, mais peu de sagesse à longue vue. Car tandis que d'un côté elle exigeait que Sparte rendît beaucoup de choses qui n'étaient pas en sa possession, et qu'elle aurait dû arracher de force aux alliés, de l'autre, la situation d'Athènes n'était pas la même qu'elle

---

gleterre pendant la guerre d'Amérique:

« Vous vous rappelez qu'au début de cette guerre d'Amérique, vous étiez très-divisés ; et un corps très-fort, sinon le plus fort, s'opposait à la folie que l'on s'appliquait à rendre populaire par tout moyen et par tout pouvoir, afin que les erreurs des gouvernants disparussent dans l'aveuglement général de la nation. Cette opposition dura encore après notre grande, mais très-malheureuse victoire à Long-Island. Alors toutes les digues et tous les remparts de notre constance furent emportés tout d'un coup, et la frénésie de la guerre d'Amérique éclata sur nous comme un déluge. Cette victoire, qui semblait mettre une fin immédiate à toutes les difficultés, perfectionna en nous cet esprit de domination que notre incomparable prospérité n'avait que trop longtemps nourri. Nous avions

été tellement puissants et tellement prospères, que même les plus humbles d'entre nous s'avilissaient dans des vices et des folies de rois. Nous perdîmes toute mesure entre la fin et les moyens, et nos désirs inconsidérés devinrent notre politique et notre morale. Tous les hommes qui souhaitaient la paix, ou qui conservaient des sentiments de modération, furent accablés ou réduits au silence ; et cette ville (Bristol) fut amenée par tous les artifices (et probablement avec d'autant plus d'adresse que j'étais un de vos membres) à se distinguer par son zèle pour cette fatale cause. » Burke, Speech to the electors of Bristol previous to the election (Works, vol, III, p. 365).

Cf. « M. Burke's Letter to the Shériffs of Bristol, » p. 174 du même volume.

avait été quand elle conclut la trêve de Trente ans, et il ne
paraît pas que la restitution de l'Achaïa et de Trœzen eût
été pour elle d'une importance considérable. Nisæa et Pêgæ,
— qui auraient équivalu à la Megaris entière, en ce que Megara seule n'aurait guère pu être gardée avec ses deux ports
au pouvoir de l'ennemi, — eussent été réellement très-pré-
cieuses, puisqu'elle eût pu alors protéger son territoire
contre une invasion venant du Péloponèse, outre l'avantage
de posséder un port dans le golfe corinthien. Et il paraîtrait
que si d'habiles commissaires eussent été nommés pour une
discussion particulière avec les ambassadeurs lacédæmoniens, dans le désir actuel qui pressait Sparte combiné avec
sa disposition à abandonner ses alliés, — il est possible que
ce point important eût été poussé et enlevé, en échange de
Sphakteria. Qui plus est, si même cette acquisition s'était
trouvée impraticable, les Athéniens auraient pu effectuer
quelque arrangement qui aurait élargi la brèche et détruit
la confiance entre Sparte et ses alliés, résultat qu'il était
très-important pour eux d'obtenir. Il y avait donc toute raison pour tenter ce qu'une négociation pourrait produire dans
les dispositions actuelles de Sparte, et la démarche par laquelle Kleôn brisa brusquement de telles espérances fut décidément funeste.

Lorsque les ambassadeurs revinrent sans succès à Pylos (1),
vingt jours après leur départ de cet endroit, l'armistice cessa
immédiatement, et les Lacédæmoniens redemandèrent les trirèmes qu'ils avaient livrées. Mais Eurymedôn refusa de satisfaire à cette demande, alléguant que les Lacédæmoniens
avaient, pendant la trêve, fait une tentative frauduleuse
pour surprendre le rocher de Pylos et violé les stipulations
d'autres manières encore; tandis qu'il était expressément
stipulé dans la trêve que la violation par l'une des deux
parties, même de la moindre des conditions, ferait cesser
toute obligation de part et d'autre. Thucydide, sans donner
son opinion d'une manière distincte, semble plutôt impliquer

______

(1) Thucyd. IV, 39.

qu'il n'y avait pas de motif légitime de refus; bien que, si quelque défaut accidentel de vigilance eût présenté aux Lacédæmoniens une occasion de surprendre Pylos, il fût assez probable qu'ils en profiteraient en voyant que par là ils repousseraient la flotte athénienne de son seul lieu de débarquement, et rendraient impraticable le blocus continu de Sphakteria. Que ce soit vrai ou non, Eurymedôn persista dans son refus, malgré les bruyantes protestations des Lacédæmoniens contre sa perfidie. On reprit énergiquement les hostilités : l'armée lacédæmonienne, sur terre, recommença l'attaque des fortifications de Pylos; tandis que la flotte athénienne redoubla de vigilance dans le blocus de Sphakteria, où elle fut renforcée par vingt nouveaux vaisseaux d'Athènes, ce qui faisait en tout une flotte de soixante-dix trirèmes. Deux vaisseaux faisaient perpétuellement le tour de l'île, dans des directions opposées, pendant tout le jour; tandis que la nuit toute la flotte faisait bonne garde, excepté du côté de la haute mer dans le temps orageux (1).

Toutefois, il se trouva bientôt que le blocus causa plus de privations aux assiégeants eux-mêmes, et fut plus difficile à appliquer en toute rigueur à l'île et à ceux qui l'occupaient, qu'on n'y avait songé dans l'origine. Les Athéniens souffraient beaucoup du manque d'eau. Ils n'avaient qu'une fontaine réellement bonne dans la fortification de Pylos elle-même, et elle était tout à fait insuffisante pour les besoins d'une flotte considérable : beaucoup d'entre eux étaient obligés de gratter le galet et de boire l'eau saumâtre qu'ils pouvaient trouver ; tandis que vaisseaux et hommes étaient perpétuellement à flot, vu qu'ils ne pouvaient prendre de repos ni de rafraîchissement que tour à tour en débarquant successivement sur le rocher de Pylos, ou même sur le bord de Sphakteria, avec toute chance d'être interrompus par l'ennemi, — car il n'y avait pas d'autre lieu de débarquement (2), et la trirème ancienne ne présentait de disposition commode ni pour manger ni pour dormir.

---

(1) Thucyd. IV, 23.   (2) Thucyd. IV, 26. Τῶν νεῶν οὐκ

D'abord, on supporta tous ces maux avec patience, dans
l'espoir que Sphakteria serait bientôt réduite par la famine
et les Spartiates forcés de renouveler leur demande de capitulation. Mais cette demande ne vint pas, et les Athéniens
de la flotte devinrent graduellement malades de corps aussi
bien qu'impatients et irrités d'esprit. Malgré toute leur vigilance, des fournitures clandestines de provisions arrivaient
continuellement à l'île, par suite de la tentation de récom-
penses considérables offertes par le gouvernement spartiate.
D'habiles nageurs s'arrangeaient pour franchir le détroit,
tirant après eux au moyen de cordes des outres pleines de
graines de lin et de graine de pavot mêlée avec du miel,
tandis que des bâtiments marchands, montés surtout par des
Ilotes, partaient de diverses parties de la côte laconienne,
choisissant de préférence des nuits orageuses et affrontant
tous les dangers, afin d'aborder avec leur cargaison du côté
de l'île qui regardait la haute mer, à un moment où les
vaisseaux de garde athéniens ne pouvaient exercer de surveillance (1). Ils s'inquiétaient peu d'endommager leur vaisseau en abordant, pourvu qu'ils pussent débarquer la cargaison; car une ample compensation leur était assurée, en
même temps que l'émancipation à tout Ilote qui réussissait à
atteindre l'île avec des provisions. Bien que les Athéniens
redoublassent de vigilance et interceptassent beaucoup de
ces hardis contrebandiers, il y en avait encore d'autres qui
leur échappaient. De plus, les rations fournies à l'île par stipulation pendant l'absence des ambassadeurs, lors de leur
voyage à Athènes, avaient été si abondantes, qu'Epitadas, le
commandant, avait pu économiser et faire ainsi durer le
fonds plus longtemps. Les semaines succédaient aux semaines sans aucun symptôme de reddition. Non-seulement
les Athéniens ressentaient les souffrances actuelles de leur

ἐχούσων ὅρμον. Cela ne veut pas dire
(comme quelques-uns des commentateurs semblent le supposer, V. une note
de Poppo) que les Athéniens n'avaient
pas un vaste espace de mer dans le port;
cela signifie qu'ils n'avaient pas de station sur la côte, si ce n'est l'espace
étroit de Pylos même.

(1) Thucyd. IV, 26.

position, mais encore ils éprouvaient des craintes au sujet de leurs provisions, toutes apportées par mer autour du Péloponèse à ce rivage éloigné et nu. Ils commençaient même à douter de la possibilité de continuer indéfiniment ce blocus, contre les éventualités d'un temps violent qui s'ensuivrait probablement à la fin de l'été. Dans cet état de fatigue et d'incertitude, l'actif Demosthenês se mit à organiser une descente dans l'île, avec la pensée de l'enlever de vive force. Non-seulement il envoya demander des troupes aux alliés voisins, à Zakynthos et à Naupaktos, mais encore il transmit à Athènes une requête pressante, afin qu'on lui fournît des renforts pour ce dessein, — faisant connaître implicitement et l'état fâcheux de l'armement et les chances stériles d'un simple blocus (1).

L'arrivée de ces députés causa une mortification aux Athéniens à Athènes. Ils s'étaient attendus à apprendre longtemps

---

(1) Thucyd. IV, 27, 29, 30.

(C. 27.) Ἐν δὲ ταῖς Ἀθήναις πυνθανόμενοι περὶ τῆς στρατιᾶς ὅτι ταλαιπωρεῖται, καὶ σῖτος τοῖς ἐν τῇ νήσῳ ὅτι ἐσπλεῖ, etc.

Κλέων δὲ γνοὺς αὐτῶν τὴν ἐς αὐτὸν ὑποψίαν περὶ τῆς κωλύμης τῆς ξυμβάσεως, οὐ τἀληθῆ ἔφη λέγειν τοὺς ἐξαγγέλλοντας. Παραινούντων δὲ τῶν ἀφιγμένων, εἰ μὴ σφίσι πιστεύουσι κατασκόπους τινὰς πέμψαι, etc.

(29) Τὸν δὲ Δημοσθένην προσέλαβε πυνθανόμενος τὴν ἀπόβασιν αὐτὸν ἐς τὴν νῆσον διανοεῖσθαι, etc.

(30) Δημοσθένης, τὴν ἐπιχείρησιν παρεσκευάζετο στρατιάν τε μεταπέμπων ἐκ τῶν ἐγγὺς ξυμμάχων καὶ τὰ ἄλλα ἑτοιμάζων. Κλέων δὲ, ἐκείνῳ τε προμέμψας ἄγγελον ὡς ἥξων, καὶ ἔχων στρατιὰν ἣν ᾐτήσατο, ἀφικνεῖται ἐς Πύλον.

Que ces personnes οἱ ἐξαγγέλλοντες — οἱ ἀφιγμένοι — fussent des députés envoyés par Demosthenês et les autres généraux athéniens qui se trouvaient à Pylos pour faire un rapport à l'assemblée athénienne, — c'est ce que j'admets avec une entière confiance. On ne

laissa pas le peuple athénien apprendre de personnes conduites par le hasard l'état de son armement et le progrès de cette entreprise importante. Que Demosthenês eût demandé un renfort, c'est ce qui est avancé ici expressément; et quand cela ne serait pas, nous pourrions le présumer avec assez de confiance, d'après l'attaque qu'il méditait contre Sphakteria et les efforts qu'il faisait dans son propre voisinage et chez les alliés. En outre, quand il est dit (c. 27) que les Athéniens, en entendant les rapports des députés, étaient déjà disposés d'eux-mêmes à y envoyer des forces (ὡρμημένους τι τὸ πλέον τῇ γνώμῃ στρατεύειν), — et quand Kleôn dit au peuple : — « Si vous croyez vrais les rapports des députés, envoyez sur-le-champ des forces contre Sphakteria » — (εἰ δοκεῖ αὐτοῖς ἀληθῆ εἶναι τὰ ἀγγελλόμενα, πλεῖν ἐπὶ τοὺς ἄνδρας), — c'est à mes yeux une preuve évidente que le rapport quant aux faits avait été présenté par les députés comme un motif pour demander des renforts.

auparavant que Sphakteria s'était rendue ; on leur apprenait
maintenant à considérer même la conquête définitive comme
un fait douteux. Ils furent surpris que les Lacédæmoniens
n'envoyassent pas de nouveaux ambassadeurs pour solliciter
la paix, et commencèrent à soupçonner que ce silence était
fondé sur l'espoir sérieux d'être en état de tenir. Mais de
tous les citoyens, le plus déconcerté fut Kleôn, qui remarqua
que le peuple regrettait actuellement son rejet insultant du
message lacédæmonien, et qu'il était fâché contre lui pour
l'avoir conseillé ; tandis qu'au contraire ses nombreux ennemis politiques se réjouirent de la tournure qu'avaient prise
les événements, en ce qu'elle offrait un moyen d'effectuer sa
ruine. D'abord, Kleôn prétendit que les députés avaient présenté faussement l'état des faits. A quoi ces derniers répondirent en demandant avec instance que, si l'on se défiait de
leur exactitude, on envoyât des commissaires inspecteurs
pour la vérifier ; et Kleôn lui-même, avec Theogenês, fut
sur-le-champ nommé à cette fonction.

Mais il ne convenait pas au dessein de Kleôn d'aller
comme commissaire à Pylos. La défiance qu'il avait montrée
pour le rapport des députés n'était qu'un simple soupçon général, ne reposant sur aucune preuve évidente. De plus, il
vit que les dispositions de l'assemblée tendaient à accéder à
la requête de Demosthenês et à envoyer un armement comme
renfort. En conséquence, il changea de ton aussitôt : « Si
vous croyez réellement ce qu'on vous expose (dit-il), ne per-
dez pas de temps à envoyer des commissaires, mais partez
sans retard pour vous emparer de ces Spartiates. Il serait
facile avec des forces convenables, si vos généraux étaient
des *hommes* (ici il désigna avec reproche son ennemi Nikias,
alors stratègos) (1), de faire voile et de prendre les ennemis

(1) Thucyd. IV, 27. Καὶ ἐς Νικίαν
τὸν Νικηράτου στρατηγὸν ὄντα ἀπεσή-
μαινεν, ἐχθρὸς ὢν καὶ ἐπιτιμῶν — ῥᾳ-
διον εἶναι παρασκευῇ, εἰ ἄνδρες εἶεν οἱ
στρατηγοὶ, πλεύσαντας λαβεῖν τοὺς ἐν
τῇ νήσῳ · καὶ αὐτός γ' ἄν, εἰ ἦρχε, ποιῆσαι τοῦτο. Ὁ δὲ Νικίας τῶν τε Ἀθηναίων τι ὑποθορυβησάντων ἐς τὸν
Κλέωνα, ὅτι οὐ καὶ νῦν πλεῖ, εἰ ῥᾴδιόν
γε αὐτῷ φαίνεται · καὶ ἅμα ὁρῶν αὐτὸν
ἐπιτιμῶντα, ἐκέλευεν ἥντινα βούλεται
δύναμιν λαβόντα, τὸ ἐπί σφᾶς εἶναι, ἐπι-
χειρεῖν.

dans l'île. C'est ce que du moins *je* voudrais faire si *j*'étais
général. » Ses paroles provoquèrent instantanément un murmure hostile dans une partie de l'assemblée. « Pourquoi ne
t'embarques-tu pas sur-le-champ, si tu crois la chose si
facile? » Nikias, profitant de ce murmure, et charmé d'avoir
pris au piége son ennemi politique, s'avança en personne et
le pressa de se mettre à l'œuvre sans retard ; il lui donna à
entendre que ses collègues et lui-même étaient tout disposés
à lui accorder la partie des forces militaires de la république qu'il lui conviendrait de demander.

Kleôn commença par adhérer à la proposition, la croyant
un simple stratagème de débat, employé sans intention
sérieuse. Mais aussitôt qu'il vit que l'on pensait réellement
ce que l'on disait, il essaya de revenir sur ses pas et dit à
Nikias : « C'est ton devoir de partir; *tu* es général, et non
pas moi (1). » Nikias, pour toute réponse, répéta son exhortation, renonça formellement au commandement contre
Sphakteria, et invita les Athéniens à se rappeler ce qu'avait
dit Kleôn, et à le contraindre à tenir son engagement. Plus
Kleôn s'efforçait d'esquiver ce devoir, plus l'assemblée
criait avec force et unanimité que Nikias lui abandonnât
son pouvoir et que *lui* s'en chargeât. Enfin, voyant qu'il n'y
avait pas possibilité de reculer, Kleôn accepta la charge
avec répugnance et s'avança pour annoncer son intention
dans un discours résolu : — « Je n'ai pas peur des Lacédæmoniens (dit-il) ; je partirai sans même prendre avec moi
aucun des hoplites du rôle athénien régulier, mais seulement les hoplites lemniens et imbriens qui sont actuellement ici (c'est-à-dire des Klèruchi athéniens ou citoyens

---

(1) Thucyd. IV, 28. Ὁ δὲ (Κλέων)
τὸ μὲν πρῶτον οἰόμενος αὐτὸν (Νικίαν)
λόγῳ μόνον ἀφιέναι, ἑτοῖμος ἦν, γνοὺς δὲ
τῷ ὄντι παραδωσείοντα ἀνεχώρει, καὶ
οὐκ ἔφη αὐτὸς ἀλλ' ἐκεῖνον στρατηγεῖν,
δεδιὼς ἤδη καὶ οὐκ ἂν οἰόμενος οἱ αὐτὸν
τολμῆσαι ὑποχωρῆσαι. Αὖθις δὲ ὁ Νικίας
ἐκέλευε, καὶ ἐξίστατο τῆς ἐπὶ Πύλῳ
ἀρχῆς, καὶ μάρτυρας τοὺς Ἀθηναίους
ἐποιεῖτο. Οἱ δὲ, οἷον ὄχλος φιλεῖ
ποιεῖν, ὅσῳ μᾶλλον ὁ Κλέων ὑπέφευγε
τὸν πλοῦν καὶ ἐξανεχώρει τὰ εἰρημένα,
τόσῳ ἐπεκελεύοντο τῷ Νικίᾳ παραδιδό-
ναι τὴν ἀρχὴν, καὶ ἐκείνῳ ἐπεβόων πλεῖν.
Ὥστε οὐκ ἔχων ὅπως τῶν εἰρημένων ἔτι
ἐξαπαλλαγῇ, ὑφίσταται τὸν πλοῦν, καὶ
παρελθὼν οὔτε φοβεῖσθαι ἔφη Λακεδαιμονίους, etc.

habitant à l'extérieur, qui avaient des biens à Lemnos et à Imbros et qui y résidaient habituellement), avec quelques peltastes amenés d'Ænos en Thrace, et quatre cents archers. Avec ces forces, ajoutées à ce qui est déjà à Pylos, je m'engage, dans l'espace de vingt jours, soit à amener ici comme prisonniers les Lacédæmoniens enfermés dans Sphakteria, soit à les tuer dans l'île. » Cette légèreté de langage (κουφολογία) de la part de Kleôn fit rire quelque peu les Athéniens (fait observer Thucydide); mais les hommes sensés songèrent avec plaisir que l'un ou l'autre de ces deux avantages était maintenant certain; ou bien ils seraient délivrés de Kleôn, ce qu'ils espéraient comme l'issue à la fois la plus probable et la plus désirable, — ou si l'on se trompait sur ce point, les Lacédæmoniens dans l'île seraient tués ou pris (1). En conséquence, on vota pour le départ immédiat de Kleôn, qui fit nommer Demosthenês comme son collègue dans le commandement, et fit savoir aussitôt à Pylos qu'il était sur le point de partir avec le renfort demandé.

Cette curieure scène, intéressante en ce qu'elle découvre le sentiment intérieur de l'assemblée athénienne, suggère, à la bien considérer, des réflexions très-différentes de celles qui y ont été habituellement rattachées. La plupart des historiens semblent n'y voir qu'un trait de légèreté ou de folie dans le peuple athénien, qui, suppose-t-on, s'est donné le plaisir de faire l'excellente plaisanterie de mettre un homme incapable, contre sa propre volonté, à la tête de son entreprise, afin de pouvoir s'amuser de ses bévues; Kleôn est ainsi méprisable, et le peuple athénien ridicule. Assurément, si ce peuple avait été disposé à conduire ses affaires publiques d'après des caprices aussi puérils que ceux qui sont impliqués ici, il aurait fait une figure très-différente de celle que l'histoire nous présente réellement. La vérité est

---

(1) Thucyd. IV, 28. Τοῖς δὲ Ἀθηναίοις ἐνέπεσε μέν τι καὶ γέλωτος τῇ κουφολογίᾳ αὐτοῦ · ἀσμένοις δ' ὅμως ἐγίγνετο τοῖς σώφροσι τῶν ἀνθρώπων, λογιζομένοις δυοῖν ἀγαθοῖν τοῦ ἑτέρου τεύξεσθαι — ἢ Κλέωνος ἀπαλλαγήσεσθαι, ὃ μᾶλλον ἤλπιζον, ἢ σφαλεῖσι γνώμης Λακεδαιμονίους σφίσι χειρώσασθαι.

que, par rapport à la légèreté de langage attribuée à Kleôn,
et qui excita plus ou moins le rire parmi les personnes pré-
sentes, il n'y eut en réalité de ridicules que les rieurs eux-
mêmes. Car ce qu'il annonça était si loin d'être extravagant, qu'il le réalisa à la lettre, et ajoutons, sans l'aide
particulière d'un accident favorable imprévu. Pour jeter
encore plus de jour sur ce que nous disons ici, nous n'avons
qu'à comparer les railleurs avant le fait avec les railleurs
après le fait. Tandis que les premiers se moquent de Kleôn
comme d'un homme qui promet des résultats extravagants
et impossibles, nous voyons Aristophane (1) (dans sa comédie des Chevaliers environ six mois plus tard) rire de lui
comme n'ayant rien fait du tout, — comme étant entré par
artifice dans les souliers de Demosthenês et ayant volé à ce
général la gloire de prendre Sphakteria, après que toutes
les difficultés de l'entreprise avaient déjà été surmontées et
que « le gâteau était tout cuit » — pour employer la phrase
du poëte comique. Ces deux plaisanteries sont des exagéra-
tions en sens opposés; mais la dernière dans l'ordre du
temps, si elle est bonne contre Kleôn, est un sarcasme amer
contre ceux qui se moquaient de Kleôn comme d'un fanfaron extravagant.

Si nous voulons comparer sans parti pris la conduite de
Kleôn avec celle de ses adversaires politiques, nous devons
distinguer entre les deux occasions : d'abord, celle dans
laquelle il avait fait échouer la mission pacifique des ambassadeurs lacédæmoniens; ensuite, le délai subséquent et le

---

(1) Aristophane, Equit. 54 :
.... Καὶ πρωήν γ' ἐμοῦ
Μᾶζαν μεμαχότος ἐν Πύλῳ Λαχο-
[νικὴν,
Πανουργότατά πως περιδραμὼν, ὑφαρ-
[πάσας
Αὐτὸς παρέθηκε τὴν ὑπ' ἐμοῦ μεμαγ-
[μένην.
C'est Demosthenês qui parle au sujet
de Kleôn, appelé dans cette comédie
l'esclave paphlagonien de Dêmos.
Cf. v. 391 :

Κᾆτ' ἀνὴρ ἔδοξεν εἶναι, τἀλλότριον
[ἀμὼν θέρος, etc.,
et 740-1197.
Loin de se glisser artificieusement
dans le poste de général, Kleôn fit tout
son possible pour l'éviter, et il ne fut
forcé de s'en charger que par les artifices de ses ennemis. Il est important
de mentionner combien peu les plaisanteries d'Aristophane peuvent être
prises comme preuve de réalité historique.

dilemme que nous avons récemment décrit. Dans la première occasion, son avis paraît avoir été erroné en politique, aussi bien que blessant dans la forme ; ses adversaires, en proposant une discussion par commissaires spéciaux comme chance favorable pour obtenir d'honorables conditions de paix, se firent une idée plus juste des intérêts publics. Mais le cas changea entièrement quand on eut fait cesser (sagement ou non) la mission destinée à obtenir la paix, et quand on eut remis le sort de Sphakteria aux chances de la guerre. Il y eut alors des raisons impérieuses de poursuivre les hostilités avec vigueur et d'employer toutes les forces nécessaires pour assurer la prise de cette île. Et en songeant à cette fin, nous verrons qu'il n'y eut rien dans la conduite de Kleôn qui méritât le blâme ou la raillerie ; tandis que ses adversaires politiques (Nikias entre autres) sont déplorablement timides, ignorants et indifférents à l'intérêt public, ne songeant qu'à profiter du désappointement du moment ainsi que du dilemme pour en faire l'occasion de sa ruine.

Accorder le renfort demandé par Demosthenês, c'était évidemment la mesure convenable, et Kleôn vit que le peuple soutiendrait sa proposition. Mais il avait en même temps de bonnes raisons pour reprocher à Nikias et aux autres stratêgi, dont le devoir était de la produire, la lenteur dont ils faisaient preuve en gardant le silence et en laissant la chose aller comme elle pouvait, comme si c'était l'affaire de Kleôn et non la leur. Sa bravade — « c'est ce que *j*'aurais fait, moi, si *j*'étais général » — était une simple phrase amenée par la chaleur du débat, telle qu'on en a dû très-souvent employer de pareilles sans aucune idée de la part des auditeurs de l'expliquer comme un engagement que l'orateur était tenu de réaliser. Il n'était pas déshonorant pour Kleôn de décliner une charge qu'il n'avait jamais recherchée et d'avouer son incompétence pour le commandement. Ce qui le força d'accepter le poste, malgré sa répugnance non affectée, ce ne fut pas (comme quelques historiens voudraient nous le faire croire) parce que le peuple athénien aimait une plaisanterie, mais ce furent deux sentiments, tous deux tout à fait sérieux, qui partageaient l'assemblée, — sentiments opposés par leur nature, mais coïncidant en cette occasion pour tendre au même résultat. Ses ennemis le poussaient à grands cris en avant, dans l'espérance que l'entreprise échouerait entre ses mains et qu'il serait ruiné ainsi; ses amis, s'apercevant de cette manœuvre, mais ne partageant pas les mêmes pensées et attribuant sa résistance à la modestie, ne s'en prononcèrent qu'avec plus de force en faveur de leur chef, et répondirent au cri de mépris par des cris de sincère encouragement. « Pourquoi ne tentes-tu pas l'entreprise, Kleôn, si tu la crois si aisée? Tu verras bientôt que c'est trop pour toi, » — voilà ce que lui criaient ses ennemis; à quoi ses amis répondaient : — « Oui, assurément, essaye, Kleôn; à tout prix, essaye; ne recule pas; nous te certifions que tu en sortiras à ton honneur et que nous serons avec toi. » Ces cris en sens opposé sont précisément dans la nature d'une multitude animée (comme le dit Thucydide (1)), et divisée de sentiment. Amis aussi bien qu'ennemis concoururent ainsi à imposer à Kleôn une obligation à laquelle il ne pouvait échapper. De tous ceux qui sont engagés dans cette affaire, ceux dont la conduite est la plus honteuse et la plus impardonnable sont Nikias et ses partisans oligarchiques, qui forcent un ennemi politique à accepter le commandement suprême malgré ses énergiques protestations, persuadés qu'il échouera de manière à compromettre la vie de beaucoup de soldats et les destinées de l'État dans cette circonstance importante, — mais heureux de l'idée qu'ils l'amèneront au déshonneur et à la ruine.

On doit faire remarquer que Nikias et les stratêgi, ses collègues, reculèrent dans cette occasion, en partie parce qu'ils eurent réellement peur de la tâche. Ils prévoyaient une résistance jusqu'à la mort à Sphakteria semblable à celle des Thermopylæ; et dans ce cas, bien qu'il se pût que la victoire fût remportée par des forces assaillantes supérieures, elle ne le serait pas sans beaucoup de sang versé et

---

(1) Thucydide, IV, 28. Οἷον ὄχλος φιλεῖ ποιεῖν, etc.

de péril, outre une querelle à mort avec Sparte. Si Kleón mesura les chances plus exactement, on devrait lui en faire honneur comme à un homme « bene ausus vana contemnere. » Et il semble probable que, s'il ne s'était pas avancé ainsi pour appuyer la demande de renfort faite par Demosthenês, — ou plutôt s'il n'avait pas été placé de manière à être forcé de l'avancer, — Nikias et ses amis auraient laissé de côté l'entreprise, et rouvert des négociations de paix dans des circonstances ni honorables ni avantageuses pour Athènes. Kleón fut dans cette affaire l'un des principaux auteurs du succès le plus important qu'ait obtenu Athènes dans tout le cours de la guerre.

Quand il rejoignit Demosthenês avec son renfort, Kleón trouva tous les préparatifs pour l'attaque faits par ce général, et les soldats, à Pylos, impatients de commencer les mesures agressives qui les délivreraient de l'ennui d'un blocus. Sphakteria était devenue récemment plus facile à attaquer par suite d'un incendie accidentel du bois, provenant d'un feu allumé par les marins athéniens, tandis qu'ils étaient débarqués sur le bord de l'île et qu'ils faisaient cuire leurs aliments. Sous l'influence d'un vent violent, une grande partie du bois de l'île avait ainsi pris feu et avait été détruite. Pour Demosthenês, c'était un accident particulièrement heureux; car la pénible expérience de sa défaite sur les collines boisées de l'Ætolia lui avait appris combien il était difficile pour des assaillants de lutter avec un ennemi qu'ils ne pouvaient voir, et qui connaissait tous les bons points de défense du pays (1). L'île étant ainsi dépouillée de son bois, il put surveiller la garnison, compter le nombre des hommes, et établir son plan d'attaque d'après des données certaines. Il découvrit aussi alors pour la première fois qu'il avait déprécié leur nombre réel, après avoir soupçonné auparavant que les Lacédæmoniens y avaient envoyé des rations pour un total plus grand que celui qui y était réellement contenu. L'île était occupée en tout par quatre

____

(1) Thucydide, IV, 30.

cent vingt hoplites lacédæmoniens, dont plus de cent vingt étaîent natifs de Sparte et appartenaient aux premières familles de la ville. Le commandant Epitadas, avec le corps principal, occupait le centre de l'île, près de la seule source d'eau qu'elle fournît (1) ; une garde avancée de trente hoplites était postée non loin du rivage de la mer, à l'extrémité de l'île la plus éloignée de Pylos; tandis que celle qui faisait immédiatement face à Pylos, particulièrement escarpée et raboteuse, et contenant même une enceinte grossière de pierres, d'origine inconnue, qui servait de sorte de défense, — était gardée comme poste de réserve (2).

Telle était la proie que désiraient saisir Kleôn et Demosthenès. Le jour même de l'arrivée du premier, ils envoyèrent un héraut aux commandants lacédæmoniens sur le continent, pour les inviter à livrer les hoplites de l'île, à condition qu'ils seraient simplement retenus sous bonne garde sans aucun mauvais traitement, jusqu'à ce que fût effectuée une pacification définitive. Naturellement la sommation fut repoussée; ensuite, ne donnant à leurs hommes qu'un jour de repos, les deux généraux profitèrent de la nuit pour embarquer tous leurs hoplites sur un petit nombre de trirèmes, qui firent semblant de commencer simplement leur circumnavigation nocturne ordinaire, de manière à ne pas exciter de soupçon parmi les ennemis qui occupaient l'île. Le corps entier des hoplites athéniens, au nombre de huit cents, fut ainsi débarqué en deux divisions, l'une de chaque côté de l'île, un peu avant l'aurore ; les avant-postes, composés de trente Lacédæmoniens, qui n'étaient nullement préparés, furent surpris même dans leur sommeil et tous tués (3). Au point du jour, toutes les autres troupes des soixante-douze trirèmes furent aussi débarquées, on ne laissa à bord que les thalamii ou rang le plus bas de rameurs, et on ne réserva qu'un nombre suffisant pour garnir d'hommes les murs

---

(1) Le colonel Leake donne une explication intéressante de ces particularités de la topographie de l'île, qui peuvent être vérifiées même aujourd'hui (Travels in Morea, vol. I, p. 408).

(2) Thucydide, IV, 31.

(3) Thucydide, IV, 31.

de Pylos. En tout ils ne peuvent avoir été moins de dix mille
hommes employés dans l'attaque de l'île — de toutes armes:
huit cents hoplites, huit cents peltastes, huit cents archers;
le reste armé avec des javelines, des frondes et des pierres.
Demosthenês garda ses hoplites en un seul corps compacte,
mais il répartit les soldats armés à la légère en compagnies
séparées de deux cents hommes chacune environ, avec ordre
d'occuper les terrains élevés tout à l'entour et de harceler
les Lacédæmoniens dans les flancs et par derrière (1).

Pour résister à ces forces considérables, le commandant
lacédæmonien Epitadas n'avait autour de lui que trois cent
soixante hoplites ; car sa compagnie avancée de trente
hommes avait été tuée, et il avait dû en mettre en réserve
une fois autant pour garder la station garnie de rochers sur
ses derrières. Quant aux Ilotes qui étaient avec lui, Thucydide n'en dit rien pendant tout le cours de l'action. Aussitôt
qu'il vit le nombre et la disposition de ses ennemis, Epitadas rangea ses hommes en ordre de bataille, et s'avança
pour en venir aux mains avec le corps principal d'hoplites
qu'il voyait devant lui. Mais la marche spartiate était habituellement lente (2); de plus, le terrain était raboteux et
inégal, obstrué par des chicots, et couvert de poussière et
de cendres, par suite de l'incendie récent du bois, de sorte
qu'une marche à la fois rapide et régulière n'était guère
possible. Il avait à traverser tout l'espace intermédiaire,
puisque les hoplites athéniens restaient immobiles dans leur
position. Il n'eut pas plus tôt commencé sa marche, qu'il se
vit assailli tant par derrière que sur les flancs, surtout au
flanc droit, que ne protégeait pas le bouclier, par les nombreuses compagnies de soldats armés à la légère (3). Nonobstant leur extraordinaire supériorité de nombre, ces hommes
furent d'abord frappés de terreur de se trouver en lutte
réelle avec des hoplites lacédæmoniens (4). Toutefois ils
commencèrent le combat, lancèrent leurs armes de trait, et

------

(1) Thucydide, IV, 32.
(2) Thucydide, V, 71.
(3) Thucydide, IV, 33.

(4) Thucydide IV, 33. Ὥσπερ ὅτε
πρῶτον ἀπέβαινον τῇ γνώμῃ δεδου-
λωμένοι ὡς ἐπὶ Λακεδαιμονίους, etc.

inquiétèrent tellement la marche que les hoplites furent
obligés de s'arrêter, tandis qu'Epitadas ordonnait aux plus
actifs d'entre eux de sortir de leurs rangs et de repousser
les assaillants. Mais des soldats poursuivant avec une lance
et un bouclier avaient peu de chance d'atteindre des hommes
vêtus et armés légèrement, qui se retiraient toujours,, dans
quelque direction que fût commencée la poursuite, — avaient
l'avantage que leur offrait un terrain difficile, — redou-
blaient leurs attaques inquiétantes sur les derrières de leurs
ennemis, dès que ces derniers faisaient retraite pour reprendre leur place dans les rangs, — et avaient toujours
soin de gagner du terrain à l'arrière des hoplites.

Après quelque expérience de l'inefficacité de leur poursuite, les hommes armés à la légère, devenus beaucoup plus
hardis que dès le début, en vinrent aux mains avec les Lacédæmoniens, plus près, et plus généralement avec des
flèches, des javelines et des pierres;.— ils poussaient des
cris et des clameurs qui fendaient l'air et empêchaient le
commandement de parvenir aux soldats. lacédæmoniens, —
qui en même temps étaient presque aveuglés par les nuages
épais de poussière produits par les cendres du bois récemment dispersées (1). L'éducation dans le système de Lykur-
gue ne préparait pas à cette manière de combattre. Plus
elle durait, plus l'embarras des hoplites exposés devenait
pénible. Leurs efforts répétés, pour détruire ou même pour
atteindre des ennemis agiles et qui revenaient sans cesse,
avortèrent tous ; tandis que leur propre nombre diminuait
incessamment par suite de blessures qu'i..; ne pouvaient pas
rendre. Leurs seules armes offensives consistaient en la
longue lance et la courte épée, habituelles à l'hoplite grec,
sans aucune arme de trait quelconque ; et·ils ne pouvaient
pas même recueillir et renvoyer les javelines de leurs ennemis, vu que les pointes de ces javelines se brisaient ordinairement et se fixaient dans les boucliers ou quelquefois même

---

(1) Thucydide, IV, 34. Cf. avec ce
récit celui de la destruction de la mora
lacédæmonienne près de Lechæon, par
Iphikratês et les peltastes (Xénophon,
Hellen. IV, 5, 11).

dans le corps qu'elles avaient blessé. De plus, les arcs des archers, sans doute choisis avec soin avant le départ d'Athènes, étaient tirés avec beaucoup de force, de sorte que leurs flèches ont pu parfois percer et faire des blessures à travers le bouclier ou le casque. Mais, quoi qu'il en soit, le pourpoint rembourré, qui formait la seule défense de l'hoplite, de son côté non protégé par le bouclier, était une protection très-insuffisante contre elles (1). Les Lacédæmoniens restèrent longtemps dans cette situation critique, pauvrement pourvus pour la défense, et dans ce cas particulier tout à fait sans ressource pour l'attaque, — sans pouvoir en aucune sorte s'approcher des hoplites athéniens. A la fin le commandant lacédæmonien, voyant que sa position empirait d'heure en heure, donna l'ordre de serrer les rangs et de faire retraite vers la dernière redoute située derrière eux. Mais ce mouvement ne s'exécuta pas sans difficulté, car les assaillants légèrement armés devinrent si hardis et pous-

---

(1) Thucydide, IV, 34. Τό τε ἔργον ἐνταῦθα χαλεπὸν τοῖς Λακεδαιμονίοις καθίστατο · οὔτε γὰρ οἱ πῖλοι ἔστεγον τὰ τοξεύματα, δοράτιά τε ἐναποκέκλαστο βαλλομένων, εἶχον δὲ οὐδὲν σφίσιν αὐτοῖς χρήσασθαι, ἀποκεκλημένοι μὲν τῇ ὄψει τοῦ προορᾷν, ὑπὸ δὲ τῆς μείζονος βοῆς τῶν πολεμίων τὰ ἐν αὐτοῖς παραγγελλόμενα οὐκ ἐσακούοντες, κινδύνου δὲ πανταχόθεν περιεστῶτος, καὶ οὐκ ἔχοντες ἐλπίδα καθ' ὅ, τι χρὴ ἀμυνομένους σωθῆναι.

Il y a eu des doutes et des difficultés dans ce passage, même du temps des Scholiastes. Quelques commentateurs ont traduit πῖλοι par *bonnets* ou *chapeaux*, — d'autres par *cuirasses ouatées* de laine ou de feutre autour de la poitrine et du dos : V. les notes de Duker, du docteur Arnold, de Poppo et de Goeller. Que le mot πῖλος soit quelquefois employé pour le casque ou armet, cela est incontestable, — parfois même (avec ou sans χαλκοὺς) pour un casque d'airain (V. Aristoph. Lysistr. 562; Antiphane ap. Athenæ. XI,

p. 503); mais je ne puis croire qu'en cette occasion Thucydide voulût indiquer spécialement la tête de l'hoplite lacédæmonien comme sa principale partie vulnérable. Le docteur Arnold, il est vrai, donne une raison pour prouver qu'il pouvait le faire naturellement; mais, à mon avis, la raison est insuffisante.

Πῖλοι signifie un vêtement rembourré de laine ou de feutre, employé pour protéger la tête, le corps ou les pieds; et je crois, avec Poppo et autres, qu'il indique ici le vêtement de corps de l'hoplite lacédæmonien, son corps étant la partie la plus exposée aux blessures, du côté que ne protégeait pas le bouclier aussi bien que par derrière. On peut voir que le mot πῖλοι a ce sens dans Pollux, VII, 171; Platon, Timée, p. 74; et Symposion, p. 220, c. 35 : relativement à πῖλος en tant qu'appliqué à la couverture du pied, — Bekker, Chariklès, vol. II, p. 376.

sèrent tant de cris, qu'un grand nombre de blessés, hors
d'état de bouger ou du moins de garder le rang, furent surpris et tués (1).

Toutefois un faible reste de la troupe atteignit en sûreté
le dernier poste. Là ils furent protégés relativement, puisque
le terrain était tellement hérissé de rochers et si impraticable, que leurs ennemis ne pouvaient les attaquer ni en flanc
ni par derrière, bien que la position n'eût pu à aucun prix
être longtemps tenable séparément, d'autant plus que la seule
source d'eau dans l'île était au centre, qu'ils venaient d'être
forcés d'abandonner. Les hommes légèrement armés étant
actuellement moins utiles, Demosthenês et Kleôn firent avancer leurs huit cents hoplites athéniens, qui n'avaient pas
été engagés auparavant. Mais les Lacédæmoniens étaient
ici dans leur élément (2) avec leurs armes, et ils pouvaient
déployer leur supériorité bien connue contre des hoplites
qui les combattaient, surtout en ce qu'ils avaient l'avantage
de la position sur des ennemis qui attaquaient d'en bas. Bien
que les Athéniens fussent deux fois plus nombreux, et en
même temps non encore épuisés, ils furent repoussés dans
maintes attaques successives. Les assiégés tinrent bon malgré toute la fatigue et les souffrances antérieures, que rendait plus dures à supporter le maigre régime auquel ils
avaient été récemment condamnés. La lutte dura si longtemps que la chaleur et la soif commençaient à se faire
sentir même aux assaillants, quand le commandant des
Messêniens vint trouver Kleôn et Demosthenês, et leur
donna à entendre qu'ils se donnaient actuellement une peine
inutile; il leur promit en même temps que, s'ils voulaient
lui confier un détachement de troupes légères et d'archers,
il trouverait un passage autour des sommets plus élevés, à
l'arrière des assaillants (3). En conséquence, il se déroba
sans être remarqué par derrière, grimpa sur des rochers
dépourvus de tout sentier, passa par une rampe presque im-

---

(1) Thucydide, IV, 35.
(2) Thucydide, IV, 33 :   Τῇ σφετέρᾳ ἐμπειρίᾳ χρήσασθαι, etc.
(3) Thucydide, IV, 36.

praticable sur le bord même de la mer, et s'approcha par
un côté que les Lacédæmoniens avaient laissé sans gardes,
ne s'imaginant jamais qu'ils pourraient être inquiétés dans
cette direction. Il parut soudain avec son détachement sur
le plus haut pic au-dessus d'eux, de sorte que leur position
fut dominée ainsi, et qu'ils se trouvèrent, comme aux Thermopylæ, pris des deux côtés, sans aucun espoir de pouvoir
s'échapper. Les ennemis qu'ils avaient devant eux, encouragés par le succès des Messéniens, avancèrent avec un
redoublement d'ardeur, jusqu'à ce qu'enfin le courage des
Lacédæmoniens cédât, et la position fut emportée (1).

Quelques moments de plus, et ils auraient tous été accablés et tués, — quand Kleôn et Demosthenês, désireux de
les mener comme prisonniers à Athènes, forcèrent leurs
hommes de s'arrêter, et adressèrent aux ennemis par un
héraut une invitation de se rendre, à condition de remettre
leurs armes, et de rester à la disposition des Athéniens. La
plupart d'entre eux, incapables d'un nouvel effort, accédèrent sur-le-champ à la proposition, et témoignèrent leur
acquiescement en jetant leurs boucliers et en agitant leurs
mains au-dessus de leurs têtes. La bataille étant ainsi finie,
Styphôn le chef, — qui dans l'origine ne commandait qu'en
troisième, mais qui maintenant était à la tête de la troupe,
puisque Epitadas avait été tué, et que le commandant en
second, Hippagretês, était couché sur le champ de bataille,
hors d'état de servir par suite de ses blessures, — Styphôn
entra en pourparlers avec Kleôn et Demosthenês, et sollicita
la permission d'envoyer demander des ordres aux Lacédæmoniens sur la terre ferme. Les commandants athéniens,
tout en repoussant cette requête, dépêchèrent un messager
de leur côté, invitant à venir du continent des hérauts lacédæmoniens, par l'intermédiaire desquels des communications
furent échangées deux ou trois fois entre Styphôn et les
principales autorités lacédæmoniennes. A la fin arriva le
message définitif. — « Les Lacédæmoniens vous ordonnnent

---

(1) Thucydide, IV, 37.

de prendre conseil de vous-mêmes, sur ce qui vous concerne, mais de ne rien faire de honteux (1). » Ils eurent bientôt pris leur parti; ils se rendirent et livrèrent leurs armes; ils étaient au nombre de deux cent quatre-vingt-douze, qui survivaient au total primitif de quatre cent vingt. Et de ce nombre il n'y avait pas moins de cent vingt Spartiates indigènes, dont quelques-uns appartenaient aux premières famïlles de la ville (2). Ils furent tenus sous bonne garde pendant cette nuit, et distribués le matin entre les triérarques athéniens pour être transportés à Athènes comme prisonniers, tandis qu'on accorda une trêve aux Lacédæmoniens qui étaient à terre, afin qu'ils pussent transporter leurs morts et les enterrer. Epitadas avait su si bien ménager les provisions, qu'on trouva encore quelque nourriture dans l'île; bien que la garnison eût subsisté pendant cinquante-deux jours de fournitures accidentelles, aidées par les économies faites pendant les vingt jours de l'armistice, où l'on fournissait régulièrement une quantité stipulée d'aliments. Soixante-douze jours s'étaient ainsi écoulés, depuis le premier emprisonnement dans l'île jusqu'à l'heure de leur reddition (3).

Les meilleures troupes dans les temps modernes n'encourraient pas de reproches, et ne causeraient pas de surprise, en se rendant, au milieu de circonstances semblables à tous égards à celles où se trouvait ce vaillant reste de Sphakteria. Cependant en Grèce l'étonnement fut prodigieux et universel, quand on apprit que les Lacédæmoniens avaient consenti à devenir prisonniers (4). Car la terreur inspirée par leur nom et l'impression profonde des Thermopylæ avaient fait naître la croyance qu'ils endureraient la famine jusqu'à la dernière extrémité, et qu'ils périraient au milieu de troupes ennemies supérieures, plutôt que de songer à livrer leurs

---

(1) Thucydide, IV, 38. Οἱ Λακεδαιμόνιοι κελεύουσιν ὑμᾶς αὐτοὺς περὶ ὑμῶν αὐτῶν βουλεύεσθαι, μηδὲν αἰσχρὸν ποιοῦντας.

(2) Thucydide, IV, 38; V, 15.

(3) Thucydide, IV, 39.

(4) Thucydide, IV, 40. Παρὰ γνώμην τε δὴ μάλιστα τῶν κατὰ τὸν πόλεμον τοῦτο τοῖς Ἕλλησιν ἐγένετο, etc.

armes et à survivre comme captifs. Les événements de
Sphakteria, en heurtant cette idée préconçue, discréditèrent
la vaillance militaire de Sparte aux yeux de toute la Grèce ;
et particulièrement à ceux de ses propres alliés. Même dans
Sparte aussi, le même sentiment domina, — révélé en partie
dans la réponse transmise à Styphôn par les généraux à
terre, qui n'osèrent pas s'opposer à la reddition, mais cependant la décourageaient par une voie détournée. Il est certain que les Spartiates auraient moins perdu par leur mort
que par cette reddition. Mais nous lisons avec dégoût le
sarcasme méchant d'un des alliés d'Athènes (non un Athénien) engagés dans l'affaire, adressé sous forme de question
à l'un des prisonniers : « Vos plus braves ont donc été tous
tués? » La réponse donnait à entendre le mépris constant
qu'avaient les Lacédæmoniens pour l'arc et pour ses coups,
effets du hasard, dans la ligne. — « Ce serait une excellente
flèche, celle qui pourrait distinguer les plus braves. » Les
paroles qu'Hérodote prête à Demaratos, composées dans les
premières années de la guerre du Péloponèse, attestent
cette même foi dans la valeur spartiate. — « Les Lacédæmoniens meurent, mais ils ne se rendent jamais (1). » Cette
impression fut dorénavant, non pas effacée, il est vrai, mais
sensiblement affaiblie, et elle ne revint jamais complétement
à son premier point.

Mais le jugement général des Grecs relativement à la prise
de Sphakteria, bien qu'il mérite en tout point d'être conservé,
est beaucoup moins surprenant que celui que prononce Thucydide lui-même. Kleôn et Demosthenês revenant avec une
partie de l'escadre et amenant tous les prisonniers, partirent
de Sphakteria le surlendemain de l'action, et arrivèrent à
Athènes vingt jours après que Kleôn l'avait quittée. Ainsi
« la promesse de Kleôn, *tout insensée qu'elle fût*, se trouva
réalisée, » fait observer l'historien (2).

---

(1) Pour adopter une phrase pendant de celle qui a été attribuée à la
vieille garde de l'armée de l'empereur
Napoléon : cf. Hérodote, VII, 104.

(2) Thucydide, IV, 39. Καὶ τοῦ
Κλέωνος καίπερ μανιώδης οὖσα ἡ

Des hommes avec des armes dans les mains ont toujours le choix entre la mort et l'emprisonnement, et l'opinion grecque s'égara seulement en admettant comme une certi-

---

ὑπόσχεσις ἀπέβη · ἐντὸς γὰρ εἴκοσιν ἡμερῶν ἤγαγε τοὺς ἄνδρας, ὥσπερ ὑπέστη.

M. Mitford, en racontant ces incidents, après avoir dit relativement à Kleôn : — « Dans une *série très-extraordinaire de circonstances* qui suivirent, *son impudence et sa fortune* (si nous pouvons employer ce terme, à défaut d'autre) le favorisèrent d'une manière étonnante, » — continue en faisant observer deux pages plus loin :

« Toutefois il parut aussitôt que, pour un homme comme Cléon, non versé dans le commandement militaire, quelque téméraire que fût l'entreprise et quelque ridicule et fanfaronne que fût la promesse, cependant l'affaire n'était pas aussi désespérée qu'on se l'était imaginé dans le moment en général ; et en effet la folie du peuple athénien, en confiant un tel poste à un tel homme, dépassa de beaucoup celle de l'homme lui-même, dont l'impudence l'entraîna rarement au delà du contrôle de sa finesse. Il avait reçu la nouvelle que Demosthenês avait déjà formé le plan et se disposait à la tentative, avec les forces qu'il avait sur place et dans le voisinage. De là sa modération apparente dans la demande de troupes qu'il accommoda judicieusement à la satisfaction des Athéniens en évitant de demander des Athéniens. Il montra encore son jugement, quand on était sur le point de rendre le décret qui devait définitivement ordonner l'expédition, par une demande qui fut facilement accordée, à savoir que Demosthenês lui fût adjoint dans le commandement. » (Mitford, Hist. of Greece, vol. III. ch. 15, sect. 7, p. 250-253.)

Il semble qu'aucun historien ne pourrait écrire le nom de Kleôn sans y attacher quelque terme de dénigre-ment, verbe ou adjectif. On nous dit ici dans la même phrase que Kleôn était un *fanfaron* en *promettant l'exécution de l'entreprise*, — et cependant que l'entreprise elle-même était parfaitement faisable. On nous dit dans une phrase qu'il était téméraire et ridicule en faisant cette promesse, *peu versé comme il l'était dans le commandement militaire ;* un peu plus loin, on nous apprend qu'il demanda expressément que l'homme le plus capable qu'on pût trouver, Demosthenês, fût nommé comme son collègue. On nous parle de la *finesse* de Kleôn, et on nous dit que *Kleôn avait reçu avis de Demosthenês,* — comme s'il s'agissait de quelque communication particulière pour lui-même. Mais Demosthenês n'avait pas envoyé de nouvelle à Kleôn, et Kleôn ne savait rien qui ne fût également connu de tout homme de l'assemblée. On dénonce *la folie du peuple à confier le poste à Kleôn,* — comme si Kleôn l'avait recherché lui-même, ou comme si ses amis avaient été les premiers à le proposer pour lui. Si la folie du peuple était si grande, que devons-nous dire de la fourberie du parti oligarchique, avec Nikias à la tête, qui poussa le peuple à cette folie, dans le dessein de ruiner un antagoniste politique, et qui força Kleôn à accepter le poste malgré la répugnance la moins affectée ? Contre cette manœuvre du parti oligarchique, il n'est dit un mot ni par M. Mitford, ni par aucun autre historien. Quand Kleôn juge les circonstances avec justesse, comme M. Mitford accorde qu'il le fit dans le cas actuel, on ne lui fait honneur que de *finesse.*

La vérité est que le peuple ne commit pas une folie en désignant Kleôn, — car il justifia les meilleures espérances de ses amis. Mais Nikias et ses

tude que les Lacédæmoniens préféreraient le premier parti.
Mais Kleôn n'avait jamais promis de les amener à Athènes
comme prisonniers : sa promesse était disjonctive, — à savoir, ou qu'ils seraient amenés ainsi à Athènes, ou tués, dans
les vingt jours. Aucune parole dans tout Thucydide ne
m'étonne autant que celle par laquelle il stigmatise une telle
attente comme « insensée. » Il y a ici quatre cent vingt hoplites lacédæmoniens, sans aucune autre espèce de troupes
pour les aider, — sans possibilité de recevoir de renforts, —
sans fortification régulière, — sans un défilé étroit comme
celui des Thermopylæ, — sans approvisionnement de nourriture suffisant ni certain, — enfermés dans une petite île
ouverte qui avait moins de deux milles (3 kilom.) en longueur. Contre eux on amène dix mille hommes de troupes
de diverses armes, comprenant huit cents hoplites frais
d'Athènes, et commandés par Demosthenês, homme à la fois
entreprenant et éprouvé. Car les talents aussi bien que la
présence et les préparatifs de Demosthenês sont une partie
des données du cas, et la capacité personnelle de Kleôn
pour commander seul est étrangère au calcul. Or si, dans
de telles circonstances, Kleôn promettait que cette compagnie perdue de braves gens serait ou tuée ou faite prisonnière, comment pourrait-on le considérer, je ne dirai pas
comme se laissant aller à une folle vanterie, mais même
comme dépassant une appréciation prudente et méfiante de
la probabilité? Même douter de ce résultat, et à plus forte
raison prononcer une opinion telle que celle de Thucydide,
implique une idée non-seulement d'un pouvoir surhumain
dans les hoplites lacédæmoniens, mais une honteuse incapacité de la part de Demosthenês et des assaillants. L'inter-

---

amis commirent une grande fourberie
en le proposant, puisqu'ils croyaient
entièrement qu'il échouerait. Et même,
d'après la manière dont M. Mitford
présente le cas, l'opinion de Thucydide
qui se trouve au commencement de
cette note n'est nullement justifiable;
elle ne l'est pas plus que le langage de
l'historien moderne au sujet des « circonstances extraordinaires, » et de la
manière dont Kleôn fut « favorisé par
la fortune. » On ne peut spécifier dans
le récit aucun incident à l'appui de ces
odieuses assertions.

valle de vingt jours, désigné par Kleôn, n'était pas court
d'une manière extravagante, à considérer la distance entre
Athènes et Pylos. Car il n'était pas possible que l'attaque
de cette petite île occupât plus d'un jour ou de deux au plus,
bien que son blocus pût avoir été prolongé par divers accidents, ou pût même être entièrement interrompu par quelque
terrible tempête. Si donc nous examinons avec soin cette
promesse, faite par Kleôn dans l'assemblée, nous trouverons
que, loin de mériter la sentence que Thucydide prononce
sur elle, quand il l'appelle une folle vanterie qui se trouva
vraie par accident, — c'était une prévision raisonnable et
même modeste de l'avenir (1) : en réservant le seul point
réellement douteux du cas, — à savoir si la garnison de
l'île serait finalement tuée ou faite prisonnière. Demosthenès, s'il eût été présent à Athènes au lieu d'être à Pylos,
aurait volontiers scellé cet engagement pris par Kleôn.

Je répète avec répugnance, bien que non sans y croire,
l'assertion avancée par un des biographes de Thucydide (2),
— que Kleôn fut la cause du bannissement de ce dernier
comme général, et qu'en conséquence Thucydide l'a traité
plus durement qu'il n'aurait dû le faire en sa qualité d'historien. Mais bien que ce sentiment ne soit probablement pas
sans influence sur l'expression de cet inconcevable jugement
que j'ai critiqué tout à l'heure, — aussi bien que sur d'autres
opinions relatives à Kleôn dont je parlerai plus longuement

---

(1) La plaisanterie d'un écrivain comique inconnu (probablement Eupolis
ou Aristophane, dans l'une des nombreuses comédies perdues) contre Kleôn,
— à savoir « qu'il montrait un grand
pouvoir prophétique après l'événement, » — (Κλέων Προμηθεύς ἐστι
μετὰ τὰ πράγματα, Lucien, Promê-
theus, c. 2), peut probablement avoir
trait à sa conduite au sujet de Sphakteria ; s'il en est ainsi, elle n'est certainement pas méritée.
Dans la lettre qu'il envoya pour
annoncer aux Athéniens la prise de
Sphakteria et les prisonniers, on af-

firme qu'il commençait par les mots —
Κλέων Ἀθηναίων τῇ Βουλῇ καὶ τῷ Δήμῳ
χαίρειν. Eupolis s'en moquait ; il les
considère même comme un trait d'insolence. Nous devons donc présumer que
la forme était insolite en s'adressant au
peuple, bien que certainement elle ne
semble ni insolente, ni le moins du
monde inconvenante, après un succès
aussi important (Schol. ad Aristoph.
Plut. 322 ; Bergk, De Reliquiis comœ-
diæ antiquæ, p. 362).
(2) Vita Thucydidis, p. 15, éd. Bekker.

dans un autre chapitre, — néanmoins je regarde ce jugement comme n'étant pas particulier à Thucydide, mais
comme lui étant commun avec Nikias et ceux que nous devons appeler, faute d'un meilleur terme, le parti oligarchique
de l'époque à Athènes. Et il nous donne quelque idée des
préjugés et de l'étroitesse de vues qui dominaient dans ce
parti lors de cette mémorable crise, formant un contraste
si marqué avec les calculs clairvoyants et résolus de Kleôn,
et la conduite judicieuse que montra dans l'action cet homme
qui, forcé contre sa volonté d'accepter le poste de général,
fit de son mieux dans sa situation, — il choisit Demosthenês
comme collègue et le seconda sincèrement dans ses opérations. Bien que l'attaque militaire de Sphakteria, un des
exemples les plus remarquables de la science du commandement dans toute la guerre, et distinguée non moins par
l'habile emploi de différentes sortes de troupes que par le
soin pris pour ménager la vie des assaillants, — appartienne
entièrement à Demosthenês; cependant, si Kleôn n'eût pas
été capable de se lever dans l'assemblée athénienne et de
défier ces sombres prédictions que nous voyons attestées
dans Thucydide, Demosthenês n'aurait jamais été renforcé
ni mis en état de débarquer dans l'île. Conséquemment, la
gloire de l'entreprise leur appartient à tous deux en commun. Bien loin que Kleôn ait dérobé les lauriers de Demosthenês (comme Aristophane le représente dans sa comédie
des *Chevaliers*), c'est à lui réellement que ce général dut
de les placer sur sa tête, quoique Kleôn en même temps y
eût une part bien méritée. Il a été jusqu'ici d'usage de considérer Kleôn seulement du point de vue de ses adversaires,
dont le témoignage seul nous le fait connaître. Mais le fait
réel est que cette histoire des événements de Sphakteria,
quand on les examine avec soin, est une honte constante
pour ces adversaires, et pour lui un honneur non médiocre;
elle les montre comme dépourvus à la fois de prévoyance
politique et de patriotisme ardent, — comme sacrifiant les
occasions favorables de la guerre, avec la vie de leurs concitoyens et des soldats, dans le dessein de ruiner un ennemi
politique. C'était le devoir de Nikias, comme stratêgos, de

proposer, et d'entreprendre en personne, s'il était nécessaire, la réduction de Sphakteria. S'il jugeait l'entreprise dangereuse, c'était une bonne raison pour y consacrer des forces militaires plus considérables, comme nous le verrons plus tard raisonner au sujet de l'expédition de Sicile, — mais non pour la laisser échapper ou pour la rejeter sur d'autres (1).

Le retour de Kleôn et de Demosthenês à Athènes, dans les vingt jours promis, amenant avec eux près de trois cents prisonniers lacédæmoniens, a dû être l'événement de beaucoup le plus triomphant et le plus réjouissant qui soit survenu aux Athéniens dans tout le cours de la guerre. Il changea immédiatement les perspectives, la position et les sentiments des deux parties rivales. Un tel nombre de prisonniers lacédæmoniens, surtout cent vingt Spartiates, fut, pour ainsi dire, une source de stupéfaction pour le corps des Grecs en général, et un prix d'une valeur inestimable pour les vainqueurs. Le retour de Demosthenês l'année précédente, qui rapportait avec lui du golfe Ambrakien trois cents armures ambrakiennes, avait probablement été un assez grand triomphe. Mais son entrée dans le Peiræeus en cette occasion au retour de Sphakteria, avec trois cents prisonniers lacédæmoniens, a dû sans doute occasionner des émotions qui dépassèrent tout ce que l'on avait ressenti antérieurement. Il est fort à regretter qu'on ne nous ait pas conservé de description de la scène, aussi bien que des manifestations d'orgueil du peuple quand les prisonniers se rendirent de Peiræeus à Athènes. Nous serions curieux aussi de lire quelque récit de la première assemblée athénienne tenue après cet événement, — les applaudissements enthousiastes prodigués à Kleôn par ses partisans joyeux, qui avaient contribué à l'investir des devoirs de général, dans la conviction qu'il les remplirait bien, — opposés au silence ou à la rétractation de Nikias et des autres ennemis politiques humiliés. Mais par malheur tous ces détails nous sont refusés, — bien

____

(1) Plutarque, Nikias, c. 8; Thucydide, V, 7.

qu'ils constituent le sang et la vie de l'histoire grecque,
dont nous n'avons maintenant sous les yeux que le sque-
lette.

Le premier mouvement des Athéniens fut de regarder les
prisonniers comme une garantie pour leur territoire contre
l'invasion (1). Ils résolurent de les tenir sous bonne garde
jusqu'à la paix; mais si à un moment quelconque avant cet
événement l'armée lacédæmonienne entrait en Attique, de
produire alors les prisonniers et de les mettre à mort sous
les yeux des envahisseurs. Ils furent en même temps pleins
d'ardeur quant à l'idée de poursuivre la guerre, et de plus
confirmés dans l'espérance, non-seulement de conserver
leur puissance intacte, mais même de recouvrer une grande
partie de ce qu'ils avaient perdu avant la trêve de Trente ans.
On mit Pylos dans un meilleur état de défense, avec l'île adjacente de Sphakteria, sans doute comme occupation subsi-
diaire. Les Messèniens qui y furent transportés de Naupaktos, ravis de se trouver une fois encore maîtres même
d'un rocher avancé dans le territoire qui avait appartenu à
leurs ancêtres, se mirent sans tarder à parcourir et à ravager la Laconie; tandis que les Ilotes, ébranlés par les événements récents, manifestèrent une tendance à passer de leur
côté. Les autorités lacédæmoniennes, éprouvant des maux
qu'elles n'avaient ni sentis ni connus auparavant, furent
sensiblement alarmées dans la crainte que les désertions ne
se répandissent par tout le pays. Bien qu'ils répugnassent
à donner des preuves évidentes de leurs embarras, ils se décidèrent néanmoins (probablement sur les instantes prières
des amis et des parents des prisonniers faits à Sphakteria) à
envoyer à Athènes plusieurs ambassades demander la paix;
mais tout avorta (2). On ne nous dit pas quelles furent leurs
offres; mais elles ne s'élevèrent pas jusqu'aux espérances
auxquelles les Athéniens se croyaient le droit de s'abandonner.

---

(1) Thucyd. IV, 41.

(2) Thucyd. IV, 41; cf. Aristoph.
Equit. 648, avec les Scholies.

Nous, qui examinons aujourd'hui ces faits avec une connaissance de l'histoire subséquente, nous voyons que les Athéniens auraient conclu un meilleur marché avec les Lacédæmoniens pendant les six ou huit mois qui suivirent la prise de Sphakteria, qu'ils n'eurent jamais l'occasion de le faire dans la suite; et ils eurent lieu de se repentir d'avoir laissé échapper l'opportunité. Il est possible dans le fait que, si Periklès eût été encore vivant, il se fût fait une idée plus sage de l'avenir, et qu'il eût eu assez d'ascendant sur ses compatriotes pour pouvoir arrêter le courant du succès à son point le plus élevé avant qu'il commençât à décroître.

Mais si nous nous reportons à la situation d'Athènes pendant l'automne qui suivit le retour de Kleôn et de Demosthenês de Sphakteria, il nous sera facile d'entrer dans les sentiments sous l'empire desquels la guerre fut continuée. La possession réelle des captifs mit Athènes dans une position beaucoup meilleure que celle qu'elle avait eue quand ils étaient seulement bloqués dans Sphakteria, et au moment où les ambassadeurs lacédæmoniens arrivèrent pour la première fois demander la paix. Elle était certaine maintenant de pouvoir l'imposer à Sparte à des conditions au moins passables lorsqu'il lui plairait de l'inviter à entrer en pourparlers, — elle avait aussi une bonne assurance d'échapper aux maux d'une invasion. Ensuite, — et c'était là peut-être le trait le plus important du cas, — la crainte de la vaillance lacédæmonienne avait beaucoup diminué, et les chances de succès pour Athènes étaient regardées comme prodigieusement accrues (1), même de l'avis de Grecs impartiaux, et à plus forte raison aux yeux des Athéniens eux-mêmes. De plus, l'idée d'un courant de bonne fortune, — de la faveur des dieux qui commençait à se manifester alors et qui continuerait vraisemblablement à le faire, — d'un succès futur comme corollaire du passé, — était l'une de celles qui influaient puissamment sur les calculs grecs en général.

(1) Thucyd. IV, 79.

Pourquoi ne pas pousser la bonne fortune actuelle et essayer
de regagner les points les plus importants perdus avant la
trêve de Trente ans et par elle, surtout à Megara et en Bœôtia, — points que Sparte ne pouvait céder par négociation,
puisqu'ils n'étaient pas en son pouvoir? Bien que ces spécu-
lations aient échoué (comme nous le verrons dans le chapitre
suivant), cependant il n'y avait rien de déraisonnable à agir
d'après elles. Probablement le sentiment presque universel
d'Athènes était tourné à la guerre dans ce moment. Même
Nikias, humilié comme il a dû l'être par le succès de Sphakteria, devait oublier sa prudence habituelle dans le désir de
relever son crédit personnel par quelque exploit militaire.
Que Demosthenês, jouissant alors de l'estime dans la plus
large mesure, fût impatient de poursuivre la guerre, à laquelle étaient essentiellement associées ses espérances de
gloire personnelle (précisément comme Thucydide (1) le fait
observer au sujet de Brasidas du côté lacédæmonien), c'est
ce qui ne peut souffrir de doute. La comédie d'Aristophane,
appelée les *Acharniens*, fut jouée environ six mois avant l'affaire de Sphakteria, quand il n'était possible pour personne
de prévoir un tel événement, — la comédie des *Chevaliers*
fut représentée environ six mois après (2). Mais il y a cette
remarquable différence entre les deux pièces, — c'est que
tandis que la première respire le plus grand dégoût de la
guerre, et insiste de toute manière sur l'importance de faire
la paix, bien qu'à cette époque Athènes n'ait pas occasion
d'en venir même à un accommodement convenable, — la
seconde, en accablant sans mesure le caractère de Kleôn, en
général, de ridicule et de mépris, parle dans un ou deux endroits seulement des maux de la guerre, et laisse entièrement
de côté cette emphase et cette répétition avec lesquelles le

---

(1) Thucyd. V, 16.

(2) Les Acharneis furent joués à la
fête des Lênæa à Athènes, — janvier,
425 avant J.-C.; les chevaliers à la
même fête l'année suivante, 424 avant
J.-C.

La prise de Sphakteria s'effectua vers
juillet, 425 avant J.-C., entre les deux
dates mentionnées plus haut. V. les
Fasti Hellenici de M. Clinton, ad
ann.

poëte insistait sur la paix dans les *Acharniens*, bien qu'elle paraisse à un moment où la paix était à la portée des Athéniens.

Pour bien comprendre l'histoire de cette période, nous devons donc distinguer différentes occasions qui sont souvent confondues. Au moment où Sphakteria fut bloquée pour la première fois, et où, pour la première fois, les Lacédæmoniens envoyèrent solliciter la paix, il y avait à Athènes un parti considérable disposé à accueillir l'offre. L'ascendant de Kleôn fut une des principales causes qui la firent rejeter. Mais après que les captifs eurent été amenés de Sphakteria à Athènes, l'influence de Kleôn, quoique positivement plus grande qu'elle ne l'avait été auparavant, ne fut plus nécessaire pour obtenir le rejet des offres pacifiques des Lacédæmoniens et la continuation de la guerre. La disposition générale d'Athènes était guerrière alors, et il y avait bien peu de gens prêts à soutenir énergiquement une politique opposée. Toutefois, pendant l'année suivante, les chances de la guerre prirent la tournure la plus défavorable pour Athènes; de sorte qu'à la fin de cette année elle était devenue beaucoup plus disposée à la paix (1). On conclut alors la trêve d'un an. Mais même après l'expiration de cette trêve, Kleôn poursuivit encore avec ardeur (et sur de bonnes raisons, comme on le montrera ci-après), le renouvellement de la guerre en Thrace, à une époque où une partie considérable du public athénien en était fatiguée. Il fut une des principales causes qui amenèrent la reprise des opérations guerrières, terminées par la bataille d'Amphipolis, fatale et à lui-même et à Brasidas. Il y eut ainsi deux occasions distinctes dans lesquelles l'influence personnelle et le caractère ardent de Kleôn semblent avoir eu une puissance marquée en déterminant le public athénien à faire la guerre au lieu de faire la paix. Mais au moment que nous avons atteint maintenant, — c'est-à-dire dans l'année qui suit immédia-

---

(1) Thucyd. IV, 117; V, 14.

tement la prise de Sphakteria, — les Athéniens étaient assez belliqueux sans lui, probablement Nikias lui-même aussi bien que les autres.

Ce fut l'un des premiers actes de Nikias, immédiatement après la démonstration peu glorieuse qu'il avait faite par rapport à Sphakteria, de conduire une expédition, conjointement avec deux collègues, contre le territoire corinthien. Il prit avec lui quatre-vingts trirèmes, deux mille hoplites athéniens, deux cents cavaliers à bord de quelques transports pour chevaux, et quelques hoplites en plus de Milètos, d'Andros et de Karystos (1). Partant de Peiræeus le soir, il arriva un peu avant l'aurore sur une plage, au pied de la colline et du village de Solygeia (2), à environ sept milles (11 kilom.) de Corinthe, et à deux ou trois milles (3 kilom. ou 4 kilom. 800 m.) au sud de l'isthme. Les troupes corinthiennes, de tout le territoire de Corinthe en deçà de l'isthme, étaient déjà réunies à l'isthme même pour le repousser; car Corinthe, quelque temps auparavant, avait reçu la nouvelle de l'expédition projetée d'Argos, ville à laquelle il se peut que le plan de l'expédition ait été en quelque sorte rattaché. Les Athéniens ayant touché la côte pendant les ténèbres, les Corinthiens ne furent informés du fait que par des fanaux allumés à Solygeia. Comme ils n'étaient pas en état d'empêcher le débarquement, ils expédièrent sur-le-champ la moitié de leurs forces, sous Battos et Lykophrôn, pour repousser l'envahisseur; tandis que l'autre moitié fut laissée au port de Kenchreæ, sur le côté septentrional du mont Oneion, pour garder le port de Krommȳôn (en dehors de l'isthme), dans le cas où il serait attaqué par mer. Battos, avec un lochos d'hoplites, se jeta dans le village de Solygeia, qui n'était pas fortifié; tandis que Lykophrôn conduisait le reste des troupes attaquer les Athéniens. La bataille s'en-

----

(1) Thucyd. IV, 42. Τοῦ δ' αὐτοῦ θέρους μετὰ ταῦτα εὐθὺς, etc.

(2) V. les explications géographiques de cette descente dans le plan et dans une note du docteur Arnold annexés au second volume de son Thucydide, — et dans le colonel Leake, — Travels in Morea, ch. 23, p. 235; 29, p. 309.

gagea d'abord sur la droite de ces derniers presque immédiatement après leur débarquement, sur le point appelé
Chersonesos. Ici les hoplites athéniens, avec leurs alliés ka-
rystiens, repoussèrent l'attaque corinthienne, après une
lutte corps à corps avec lance et bouclier vigoureuse et chau-
dement disputée. Néanmoins, les Corinthiens, se retirant
sur un point plus élevé de terrain, revinrent à la charge, et
avec l'aide d'un lochos frais, ils repoussèrent les Athéniens
au rivage et à leurs vaisseaux; de là ces derniers firent de
nouveau volte-face, et regagnèrent un avantage partiel (1).
La bataille ne fut pas moins sérieuse à l'aile gauche des
Athéniens. Mais ici, après une lutte de quelque longueur, ils
remportèrent une victoire plus décidée, en partie grâce à
l'aide de leur cavalerie poursuivant les Corinthiens qui s'enfuirent quelque peu en désordre jusqu'à une colline voisine,
et y prirent position (2). Les Athéniens furent victorieux
ainsi sur toute la ligne, avec une perte d'environ quarante-
sept hommes; tandis que les Corinthiens en avaient perdu
deux cent douze, avec le général Lykophrôn. Les vainqueurs
érigèrent leur trophée, dépouillèrent les cadavres et enter-
rèrent leurs propres morts. Le détachement corinthien,
laissé à Kenchreæ, ne put voir la bataille à cause de la
chaîne du mont Oneion qui interceptait la vue; mais à la
fin la poussière des fugitifs la lui fit connaître, et il se hâta
sur-le-champ d'apporter du secours. Des renforts arrivèrent
également de Corinthe et de Kenchreæ, et, à ce qu'il semble
aussi, des villes péloponésiennes voisines; — de sorte que
Nikias jugea prudent de se retirer à bord de ses vaisseaux,
et de s'arrêter dans quelques îles du voisinage. Là on découvrit pour la première fois qu'on n'avait pas recueilli deux
des Athéniens tués pour les enterrer; alors il envoya im-

---

* (1) Thucyd. IV, 43.
(2) Thucyd. IV, 44. Ἔθεντο τὰ
ὅπλα, — expression que le docteur
Arnold explique, ici comme ailleurs,
comme signifiant « empilant les armes. » Je ne crois pas que cette explication soit exacte, même ici, encore
bien moins dans plusieurs autres endroits auxquels il fait allusion. Voir
une note sur la surprise de Platée par
les Thébains, immédiatement avant la
guerre du Péloponèse.

médiatement un héraut solliciter une trêve, afin d'obtenir ces deux corps qui manquaient. Nous avons ici une remarquable preuve de la sainteté attachée à ce devoir; car le seul envoi du héraut équivalait à un aveu de défaite (1).

De là, Nikias fit voile pour Krommyôn, où, après avoir ravagé le voisinage pendant quelques heures, il s'arrêta pour la nuit. Le lendemain il se rembarqua, longea la côte d'Epidauros, à laquelle il infligea quelque dommage en passant, et s'arrêta enfin sur la péninsule de Methônê, entre Epidauros et Trœzen (2). Il y établit une garnison permanente, en élevant une fortification en travers de la langue étroite de terre qui la rattachait à la péninsule épidaurienne. Ce fut son dernier exploit. Il retourna ensuite à Athènes; mais le poste de Methônê resta longtemps comme centre, d'où l'on saccageait les régions voisines d'Epidauros, de Trœzen et de Halieis.

Tandis que Nikias était engagé dans cette expédition, Eurymedôn et Sophoklês avaient fait voile de Pylos vers l'île de Korkyra avec une partie considérable de cette flotte qui avait été employée à la prise de Sphakteria. Nous avons déjà dit que le gouvernement démocratique à Korkyra avait souffert des privations et des maux sérieux de la part des fugitifs oligarchiques, qui étaient revenus dans l'île avec un corps d'auxiliaires barbares et s'étaient établis sur le mont Istônê, non loin de la ville (3). Eurymedôn et les Athéniens, se joignant aux Korkyræens de la cité, attaquèrent et prirent d'assaut le poste sur le mont Istônê, tandis que les vaincus, qui se retirèrent d'abord sur une cime élevée et inaccessible, furent forcés de se rendre sous condition aux Athéniens. Abandonnant complétement leurs auxiliaires mercenaires, ils stipulèrent seulement qu'ils seraient euxmêmes envoyés à Athènes et laissés à la discrétion du peuple athénien. Eurymedôn acquiesça à ces termes et déposa

____

(1) Plutarque, Nikias, c. 6.   (3) Thucyd. IV, 2-45.
(2) Thucyd. IV, 45.

les prisonniers désarmés dans l'îlot voisin de Ptychia, à la
condition expresse que si un seul homme essayait de s'échapper, toute la capitulation serait nulle et sans effet (1).

Par malheur pour ces hommes, les ordres donnés à Eurymedôn le conduisaient plus loin, droit en Sicile. Il était
donc ennuyeux pour lui d'envoyer un détachement de son
escadre transporter des prisonniers à Athènes, où l'honneur
de les remettre serait recueilli non par lui-même, mais par
l'officier auquel ils seraient confiés. Et les Korkyræens de
la ville, de leur côté, désiraient également que ces hommes
ne fussent pas envoyés à Athènes. Pleins contre eux d'une
animosité extrême et acharnée, ils craignaient que les
Athéniens n'épargnassent leur vie, et que leur hostilité
contre l'île ne recommençât. Et ainsi une basse jalousie de
la part d'Eurymedôn, combinée avec la vengeance et le
manque de sécurité de la part des Korkyræens victorieux,
amena une cruelle catastrophe, sans pendant ailleurs en
Grèce, quoique trop bien en harmonie avec les actes
antérieurs du drame sanglant dont cette île avait été le
théâtre.

Les chefs korkyræens, vraisemblablement non à l'insu
d'Eurymedôn, envoyèrent à Ptychia, aux prisonniers, des
émissaires frauduleux, sous les dehors de l'amitié. Ces émissaires assurèrent les prisonniers que les commandants athéniens, malgré la convention signée, étaient sur le point de
les livrer au peuple korkyræen pour qu'il les mît à mort, et
engagèrent quelques-uns d'entre eux à tenter une évasion
dans un bateau préparé à cet effet. En vertu d'un accord, le
bateau fut saisi au moment de l'évasion, de sorte que les
termes de la capitulation furent réellement violés; alors
Eurymedôn remit les prisonniers à leurs ennemis de l'île,
qui les emprisonnèrent tous ensemble dans un vaste bâtiment, sous la garde d'hoplites. On les tira de ce bâtiment
par compagnies de vingt hommes chacune, enchaînés deux à
deux, et forcés de marcher entre deux lignes d'hoplites ran-

____

(1) Thucyd. IV, 46.

gées de chaque côté de la route. Ceux qui s'arrêtaient dans la marche étaient poussés à l'aide de coups de fouet par derrière; à mesure qu'ils avançaient, leurs ennemis privés des deux côtés choisissaient leurs victimes, en les frappant et en les perçant jusqu'à ce qu'enfin elles périssent misérablement. Trois compagnies successives furent ainsi détruites, — avant que les autres prisonniers dans l'intérieur, qui croyaient qu'ils étaient simplement sur le point de changer de lieu de détention, soupçonnassent ce qui se passait. Aussitôt qu'ils s'en aperçurent, ils refusèrent unanimement soit de quitter le bâtiment, soit de permettre à qui que ce fût d'entrer. En même temps ils implorèrent l'intervention des Athéniens, de manière à exciter leur pitié, ne fût-ce que pour les tuer et les préserver ainsi des cruautés de leurs impitoyables compatriotes. Ces derniers, s'abstenant de tenter de forcer la porte du bâtiment, firent une ouverture dans le toit, et de là ils lancèrent des flèches et firent pleuvoir des tuiles sur les prisonniers à l'intérieur, qui cherchèrent d'abord à se garantir, mais qui finirent par s'abandonner au désespoir et aidèrent de leurs propres mains l'œuvre de leur destruction. Quelques-uns d'entre eux se percèrent la gorge avec les flèches lancées du haut du toit; d'autres se pendirent, soit avec des cordes faites au moyen de la literie qui se trouvait dans le bâtiment, ou avec des bandes arrachées de leurs propres vêtements et tressées. La nuit survint, mais l'œuvre de destruction, tant d'en haut qu'à l'intérieur, continua sans interruption, de sorte qu'avant le matin tous ces malheureux avaient péri, soit par leurs propres mains, soit par celles de leurs ennemis. Au point du jour, les Korkyræens entrèrent dans le bâtiment, entassèrent les cadavres sur des charrettes et les transportèrent hors de la ville ; on ne nous en dit pas le nombre exact, mais vraisemblablement il ne peut avoir été au-dessous de trois cents. Les femmes qui avaient été prises à Istônê avec ces prisonniers furent toutes vendues comme esclaves (1).

---

(1) Thucyd. IV, 47, 48.

Ainsi finirent les dissensions sanglantes dans cette île infortunée ; car le parti oligarchique fut complétement anéanti, la démocratie fut victorieuse, et il n'y eut plus d'autres violences pendant toute la guerre (1). On se rappellera que ces querelles mortelles commencèrent quand les prisonniers oligarchiques revinrent de Corinthe, apportant avec eux des projets et de trahison et de révolution. Elles finirent par l'anéantissement de ce parti, de la manière décrite ci-dessus ; l'intervalle étant rempli par des atrocités et des représailles mutuelles, où naturellement les vainqueurs avaient le plus d'occasions de satisfaire leurs passions de vengeance. Eurymedôn, après que ces événements furent terminés, poursuivit sa course vers la Sicile avec l'escadre athénienne. Ce qu'il y fit sera décrit dans un autre chapitre consacré exclusivement aux affaires siciliennes.

Le renversement complet d'Ambrakia pendant la campagne de l'année précédente avait laissé Anaktorion sans aucune défense contre les Akarnaniens et l'escadre athénienne de Naupaktos. Ils l'assiégèrent et la prirent dans le courant de l'été actuel (2) ; ils chassèrent les propriétaires corinthiens, et repeuplèrent la ville et son territoire avec des colons akarnaniens de tous les municipes du pays.

D'une extrémité à l'autre de l'empire maritime d'Athènes, les choses continuaient à être dans un état de tranquillité parfaite, si ce n'est que les habitants de Chios, dans le courant de l'automne, furent soupçonnés par les Athéniens d'avoir récemment construit un nouveau mur à leur ville, comme s'ils l'eussent fait avec l'intention de saisir la première occasion pour se révolter (3). Ils protestèrent solennellement de leur innocence à l'égard d'un tel dessein ; mais les Athéniens ne furent satisfaits qu'en exigeant la destruction du mur qui les offusquait. La présence sur le continent opposé d'une bande active d'exilés mitylénæens, qui se ren-

---

(1) Thucyd. IV, 48.
(2) Thucyd. IV, 49.

(3) Thucyd. IV, 51.

dirent maîtres et de Rhœteion et d'Antandros pendant le printemps suivant, donnèrent sans doute aux Athéniens plus d'inquiétude et de vigilance au sujet de Chios (1).

L'escadre régulière athénienne chargée de recueillir le tribut, et qui circulait parmi les sujets maritimes, fit, dans le courant de l'automne actuel, un prisonnier important et singulier. C'était un ambassadeur persan, Artaphernès, arrêté à Eiôn, sur le Strymôn, en route pour Sparte avec des dépêches du Grand Roi. Il fut amené à Athènes, où ses dépêches, qui étaient de quelque longueur et écrites en caractères assyriens, furent traduites et rendues publiques. Le Grand Roi disait en substance aux Lacédæmoniens qu'il ne pouvait comprendre ce qu'ils voulaient dire, vu que parmi les nombreux députés qu'ils avaient envoyés, il n'y en avait pas deux qui fissent le même récit. En conséquence, il les priait, s'ils désiraient se faire comprendre, d'envoyer quelques ambassadeurs avec des instructions nouvelles et claires pour accompagner Artaphernès (2). Telle était la substance de la dépêche, qui fournissait un témoignage remarquable quant à la marche du gouvernement lacédæmonien dans sa politique étrangère. S'il eût existé un témoignage semblable relativement à Athènes, prouvant que sa politique étrangère était conduite avec moitié autant d'indécision et de stupidité, on en aurait tiré d'amples conséquences au déshonneur de la démocratie. Mais il n'y a pas eu de motif en général pour discréditer les institutions lacédæmoniennes, qui renfermaient la royauté dans une double mesure, — deux lignes parallèles de rois héréditaires, avec une exemption absolue de toute chose qui ressemblât à une discussion populaire. Il semble que les extrêmes défauts dans l'administration étrangère de Sparte, révélés par la dépêche d'Artaphernès, peuvent être rapportés en partie à une perfidie habituelle souvent signalée dans le caractère lacédæmonien,

---

(1) Thucyd. IV, 52.

(2) Thucyd. IV, 50. Ἐν αἷς πολλῶν ἄλλων γεγραμμένων κεφάλαιον ἦν, πρὸς Λακεδαιμονίους, οὐκ εἰδέναι ὅ, τι βού- λονται · πολλῶν γὰρ ἐλθόντων πρέσβεων οὐδένα ταὐτὰ λέγειν · εἰ οὖν βούλονται σαφὲς λέγειν, πέμψαι μετὰ τοῦ Πέρσου ἄνδρας ὡς αὐτόν.

– en partie au changement annuel d'éphores , amenant si souvent au pouvoir des hommes qui s'appliquaient à défaire ce qui avait été fait par leurs prédécesseurs, — et plus encore à l'absence de tout ce qui ressemblait à une discussion ou à un débat sur les mesures publiques parmi les citoyens. Nous trouverons plus d'un exemple, dans l'histoire que nous aurons bientôt à raconter, de cette disposition de la part des éphores non-seulement à changer la politique de leurs prédécesseurs, mais même à détruire des traités conclus et jurés par eux. Le mystère habituel des affaires publiques spartiates était tel, qu'en agissant ainsi ils n'avaient à craindre ni critique ni discussion. Brasidas, quand il partit de Sparte lors de l'expédition que nous décrirons dans le chapitre suivant, ne put se fier aux assurances du pouvoir exécutif lacédæmonien qu'en le liant par les serments les plus solennels (1).

Les Athéniens renvoyèrent Artaphernês dans une trirème à Ephesos, et profitèrent eux-mêmes de cette occasion pour se procurer accès auprès du Grand Roi (425 av. J.-C.). Ils envoyèrent avec lui des ambassadeurs, qui devaient l'accompagner jusqu'à Suse ; mais en arrivant en Asie, ils reçurent la nouvelle que le roi Artaxerxês était mort récemment. Dans de telles circonstances, on ne jugea pas utile de poursuivre la mission, et les Athéniens renoncèrent à leur projet (2).

Relativement à la grande monarchie des Perses, pendant ce long intervalle de cinquante-quatre ans depuis que Xerxês avait été chassé de la Grèce, nous n'avons sous les yeux que peu de renseignements, si ce n'est les noms des rois successifs. Dans l'année 465 avant J.-C., Xerxês fut

---

(1) Thucyd. IV, 86. Ὅρκοις τε Λακεδαιμονίων καταλαβὼν τὰ τέλη τοῖς μεγίστοις, ἦ μὴν, etc.

(2) Thucyd. IV, 50 ; Diodore, XII, 64. Les Athéniens ne paraissent avoir jamais envoyé auparavant d'ambassadeurs au Grand Roi ou recherché son alliance, bien que l'idée de le faire n'ait dû nullement leur être étrangère, comme nous pouvons le voir par la scène spirituelle de Pseudartabas dans les Acharneis d'Aristophane, représentés l'année qui précède cet événement.

assassiné par Artabanos et Mithridatês, au moyen d'un de
ces complots de grands officiers de la maison du prince, si
fréquents dans les palais orientaux. Il laissait deux fils, ou
du moins deux fils présents et remarquables parmi un plus
grand nombre, Darius et Artaxerxès. Mais Artabanos persuada à Artaxerxès que Darius avait été le meurtrier de
Xerxès, et le décida ainsi à venger la mort de son père en
s'associant au meurtre de son frère Darius; il essaya ensuite
d'assassiner Artaxerxès lui-même et de s'approprier la couronne. Cependant Artaxerxès, informé du projet à l'avance,
ou tua Artabanos de sa propre main ou le fit tuer, et régna
ensuite (connu sous le nom d'Artaxerxès Longue-Main) pendant quarante ans, jusqu'à la période à laquelle nous sommes
actuellement arrivé (1).

Nous avons déjà mentionné la révolte de l'Egypte, qui
s'était séparée de l'empire d'Artaxerxès, sous le prince
libyen Inaros, aidé activement par les Athéniens. Après
quelques années de succès, cette révolte fut réprimée, et
l'Égypte subjuguée de nouveau par l'énergie du général
persan Megabyzos, — avec des pertes sérieuses pour les
forces athéniennes engagées. Après la paix de Kallias, appelée par erreur la paix de Kimôn, entre les Athéniens et le
roi de Perse, la guerre n'avait pas été recommencée. Nous
lisons dans Ktesias, parmi diverses anecdotes vraisemblablement recueillies à la cour de Suse, des aventures roma-
nesques attribuées à Megabyzos, à sa femme Amytis, à sa
mère Amestris, et à un médecin grec de Kos, nommé Apol-
lonidès. Zopyros, fils de Megabyzos, après la mort de
son père, abandonna la Perse et vint comme exilé à
Athènes (2).

A la mort d'Artaxerxès Longue-Main, les violences de
famille attachées à une succession persane se montrèrent

---

(1) Diodore, VI, 65; Aristote, Poli-
tic. V, 8-3; Justin, III, 1; Ktesias,
Persica, c. 29, 30. Il est évident qu'il
y avait des récits contradictoires cou-
rants relativement au complot dont

Xerxès fut victime; mais nous n'avons
aucun moyen de déterminer quels
étaient les détails.

(2) Ktesias, Persica, c. 38-43; Hérodote, III, 80.

de nouveau (425 av. J.-C.). Son fils Xerxês lui succéda ;
mais il fut assassiné, après un règne de quelques semaines
ou de quelques mois. Vint ensuite un autre fils, Sogdianus,
qui périt de la même manière après un court intervalle (1).
Enfin un troisième fils, Ochus (connu sous le nom de Darius
Nothus), ou plus habile ou plus heureux, conserva la couronne et la vie entre dix-neuf et vingt années. De la reine,
la sauvage Parysatis, il eut pour fils Artaxerxês Mnemôn et
Cyrus le Jeune, deux noms importants par rapport à l'histoire grecque, auxquels nous reviendrons ci-après.

------

(1) Diodore, XII, 64-71 ; Ktesias, Persica, c. 44-46.

CHAPITRE III

Opérations importantes de la huitième année de la guerre. — Prise de Kythêra
par les Athéniens. Nikias ravage la côte de la Laconie. — Prise de Thyrea ; —
tous les habitants Æginétains sont ou tués dans l'attaque, ou mis à mort ensuite
comme prisonniers. — Alarme et abattement chez les Lacédæmoniens ; — leurs
inquiétudes au sujet des Ilotes. — Ils surprennent et font assassiner deux mille
des plus braves Ilotes. — Les Chalkidiens et Perdikkas demandent qu'un secours
spartiate leur soit envoyé sous les ordres de Brasidas. — Brasidas reçoit l'ordre
de s'y rendre avec des hoplites, ilotes et péloponésiens. — Dispositions orgueil-
leuses et entreprenantes dominant à Athènes. Plan formé contre Megara. Etat
de Megara. — Les Athéniens, sous Hippokratês et Demosthenês, tentent de
surprendre Nisæa et Megara. — Des conspirateurs dans l'intérieur leur ouvrent
la porte, et les reçoivent dans les Longs Murs mégariens. Ils s'emparent de
toute la ligne des Longs Murs. — Les Athéniens marchent vers les portes de
Megara. Le projet des conjurés à l'intérieur, qui les veulent tenir ouvertes,
échoue. — Les Athéniens attaquent Nisæa ; — la place se rend à eux. — Dissension des partis dans Megara ; — intervention de Brasidas. — Brasidas réunit
une armée et délivre Megara : — il n'y a pas de bataille livrée ; — mais les
Athéniens se retirent. — Révolution à Megara ; — retour des exilés de Pêgœ
sous garantie d'amnistie ; — ils violent leurs serments et accomplissent de force
une révolution oligarchique. — Plan combiné par Hippokratês et Demosthenês
pour l'invasion de la Bœôtia de trois côtés à la fois. — Demosthenês, avec une
armée akarnanienne, fait une descente en Bœôtia ; à Siphæ, dans le golfe corinthien ; — son plan échoue et il se retire. — Désappointement des plans
athéniens ; — aucun mouvement intérieur ne se produit en Bœôtia. Hippokratês s'avance avec son armée d'Athènes à Dêlion, en Bœôtia. — Hippokratês
fortifie Dêlion ; ensuite l'armée se retire dans ses foyers. — Réunion des forces
militaires bœôtiennes à Tanagra. Pagondas, le bœôtarque thêbain, les déter-
mine à combattre. — L'armée bœôtienne est rangée en bataille ; — grande profondeur des hoplites thêbains ; — troupe spéciale thêbaine de Trois Cents. —
Ordre de bataille de l'armée athénienne. — Bataille de Dêlion ; — victoire vivement disputée ; — avantage résultant de la profondeur de la phalange thêbaine.
— Défaite et fuite des Athéniens ; — Hippokratês, avec mille hoplites, est tué.
— Echange de hérauts ; — remontrance faite aux Athéniens, par les Bœôtiens,

pour avoir profané le temple de Dêlion ; — ils refusent la permission d'enterrer les morts, si ce n'est sous condition de quitter Dêlion. — Réponse du héraut athénien ; — il demande la permission d'enterrer les corps des victimes. — Les Bœôtiens persistent à demander aux Athéniens d'évacuer Dêlion comme condition pour accorder la permission d'enterrer les morts ; — débat à ce sujet. — Remarques sur le débat. — Siége et prise de Dêlion par les Bœôtiens. — Sokratês et Alkibiadês engagés personnellement à Dêlion. — Marche de Brasidas à travers la Thessalia, vers la Thrace et la Macedonia. — Rapidité et adresse qu'il met à traverser la Thessalia. — Rapports entre Brasidas et Perdikkas ; — Brasidas entre en accommodement avec Arrhibæos ; — Perdikkas s'en offense. — Brasidas marche contre Akanthos ; — état des partis dans la ville. — Il est admis en personne dans la ville pour expliquer ses vues ; — son discours devant l'assemblée akanthienne. — Débat dans l'assemblée akanthienne, et décision prise par la majorité, votant en secret, de l'admettre, après beaucoup d'opposition. — Réflexions sur cette conduite ; — bonnes habitudes politiques des Akanthiens. — Preuve fournie par cette conduite, que le corps des citoyens (parmi les alliés athéniens) ne haïssait pas Athènes et ne désirait pas se révolter. — Brasidas établit des intelligences dans Argilos. Il dresse son plan pour surprendre Amphipolis. — 424 avant J.-C. Marche de nuit de Brasidas parti d'Arnê, par Argilos, vers le fleuve Strymôn et Amphipolis. — Il devient maître des terres autour d'Amphipolis ; mais il est déçu dans son espoir d'être admis dans la ville. — Il offre aux citoyens les conditions de capitulation les plus honorables, qu'ils acceptent. Amphipolis capitule. — Thucydide arrive avec son escadre de Thasos à Eiôn ; — non pas à temps pour sauver Amphipolis ; — il sauve Eiôn. — Alarme et effroi produits à Athènes par la prise d'Amphipolis ; — espérances accrues chez ses ennemis. — Gloire personnelle, estime et influence extraordinaires acquises par Brasidas. — Inaction et découragement d'Athènes après la bataille de Dêlion, surtout en ce qui regarde la pensée d'arrêter les conquêtes de Brasidas en Thrace. — La perte d'Amphipolis fut causée par la négligence des commandants athéniens ; — Euklês et l'historien Thucydide. — Les Athéniens bannissent Thucydide sur la proposition de Kleôn. — Sentence de bannissement rendue contre Thucydide par les Athéniens ; — motifs de cette sentence. Il encourut justement leur verdict de culpabilité. — Préparatifs de Brasidas à Amphipolis pour une conquête étendue ; ses opérations contre l'Aktê, ou promontoire de l'Athos. — Il attaque Torônê dans la péninsule Sithonienne ; — il est admis dans la ville par un parti intérieur ; — il la surprend et s'en empare. — Une partie de la population, avec la petite garnison athénienne, se retire dans la citadelle séparée appelée Lêkythos. — Discours conciliant de Brasidas à l'assemblée à Torônê. — Il attaque la citadelle de Lekythos, et la prend d'assaut. — Capacité personnelle et puissance de conciliation de Brasidas.

La huitième année de la guerre, à laquelle nous touchons actuellement, présente des événements d'un caractère plus important et plus décisif qu'aucune des années précédentes. En passant en revue ces années, nous remarquons que, bien qu'il y ait beaucoup de combats, avec des misères et des privations infligées des deux côtés, cependant les opérations ont pour la plupart un caractère irrégulier, qui n'est pas

fait pour déterminer l'issue de la guerre. Mais la prise de
Sphakteria et de ses prisonniers, jointe à la reddition de
toute la flotte lacédæmonienne, était un événement gros
de conséquences et imposant aux yeux de toute la Grèce. Il
poussa les Athéniens à une série d'opérations, plus étendues
et plus ambitieuses que tout ce qu'ils avaient encore imaginé
— non-seulement dirigées contre Sparte dans son propre
pays, mais encore destinées à reconquérir cet ascendant à
Megara et en Bœôtia, qu'ils avaient perdu lors de la trève
de Trente ans ou avant cette trève. D'autre part, il intimida
tellement et les Lacédæmoniens et les alliés chalkidiques
d'Athènes en Thrace, qui s'étaient révoltés, et Perdikkas,
roi de Macédoine, qu'ils concertèrent entre eux l'expédition
de Brasidas, qui porta un coup si grave à l'empire athénien.
Ainsi cette année est le pivot de la guerre. Si les opérations
d'Athènes avaient réussi, elle aurait regagné une puissance
presque aussi grande que celle dont elle jouissait avant la
trève de Trente ans. Mais il arriva que Sparte, ou plutôt le
Spartiate Brasidas, fut heureux et remporta assez de succès
pour neutraliser tous les avantages que la prise de Sphakteria avait procurés à Athènes.

La première expédition entreprise par les Athéniens dans
le courant du printemps fut contre l'île de Kythêra, sur la
côte méridionale de la Laconie. Elle était habitée par des
Periœki lacédæmoniens, et administrée par un gouverneur
et une garnison d'hoplites, qu'on y envoyait tous les ans.
C'était le point habituel de débarquement pour les bâtiments
marchands venant de Libye et d'Égypte; et comme elle était
située très-près du cap Malea, immédiatement en face du
golfe de Gythion, — la seule partie accessible de la côte de
la Laconie en général inhospitalière, — la chance qu'elle pût
tomber entre les mains d'un ennemi était considérée comme
si menaçante pour Sparte, que quelques hommes politiques
souhaitaient, dit-on, que l'île fût au fond de la mer (1). Ni-

---

(1) Thucydide, IV, 54; Hérodote,
VII, 235. La manière dont Hérodote
fait allusion aux dangers qui résulte-
raient pour Sparte de l'occupation de

kias, conjointement avec Nikostratos et Autoklês, y conduisit une flotte de soixante trirèmes, avec deux mille hoplites athéniens, un petit nombre de cavaliers, et un corps d'alliés en grande partie milésiens.

Il y avait dans l'île deux villes, — Kythêra et Skandeia; la première avait une ville basse tout près de la mer, faisant face au cap Malea, et une ville haute sur la colline au-dessus; la dernière vraisemblablement sur la côte méridionale ou occidentale. Toutes deux furent attaquées en même temps par ordre de Nikias. Dix trirèmes et un corps d'hoplites milésiens (1) débarquèrent et s'emparèrent de Skandeia; tandis que les Athéniens prirent terre à Kythêra et refoulèrent les habitants de la ville basse dans la ville haute, où ils ne

---

Kythêra par un ennemi, fournit une probabilité de plus tendant à prouver que son histoire fut composée avant l'occupation réelle de l'île par Nikias, dans la huitième année de la guerre du Péloponèse. S'il avait connu ce dernier événement, il y aurait fait naturellement quelque allusion.

Les mots de Thucydide par rapport à l'île de Kythêra sont — les Lacédæmoniens πολλὴν ἐπιμέλειαν ἐποιοῦντο · ἦν γὰρ αὐτοῖς τῶν τε ἀπ' Αἰγύπτου καὶ Λιβύης ὁλκάδων προσβολὴ, καὶ λησταὶ ἅμα τὴν Λακωνικὴν ἧσσον ἐλύπουν ἐκ θαλάσσης, ἥπερ μόνον οἷον τ' ἦν κακουργεῖσθαι · πᾶσα γὰρ ἀνέχει πρὸς τὸ Σικελικὸν καὶ Κρητικὸν πέλαγος.

Je ne crois pas, avec le Dr Arnold et Goeller, que ce passage signifie que la Laconie était inattaquable par terre, mais très-attaquable par mer. Il veut plutôt dire que la seule partie de la côte de la Laconie où un envahisseur maritime pût faire beaucoup de dommage, était dans l'intérieur du golfe Laconique, près de Helos, de Gythion, etc., — qui est en effet la seule partie plate de cette côte. Les deux promontoires avancés, qui se terminent, l'un par le cap Malea, l'autre par le cap Tænaros, sont élevés, hérissés de rochers, dé-

pourvus de ports, et offrant à un ennemi très-peu de tentation pour débarquer. « Toute la côte laconienne est une *haute falaise avancée* là où elle fait face à la mer de Sicile et à celle de Krête, » πᾶσα ἀνέχει. L'île de Kythêra était particulièrement favorable pour faciliter des descentes sur le territoire près d'Helos et de Gythion. L'ἀλιμενότης de la Laconie est mentionnée dans Xénophon, Hellen. IV, 8, 7, — où il décrit l'occupation de l'île par Konôn et Pharnabazos.

V. dans le colonel Leake la description de cette côte et des hautes falaises, entre le cap Matapan (Tænaros) et Kalamata, qui font face à la mer de Sicile — aussi bien que de celles à l'est du cap Saint-Angelo ou Malea, qui font face à celle de Krête (Travels in Morea, vol. I, ch. 7, p. 261 — « la côte de Messamani tempétueuse, hérissée de rochers et dénuée d'abri » — ch. 8, p. 320; ch. 6, p. 205; Strabon, VIII, p. 368; Pausan. III, ch. 56, 2).

(1) Thucydide, IV, 54. Διοχιλίοις Μιλησίων ὁπλίταις. Il semble impossible de croire qu'il y ait eu jusqu'à deux mille hoplites *milésiens;* mais nous ne pouvons pas dire où est l'erreur.

tardèrent pas à capituler. Un certain parti parmi eux avait dans le fait demandé secrètement l'arrivée de Nikias, intrigue qui procura aux habitants des conditions faciles. Un petit nombre d'hommes, indiqués par les Kythériens, d'accord avec Nikias, furent emmenés comme prisonniers à Athènes; mais on laissa les autres sans les inquiéter, et on les inscrivit au nombre des alliés tributaires, sous l'obligation de payer quatre talents par an; on plaça une garnison athénienne à Kythêra pour protéger l'île. Ensuite Nikias consacra sept jours à des descentes et à des incursions sur la côte, près d'Helos, d'Asinê, d'Aphrodisia, de Kotyrta, et ailleurs. Les forces lacédæmoniennes étaient disséminées en petites garnisons, qui restèrent chacune pour la défense de son propre poste séparé, sans se réunir pour repousser les Athéniens, de sorte qu'il n'y eut qu'un seul engagement, et encore de peu d'importance, que les Athéniens jugèrent digne d'un trophée.

En revenant de Kythæra vers Athènes, Nikias ravagea d'abord la petite bande de terre cultivée près d'Epidauros Limêra, sur la côte orientale de la Laconie, hérissée de rochers, et il attaqua ensuite la colonie Æginétaine à Thyrea, bande formant la frontière entre la Laconie et l'Argolis. Cette ville et ce district avaient été cédés par Sparte aux Æginétains, à l'époque où ils furent chassés de leur propre île par Athènes dans la première année de la guerre. Les nouveaux habitants, trouvant la ville trop éloignée de la mer (1) pour leurs habitudes maritimes, étaient occupés à ce moment à construire une fortification tout près du rivage; dans ce travail ils étaient aidés par un détachement lacédæmonien sous les ordres de Tantalos, de garde dans

---

(1) Thucydide, IV, 56. Il dit que Thyrea était éloignée de la mer de dix stades ou environ un mille et un cinquième (= 1 kil. 900 mètres). Mais le colonel Leake (Travels in the Morea, vol. II, ch. 22, p. 492), qui a découvert des ruines tout à fait suffisantes pour identifier l'endroit, affirme « qu'il y a au moins trois fois cette distance de la mer. »

Ceci nous explique d'autant plus clairement pourquoi les Æginétains jugèrent nécessaire de construire leur nouveau fort.

ce voisinage. Quand les Athéniens débarquèrent, les Æginétains et les Lacédæmoniens abandonnèrent sur-le-champ
la nouvelle fortification. Les Æginétains, avec l'officier
commandant Tantalos, occupèrent la ville haute de Thyrea;
mais les troupes lacédæmoniennes, ne la jugeant pas tenable, refusèrent de prendre part à la défense, et se retirèrent
sur les montagnes voisines, malgré les instantes prières des
Æginétains. Immédiatement après leur débarquement, les
Athéniens marchèrent vers la ville de Thyrea, qu'ils emportèrent d'assaut, y brûlant et détruisant tout. Tous les Æginétains furent ou tués ou faits prisonniers, et Tantalos lui-
même, mis hors de combat par ses blessures, tomba aussi
entre les mains de l'ennemi. De là l'armement retourna à
Athènes, où l'on vota sur le sort des prisonniers. Les Kythériens amenés à Athènes furent répartis dans les îles dé-
pendantes pour être tenus sous bonne garde; Tantalos fut
retenu avec les prisonniers de Sphakteria; mais un sort plus
dur était réservé aux Æginétains. Ils furent tous mis à
mort, victimes de la longue et constante antipathie entre
Athènes et Ægina. Cet acte cruel ne fut rien de plus qu'une
rigoureuse application des coutumes de guerre admises à
cette époque. Si les Lacédæmoniens avaient été vainqueurs,
on ne peut guère douter qu'ils n'eussent agi avec une égale
rigueur (1).

L'occupation de Kythèra, outre Pylos, par une garnison
athénienne, suivant de près le désastre capital de Sphakteria, produisit dans l'esprit des Spartiates des sentiments
d'alarme et d'abattement tels qu'ils n'en avaient jamais
éprouvé auparavant de pareils. Dans le courant d'un petit
nombre de mois leur position avait complétement changé :
de supérieurs et d'agresseurs qu'ils étaient au dehors, ils
étaient exposés chez eux à l'insulte et à l'inquiétude. Ils ne
prévoyaient rien moins que des attaques étrangères inces-
santes sur tous leurs points faibles, avec toute probabilité
de défection intérieure, par suite du mécontentement cons-

(1) Thucydide, IV, 58; Diodore, XII, 65.

tant des Ilotes. Ils n'ignoraient pas que Kythêra elle-même avait été perdue en partie par trahison. La prise de Sphaktoria avait causé une émotion particulière parmi les Ilotes, auxquels les Lacédæmoniens avaient adressé à la fois des appels et des promesses d'émancipation, afin d'obtenir du secours pour leurs hoplites, alors qu'ils étaient bloqués dans l'île. Si la reddition finale de ces hoplites avait diminué les terreurs que causait la valeur lacédæmonienne dans toute la Grèce, cet effet s'était produit à un plus haut degré encore parmi les Ilotes opprimés. Ils avaient actuellement sous les yeux un refuge à Pylos, et un noyau qui présentait quelque possibilité de se répandre dans la Messênia régénérée; tandis que l'établissement d'une garnison athénienne à Kythêra ouvrait un nouveau canal de communication avec les ennemis de Sparte, de manière à tenter tous les Ilotes d'un caractère entreprenant de se mettre en avant comme libérateurs de leur race asservie (1). Les Lacédæmoniens, habituellement circonspects en toute circonstance, croyaient maintenant que le courant de la fortune avait décidément tourné contre eux, et ils agissaient avec un redoublement de méfiance et d'effroi, — se bornant à des mesures strictement défensives, mais organisant une troupe de quatre cents hommes de cavalerie, avec un corps d'archers, au delà de leur règle ordinaire.

Les précautions qu'ils jugèrent à propos de prendre par rapport aux Ilotes donnent la meilleure mesure de leurs appréhensions du moment, et offrent en outre un raffinement de fraude et de cruauté rarement égalé dans l'histoire. Désirant choisir dans le corps général ceux qui étaient les plus courageux et les plus vaillants, les éphores firent une proclamation portant que ceux des Ilotes qui croyaient avoir gagné leur liberté par des services signalés dans la guerre, eussent à se présenter pour la réclamer. Un nombre considérable d'entre eux répondirent à l'appel, — probablement beaucoup de ceux qui avaient affronté des dangers immi-

____

(1) Thucydide, IV, 41, 55, 56.

nents l'été précédent, afin de porter des provisions aux soldats bloqués dans Sphakteria (1). Après avoir été examinés par le gouvernement, deux mille furent choisis comme entièrement dignes d'être émancipés; ce qui leur fut accordé sur-le-champ dans une cérémonie publique, — avec des couronnes, des visites au temple, et tout l'appareil d'une solennité religieuse. Le gouvernement avait fait alors le choix qu'il désirait; bientôt tous ceux qui faisaient partie de ces Ilotes nouvellement affranchis furent tués, — personne ne sut comment (2). Un stratagème à la fois si perfide dans la combinaison, si meurtrier dans le but, et si complet dans l'exécution, est sans exemple dans l'histoire grecque, — nous pourrions presque dire sans exemple dans aucune histoire. Il implique une dépravation beaucoup plus grande que l'exécution rigoureuse d'une loi usuelle et barbare contre

---

(1) Thucydide, IV, 80.

(2) Thucydide, IV, 80 Καὶ προκρίναντες ἐς δισχιλίους, οἱ μὲν ἐστεφανώσαντό τε καὶ τὰ ἱερὰ περιῆλθον ὡς ἠλευθερωμένοι · οἱ δὲ οὐ πολλῷ ὕστερον ἠφάνισάν τε αὐτοὺς, καὶ οὐδεὶς ἤσθετο ὅτῳ τρόπῳ ἕκαστος διεφθάρη. Cf. Diodore, XII, 67.

Le Dr Thirlwall (History of Greece, vol. III, ch. 23, p. 244, 2e éd., *note*) pense que cet assassinat d'Ilotes par les Spartiates fut consommé à quelque autre moment inconnu, et non pas à l'époque indiquée ici. Je ne puis partager son opinion. Il me semble qu'il y a la raison probable la plus forte pour rapporter l'incident à l'époque qui suit immédiatement le désastre de Sphakteria, que Thucydide marque si spécialement (IV, 41) par les mots expressifs — Οἱ δὲ Λακεδαιμόνιοι ἀμαθεῖς ὄντες ἐν τῷ πρὶν χρόνῳ λῃστείας καὶ τοιούτου πολέμου, τῶν τε Εἱλώτων αὐτομολούντων καὶ φοβούμενοι μὴ καὶ ἐπὶ μακρότερον σφίσι τι νεωτερισθῇ τῶν κατὰ τὴν χώραν, οὐ ῥᾳδίως ἔφερον. C'était précisément après que les Messêniens furent établis pour la première fois à Pylos, et qu'ils commencèrent leurs incursions en Laconie, avec les tentations qu'ils pouvaient offrir aux Ilotes de déserter. Et il était naturellement juste alors que la crainte, inspirée aux Spartiates par leurs Ilotes, fût portée à son maximum et conduisît à l'accomplissement de l'acte mentionné dans le texte. Le Dr Thirlwall dit « que le gouvernement spartiate ne devait pas ordonner le massacre des Ilotes à un moment où il pouvait les employer au service étranger. » Mais on peut répondre à ceci que la prise de Sphakteria fut effectuée en juillet ou en août, tandis que l'expédition sous Brasidas ne fut pas organisée avant l'hiver ou le printemps suivant. Il y eut donc un intervalle de quelques mois, pendant lequel le gouvernement n'avait pas encore conçu l'idée d'employer les Ilotes au service étranger. Et cet intervalle est tout à fait suffisant pour donner un sens complet et distinct à l'expression καὶ τότε (Thucyd. IV, 80), sur laquelle insiste le Dr Thirlwall, sans qu'il soit besoin de remonter à quelque point éloigné de l'histoire antérieure.

des prisonniers de guerre ou des rebelles, même en nombre considérable. Les éphores ont dû employer de nombreux instruments, séparément les uns des autres, pour accomplir cet acte sanglant. Cependant il paraît qu'on ne put obtenir aucune connaissance certaine des détails, — preuve frappante de la puissance mystérieuse de ce Conseil des Cinq, surpassant même celle du Conseil des Dix à Venise, — aussi bien que de l'absence absolue de curiosité ou de discussion publique.

Ce fut pendant que les Lacédæmoniens étaient dans cet état d'inquiétude à l'intérieur que des ambassadeurs leur vinrent de la part de Perdikkas de Macédoine et des Chalkidiens de Thrace, demandant du secours contre Athènes, que, dans le cours actuel de ses succès, ils croyaient disposée à reprendre des mesures agressives contre eux. Il y eut en outre d'autres partis, dans les villes voisines (1) sujettes d'Athènes, qui favorisèrent secrètement la demande, s'engageant à se mettre en révolte ouverte aussitôt qu'une armée auxiliaire arriverait pour les garantir contre les dangers qu'ils affronteraient. Perdikkas (qui avait sur les bras avec son parent Arrhibæos, prince des Lynkestæ-Macédoniens, une dispute qu'il désirait pouvoir terminer heureusement) et les Chalkidiens offrirent en même temps de pourvoir à la paye et à l'entretien, aussi bien que de faciliter le passage des troupes qui leur seraient envoyées. Et ce qui était d'une importance plus grande encore pour le succès de l'entreprise, — ils demandèrent spécialement que Brasidas fût investi du commandement (2). Il était remis alors des blessures qu'il avait reçues à Pylos, et sa réputation de bravoure aventureuse, quelque grandeur qu'elle dût à son mérite réel, ressortait encore d'une manière d'autant plus remarquable qu'aucun autre Spartiate isolé ne s'était distingué jusque-là. Il n'avait pas encore montré ses autres grandes

---

(1) Thucydide, IV, 79.
(2) Thucydide, IV, 80. Προὐθυμήθησαν δὲ καὶ οἱ Χαλκιδῆς ἄνδρα ἕν τε τῇ Σπάρτῃ δοκοῦντα δραστήριον εἶναι ἐς τὰ πάντα, etc.

qualités, séparément de sa vaillance personnelle; car il n'avait jamais été revêtu d'aucun commandement suprême. Mais il brûlait d'impatience de se charger de l'opération que lui destinaient les ambassadeurs; bien qu'à cette époque elle ait dû paraître si grosse de difficultés et de dangers, que probablement aucun autre spartiate que lui n'aurait conçu à son égard d'espérances de succès. Susciter des embarras à Athènes en Thrace était un objet de grande importance pour Sparte, tandis qu'elle trouvait ainsi une occasion d'envoyer au loin un autre détachement d'Ilotes dangereux. On arma sept cents de ces derniers comme hoplites et on les mit sous les ordres de Brasidas; mais les Lacédæmoniens ne voulurent lui confier aucune de leurs propres forces. C'est avec la sanction du nom spartiate, — avec sept cents hoplites ilotes, et avec les autres hoplites qu'il put lever dans le Péloponèse au moyen des fonds fournis par les Chalkidiens, — que Brasidas se prépara à entreprendre cette expédition, aussi aventureuse qu'importante.

Si les Athéniens avaient eu quelque soupçon de son dessein, ils auraient facilement pu l'empêcher d'arriver jamais en Thrace. Mais ils n'en surent rien avant qu'il eût réellement rejoint Perdikkas, et ils ne s'attendaient à aucune attaque sérieuse du côté de Sparte, à un moment où elle était si abattue, — et encore moins à une entreprise bien plus hardie qu'aucune de celles que, au dire de tous, elle eût jamais entreprises. Ils étaient actuellement animés par l'espoir de conquêtes à venir de leur propre côté, — leurs affaires étaient si prospères et donnaient de telles espérances, que des partis favorables à leurs intérêts commençaient à revivre, tant à Megara qu'en Bœôtia; tandis qu'Hippokratès et Demosthenês, les deux principaux stratêgi de l'année, étaient des hommes d'énergie, doués de toutes les qualités voulues tant pour projeter que pour exécuter des entreprises militaires.

La première occasion se présenta à propos de Megara. Les habitants de cette ville avaient plus souffert de la guerre qu'aucun des autres Grecs. Ils avaient été la cause principale qui avait attiré la guerre sur Athènes, et les Athéniens se vengeaient sur eux de tous les maux qu'ils avaient endurés eux-mêmes par suite de l'invasion lacédæmonienne. Deux fois par an ils dévastaient la Megaris, qui confinait à leur propre territoire, et cela aussi avec une efficacité si destructive dans son étendue limitée, qu'ils interceptaient toute subsistance des terres voisines de la ville, — en même temps ils tenaient le port de Nisæa étroitement bloqué. Dans des conditions si dures les Mégariens trouvaient beaucoup de difficulté à subvenir même aux premiers besoins de la vie (1). Mais leur position était devenue récemment, dans le court intervalle de quelques mois, encore plus intolérable par un soulèvement intérieur de la ville, se terminant par l'expulsion d'un corps puissant d'exilés, qui s'emparèrent de Pêgæ, le port mégarien du golfe de Corinthe, et le tinrent en leur possession. Probablement des importations de Pêgæ avaient été antérieurement leur principale ressource contre la destruction qui venait fondre sur eux du côté d'Athènes : de sorte qu'il leur devint à peine possible de se nourrir, quand les exilés de Pêgæ non-seulement les privèrent de cette ressource, mais se mirent positivement aussi à les harceler. Ces exilés étaient d'un parti oligarchique, et le gouvernement de Megara était devenu alors plus ou moins démocratique. Mais les privations dans la ville en vinrent bientôt à un tel point, que plusieurs citoyens commencèrent à travailler à un compromis, en vertu duquel les exilés de Pêgæ seraient réintégrés dans la ville. Il était évident pour les chefs de Megara que la masse des citoyens ne pourrait pas soutenir longtemps le poids d'ennemis venant de deux côtés, — mais ils pensaient aussi que les exilés réfugiés à Pêgæ, leurs rivaux politiques acharnés, étaient des ennemis pires que les Athéniens, et que le retour de ces exilés serait une sentence de mort pour eux-mêmes. Afin d'empêcher cette contre-révolution, ils ouvrirent une correspondance secrète avec Hippokratès et Demosthenès, s'engageant

---

(1) Le tableau tracé par Aristophane (Acharn., 760) est une caricature, mais de souffrances qui n'étaient probablement que trop réelles.

à livrer et Megara et Nisæa aux Athéniens; bien que Nisæa, le port de Megara à environ un mille (= 1,600 mèt.) de la ville, fût une forteresse séparée, occupée par une garnison péloponésienne, et par elle exclusivement, aussi bien que les Longs Murs, en vue de tenir Megara attachée à la confédération lacédæmonienne (1).

Le plan de surprise fut concerté, et ce qui est plus remarquable, — dans l'extrême publicité de toutes les affaires athéniennes, et dans une affaire dont bien des gens ont dû avoir connaissance, — il fut tenu secret jusqu'à l'instant de l'exécution. Une armée athénienne considérable, quatre mille hoplites et six cents cavaliers, reçut ordre de marcher de nuit par la grande route qui allait par Eleusis à Megara : mais Hippokratès et Demosthenès de leur personne allèrent à bord d'un vaisseau de Peiræeus à l'île de Minoa, qui était tout près de Nisæa, et qui avait été pendant quelque temps occupée par une garnison athénienne. Hippokratès s'y cacha avec six cents hoplites, dans un creux d'où l'on avait tiré de la terre à brique, sur le continent opposé à Minoa, et non loin de la porte du Long Mur qui s'ouvrait près de la jonction de ce mur avec le fossé et le mur entourant Nisæa; tandis que Demosthenès, avec quelques Platæens armés à la légère et un détachement de jeunes Athéniens agiles (appelés Peripoli, et qui servaient comme garde mobile de l'Attique) dans leur première ou seconde année de service militaire, se plaça en embuscade dans l'enceinte sacrée d'Arès, encore plus près de la même porte.

Faire en sorte que la porte fût ouverte, telle était la tâche des conspirateurs de l'intérieur. Parmi les expédients auxquels les Mégariens avaient été réduits pour se procurer des provisions (surtout depuis qu'une armée de blocus avait été placée à Minoa), on n'oubliait pas de faire des sorties de nuit pour piller les environs. Quelques-uns de ces conspi-

---

(1) Thucydide IV, 66. Strabon (IX, p. 391) donne dix-huit stades comme étant la distance entre Megara et Nisæa; Thucydide huit seulement. Il paraît qu'il y a des raisons suffisantes pour préférer le dernier chiffre. V. Reinganum, Das alte Megaris, p. 121-180.

rateurs avaient été dans l'habitude, avant que l'intrigue avec Athènes fût projetée, de faire sortir de nuit un petit bateau à deux rames sur une charrette, par cette porte, avec la permission du commandant péloponésien de Nisæa et des Longs Murs. Le bateau, une fois ainsi amené dehors, était d'abord transporté jusqu'au rivage le long du fond du fossé sec qui entourait le mur de Nisæa, — ensuite mis à la mer pour quelque entreprise nocturne, — et enfin, rapporté le long du fossé avant le jour le matin; la porte étant ouverte, par permission, pour le laisser rentrer. C'était la seule voie par laquelle un navire mégarien pouvait aller à la mer, puisque les Athéniens à Minoa étaient complétement maîtres du port.

Le soir fixé pour la surprise, ce bateau fut transporté au-dehors et ramené à l'heure ordinaire. Mais au moment où la porte du Long Mur fut ouverte pour le recevoir, Demosthenès avec ses compagnons d'armes s'élança en avant pour se faire route par là; en même temps les Mégariens qui accompagnaient le bateau attaquèrent les gardes et les tuèrent, pour faciliter son entrée. Cette bande agile et déterminée réussit à s'emparer de la porte, et à la tenir ouverte, jusqu'à ce que les six cents hoplites sous Hippokratès arrivassent, et pénétrassent dans l'espace intérieur compris entre les Longs Murs. Ils montèrent immédiatement sur les murs de chaque côté, à mesure qu'ils arrivaient, sans s'inquiéter beaucoup d'ordre, afin de chasser ou de faire périr les gardes péloponésiens : ceux-ci, surpris et s'imaginant que les Mégariens en général étaient d'accord avec l'ennemi contre eux, — confirmés encore dans cette opinion en entendant le héraut athénien proclamer à haute voix que tout Mégarien qui le voudrait pourrait prendre son poste dans la ligne des hoplites athéniens (1), — firent

---

(1) Thucydide, IV, 68. Ξυνέπεσε γὰρ καὶ τὸν τῶν Ἀθηναίων κήρυκα ἀφ' ἑαυτοῦ γνώμης κηρῦξαι, τὸν βουλόμενον ἰέναι Μεγαρέων μετὰ Ἀθηναίων θησόμενον τὰ ὅπλα.

Ici nous avons la phrase τίθεσθαι τὰ ὅπλά employée dans un cas où l'explication qu'en donne le Dr Arnold serait éminemment impropre. On ne pouvait songer à *empiler les armes* au moment critique d'un combat réel, avec un résultat douteux encore.

d'abord quelque résistance; mais ils se découragèrent bientôt et se réfugièrent dans Nisæa. Peu après le lever du jour, les Athéniens se trouvèrent maîtres de toute la ligne des Longs Murs, et aux portes mêmes de Megara, — aussi bien que renforcés par la partie la plus grande de l'armée, qui après avoir marché par terre en traversant Eleusis, arriva au moment convenu.

Cependant les Mégariens de l'intérieur de la ville étaient dans le plus grand tumulte et la plus grande consternation. Mais les conspirateurs, dont le plan était prêt, avaient résolu de proposer qu'on ouvrît les portes et qu'on fît sortir toutes les forces de la cité pour combattre les Athéniens. Une fois que les portes seraient ouvertes, ils avaient eux-mêmes l'intention de prendre parti pour les Athéniens et de faciliter leur entrée, et ils s'étaient frotté le corps d'huile afin d'être distingués visiblement aux yeux de ces derniers. Le plan échoua seulement un instant avant qu'il fût sur le point d'être mis à exécution, et étant divulgué par un de leurs propres camarades. Leurs adversaires de la ville, informés de ce qu'on méditait, se rendirent en hâte à la porte, et se saisirent des hommes frottés d'huile au moment où ils se disposaient à l'ouvrir. Sans laisser voir qu'ils connussent le secret important qui venait de leur être révélé, ces adversaires protestèrent hautement contre l'idée d'ouvrir la porte et de sortir pour combattre un ennemi auquel, même dans les moments de leur plus grande force, ils n'avaient jamais songé à tenir tête en rase campagne. Tout en insistant seulement sur les malheurs publics de la mesure, ils se postèrent en même temps en armes contre la porte, et déclarèrent qu'ils périraient avant de permettre qu'on l'ouvrît. Les conspirateurs n'étaient pas préparés à une résistance si obstinée; de sorte qu'ils furent forcés de renoncer à leur dessein et de laisser la porte fermée.

Les généraux athéniens, qui attendaient qu'elle fût ouverte, s'aperçurent bientôt par le retard que leurs amis de l'intérieur avaient été déçus, et ils résolurent immédiatement de s'assurer de Nisæa qui était derrière eux, acquisition importante non moins par elle-même que comme moyen probable de s'emparer de Megara. Ils accomplirent l'œuvre avec la rapidité caractéristique des Athéniens. On fit sur-le-champ venir d'Athènes, en grande quantité, des maçons et des outils; l'armée se distribua le mur de circonvallation autour de Nisæa en parties distinctes. D'abord on éleva une construction dans l'espace intérieur entre les Longs Murs, de manière à couper la communication avec Megara; ensuite on mena des murailles du côté extérieur des Longs Murs jusqu'à la mer, de manière à enfermer complétement Nisæa avec ses fortifications et son fossé. Les maisons dispersées, qui formaient une sorte de faubourg orné de Nisæa, fournirent des briques pour cette clôture, ou furent parfois même prises pour en faire partie comme elles étaient, avec les parapets sur leurs toits; tandis qu'on coupa des arbres qui devaient fournir des matériaux partout où des palissades étaient nécessaires. En un jour et demi l'ouvrage de circonvallation fut presque achevé, de sorte que les Péloponésiens de Nisæa n'eurent en perspective qu'un état de blocus sans espoir. Privés de toute communication, non-seulement ils s'imaginaient que toute la ville de Megara s'était unie aux Athéniens, mais de plus ils n'avaient aucun moyen d'avoir de provisions; car la ville leur avait toujours fourni des vivres par rations journalières. Désespérant d'avoir un prompt secours du Péloponèse, ils acceptèrent les conditions peu rigoureuses de capitulation que leur offrirent les généraux athéniens (1). Après qu'ils eurent rendu leurs armes, chaque homme dut payer un prix stipulé pour sa rançon; on ne nous en dit pas le chiffre; mais c'était sans doute une somme modérée. Toutefois on exigea que le commandant lacédæmonien et tels autres Lacédæmoniens qui pouvaient être dans Nisæa, se rendissent comme prisonniers aux Athéniens, pour rester à leur disposition. C'est à ces conditions que Nisæa fut livrée aux Athéniens, qui coupèrent ses communications avec Megara, en tenant dans un blocus effectif l'espace intermédiaire entre les Longs Murs, — dont ils

____

(1) Thucydide, IV, 69.

avaient été eux-mêmes, dans les temps précédents, les premiers auteurs (1).

Cette interruption de communication par les Longs Murs indiquait que les généraux athéniens étaient convaincus de l'impossibilité de se rendre maîtres de Megara. Mais la ville dans son état actuel de trouble serait certainement tombée entre leurs mains (2), si elle ne leur eût été enlevée par le voisinage accidentel et l'énergique intervention de Brasidas. Cet officier, occupé à lever des troupes pour son expédition en Thrace, était près de Corinthe et de Sikyôn quand il apprit pour la première fois que les Longs Murs avaient été surpris et enlevés. En partie par suite de l'alarme que cette nouvelle causa dans les villes péloponésiennes, en partie par sa propre influence personnelle, il réunit un corps de deux mille sept cents hoplites corinthiens, de six cents Sikyoniens, et de quatre cents Phliasiens, outre sa propre petite armée, et il marcha avec ces forces combinées vers Tripodiskos dans la Megaris, à mi-chemin entre Megara et Pègæ, sur la route qui passe par le mont Geraneia; il avait d'abord envoyé une demande pressante aux Bœôtiens, pour les prier de le rejoindre à ce point avec des renforts. Il comptait par un mouvement rapide préserver Megara, et peut-être Nisæa; mais en arrivant la nuit à Tripodiskos, il apprit que cette dernière place s'était déjà rendue. Alarmé pour le salut de Megara, il s'y rendit sans retard par une marche de nuit. Ne prenant avec lui qu'une troupe d'élite de trois cents hommes, il se présenta, sans être attendu, aux portes de la ville; il demanda à être admis, et offrit de prêter son aide immédiate pour recouvrer Nisæa. L'un des deux partis de Megara aurait volontiers accédé à sa demande; mais l'autre, sachant bien

---

(1) Thucydide, I, 103; IV, 69. Καὶ οἱ Ἀθηναῖοι, τὰ μακρὰ τείχη ἀπορρή-ξαντες ἀπὸ τῆς τῶν Μεγαρέων πόλεως καὶ τὴν Νίσαιαν παραλαβόντες, τἄλλα παρεσκευάζοντο.
Diodore (XII, 66) abrége Thucydide.

(2) Thucydide, IV, 73. Εἰ μὲν γὰρ μὴ ὤφθησαν ἐλθόντες (Brasidas avec ses troupes) οὐκ ἂν ἐν τύχῃ γίγνεσθαι σφίσιν, ἀλλὰ σαφῶς ἂν ὥσπερ ἡσσηθέντων στερηθῆναι εὐθὺς τῆς πόλεως.

que dans ce cas les exilés de Pêgæ seraient ramenés pour le molester, était prêt à faire une vigoureuse résistance, et alors les forces athéniennes, qui n'étaient encore qu'à un mille de distance, auraient été introduites comme auxiliaires. Dans ces circonstances les deux partis en vinrent à un compromis et s'accordèrent mutuellement pour refuser d'admettre Brasidas. Ils s'attendaient à ce qu'une bataille fût livrée entre lui et les Athéniens, et chacun d'eux comptait que Megara suivrait la fortune du vainqueur (1).

Étant revenu sans succès à Tripodiskos, Brasidas y fut rejoint le matin de bonne heure par deux mille hoplites Bœôtiens et par six cents cavaliers; car les Bœôtiens avaient été mis en mouvement par la même nouvelle que lui, et avaient même commencé leur marche avant l'arrivée de son messager, avec une célérité telle qu'ils avaient déjà atteint Platée (2). Le total des forces sous les ordres de Brasidas monta ainsi à six mille hoplites et à six cents cavaliers, avec lesquels il marcha droit vers le voisinage de Megara. Les troupes légères athéniennes, dispersées dans la plaine, furent surprises et repoussées par la cavalerie bœôtienne; mais la cavalerie athénienne, venant à leur secours, soutint avec les assaillants une lutte violente, dans laquelle, après quelques pertes des deux côtés, il resta un léger avantage aux Athéniens. Ils accordèrent une trêve pour l'enterrement de l'officier de la cavalerie bœôtienne, qui avait été tué avec quelques autres. Après cette escarmouche indécise de cavalerie, Brasidas s'avança avec le gros de ses forces dans la plaine entre Megara et la mer, et prit position près des hoplites athéniens qui étaient rangés en bataille tout près de Nisæa et des Longs Murs. Il leur offrit ainsi le combat s'ils le voulaient; mais chaque parti attendait que l'autre attaquât; et ni l'un ni l'autre ne se souciait de commencer l'attaque de son côté. Brasidas savait bien que si les Athéniens refusaient de combattre, Megara serait préservée du danger de tomber entre leurs mains, — perte que son prin-

____

(1) Thucydide, IV, 71.   (2) Thucydide, IV, 72.

cipal objet était de prévenir, et qui dans le fait avait déjà
été prévenue par sa seule arrivée. S'il attaquait et qu'il fût
battu, il perdrait cet avantage, — tandis que s'il était victorieux, il ne pouvait guère espérer obtenir beaucoup plus.
Les généraux athéniens, de leur côté, songeaient qu'ils
s'étaient déjà assuré une acquisition importante dans Nisæa,
qui coupait les communications entre Megara et leur mer;
que l'armée qu'ils avaient devant eux était non-seulement
supérieure par le nombre des hoplites, mais encore composée de contingents de maintes cités différentes, de sorte
qu'aucune cité ne hasardait autant dans l'action; tandis que
leur propre armée était toute athénienne et composée des
meilleurs hoplites d'Athènes, ce qui rendrait une défaite
cruellement ruineuse pour la ville. Ils ne croyaient pas
qu'il valût la peine d'affronter ce danger, même dans le
dessein de se rendre maîtres de Megara. Les chefs des deux
côtés étant dans de tels sentiments, les deux armées restèrent en position pendant quelque temps, chacune d'elle
attendant que l'autre attaquât. A la fin les Athéniens, voyant
que leurs adversaires ne songeaient à aucun mouvement
agressif, furent les premiers à se retirer dans Nisæa. Laissé
ainsi maître du terrain, Brasidas retourna en triomphe vers
Megara, dont les portes s'ouvrirent cette fois sans réserve
pour le recevoir (1).

L'armée de Brasidas, ayant obtenu le point principal pour
lequel elle était réunie, ne tarda pas à se disperser, — lui-
même reprit ses préparatifs pour la Thrace; tandis que les
Athéniens de leur côté retournèrent aussi chez eux, laissant une garnison suffisante pour occuper et Nisæa et les
Longs Murs. Mais il s'opéra dans l'intérieur de Megara une
révolution complète et violente. Tandis que les chefs amis
d'Athènes, ne jugeant pas qu'il fût sûr pour eux de rester,
s'enfuirent sur lo champ et cherchèrent un asile chez les
Athéniens (2), — le parti opposé ouvrit des communications

---

(1) Thucydide, IV, 73.
(2) Nous trouvons quelques-uns
d'entre eux plus tard au service
d'Athènes, employés comme troupes
légères dans l'expédition de Sicile
(Thucyd. VI, 43).

avec les exilés à Pêgæ et les réintégra dans la ville ; les obligeant toutefois par les engagements les plus solennels à observer une amnistie absolue pour le passé, et à ne sònger qu'au bonheur de la cité commune. Les nouveaux venus ne tinrent leur parole que pendant l'intervalle qui s'écoula jusqu'au moment où ils eurent acquis assez de pouvoir pour la violer avec effet. Ils parvinrent bientôt à être placés dans les premiers commandements de l'État, et trouvèrent moyen de faire servir les forces militaires à leurs propres desseins. Une revue des hoplites de la ville et une inspection de leurs armes ayant été ordonnées, les lochi mégariens furent rangés et commandés de manière à permettre aux chefs de choisir telles victimes qu'ils jugeraient à propos. Ils saisirent un grand nombre de leurs ennemis les plus odieux, — dont quelques-uns étaient soupçonnés d'être complices dans la récente conspiration tramée avec Athènes. Les hommes saisis ainsi furent soumis aux formes d'un jugement public, devant ce qu'on appelait une assemblée publique, où chaque votant, agissant sous la terreur inspirée par les soldats, fut obligé de donner ouvertement son suffrage. Tous furent condamnés à mort et exécutés, au nombre de cent (1). La constitution de Megara fut transformée en une oligarchie de l'espèce la plus fermée possible, les hommes les plus violents en petit nombre prenant possession complète du gouvernement. Mais ils doivent probablement l'avoir dirigé avec vigueur et prudence pour leurs propres desseins, puisque Thucydide fait remarquer qu'il fut rare de voir une révolution accomplie par un parti si faible, et cependant si durable. Quelle fut sa durée, c'est ce qu'il ne mentionne pas. Quelques mois après ces incidents, les Mégariens rentrèrent

---

(1) Thucydide, IV, 74. Οἱ δὲ ἐπειδὴ ἐν ταῖς ἀρχαῖς ἐγένοντο, καὶ ἐξέτασιν ὅπλων ἐποιήσαντο, διαστήσαντες τοὺς λόχους, ἐξελέξαντο τῶν τε ἐχθρῶν καὶ οἳ ἐδόκουν μάλιστα ξυμπρᾶξαι τὰ πρὸς τοὺς Ἀθηναίους, ἄνδρας ὡς ἑκατόν · καὶ τούτων πέρι ἀναγκάσαντες τὸν δῆμον ψῆφον φανερὰν διενεγκεῖν, ὡς κατεγνώσθησαν, ἔκτειναν, καὶ ἐς ὀλιγαρχίων τὰ μάλιστα κατέστησαν τὴν πόλιν. Καὶ πλεῖστον δὴ χρόνον αὕτη ὑπ' ἐλαχίστων γενομένη ἐκ στάσεως μετάστασις ξυνέμεινεν.

en possession de leurs Longs Murs, en les prenant aux Athéniens (1) (auxquels en effet ils n'auraient pu être d'une utilité essentielle), et ils les rasèrent dans toute leur longueur : mais les Athéniens conservèrent encore Nisæa. Nous pouvons faire remarquer, pour expliquer en partie la durée de ce nouveau gouvernement, que la trêve conclue au commencement de l'année suivante a dû considérablement diminuer les difficultés de tout gouvernement, oligarchique ou démocratique, à Megara.

Le projet de surprendre Megara avait été conçu et exécuté avec habileté ; il n'avait échoué que par un accident auquel de tels plans sont toujours exposés, aussi bien que par la célérité inattendue de Brasidas. De plus, il avait assez réussi pour permettre aux Athéniens d'emporter Nisæa, — un des postes qu'ils avaient livrés en vertu de la trêve de Trente ans, et qui avait pour eux une importance positive considérable ; de sorte qu'en somme il compta pour une victoire, en laissant les généraux avec un surcroît d'encouragement libres de tourner leur activité ailleurs. En conséquence, tout aussitôt après que les troupes eurent été ramenées de la Megaris (2), Hippokratès et Demosthenês concertèrent un plan encore plus étendu pour l'invasion de la Bœôtia, conjointement avec quelques mécontents des villes bœôtiennes, qui désiraient abattre les gouvernements oligarchiques et les remplacer par des démocraties, — et surtout par l'action d'un exilé thêbain nommé Ptœodôros. Demosthenês, avec quarante trirèmes, fut envoyé autour du Péloponèse, jusqu'à Naupaktos ; ses instructions lui prescrivaient de réunir une armée akarnanienne, — de s'avancer jusqu'à l'extrémité la plus intérieure du golfe Corinthien ou Krissæen, — et d'occuper Siphæ, ville maritime appartenant à Thespiæ de Bœôtia, où l'on avait déjà établi des intelligences. Le même jour, déterminé à l'avance, Hippokratès s'engagea à entrer en Bœôtia, avec les forces principales d'Athènes, à l'extrémité sud-est du territoire près de

---

(1) Thucydide, IV, 109.   τὴν ἐκ τῆς Μεγαρίδος ἀναχώρησιν, etc.
(2) Thucydide, IV, 76. Εὐθὺς μετὰ

Tanagra, et de fortifier Dèlion, temple d'Apollon sur la
côte du détroit Eubœen, tandis qu'on convint en même
temps que quelques mécontents bœôtiens et phokiens se rendraient maîtres de Chæroneia, sur les frontières de la Phokis. La Bœôtia serait ainsi attaquée de trois côtés à la fois,
de sorte que les forces du pays seraient divisées et hors
d'état d'agir de concert. En outre, on s'attendait que des
mouvements intérieurs éclateraient dans quelques-unes des
villes, mouvements qui permettraient peut-être d'établir
des gouvernements démocratiques et de les faire entrer à
la ·fois dans l'alliance des Athéniens.

En conséquence, vers le mois d'août, Demosthenês alla
d'Athènes à Naupaktos, où il réunit ses alliés akarnaniens,
— alors plus forts et plus unis que jamais, depuis que les
habitants réfractaires d'Œniadæ avaient fini par être forcés
de se joindre à leurs frères akarnaniens; en outre, les
Agræens voisins, avec leur prince Salynthios, furent également amenés à faire partie de l'alliance athénienne. Au
jour désigné, vraisemblablement vers le commencement
d'octobre, il fit voile avec une armée considérable de ces
alliés vers Siphæ, comptant complétement que cette ville
lui serait livrée par trahison (1). Mais l'exécution de cette
entreprise fut moins heureuse que celle qu'il avait dirigée
contre Megara. D'abord, il y eut une méprise quant au jour
convenu entre Hippokratês et Demosthenês; ensuite, le
complot entier fut découvert et révélé par un Phokien de
Phanoteus (confinant à Chæroneia), nommé Nikomachos,—
communiqué d'abord aux Lacédæmoniens, et par eux aux
Bœôtarques. Siphæ et Chæroneia furent immédiatement
mises en si bon état de défense, que Demosthenês, en arrivant à la première ville, non-seulement ne trouva pas dans
ses murs de parti qui lui fût favorable, mais encore rencontra une formidable armée bœôtienne qui rendit toute
attaque inutile. En outre, Hippokratês ne s'était pas encore
mis en marche, de sorte que les défenseurs n'eurent rien

____

(1) Thucydide, IV, 77.

qui détournât leur attention de Siphæ (1). Dans ces circonstances, tandis que Demosthenês fut obligé de se retirer sans coup férir et de se contenter d'une descente malheureuse sur le territoire de Sikyôn (2), — tous les mouvements intérieurs attendus en Bœôtia ne purent éclater.

Ce ne fut qu'après que les troupes bœôtiennes, ayant repoussé l'attaque par mer, s'étaient retirées de Siphæ, qu'Hippokratês partit d'Athènes pour envahir le territoire bœôtien, près de Tanagra. Il fut probablement encouragé par de fausses promesses d'exilés bœôtiens, autrement il paraît surprenant qu'il ait persisté à exécuter seul sa part du plan, après avoir connu l'insuccès de l'autre part. Cependant elle fut exécutée d'une manière qui implique une ardeur et une confiance extraordinaires. On fit avancer toute la population militaire d'Athènes en Bœôtia, jusqu'au voisinage de Dèlion, l'extrémité orientale de la côte du territoire appartenant à la ville bœôtienne de Tanagra; l'expédition comprenait toutes les classes, non-seulement des citoyens, mais encore des metœki ou habitants ne jouissant pas des droits de bourgeoisie, et même des étrangers qui ne résidaient pas à Athènes et qui s'y trouvaient accidentellement. Naturellement on ne doit comprendre ce renseignement qu'avec la réserve de troupes nombreuses laissées derrière pour la garde de la ville; mais outre le chiffre réellement effectif de 7,000 hoplites et de plusieurs centaines de cavaliers, il paraît qu'il n'y a pas eu moins de 25,000 hommes armés à la légère, à demi armés ou sans armes, accompagnant la marche (3). Le nombre d'hoplites est ici prodigieusement grand; il avait été réuni par une proclamation générale adressée à tout le monde, et non composé par un

---

(1) Thucydide, IV, 89.

(2) Thucydide, IV, 101.

(3) Thucydide, IV, 93, 94. Il dit que les ψιλοὶ bœôtiens étaient au-dessus de dix mille, et que les ψιλοὶ athéniens étaient πολλαπλάσιοι τῶν ἐναντίων. Nous pouvons difficilement croire que ce nombre fût moindre que vingt-cinq mille, ψιλῶν καὶ σκευοφόρων (IV, 191).

Des serviteurs portaient les bagages et les provisions des hoplites, aussi bien que des cavaliers: V. Thucyd. III, 17; VII, 75.

choix spécial des stratègi dans les noms inscrits sur le rôle, comme c'était ordinairement le cas pour une expédition éloignée (1). Quant aux hommes légèrement armés, il n'y avait pas à cette époque de troupes instruites de cette sorte à Athènes, excepté un petit corps d'archers. On n'avait pris aucune peine pour organiser soit des akontistæ (qui lancent des traits), soit des frondeurs; les hoplites, les cavaliers et les marins constituaient toutes les forces effectives de la ville. Dans le fait, il paraît que les Bœôtiens aussi n'étaient guère moins dépourvus que les Athéniens d'akontistæ et de frondeurs indigènes, puisque ceux qu'ils employèrent dans le siége subséquent de Dèlion étaient en grande partie soudoyés dans le golfe Maliaque (2). Employer en même temps des hommes pesamment armés et des hommes armés à la légère, n'était naturel à aucune communauté grecque; mais c'était un usage qui naquit de l'expérience et de la nécessité. Le sentiment athénien, tel qu'il est manifesté dans les Persæ d'Æschyle, peu d'années après l'échec de Xerxès, proclame un orgueil attaché exclusivement à la lance et au bouclier, avec du mépris pour l'arc. C'était seulement pendant cette même année, qu'alarmés de l'occupation de Pylos et de Kythæra par les Athéniens, les Lacédæmoniens, contrairement à leur usage antérieur, avaient commencé à organiser un régiment d'archers (3). La manière efficace

---

(1) Thucydide, IV, 90. Ὁ δ' Ἱπποκράτης ἀναστήσας Ἀθηναίους πανδημεὶ, αὐτοὺς καὶ τοὺς μετοίκους καὶ ξένων ὅσοι παρῆσαν, etc., et πανστρατιᾶς (IV, 94).

Le sens du mot πανδημεὶ est bien expliqué par Nikias dans son exhortation à l'armée athénienne près de Syracuse, immédiatement avant la première bataille avec les Syracusains, — levée « en masse, » en tant qu'opposée aux hoplites choisis spécialemeut (VI, 66-68) : ἄλλως τε καὶ πρὸς ἄνδρας πανδημεί τε ἀμυνομένους, καὶ οὐκ ἀπολέκτους, ὥσπερ καὶ ἡμᾶς — μαὶ προσέτι Σικελιώτας, etc.

Quand on faisait un choix spécial, les noms des hoplites choisis par les généraux pour prendre part à un service particulier étaient écrits sur des tableaux suivant leurs tribus; chacun de ces tableaux était attaché publiquement à la statue du héros Eponyme de la tribu à laquelle il se rapportait : Aristophane, Equites, 1369; Pac. 1184, avec le Scholiaste; Wachsmuth, Hellen. Alterthumsk. II, p. 312.

(2) Thucyd. IV, 100.

(3) Thucyd. IV, 55.

dont Demosthenês avait employé les hommes armés à la légère dans Sphakteria contre les hoplites lacédæmoniens, était bien faite pour donner une leçon instructive quant à l'importance de la première espèce de troupes.

Le Dêlion bœôtien (1) qu'Hippokratês avait alors l'intention d'occuper et de fortifier, était un temple d'Apollon, fortement situé, surplombant la mer à environ cinq milles (8 kilom.) de Tanagra, et à un peu plus d'un mille (1,600 m.) du territoire frontière d'Orôpos, — territoire bœôtien dans l'origine, mais à cette époque dépendant d'Athènes, et même incorporé en partie dans la communauté politique d'Athènes, sous le nom du dème de Græa (2). Orôpos elle-même était à environ une journée de marche d'Athènes, — par la route qui traversait Dekeleia et Sphendalê, entre les monts Parnês et Phelleus; de sorte que comme la distance à franchir était si peu considérable, et que le sentiment général du moment était celui de la confiance, il est probable que des hommes de tout âge, de toute arme et de toute disposition, affluèrent pour se joindre à la marche, — en partie par curiosité et excitation pures. Hippokratês arriva à Dêlion le lendemain de son départ d'Athènes. Le jour suivant il commença son travail de fortification, qui fut achevé en deux jours et demi, — toutes mains aidant, et des outils aussi bien que des ouvriers ayant été amenés d'Athènes avec l'armée. Après avoir creusé un fossé tout autour du terrain sacré, il éleva la terre en terrasse le long du fossé, plantant des pieux, y jetant des fascines, et ajoutant dés couches de pierres et de briques pour consolider l'ouvrage et en faire un rempart d'une hauteur et d'une solidité passables. On

---

(1) Thucydide, IV, 90; Tite-Live, XXXV, 51.

(2) Dikæarque, Βίος Ἑλλάδος. Fragm. éd. Fuhr, p. 142-230; Pausan. I, 34, 2; Aristote ap. Stephan. Byz. v. Ὠρωπός. V. aussi le colonel Leake, Athens and the Demi of Attica, vol. II, sect. 4, p. 123; M. Finlay, Oropus and the Diakria, p. 38; Ross, Die Demen von Attica, p. 6, où le dème de Græa est vérifié par une inscription et expliqué pour la première fois.

La route prisé par l'armée d'Hippokratês dans la marche de Dêlion était la même que celle par laquelle l'armée lacédæmonienne dans sa première invasion de l'Attique s'était retirée, d'Attique en Bœôtia (Thucyd. II, 23).

coupa pour avoir du bois les vignes (1) autour du temple, en même temps que les échalas qui leur servaient d'appuis ; les maisons adjacentes fournirent des briques et de la pierre ; les bâtiments extérieurs du temple aussi, sur quelques-uns des côtés, servirent dans l'état où ils étaient à faciliter et à fortifier la défense. Mais il existait un côté sur lequel le bâtiment qui y était annexé, jadis portique, s'était écroulé ; et là les Athéniens construisirent quelques tours de bois comme secours pour les défenseurs. Vers le milieu du cinquième jour après le départ d'Athènes, l'ouvrage était si près d'être achevé, que l'armée quitta Dêlion et commença sa marche vers ses foyers en sortant de la Bœôtia ; et après s'être avancée environ un mille et un quart (= 2 kilom.), elle fit halte sur le territoire athénien d'Orôpos. Ce fut là que les hoplites attendirent l'arrivée d'Hippokratês, qui restait encore à Dêlion pour y placer la garnison et donner ses derniers ordres au sujet d'une défense future ; tandis que le plus grand nombre des hommes armés à la légère et des hommes non armés, se séparant des hoplites, et vraisemblablement sans aucune prévision du danger prochain, continuèrent leur marche de retour vers Athènes (2). La position des hoplites était probablement vers l'extrémité occidentale de la plaine d'Orôpos, sur le bord des hauteurs peu élevées entre cette plaine et Dêlion (3).

---

(1) Dikæarque (Βίος Ἑλλάδος, p. 142, éd. Fuhr) est plein d'éloges sur l'excellence du vin bu à Tanagra, et des abondantes plantations d'oliviers sur la route entre Orôpos et Tanagra.

Puisque des outils et des maçons furent amenés d'Athènes pour fortifier Nisæa, — environ trois mois avant (Thucyd. IV, 69), — nous pouvons bien être sûr qu'on fit la même chose pour Dêlion, — bien que Thucydide ne le dise pas.

(2) Thucyd. IV, 90. Nous pouvons raisonnablement présumer que les vignes autour du temple avaient des échalas pour appui qu' fournirent les

σταυροὺς employés par les Athéniens : les mêmes que ces χάρακες dont il est parlé dans Korkyra, III, 70 ; cf. Pollux, I, 162.

(3) « La plaine d'Oropus (fait observer le colonel Leake) se développe à partir de son angle supérieur à *Oropo* vers l'embouchure de l'Asopos, et s'étend environ cinq milles le long du rivage, du pied des collines de Markopulo, à l'est, jusqu'au village de Khalkuki, à l'ouest, où commencent quelques hauteurs qui vont à l'ouest vers Dhilisi, l'ancien Delium. » — « La plaine d'Oropus est séparée de la plaine de Tanagra, située plus avant dans les

Toutefois, pendant ces cinq jours, les forces de toutes les parties de la Bœôtia avaient eu le temps de se réunir à Tanagra. Leur nombre venait d'être complété au moment où les Athéniens commençaient leur marche sur Athènes après avoir quitté Dèlion. Les contingents étaient arrivés, non-seulement de Thèbes et des municipes à l'entour qui dépendaient d'elle, mais encore d'Haliartos, de Korôneia, d'Orchomenos, de Kôpæ et de Thespiæ; celui de Tanagra se joignit aux autres sur le lieu même. Le gouvernement de la confédération bœôtienne à cette époque était entre les mains de onze bœôtarques, dont deux choisis dans Thèbes, le reste dans une proportion inconnue par les autres cités, membres immédiats de la confédération, — et de quatre sénats ou conseils, dont la constitution n'est pas connue.

Bien que tous les bœôtarques, assemblés alors à Tanagra, formassent une sorte de conseil de guerre, cependant le commandement suprême appartenait à Pagondas et à Arianthidès, les bœôtarques de Thèbes, — soit à Pagondas, comme le plus âgé des deux, soit peut-être à tous deux, alternant l'un avec l'autre jour par jour (1). Comme les Athéniens étaient évidemment en pleine retraite et avaient déjà passé la frontière, tous les autres bœôtarques, excepté Pagondas, peu désireux de hasarder une bataille (2) sur un sol non bœôtien, étaient disposés à les laisser retourner chez eux

---

terres, par des gorges rocheuses par lesquelles coule l'Asopos. » (Leake, Athens and the Demi of Attica, vol. II, sect. 4, p. 112.)

(1) Thucyd. IV, 93; V, 38. On peut probablement considérer Akræphiæ soit comme une dépendance de Thèbes, soit comme comprise dans l'expression générale de Thucydide après le mot Κωπαῆς — οἱ περὶ τὴν λίμνην. Anthêdon et Lebadeia, qui sont reconnues dans diverses inscriptions bœôtiennes comme des municipes autonomes séparés, ne sont pas nommées ici dans Thucydide. Mais il n'y a pas de preuves certaines relativement au nombre des membres immédiats de la confédération bœôtienne : cf. les diverses conjectures dans Boeckh, Ad Corp. Inscript. tom. I, p. 727; O. Müller, Orchomenus, p. 402; Kruse, Hellas, tom. II, p. 548.

(2) Thucyd. IV, 91. Τῶν ἄλλων Βοιωταρχῶν, οἵ εἰσιν ἕνδεκα, οὐ ξυνεπαινούντων μάχεσθαι, etc.

L'emploi du présent εἰσιν marque le nombre onze comme celui de tous les bœôtarques; à cette époque, — selon l'opinion de Boeckh, Ad Corp. Inscript. I, vol. I, p. 729. Toutefois le nombre paraît avoir été variable.

sans obstacle. Cette répugnance n'a rien de surprenant, quand nous songeons que les chances de défaite étaient considérables, et que probablement quelques-uns de ces bœôtarques redoutaient l'accroissement de pouvoir qu'une victoire donnerait aux tendances oppressives de Thèbes. Mais Pagondas s'opposa énergiquement à cette proposition, et entraîna avec lui les soldats des diverses villes, même contrairement aux sentiments de leurs chefs séparés, en faveur d'un combat immédiat. Il les convoqua à part et s'adressa à eux par divisions séparées, afin qu'ils ne quittassent pas tous leurs armes au même moment (1). Il qualifia le sentiment des autres bœôtarques de manifestation indigne de faiblesse, qui, à la bien considérer, n'avait pas même la recommandation d'une prudence supérieure. Car les Athéniens, qui venaient d'envahir le pays et de construire un fort dans le dessein de le dévaster continuellement, n'étaient pas moins des ennemis d'un côté de la frontière que de l'autre. De plus, ils étaient de tous les ennemis les plus remuants et les plus disposés à empiéter; de sorte que les Bœôtiens, qui avaient le malheur d'être leurs voisins, ne pouvaient avoir

---

(1) Thucyd. IV, 91. Προσκαλῶν ἑκάστους κατὰ λόχους, ὅπως μὴ ἀθρόοι ἐκλίποιεν τὰ ὅπλα, ἔπειθε τοὺς Βοιωτοὺς ἰέναι ἐπὶ τοὺς Ἀθηναίους καὶ τὸν ἀγῶνα ποιεῖσθαι.

Ici le docteur Arnold fait observer : « Ceci confirme et explique ce qui a été dit dans la note sur II, 2, 5, quant à l'usage des soldats grecs d'empiler leurs armes dans un endroit particulier du camp au moment où ils s'arrêtaient, et d'assister toujours sans armes aux discours de leur général ».

Dans le cas actuel, il paraît que les Bœôtiens vinrent par lochi séparés, conformément à l'ordre, pour entendre les paroles de Pagondas, — et aussi que chaque lochos abandonna ses armes pour le faire, bien que même ici il ne soit pas absolument certain que τὰ ὅπλα ne signifie pas *le poste militaire,* comme Duker l'explique. Mais le docteur Arnold généralise trop vite de là à un usage habituel comme existant entre les soldats et leur général. La conduite du général athénien Hippokratês, dans cette même occasion, près de Dêlion (qui sera mentionnée une page ou deux plus loin), présente un arrangement tout différent. De plus, la note sur II, 2, 5, à laquelle s'en réfère le docteur Arnold, n'a aucune sorte d'analogie avec le passage actuel, qui ne renferme pas les mots τίθεσθαι τὰ ὅπλα, — tandis que ces mots sont ce qu'il y a de capital dans le chap. II, 2, 5. Quiconque comparera attentivement les deux endroits, verra que le docteur Arnold (que suivent Poppo et Goeller) a étendu une explication qui convient au passage actuel, à d'autres passages auxquels elle n'est nullement applicable.

de sécurité contre eux que par la promptitude la plus résolue à se défendre aussi bien qu'à rendre les coups reçus. S'ils désiraient sauver leur autonomie et leurs biens de l'état d'esclavage qui avait accablé longtemps leurs voisins d'Eubœa, aussi bien que tant d'autres parties de la Grèce, leur seule chance était de marcher en avant et de battre ces envahisseurs, en suivant le glorieux exemple de leurs pères et prédécesseurs dans le combat de Koronêia. Les sacrifices étaient favorables pour un mouvement en avant, tandis qu'Apollon, dont les Athéniens avaient profané le temple en le convertissant en un lieu fortifié, prêterait de cœur son aide à la défense de la Bœôtia (1).

Trouvant ses exhortations favorablement accueillies, Pagondas conduisit l'armée par une marche rapide à une position très-rapprochée des Athéniens. Il désirait les combattre avant qu'ils fussent plus avancés dans leur retraite ; de plus, le jour était presque écoulé, — il était déjà tard dans l'après-midi.

Après avoir atteint un endroit où il n'était séparé des Athéniens que par une colline, il disposa ses troupes dans l'ordre propre pour combattre. Les hoplites thêbains, avec leurs alliés dépendants, rangés dans une profondeur qui n'avait pas moins de vingt-cinq boucliers, occupaient l'aile droite ; les hoplites d'Haliartos, de Korôneia, de Kôpæ et de son voisinage, étaient au centre ; ceux de Thespiæ, de Tanagra et d'Orchomenos, à la gauche ; car Orchomenos, étant la seconde ville de Bœôtia après Thèbes, obtint le second poste d'honneur à l'extrémité opposée de la ligne. Chaque contingent adopta sa propre manière de ranger ses hoplites et sa propre profondeur de files : sur ce point il n'y avait pas d'uniformité, — ce qui prouve d'une manière remarquable combien le dissentiment dominait en Grèce, et combien chaque ville, même parmi des confédérés, se tenait à part comme unité séparée (2). Thucydide spécifie seule-

______

(1) Thucyd. IV, 92.   (2) Thucyd. IV, 93. Ἐπ' ἀσπίδας δὲ

ment la profondeur prodigieuse des hoplites thêbains; quant
au reste, il donne simplement à entendre qu'on ne suivit pas
de règle commune. Il y a un autre point aussi qu'il ne spécifie pas, — mais qui, bien que nous ne l'apprenions que sur
l'autorité inférieure de Diodore, paraît à la fois vrai et important. Les rangs de devant des Thêbains pesamment armés
furent occupés par trois cents guerriers d'élite, distingués
par leur force corporelle, leur valeur et leur discipline, —
qui étaient accoutumés à combattre par couples, chaque
homme étant attaché à son voisin par un lien particulier
d'amitié intime. Ces couples étaient appelés les Heniochi et
les Parabatæ, — conducteurs de chars et compagnons; dénomination probablement transmise depuis les temps homé-
riques, où les premiers héros combattaient réellement dans
des chariots devant les simples soldats, — mais conservée
alors après qu'elle avait survécu à son sens approprié (1).
Cette troupe, composée des hommes les plus beaux des diverses palæstres de Thêbes, fut plus tard dressée à une instruction particulière (pour la défense de la Kadmeia ou citadelle), détachée des premiers rangs de la phalange, et
organisée en un régiment séparé sous le nom de Lochos ou
Bataillon sacré; nous verrons combien il contribua à l'ascendant militaire éphémère de Thêbes. Sur les deux flancs
de cette masse d'hoplites bœôtiens, d'un nombre total de
sept mille environ, étaient répartis mille cavaliers, cinq
cents peltastes, et dix mille hommes armés à la légère ou
non armés. Les paroles de l'historien semblent impliquer
que les hommes légèrement armés du côté des Bœôtiens

πέντε μὲν καὶ εἴκοσι Θηβαῖοι ἐτάξαντο,
οἱ δὲ ἄλλοι ὡς ἕκαστοι ἔτυχον.

Ce qui est plus remarquable encore,
— à la bataille de Mantineia, en 418
avant J.-C., — entre les Lacédæmoniens d'un côté, et les Athéniens, les
Argiens et les Mantineiens, etc., de
l'autre : — les différents lochi ou divisions de l'armée lacédæmonienne ne
furent pas tous rangés avec la même
profondeur de files. Chaque lochagos,
ou commandant du lochos, ordonna la
profondeur de sa propre division (Thucyd. V, 68).

(1) Diodore, XII, 70. Προεμάχοντο δὲ
πάντων οἱ παρ' ἐκείνοις Ἡνίοχοι καὶ
Παραβάται καλούμενοι, ἄνδρες ἐπίλεκτοι
τριακόσιοι ..... Οἱ δὲ Θηβαῖοι διαφέρον-
τες ταῖς τῶν σωμάτων ῥώμαις, etc.
Cf. Plutarque, Pelopidas, c. 18, 19.

étaient quelque chose de plus efficace que la simple multitude qui suivait les Athéniens.

Tel fut l'ordre dans lequel Pagondas fit franchir la colline à son armée, s'arrêtant pendant un moment en face et en vue des Athéniens, pour voir si les rangs étaient bien alignés avant de donner le signal de l'attaque réelle (1). Hippokratès, de son côté, informé, pendant qu'il était encore à Dêlion, que les Bœôtiens avaient quitté Tanagra, envoya d'abord à son armée l'ordre de se ranger en bataille, et bientôt il arriva lui-même pour la commander; il laissait trois cents chevaux à Dêlion, en partie comme garnison, en partie dans le dessein de les faire agir sur les derrières des Bœôtiens pendant la bataille. Les hoplites athéniens étaient rangés sur huit de profondeur le long de toute la ligne, — avec la cavalerie et ceux des hommes armés qui restaient encore, placés sur chaque flanc. Hippokratès, après être arrivé sur les lieux et avoir examiné le terrain occupé, marcha le long de la ligne, encourageant en peu de mots ses soldats, qui, comme la bataille allait précisément se livrer

---

(1) Thucydide, IV, 93. Καὶ ἐπειδὴ καλῶς αὐτοῖς εἶχεν, ὑπερεφάνησαν (les Bœôtiens) τοῦ λόφου καὶ ἔθεντο τὰ ὅπλα τεταγμένοι ὥσπερ ἔμελλον, etc. Je transcris ce passage dans le dessein de montrer combien il est impossible d'admettre l'explication que le docteur Arnold, Poppo et Goeller donnent de ces mots ἔθεντο τὰ ὅπλα (V. Notes ad Thucyd. II, 2). Selon eux, ces mots signifient que les soldats « entassèrent leurs armes en un monceau, » — se désarmant pour le moment. Mais il n'est pas possible que les Bœôtiens, dans la situation décrite ici, aient quitté leurs armes, — ils étaient précisément sur le point d'attaquer l'ennemi, — immédiatement après, Pagondas donne le signal; on entonne le pœan pour la charge, et le combat s'engage. Pagondas avait sans doute de bonnes raisons pour ordonner une halte momentanée,

afin de voir si ses rangs étaient dans un état parfaitement bon avant que l'attaque commençât. Mais commander à ses troupes « d'entasser leurs armes » devait être la dernière chose à laquelle il pensât.

Dans l'explication de τεταγμένοι ὥσπερ ἔμελλον, je suis d'accord avec le Scholiaste, qui sous-entend μαχέσασθαι ou μαχεῖσθαι après ἔμελλον (cf. Thucyd. V, 66), — différant du docteur Arnold et de Goeller, qui voudraient sous-entendre τάσσεσθαι, ce qui, à ce qu'il me semble, fait un sens très-gauche, et n'est pas appuyé par le passage produit comme pendant (VIII, 51).

L'infinitif, sous-entendu après ἔμελλον, n'a pas besoin nécessairement d'être un verbe qui se trouve réellement avant, et peut être un verbe suggéré par l'intention générale de la phrase : V. ἐμέλλησαν, IV, 123.

sur la frontière d'Orôpos, pouvaient s'imaginer qu'ils n'étaient pas dans leur propre pays, et que par conséquent ils étaient exposés sans nécessité. Lui aussi, dans un langage semblable à celui qu'avait adopté Pagondas, rappela aux Athéniens que d'un côté ou de l'autre de la frontière ils combattaient également pour la défense de l'Attique, en tenant les Bœôtiens à distance; puisque les Péloponésiens n'oseraient jamais entrer dans le pays sans l'aide de la cavalerie bœôtienne (1). De plus, il les fit souvenir du grand nom d'Athènes et de la mémorable victoire de Myronidès à Œnophyta, qui avait donné à leurs pères la possession de toute la Bœôtia. Mais il avait à peine parcouru la moitié de la ligne, qu'il fut forcé de s'arrêter par le son du pæan bœôtien. Pagondas, après avoir ajouté quelques phrases d'encouragement, avait donné le signal. On vit les hoplites bœôtiens charger en descendant la colline; et les hoplites athéniens, non moins ardents, s'avançaient au pas de course pour les rencontrer (2).

A l'extrémité de la ligne de chaque côté, la présence de ravins qui se trouvaient entre les deux armées empêcha leur rencontre réelle; mais sur tout le reste de la ligne, le choc fut formidable, et la conduite résolue des deux côtés. Les deux armées, conservant leurs rangs compacts et non rompus, en vinrent à un combat corps à corps, les boucliers se touchant et se poussant les uns les autres (3). Sur la moitié de la gauche de la ligne bœôtienne, composée d'hoplites de

---

(1) Thucyd. IV, 95.

(2) Thucyd. IV, 95, 96. Καθεστώτων δ' ἐς τὴν τάξιν καὶ ἤδη μελλόντον ξυνιέναι, Ἱπποκράτης ὁ στρατηγὸς ἐπιπαριὼν τὸ στρατόπεδον τῶν Ἀθηναίων παρεκελεύετο καὶ ἔλεγε τοιάδε..... Τοιαῦτα τοῦ Ἱπποκράτους παρακελευομένου, καὶ μέχρι μὲν μέσου τοῦ στρατοπέδου ἐπελθόντος τὸ δὲ πλέον οὐκέτι φθάσαντος, οἱ Βοιωτοί, παρακελευσαμένου καὶ σφίσιν ὡς διὰ ταχέων καὶ ἐνταῦθα Παγώνδου, παιωνίσαντες ἐπήεσαν ἀπὸ τοῦ λόφου, etc.

Ce passage contredit ce qui est affirmé par le docteur Arnold, Poppo et Goeller, qui soutiennent que c'était un *usage général* pour les soldats « d'entasser leurs armes et de *toujours* assister sans armes aux discours de leurs généraux. » (V. sa note ad Thucyd. IV, 91.)

(3) Thucyd. IV, 96. Καρτερᾷ μάχη καὶ ὠθισμῷ ἀσπίδων ξυνεστήκει, etc. Cf. Xénophon, Cyropædie, VII, 1, 32.

Thespiæ, de Tanagra et d'Orchomenos, les Athéniens furent victorieux. Les Thespiens, qui résistèrent le plus longtemps, même après que leurs camarades avaient lâché pied, furent entourés et subirent les pertes les plus sérieuses de la part des Athéniens, qui, dans l'ardeur du succès, en faisant le tour pour envelopper l'ennemi, perdirent leurs rangs et en vinrent à combattre même avec leurs propres concitoyens, sans les reconnaître sur le moment : il en résulta la perte de quelques hommes.

Tandis que la gauche de la ligne bœôtienne était ainsi battue et forcée de chercher l'appui de la droite, les Thébains de ce côté-là remportaient un avantage décidé. Bien que la résolution et la discipline des Athéniens ne fussent nullement inférieures, cependant aussitôt qu'on en vint à combattre corps à corps et à se repousser avec le bouclier et la lance, la profondeur prodigieuse de la colonne thébaine (plus du triple de la profondeur des Athéniens, vingt-cinq contre huit) lui permit d'accabler ses ennemis par la seule supériorité du poids et de la masse. De plus, les Thébains paraissent avoir été supérieurs aux Athéniens en éducation gymnastique et en force corporelle acquise, comme ils leur étaient inférieurs tant en éloquence qu'en intelligence. Les guerriers thébains d'élite au premier rang étaient surtout supérieurs ; mais, une telle supériorité à part, si nous admettons une simple égalité de force individuelle et de résolution des deux côtés (1), il est évident que quand les deux colonnes opposées en vinrent à combattre bouclier contre bouclier, — la force comparative d'une impulsion en avant devait décider de la victoire. Ce motif suffit pour expliquer

---

(1) L'expression proverbiale de Βοιωτίαν ὗν, « la truie bœôtienne, — était ancienne même du temps de Pindare (Olymp. VI, 90, avec les Scholies et une note de Boeckh) : cf. aussi Ephore, Fragment 67, éd. Marx ; Dikæarque, Βίος Ἑλλάδος, p. 143, éd. Fuhr; Platon, Leg. 1, p. 636; et Symposion, p. 182 : — « Pingues Thebani et va-lentes, » Cicéron, De Fato, IV, 7. Xénophon (Memorab. III, 5, 2, 15; III, 12, 5; cf. Xénoph. De Athen. Republ. I, 13) soutient que les Athéniens ont naturellement une force corporelle égale à celle des Bœôtiens, mais il déplore le défaut de σωμασκία ou éducation corporelle.

la profondeur extraordinaire de la colonne thêbaine, — qui fut augmentée par Épaminondas un demi-siècle plus tard, à la bataille de Leuktra, et portée d'une profondeur de vingt-cinq hommes à la profondeur plus étonnante encore de cinquante. Nous n'avons pas besoin de soupçonner l'exactitude du texte, avec quelques critiques, — ni de supposer avec d'autres que la grande profondeur des files thêbaines résultait de la circonstance que les rangs de derrière étaient trop pauvres pour se pourvoir d'une armure (1). Même dans une profondeur de huit hommes, qui était celle de la colonne athénienne dans l'engagement actuel (2), et vraisemblablement la profondeur ordinaire dans une bataille, — les lances des quatre rangs de derrière auraient difficilement pu sortir assez au delà de la première ligne pour faire quelque mal. L'usage principal de tous les rangs derrière la première ligne était en partie de prendre la place de telles des premières lignes qui pouvaient être tuées, — en partie de pousser de derrière en avant les lignes qui étaient devant eux. Plus la profondeur des lignes était grande, plus cette force d'impulsion devenait irrésistible. C'est par là que les Thêbains, à Dêlion aussi bien qu'à Leuktra, trouvèrent leur compte en donnant à la colonne plus de profondeur à un degré si remarquable, — mouvement auquel nous pouvons bien présumer que leurs hoplites étaient exercés à l'avance.

Les Thêbains de la droite repoussèrent ainsi (3) les troupes à la gauche de la ligne athénienne, qui se retirèrent d'abord lentement et à une courte distance, conservant leur ordre non rompu, — de sorte que la victoire des Athéniens à leur droite aurait rétabli la bataille, si Pagondas n'avait pas détaché de l'arrière-garde deux escadrons de cavalerie, qui, faisant par derrière sans être vus le tour de la colline,

---

(1) V. les notes du docteur Arnold et de Poppo, ad Thucyd. IV, 96.

(2) Cf. Thucyd. V, 68; VI, 67.

(3) Thucyd. IV, 96. Τὸ δὲ δεξιὸν, ᾗ οἱ Θηβαῖοι ἦσαν, ἐκράτει τε τῶν Ἀθη- ναίων, καὶ ὠσάμενοι κατὰ βραχὺ τὸ πρῶτον ἐπηκολούθουν.

Le mot ὠσάμενοι (cf. IV, 35; VI, 70) exprime exactement l'impulsion donnée par la masse des hoplites avec la lance et le bouclier.

parurent soudain pour secourir la gauche bœôtienne, et produisirent sur les Athéniens de ce côté, dont les rangs étaient déjà dérangés dans l'ardeur de la poursuite, l'effet intimidant d'une nouvelle armée qui serait arrivée pour renforcer les Thèbains. Et ainsi, même à la droite, la partie victorieuse de leur ligne, les Athéniens perdirent courage et lâchèrent pied; tandis qu'à la gauche, où ils avaient le dessous dès le commencement, ils se trouvèrent pressés de plus en plus par les Thèbains qui les poursuivaient; de sorte qu'à la fin toute l'armée athénienne fut rompue et mise en fuite. La garnison de Dêlion, renforcée de trois cents chevaux qu'Hippokratès y avait laissés pour prendre les Bœôtiens par derrière pendant l'action, ou bien ne fit aucun mouvement vigoureux, où fut repoussée par une réserve bœôtienne postée pour la surveiller.

La fuite étant devenue générale parmi les Athéniens, les différentes parties de leur armée prirent différentes directions. La droite chercha un refuge à Dêlion, le centre s'enfuit à Orôpos, et la gauche se dirigea vers les hautes terres de Parnès. La poursuite des Bœôtiens fut faite avec vigueur et causa aux ennemis beaucoup de mal. Ils avaient une puissante cavalerie, renforcée de quelques cavaliers lokriens qui étaient arrivés même pendant l'action; leurs peltastes également et leurs hommes armés à la légère rendaient d'importants services contre les hoplites en retraite (1). Heureusement pour les vaincus, la bataille avait commencé très-tard dans l'après-midi, ne laissant pas une longue période de jour. Cette circonstance importante sauva l'armée athénienne d'une destruction presque totale (2). Cependant, malgré cela, le général Hippokratès, près de mille hoplites, et un nombre considérable d'hommes légèrement armés et de serviteurs, furent tués; tandis que la perte des Thèbains,

---

(1) Thucyd. 1V, 96; Athénée, V, p. 215. Diodore (XII, 70) prétend que la bataille commença par un combat de cavalerie, dans lequel les Athéniens eurent l'avantage. Ceci est tout à fait incompatible avec le récit de Thucydide.

(2) Diodore (XII, 70) insiste sur cette circonstance.

surtout à leur aile gauche défaite, fut un peu au-dessous de
cinq cents hoplites. Il semble qu'on fit quelques prisonniers (1), mais on nous dit peu de chose à leur sujet. Ceux
qui avaient fui à Dêlion et à Oropos furent ramenés par mer
à Athènes.

Les vainqueurs se retirèrent à Tanagra, après avoir érigé
leur trophée, enterré leurs propres morts et dépouillé ceux
de leurs ennemis. Il resta longtemps, pour décorer les
temples de Thêbes, un butin abondant composé des armes
des guerriers auxquels on les avait enlevées, tandis que les
dépouilles en tout genre furent, dit-on, très-considérables.
Pagondas résolut aussi d'assiéger la forteresse nouvellement
établie à Dêlion. Mais avant de commencer les opérations,
— qui pouvaient devenir fastidieuses, puisqu'il était toujours possible aux Athéniens de renforcer la garnison par
mer, — il tenta un autre moyen d'atteindre le même but.
Il dépêcha aux Athéniens un héraut, — qui, rencontrant par
hasard en chemin le héraut athénien chargé de demander,
selon l'usage, la permission d'enterrer les morts, — l'avertit
qu'aucune requête de ce genre ne serait accueillie avant que
le message du général bœôtien eût été communiqué, et l'engagea ainsi à retourner vers les commandants athéniens.
Le héraut bœôtien avait pour mission de faire des remontrances contre la violation d'un usage sacré commise par les
Athéniens en saisissant et. en fortifiant le temple de Dêlion,
où habitait alors leur garnison, qui s'acquittait de nombreuses fonctions que la religion interdisait dans un lieu
saint, et qui buvait ordinairement de l'eau consacrée spécialement aux besoins du sacrifice. En conséquence, les Bœôtiens les sommèrent solennellement, au nom d'Apollon et
des dieux qui habitaient avec eux, d'évacuer les lieux, en
emportant tout ce qui leur appartenait. Finalement, le héraut donna à entendre que si on ne satisfaisait pas à cette

---

(1) Pyrilampês, dit-on, fut blessé et
fait prisonnier dans la retraite par les
Thêbains (Plutarque, De Genio So-
cratis, c. 11, p. 581). V. aussi Thucyd.
V, 35, — où il est fait allusion à
quelques prisonniers.

sommation, on ne leur accorderait pas la permission d'enterrer leurs morts.

Le héraut athénien, qui vint alors vers les commandants bœótiens, répondit dans le sens qui suit : — « Les Athéniens ne reconnaissaient pas s'être jusque-là rendus coupables d'aucun tort par rapport au temple, et ils promettaient de persister à le respecter dans l'avenir autant que possible. S'ils en avaient pris possession, ce n'avait pas été par un mauvais sentiment pour le saint lieu, mais par nécessité de venger les invasions répétées de l'Attique par les Bœótiens. » La possession du territoire, suivant les maximes admises en Grèce, entraînait toujours avec elle la possession des temples qui y étaient situés, sous condition de remplir toutes les observances habituelles à l'égard du dieu qui y résidait, autant que le permettaient les circonstances. C'était d'après cette maxime que les Bœótiens avaient agi eux-mêmes quand ils avaient pris possession de leur territoire actuel, en en chassant les premiers occupants et en s'appropriant les temples ; c'était d'après la même maxime que les Athéniens agiraient en retenant de la Bœótia ce qu'ils avaient conquis actuellement, et en en conquérant davantage, s'ils le pouvaient. La nécessité les forçait de faire usage d'eau consacrée, — nécessité que n'avait pas créée l'ambition d'Athènes, mais les attaques bœótiennes antérieures en Attique, — nécessité dont ils espéraient bien obtenir le pardon des dieux, puisque leurs autels étaient offerts comme protection à l'offenseur involontaire, et que personne n'était exposé à leur mécontentement, si ce n'est celui qui commettait une faute sans y être contraint. En refusant de rendre les morts, si ce n'est à certaines conditions se rattachant au terrain sacré, les Bœótiens étaient coupables d'une impiété beaucoup plus grande que les Athéniens, qui refusaient simplement de transformer le devoir de la sépulture en un marché inconvenant. « Dites-nous sans condition (disait en terminant le héraut athénien) que nous pouvons enterrer nos morts en vertu d'une trêve, conformément aux maximes de nos ancêtres. Ne nous dites pas que nous pouvons le faire à condition de sortir de Bœótia, —

car nous ne sommes plus en Bœôtia, — nous sommes sur notre territoire, que nous avons conquis par l'épée. »

Les généraux bœôtiens congédièrent le héraut avec une réponse courte et décisive : — « Si vous êtes en Bœôtia, vous pouvez prendre tout ce qui vous appartient, mais seulement à condition d'en sortir. Si, d'autre part, vous êtes sur votre propre territoire, vous pouvez prendre votre parti sans nous consulter (1). »

Dans ce débat, curieux en ce qu'il jette du jour sur les usages et les sentiments grecs, il semble qu'il y a eu un argument et un faux-fuyant particuliers des deux côtés. La phrase finale des Bœôtiens était bonne comme réponse à la raison accessoire soulevée par le héraut athénien, qui avait appuyé la défense d'Athènes par rapport au temple de Dêlion sur l'allégation que le territoire était athénien et non bœôtien, — athénien par conquête et par le droit du plus fort, — et avait terminé en affirmant la même chose au sujet d'Oropia, district auquel appartenait le champ de bataille. Ce fut seulement ce même argument, d'une force supérieure réelle, que les Bœôtiens rétorquèrent quand ils dirent : — « Si le territoire auquel se rapporte votre demande est à vous par droit de conquête (*i. e.* si vous en êtes maîtres *de facto* et si vous y êtes les plus forts), — vous pouvez naturellement y faire ce que vous jugez le meilleur; vous n'avez pas besoin de solliciter une trêve de nous; vous pouvez enterrer vos morts sans trêve (2). » Les Bœôtiens savaient qu'à ce moment le champ de bataille était gardé par un déta-

---

(1) V. les deux chapitres difficiles, IV, 98, 99, dans Thucydide.

(2) V. les notes de Poppo, de Goeller, du Dr Arnold, et d'autres commentateurs, sur ces chapitres.

Ni ces notes, ni le Scholiaste ne me semblent satisfaisants en tout point, et ils ne saisissent pas l'esprit de l'argument débattu entre le héraut athénien et les officiers bœôtiens, argument que l'on trouvera parfaitement logique comme morceau d'échange diplomatique.

En particulier, ils ne remarquent pas que c'est le héraut *athénien* qui le premier soulève la question de savoir quel est le territoire athénien et quel est le bœôtien, et qu'il définit comme territoire athénien celui où la force d'Athènes est supérieure. La réplique des Bœôtiens a trait à cette définition, et non à la question de droit légitime à un territoire quelconque, séparément de la supériorité réelle de force.

chement de leur armée (1), et que les Athéniens ne pourraient pas obtenir les cadavres sans permission. Mais puisque le héraut athénien avait affirmé l'inverse comme un fait réel, nous ne pouvons guère nous étonner qu'ils aient ressenti la manière dont cet argument fut présenté, en y répondant par une réplique assez à propos dans une pure escrime diplomatique.

Mais si le héraut athénien, au lieu de soulever le point accessoire de propriété territoriale, combiné avec une définition imprudente de ce qui constituait la propriété territoriale, comme moyen de défense contre la prétendue profanation du temple de Dêlion, — si, disons-nous, il s'était renfermé dans la question principale, — il aurait mis les Bœôtiens complétement dans leur tort. Selon des principes universellement respectés en Grèce, le vainqueur, si on le priait, était tenu d'accorder au vaincu une trêve pour enterrer ses morts ; de l'accorder et de le permettre d'une façon absolue, sans ajouter de conditions. En ceci, point capital du débat, les Bœôtiens manquèrent à la loi internationale sacrée en Grèce, quand ils exigèrent l'évacuation du temple de Dêlion comme condition du consentement qui autoriserait l'enterrement des morts athéniens (2). Finalement, après qu'ils eurent pris Dêlion, nous verrons qu'ils l'accordèrent sans condition. Nous pouvons douter qu'ils eussent jamais persisté à le refuser, si le héraut athénien avait insisté sur ce seul principe important séparément et exclusivement, — et s'il n'avait, par un plaidoyer inhabile en faveur du droit d'occuper Dêlion et d'y vivre, exaspéré à la fois leurs sentiments et fourni à ses adversaires une question indirecte comme moyen d'échapper à la demande principale (3).

---

(1) Thucydide, IV, 97.

(2) Si nous nous rappelons, relativement à cet incident, et à un autre dans Xénoph., Hellen., III, 5, 24, les récits légendaires au sujet des Thêbains refusant la sépulture aux corps d'ennemis tués, dans les cas de Polyneikês et des six autres chefs devant Thêbes, — nous pouvons presque soupçonner qu'en réalité les Thêbains étaient plus disposés que d'autres Grecs à manquer à cette obligation.

(3) Thucydide, en décrivant l'état d'esprit des Bœôtiens, ne semble pas impliquer qu'ils regardassent cette raison comme un motif bon et valable, auquel ils pussent directement s'arrêter ; mais il paraît donner simplement

Pour juger ce curieux débat avec une entière impartialité, nous devons ajouter, par rapport à la conduite des Athéniens en occupant Dêlion, — que pour un ennemi, choisir spécialement un temple comme poste à fortifier et à occuper, était un procédé assurément rare, peut-être à peine admissible, dans la guerre grecque. Et la justification présentée par le héraut athénien ne répond pas à l'accusation réelle qu'il provoqua. C'est une chose pour un ennemi supérieur en forces de ravager un pays et de s'approprier tout ce qui s'y trouve, sacré aussi bien que profane ; c'en est une autre pour un ennemi placé sur la frontière, qui n'a cependant pas de forces suffisantes pour conquérir le tout, de convertir un temple placé commodément en une forteresse régulièrement pourvue d'une garnison, et d'en faire une base d'opérations contre la population voisine. A ce titre, les Bœôtiens pouvaient avec raison se plaindre de la prise de Dêlion, bien que je craigne qu'aucun interprète impartial de la coutume internationale grecque ne les eût crus autorisés à réclamer la restitution du lieu, comme condition péremptoire de leur consentement à la trêve destinée à la sépulture quand elle leur fut demandée.

Toute négociation étant ainsi rompue, les généraux bœôtiens se disposèrent à assiéger Dêlion, aidés par deux mille hoplites corinthiens, avec quelques Mégariens et la dernière garnison péloponésienne de Nisæa, qui les rejoignit après la nouvelle de la bataille. Bien qu'ils eussent fait venir du golfe Maliaque des akontistæ et des frondeurs, probablement Œtæens et Ætoliens, cependant leurs attaques directes furent d'abord toutes repoussées par la garnison, aidée par une escadre athénienne à la hauteur de la côte, malgré les défenses faites à la hàte et incomplètes, qui seules proté-

---

à entendre qu'ils la considéraient comme un bon moyen diplomatique d'échapper à l'alternative soulevée par le héraut athénien ; car εὐπρεπὲς ne signifie rien de plus que cela.

Οὐδ' αὖ ἐσπένδοντο δῆθεν ὑπὲρ τῆς ἐκείνων ('Αθηναίων) τὸ δὲ ἐκ τῆς ἑαυτῶν (Βοιωτῶν) εὐπρεπὲς εἶναι ἀποκρίνασθαι, ἀπιόντας καὶ ἀπολαβεῖν ἃ ἀπαιτοῦσι.

L'adverbe δῆθεν marque aussi l'allusion à la question spéciale, telle qu'elle était posée par le héraut athénien.

geaient le fort. A la fin, ils imaginèrent une singulière machine à feu, qui leur permit de se rendre maîtres de la place. Ils scièrent d'abord en deux une poutre épaisse, y percèrent un canal dans toute la longueur, d'un bout à l'autre, revêtirent de fer la plus grande partie du canal, et ensuite réunirent avec soin les deux moitiés ensemble. Au bout le plus éloigné de cette poutre creusée, ils suspendirent par des chaînes une vaste chaudière, pleine de poix, de soufre et de charbons allumés; enfin, un tube de fer s'avançait de l'extrémité du canal intérieur de la poutre, de manière à rejoindre la chaudière. Telle était la machine, qui, construite à quelque distance, fut apportée sur des charrettes et placée tout près du mur, proche de la palissade et des tours de bois. Alors les Bœôtiens appliquèrent de grands soufflets au bout de la poutre qui était de leur côté, et soufflèrent violemment un courant d'air par le canal intérieur, de manière à produire un feu intense dans la chaudière placée à l'autre extrémité. Les parties du mur qui étaient de bois, prenant bientôt feu, devinrent non tenables pour les défenseurs, — qui s'échappèrent du mieux qu'ils purent, sans essayer de résister plus longtemps. Deux cents hommes furent faits prisonniers et quelques-uns tués, mais le plus grand nombre se sauva à bord des vaisseaux. Dêlion fut repris dix-sept jours après le combat, intervalle pendant lequel les Athéniens tués étaient restés sans sépulture sur le champ de bataille. Cependant le héraut athénien arriva bientôt pour demander de nouveau la trêve destinée à l'enterrement des morts; cette fois elle fut accordée sur-le-champ, et accordée sans condition (1).

Telles furent l'expédition et la bataille mémorables de Dêlion, — découragement fatal pour le sentiment de confiance et d'espérance qui avait régné auparavant à Athènes, outre les cruelles pertes immédiates qu'elles infligèrent à la ville. Parmi les hoplites qui prirent part à la charge vigoureuse et au combat corps à corps, on doit compter le philosophe Sokratês. Sa bravoure, tant dans la bataille que dans

____

(1) Thucydide, IV, 100, 101.

la retraite, fut fort vantée par ses amis, et sans doute avec
beaucoup de raison. Il avait antérieurement servi avec honneur dans les rangs des hoplites à Potidæa, et il servit également à Amphipolis; sa patience dans les fatigues et son
courage à endurer la chaleur et le froid n'étant pas moins
remarquables que sa valeur personnelle. Lui et son ami
Lachês furent au nombre de ces hoplites qui dans la retraite
de Dêlion, au lieu de jeter leurs armes et de prendre la
fuite, gardèrent leurs rangs, leurs armes et leur ferme con-
tenance ; au point que la cavalerie chargée de la poursuite
jugea dangereux de s'attaquer à eux, et se tourna sur une
proie plus aisée en se jetant sur les fugitifs désarmés. Alkibiadês servit aussi à Dêlion dans la cavalerie, et se tint auprès de Sokratês dans la retraite. Ce dernier était ainsi en
train d'exposer sa vie à Dêlion presque dans le même temps
où Aristophane l'exposait à la risée dans la comédie des
Nuées, en le représentant comme un rêveur moralement vil
et physiquement incapable (1).

Quelque cruel que fût le coup que les Athéniens reçurent
à Dêlion, leurs désastres en Thrace vers la même époque,
c'est-à-dire vers la fin du même été et du même automne,
furent encore plus calamiteux. J'ai déjà mentionné les circonstances qui amenèrent à disposer une armée lacédæmonienne destinée à agir contre les Athéniens en Thrace, sous
Brasidas, de concert avec les Chalkidiens, sujets révoltés
d'Athènes, et avec Perdikkas de Macédoine. Après avoir
fait échouer les desseins athéniens contre Megara (comme

(I) V. Platon (Symposion, c. 36,
p. 221; Lachês, p. 181 ; Charmidês,
p. 153 ; Apolog. Sokratis p. 28); Strabon, IX, p. 403.

Plutarque, Alkibiadês, c. 7. Nous
trouvons mentionné parmi les récits
racontés sur Sokratês à la retraite de
Dêlion, que sa vie fut sauvée par l'ins-
piration de son démon ou génie familier, qui lui apprit dans une occasion
douteuse laquelle des deux routes était

la seule sûre à prendre (Cicéron, De
Divinat. I, 54; Plutarque, De Genio
Sokratis, c. 11, p. 581).

Le scepticisme d'Athénée (V, p. 215)
au sujet du service militaire de Sokratês n'est pas à défendre — mais on peut
l'expliquer probablement par les exa-
gérations et les mensonges qu'il avait
lus, et qui attribuaient au philosophe
une vaillance surhumaine.

nous l'avons raconté plus haut (1), Brasidas acheva la levée
de sa division, — dix-sept cents hoplites, en partie Ilotes, en
partie Péloponésiens dôriens, — et les conduisit, vers la fin
de l'été, à la colonie lacédæmonienne d'Hèrakleia, dans le
territoire trachinien près du golfe Maliaque.

Pour parvenir en Macedonia et en Thrace, il était nécessaire qu'il passât par la Thessalia, ce qui n'était pas une
tâche aisée; car la guerre avait alors duré si longtemps que
tous les États de la Grèce étaient devenus défiants au sujet
du passage d'étrangers armés. De plus, la masse de la population thessalienne était décidément amie d'Athènes, et Brasidas n'avait pas de moyens suffisants pour forcer le passage;
tandis que, s'il ne faisait rien avant de demander une permission formelle, il y avait fort à douter qu'elle fût accordée,
— et il était parfaitement certain que sa demande entraîne-
rait un retard et une publicité qui mettraient les Athéniens
sur leurs gardes. Mais bien que telles fussent les dispositions
du peuple thessalien, cependant les gouvernements de la
Thessalia, tous oligarchiques, sympathisaient avec Lacédæmone. L'autorité ou puissance fédérale du tagos, qui reliait
les villes séparées, était généralement très-faible. Ce qui
était d'une importance plus grande encore, le Macédonien
Perdikkas et les Chalkidiens avaient dans chaque ville des
hôtes et des partisans puissants, qu'ils déterminèrent à s'employer activement à favoriser le passage de l'armée (2).

C'est à eux que Brasidas envoya un message à Pharsalos,
aussitôt qu'il eut atteint Hèrakleia. Nikonidas de Larissa
avec d'autres amis thessaliens de Perdikkas, s'assemblant
à Melitæa en Achaia Phthiôtis, se chargèrent de l'escorter à
travers la Thessalia. Grâce à leur soutien et à leur appui,
combinés avec sa hardiesse, sa dextérité et ses mouvements
rapides, il put accomplir l'entreprise impossible en apparence de traverser le pays, non-seulement sans le consentement, mais même contre le sentiment des habitants, —
simplement en déployant une célérité telle qu'il prévint

---

(1) V. plus haut, p. 113.   (2) Thucydide, IV 78.

toute opposition. Après avoir traversé l'Achaia Phthiôtis, territoire dépendant des Thessaliens, Brasidas commença sa marche en partant de Melitæa à travers la Thessalia elle-même, avec ses puissants guides indigènes. Nonobstant tout le secret et toute la célérité possibles, le bruit de sa marche se répandit si loin, qu'un corps de volontaires du voisinage, offensés de la conduite de Nikonidas et hostiles à son égard, s'assembla pour s'opposer à sa descente par la vallée du fleuve Enipeus. Ils lui reprochèrent de violer injustement un territoire indépendant, en introduisant des forces armées sans la permission du gouvernement général, et ils lui défendirent d'avancer plus loin. La seule chance qu'il eût de pouvoir avancer était de désarmer leur opposition par de belles paroles. Ses guides s'excusèrent en disant que la soudaineté de son arrivée leur avait imposé comme à ses hôtes l'obligation de le conduire dans le pays, sans attendre qu'il demandât une permission formelle : toutefois, rien n'était plus éloigné de leurs pensées que de vouloir offenser leurs compatriotes, — et ils renonceraient à l'entreprise si les personnes réunies actuellement persistaient dans leur demande. Brasidas adopta lui-même le même ton conciliant. « Il protesta de son vif sentiment de respect et d'amitié pour la Thessalia et ses habitants : ses armes étaient dirigées contre les Athéniens, et non contre eux : et il ne savait pas qu'il subsistât quelque rapport hostile entre les Thessaliens et les Lacédæmoniens, tel que les uns dussent être exclus du territoire des autres. Contre la défense des personnes qu'il avait devant lui, il ne lui était pas possible d'aller plus loin, et il ne voulait pas songer à le tenter ; mais il s'en remettait à leur bon sentiment pour juger s'ils devaient l'interdire. » Ce langage conciliant réussit à calmer les opposants et à les engager à se disperser. Mais ses guides redoutèrent tellement une opposition renouvelée dans d'autres parties du pays, qu'ils pressèrent sa marche plus rapidement encore (1), et il « traversa la contrée au pas de

---

(1) Thucydide, IV, 78. Ὁ δὲ, κελευόντων τῶν ἀγωγῶν, πρίν τι πλέον ξυσ-

course sans s'arrêter. » Quittant Melitæa le matin il arriva à Pharsalos la même nuit, et campa sur le fleuve Apidanos; de là il se dirigea le lendemain vers Phakoon, et le jour suivant il entra en Perrhæbia (1), — territoire contigu à la Thessalia, en dépendant, au pied de la chaîne de montagnes de l'Olympos. Là il était en sûreté, de sorte que ses guides thessaliens le quittèrent; tandis que les Perrhæbiens le conduisirent par le défilé de l'Olympos (le même qu'avait franchi l'armée de Xerxès) à Dion en Macedonia, dans le territoire de Perdikkas, sur le versant septentrional de la montagne (2).

Les Athéniens furent bientôt informés de ce passage furtif, exécuté si habilement et si rapidement, d'une manière que peu d'autres Grecs, et certainement aucun autre Lacédæmonien, auraient crue possible. Connaissant le nouvel ennemi qui était arrivé ainsi à portée de leurs possessions de Thrace, ils y transmirent des ordres pour recommander une plus grande surveillance, et en même temps ils déclarèrent une guerre ouverte à Perdikkas (3); mais malheureusement sans envoyer de forces efficaces, à un moment où une intervention défensive opportune était impérieusement exigée.

Perdikkas invita immédiatement Brasidas à se joindre à

τῆναι τὸ κωλῦσον, ἐχώρει, οὐδὲν ἐπισχὼν, δρόμῳ.

(1) La géographie de la Thessalia n'est pas assez connue pour que nous puissions vérifier ces endroits avec exactitude. Ce que Thucydide appelle l'Apidanos est le fleuve formé par la réunion de l'Apidanos et de l'Enipeus. V. la carte de la Thessalia ancienne de Kiepert — le colonel Leake, Travels in Northern Greece, ch. 42, v. IV, p. 470; et une note du Dr Arnold sur ce chapitre de Thucydide.

Nous devons supposer que Brasidas fut retenu un temps considérable à parlementer avec la troupe de Thessaliens opposants. Autrement, il semblerait que l'espace entre Melitæa et Pharsalos ne dût pas être une grande distance à franchir dans un jour entier de marche — si l'on songe que le pas était aussi rapide que les troupes pouvaient le supporter. La distance beaucoup plus grande, entre Larissa et Melitæa, fut traversée en une nuit par Philippe, roi de Macédoine (fils de Demetrios), avec une armée qui portait des échelles et d'autres instruments propres à l'attaque d'une ville, etc. (Polyb. V, 97).

(2) Thucydide, IV, 78.
(3) Thucydide, IV, 82.

lui pour attaquer Arrhibæos, prince des Macédoniens appelés
Lynkestæ, ou de Lynkos ; demande que le Spartiate ne pouvait pas décliner, vu que Perdikkas fournissait la moitié de
la paye et de la nourriture de l'armée, — mais à laquelle il
obéit avec répugnance, désireux qu'il était de commencer
les opérations contre les alliés d'Athènes. Il fut encore fortifié dans sa répugnance par des ambassadeurs des Chalkidiens de Thrace, — qui, en qualité d'ennemis ardents
d'Athènes, se joignirent à lui sur-le-champ, mais le dissua-
dèrent de tout effort vigoureux pour délivrer Perdikkas
d'ennemis embarrassants à l'intérieur, afin que ce dernier
eût des motifs plus pressants pour se concilier les Chalkidiens et les servir. En conséquence, Brasidas bien qu'il
rejoignît Perdikkas et qu'il se dirigeât avec l'armée macédonienne vers le territoire des Lynkestæ, se montra non-
seulement opposé à des opérations militaires actives, mais
même il accueillit avec faveur des propositions d'Arrhibæos,
— par lesquelles ce dernier exprimait son désir de. devenir
l'allié de Lacédæmone, et offrait de soumettre tous ses différends avec Perdikkas à l'arbitrage du général spartiäte lui-
même. En communiquant ces propositions à Perdikkas,
Brasidas l'invita à prêter l'oreille à un compromis équitable,
et à admettre Arrhibæos dans l'alliance de Lacédæmone.
Mais Perdikkas refusa avec indignation : « il n'avait pas
appelé Brasidas comme juge pour décider des disputes entre
lui et ses ennemis, mais comme auxiliaire pour les accabler
partout où il les lui signalerait; et il protesta contre l'ini-
quité que commettrait Brasidas en entrant en arrangement
avec Arrhibæos, tandis que lui-même (Perdikkas) fournissait
la moitié de la paye et de la nourriture de l'armée (1). »
Nonobstant cette remontrance, et même une protestation
hostile, Brasidas persista dans sa conférence projetée avec
Arrhibæos, et fut si satisfait des propositions qui lui furent
faites, qu'il retira ses troupes sans franchir le défilé qui

---

(1) Thucydide, IV, 83.

menait à Lynkos. Trop faible pour agir seul, Perdikkas se plaignit bruyamment. Il diminua même ses subsides pour l'avenir, et ne fournit plus que pour un tiers de l'armée de Brasidas, au lieu de fournir pour la moitié.

Toutefois Brasidas se soumit à cet inconvénient, pressé qu'il était de s'avancer vers la Chalkidikê, et de commencer ses opérations conjointement avec les Chalkidiens, pour séduire ou subjuguer les alliés sujets d'Athènes. Sa première opération fut contre Akanthos, sur l'isthme de la péninsule de l'Athos, dont il envahit le territoire un peu avant les vendanges, — probablement vers le milieu de septembre; quand les raisins étaient mûrs, mais encore dehors, et toute la récolte exposée naturellement à être ruinée par un ennemi supérieur en forces. Tant il était important pour Brasidas d'avoir échappé à la nécessité de perdre un autre mois à vaincre les Lynkestæ! Il y avait dans la ville d'Akanthos un parti qui s'entendait avec les Chalkidiens, désireux de le recevoir et de se révolter ouvertement contre Athènes. Mais la masse des citoyens était contraire à cette démarche. Ce fut seulement en insistant sur la perte terrible dont ils étaient menacés, vu que la récolte était exposée au dehors, que le parti opposé à Athènes put leur persuader même d'accorder à Brasidas sur sa requête d'être admis seul (1), — afin qu'il expliquât ses plans en forme devant l'assemblée, qui prendrait ensuite sa décision. « Pour un Lacédæmonien (dit Thucydide), ce n'était pas un médiocre orateur. » Si l'on doit lui faire honneur pour ce que nous trouvons écrit dans Thucydide, une telle épithète serait au-dessous de ce qu'il mérite. Toutefois, sans doute, la substance de son discours est vraie : et c'est l'un des plus intéressants de l'histoire grecque, — en partie comme manifeste de la politique lacé-

---

(1) Thucydide, IV, 84. Οἱ δὲ περὶ τοῦ δέχεσθαι αὐτὸν κατ' ἀλλήλους ἐστασίαζον, οἵ τε μετὰ τῶν Χαλκιδέων ξυνεπάγοντες καὶ ὁ δῆμος · ὅμως δὲ, διὰ τοῦ καρποῦ τὸ δέος ἔτι ἔξω ὄντος, πεισθὲν τὸ πλῆθος ὑπὸ τοῦ Βρασίδου δέξασθαί τε αὐτὸν μόνον καὶ ἀκούσαντας βουλεύσασθαι, δέχεται, etc.

dæmonienne avouée, — en partie parce qu'il eut un puissant
effet pratique en déterminant, dans une occasion d'une très-
grande importance, une multitude qui, bien que peu favorablement disposée pour lui, n'était pas hors de la portée de
ses arguments. Je donne les principaux points du discours,
sans m'attacher aux mots.

« Moi et mes soldats avons été envoyés, Akanthiens, pour
réaliser le dessein que nous proclamions au commencement
de la guerre, — à savoir que nous prenions les armes pour
délivrer la Grèce des Athéniens. Qu'on ne nous blâme pas
pour avoir été longtemps à venir, ou pour l'erreur que nous
avons commise au début en supposant que nous accablerions
bientôt les Athéniens par des opérations contre l'Attique,
sans vous exposer à aucun risque. Il suffit que nous soyons
maintenant ici à la première occasion favorable, résolus à
les abattre si vous voulez nous prêter votre aide. Je suis
étonné de me trouver exclu de votre ville, — que dis-je?
de ne pas rencontrer un accueil cordial. Nous autres, Lacédæmoniens, nous entreprîmes cette marche longue et péril-
leuse, dans la pensée que nous venions vers des amis qui
nous attendaient impatiemment. Il serait affreux, en effet,
que vous en vinssiez à tromper aujourd'hui notre attente, et
à vous opposer à votre propre liberté aussi bien qu'à celle
des autres Grecs. Votre exemple, placés aussi haut que vous
l'êtes pour la prudence et la puissance, en entraînera fata-
lement d'autres. Il leur donnera lieu de soupçonner que je
manque de pouvoir pour les protéger contre Athènes, ou
que mon dessein n'est pas honnête. Or, quant à ce qui
regarde le pouvoir, mon armée actuelle est telle que les
Athéniens, bien que supérieurs en nombre, ont craint de la
combattre près de Nisæa; et il n'est pas du tout vraisemblable qu'ils envoient ici une armée égale contre moi par
mer. Et quant à mon dessein, je ne suis pas venu pour faire
du mal aux Grecs, mais pour les délivrer, — les autorités
lacédæmoniennes s'étant engagées à l'égard de moi par les
serments les plus solennels, et m'ayant promis que toute ville
qui se joindrait à moi conserverait son autonomie. Vous avez
donc les meilleures assurances au sujet tant de mes desseins

que de mon pouvoir · vous n'avez pas besoin de craindre que
je vienne avec des projets factieux, pour servir les plans de
quelque particulier parmi vous, et pour refaire votre constitution établie au désavantage soit de la multitude, soit du petit
nombre. Ce serait pire qu'une conquête étrangère; et par
une telle conduite, nous Lacédæmoniens, nous prendrions de
la peine pour mériter la haine au lieu de la reconnaissance.
Nous jouerions le rôle de traîtres indignes, pires même
que cette oppression arrogante dont nous accusons les
Athéniens : nous violerions à la fois nos serments, et nous
agirions contre nos intérêts politiques les plus grands. Peut-
être me direz-vous que, quoique vous me souhaitiez du
bien, vous désirez de votre côté être laissés en repos, et
vous tenir à l'écart d'une lutte dangereuse. Vous me direz
de porter mes propositions ailleurs, à ceux qui peuvent
les embrasser sans danger, mais de ne pas imposer mon
alliance à un peuple contre sa volonté. Si tel doit être
votre langage, je prendrai d'abord vos dieux et vos héros
locaux à témoin que je suis venu vers vous avec une mission
tout à votre avantage, et que j'ai employé la persuasion en
vain; ensuite je me mettrai en devoir de ravager votre
territoire et d'arracher votre consentement, en me croyant
légitimement autorisé à le faire, pour deux raisons. L'une,
c'est que les Lacédæmoniens ne peuvent subir un dommage
réel par suite de ces bonnes dispositions que vous montrez
à mon égard sans vous joindre réellement à moi, — dommage qui consiste dans le tribut que vous envoyez annuellement à Athènes. L'autre, que vous ne pouvez pas empêcher
que les Grecs en général ne recouvrent leur liberté. C'est
seulement le motif du bien général qui peut nous servir de
justification si nous délivrons une ville contre sa volonté.
Mais comme nous avons la conscience que nous n'avons qu'un
désir, celui de détruire l'empire des autres, et non de l'acquérir pour nous-mêmes, — nous manquerions à notre devoir
si nous nous permettions de faire obstacle à cette délivrance
que nous apportons maintenant à tous. Réfléchissez donc
bien à mes paroles : assurez-vous la gloire d'inaugurer l'ère
de l'émancipation de la Grèce, — sauvez vos propres biens

du dommage, — et attachez un nom à jamais honorable à la communauté d'Akanthos (1). »

Rien ne pouvait être plus plausible ou plus judicieux que ces paroles de Brasidas aux Akanthiens, — et ils n'avaient aucun moyen de découvrir la fausseté de l'assertion (qu'il répéta encore plus tard dans d'autres endroits) (2), à savoir qu'il avait bravé les forces d'Athènes à Nisæa avec la même armée que celle qui était actuellement en dehors des murs. Peut-être la simplicité de son langage et de ses manières a-t-elle même donné de la force à ses assurances. Aussitôt qu'il se fut retiré, le sujet fut discuté au long dans l'assemblée, avec beaucoup de différence d'opinion parmi les orateurs, et une liberté absolue des deux côtés; et la décision, qui ne fut prise qu'après un long débat, fut déterminée en partie par les belles promesses de Brasidas, en partie par la perte certaine que causerait la ruine de la récolte de vin. Les citoyens présents ayant voté au scrutin secret, une majorité résolut d'accéder aux propositions de Brasidas et de se révolter contre Athènes (3). Après avoir exigé le renouvellement de son engagement et de celui des autorités lacédæmoniennes, assurant la conservation de son autonomie complète à toute ville qui se joindrait à lui, ils reçurent son armée dans la ville. La cité voisine de Stageiros (colonie d'Andros, comme Akanthos l'était également) ne tarda pas à suivre cet exemple (4).

Il y a peu d'actes dans l'histoire où la raison et la moralité politiques grecques paraissent sous un plus beau jour que dans cette conduite des Akanthiens. L'habitude d'une discussion loyale, libre et pacifique, — le respect établi pour le vote de la majorité, — le soin de protéger l'indépendance individuelle du jugement par un vote secret, — l'apprécia-

---

(1) Thucydide, IV, 85, 86, 87.

(2) Thucydide, IV, 108.

(3) Thucydide, IV, 88. Οἱ δὲ Ἀκάνθιοι, πολλῶν λεχθέντων πρότερον ἐπ' ἀμφότερα, κρύφα διαψηφισάμενοι, διά τε τὸ ἐπαγωγὰ εἰπεῖν τὸν Βράσιδαν καὶ περὶ τοῦ καρπου φόβῳ, ἔγνωσαν οἱ πλείους ἀφίστασθαι Ἀθηναίων.

(4) Thucydide, IV, 88; Diodore, XII, 67.

tion réfléchie des raisons des deux côtés par chaque citoyen individuellement, — toutes ces lois et ces conditions essentielles d'une saine action politique se présentent
comme faisant partie du caractère invétéré des Akanthiens. Nous ne verrons pas Brasidas entrer dans d'autres
villes d'une manière aussi honorable ni en aussi parfaite
harmonie.

Mais il est une autre conséquence que suggère irrésisti-
blement la scène que nous venons de décrire. Elle fournit la
preuve la plus claire que les Akanthiens avaient peu de
motifs de plainte comme alliés sujets d'Athènes, et qu'ils
seraient restés dans cette qualité, s'ils avaient été abandonnés à leur propre choix sans avoir la crainte de voir leur récolte détruite. Tel est le sentiment prononcé de la masse des
citoyens : le parti qui a un autre désir est décidément en
minorité. C'est seulement par l'effet combiné de pertes sérieuses et imminentes, et d'assurances séduisantes offertes
par le représentant le plus digne que Sparte eût jamais envoyé, qu'ils sont amenés à se révolter contre Athènes. Et
même alors la résolution n'est pas prise sans une longue opposition, et sans qu'il y eût une minorité considérable de
sentiment différent, dans un cas où le vote secret assurait
l'expression libre et vraie de sa préférence à tout indi-
vidu. Or, il est impossible que la scène à Akanthos, à ce
moment critique, eût pu avoir ce caractère si l'empire
d'Athènes avait été en pratique odieux et à charge aux
alliés sujets, comme on le représente ordinairement. S'il en
avait été ainsi, — si les Akanthiens avaient senti que l'ascendant souverain d'Athènes les opprimait avec une dureté
ou une humiliation dont étaient exempts leurs voisins, les
Chalkidiens révoltés à Olynthos et ailleurs, — ils auraient
salué la venue de Brasidas avec cette cordialité à laquelle il
s'attendait lui-même, et qu'il fut surpris de ne pas trouver.
Le sentiment d'un grief actuel, toujours aigu et souvent ex-
cessif, se serait fait voir comme étant leur mouvement dominant. Il n'aurait fallu ni intimidation ni cajolerie pour les
amener à ouvrir leurs portes au libérateur, — qui, dans son
discours prononcé dans l'intérieur des murs, ne trouve pas

de maux réels auxquels il puisse faire appel, mais est obligé
de gagner un auditoire, évidemment mal disposé, par des
menaces et des promesses alternatives.

Il en fut chez la plupart des autres sujets thraces d'Athènes comme à Akanthos, — la masse des citoyens, bien que
fortement sollicitée par les Chalkidiens, ne manifesta pas
de disposition spontanée à se révolter contre Athènes. Nous
verrons que le parti qui introduit Brasidas est une minorité
de conspirateurs, qui non-seulement ne consulte pas la majorité à l'avance, mais qui agit de manière à ne pas lui laisser dans la suite un libre choix, soit pour ratifier, soit pour
rejeter, et qui amène des forces étrangères pour l'effrayer
et la compromettre sans son consentement dans des hostilités contre Athènes. Or, ce qui rend les événements d'Akan-
tos si importants comme preuve, c'est que la majorité n'est
pas ainsi prise au piége et comprimée, mais qu'elle prononce
son jugement en toute liberté après une ample discussion.
Les motifs de ce jugement nous sont présentés clairement,
de manière à montrer que la haine contre Athènes, si même
elle existe, n'est nullement un sentiment fort ou déterminant. Si un sentiment aussi fort avait existé parmi les alliés
sujets d'Athènes dans la péninsule Chalkidique, il n'y avait
pas d'armée athénienne alors présente pour les empêcher
d'ouvrir leurs portes au libérateur Brasidas par majorités
spontanées; comme lui-même, encouragé par les confiantes
promesses des Chalkidiens, s'attendait évidemment à ce
qu'ils le fissent. Mais il n'arriva rien de pareil.

Ce que j'ai fait remarquer auparavant en racontant la révolte de Mitylènè, alliée privilégiée d'Athènes, est confirmé
maintenant par la révolte de la ville d'Akanthos, tributaire
et alliée sujette. Les circonstances des deux événements
prouvent qu'Athènes souveraine n'inspirait pas de haine et
ne causait pas de grief pénible à la population de ses villes
sujettes en général. Les mouvements contre elle provenaient
de minorités de parti, du même caractère que ce parti pla-
tæen qui introduisit les assaillants thébains dans Platée, au
commencement de la guerre du Péloponèse. Il y a naturellement des différences de sentiment entre une ville et une

autre; mais la conduite des villes, en général, prouve qu'elles ne reconnaissaient pas dans l'empire athénien un plan de pillage et d'oppression tel que M. Mitford et autres voudraient nous le faire croire. Il est vrai de dire qu'Athènes administrait son empire en vue de ses propres sentiments et de ses propres intérêts, et que sa domination reposait plutôt sur la prudence que sur l'affection de ses alliés, si ce n'est en ce que ceux d'entre eux qui étaient gouvernés démocratiquement sympathisaient avec la démocratie. Il est également vrai que des restrictions sous une forme quelconque apportées à l'autonomie de chaque cité séparée étaient blessantes pour les instincts politiques des Grecs; en outre, Athènes prenait plus ou moins de peine pour déguiser ou adoucir le caractère réel de son empire, comme fondé simplement sur un fait établi et sur des forces supérieures. Mais c'est une chose toute différente du fait de supporter une dureté et une oppression pratiques, qui, si elles avaient été réelles, auraient inspiré une forte haine positive parmi les alliés sujets, — telle que celle que Brasidas s'attendait à trouver universelle en Thrace, mais qu'il ne trouva réellement pas, malgré l'ouverture commode que fournissait sa présence.

L'acquisition d'Akanthos et de Stageiros permit à Brasidas d'étendre ses conquêtes en peu de temps, d'entrer dans Argilos, — et de là de faire l'acquisition capitale d'Amphipolis.

La ville d'Argilos était située entre Stageiros et le Strymôn, et son territoire s'étendait le long de la rive occidentale de ce fleuve. Le long de la rive orientale du même fleuve, — au sud du lac qu'il forme sous le nom de Kerkinitis, et au nord de la ville d'Eiôn, placée à son embouchure, — étaient situés la ville et le territoire d'Amphipolis, communiquant avec les terres d'Argilos par le pont important qui y était établi. Les Argiliens étaient des colons d'Andros, comme Akanthos et Stageiros. L'adhésion donnée par ces deux villes à Brasidas lui fournit une occasion d'entretenir des intelligences dans Argilos, où un mécontentement constant avait régné contre Athènes, dès l'époque où fut fondée la ville voisine d'Amphipolis (1). Cette dernière cité avait été établie par l'Athénien Agnôn, à la tête d'un corps nombreux de colons, dans un endroit appartenant aux Thraces Édoniens, appelé Ennea Hodoi ou les Neuf-Routes, environ cinq ans avant le commencement de la guerre (437 av. J.-C.); après deux tentatives faites antérieurement pour la coloniser, — l'une par Histiæos et Aristagoras à l'époque de la révolte ionienne, et une seconde par les Athéniens, vers 465 avant J.-C., — mais qui toutes deux avaient tristement échoué. Toutefois, son emplacement était si important, en ce qu'il était voisin des mines d'or et d'argent près du mont Pangæos et de vastes forêts de bois propre à la construction des vaisseaux, et en ce qu'il commandait le Strymôn et permettait le commerce avec l'intérieur de la Thrace et de la Macedonia, que les Athéniens avaient envoyé une seconde expédition sous Agnôn, qui fonda la ville et lui donna le nom d'Amphipolis. Cependant parmi les colons qui y résidaient, les citoyens athéniens n'étaient qu'en petite proportion ; le reste était d'origine mêlée, quelques-uns Argiliens, — et un nombre considérable de Chalkidiens. Le général athénien Euklês était gouverneur de la ville, bien que vraisemblablement sans troupes payées sous ses ordres. Son collègue Thucydide, l'historien, commandait une petite flotte sur la côte.

C'est entre ces habitants mélangés que s'organisa une conspiration pour livrer la ville à Brasidas. Les habitants d'Argilos, aussi bien que les Chalkidiens, pratiquèrent respectivement ceux de la même race qui résidaient à Amphipolis ; tandis qu'on se servit aussi de l'influence de Perdikkas, assez considérable par suite du commerce de la place avec la Macedonia, pour augmenter le nombre des partisans. Toutefois, de tous les instigateurs les plus actifs aussi bien que les plus utiles, furent les habitants d'Argilos. Amphipo-

---

(1) Thucydide, IV, 103. Μάλιστα δὲ οἱ Ἀργίλιοι, ἐγγύς τε προσοικοῦντες καὶ ἀεί ποτε τοῖς Ἀθηναίοις ὄντες ὕποπτοι καὶ ἐπιβουλεύοντες τῷ χωρίῳ (Amphipolis).

lis, en même temps que les Athéniens en qualité de ses fondateurs, leur avait été odieuse dès le commencement. Sans doute sa fondation avait diminué leur commerce et leur importance comme maîtres du cours inférieur du Strymôn. Ils avaient longtemps tendu des piéges à cette ville, et l'arrivée de Brasidas leur présentait actuellement une chance inattendue de succès. Ce furent eux qui l'encouragèrent à tenter la surprise, en différant de déclarer leur propre abandon d'Athènes jusqu'à ce qu'ils pussent le faire servir à sa conquête d'Amphipolis.

Partant avec son armée d'Arnê dans la péninsule Chalkidique, Brasidas arriva dans l'après-midi à Aulôn et à Bromiskos, près du canal qui unit le lac Bolbê à la mer. De là, après que ses hommes eurent soupé, il commença sa marche de nuit vers Amphipolis, par une nuit froide et neigeuse de novembre ou du commencement de décembre (424 av. J.-C.). Il arriva au milieu de la nuit à Argilos, où les chefs le reçurent immédiatement, et se déclarèrent en révolte contre Athènes. Aidé et guidé par eux, il se hâta ensuite de gagner sans délai le pont du Strymôn, où il parvint avant le lever du jour (1). Il n'était gardé que par un faible piquet, — la ville d'Amphipolis elle-même étant située sur la hauteur à quelque distance un peu en amont du fleuve (2); de sorte

---

(1) Thucydide, IV, 103. Κατέστησαν τὸν στρατὸν πρὸ ἕω ἐπὶ τὴν γέφυραν τοῦ ποταμοῦ.

La leçon de Bekker πρὸ ἕω me paraît préférable à πρόσω. Ce dernier mot n'ajoute réellement rien au sens, tandis que le fait que Brasidas franchit la rivière avant le lever du jour est à la fois nouveau et important. Il n'est pas nécessairement impliqué dans les mots précécents ἐκείνῃ τῇ νυκτί.

(2) Thucydide, IV, 103. Ἀπέχει δὲ τὸ πόλισμα πλέον τῆς διαβάσεως, καὶ οὐ καθεῖτο τείχη ὥσπερ νῦν, φυλακὴ δέ τις βραχεῖα καθειστήκει, etc.

Le Dr Arnold, avec Dobree, Poppo et la plupart des commentateurs, traduit ces mots ainsi : — « La ville (d'Amphipolis) est beaucoup plus loin (d'Argilos) que le passage du fleuve. » Mais ceci doit être naturellement vrai, et n'apprend rien de nouveau, si l'on songe que Brasidas avait à traverser le fleuve pour arriver à la ville. Smith et Bloomfield ont raison, à mon avis, en regardant τῆς διαβάσεως comme gouverné par ἀπέχει et non par πλέον, — « la cité est à quelque distance du passage, » et l'objection que Poppo fait contre eux, à savoir que πλέον doit nécessairement impliquer une comparaison avec quelque chose, ne peut se soutenir; car Thucydide se sert souvent de ἐκ πλείονος (IV, 103; VIII, 88),

que Brasidas, précédé des conspirateurs argiliens, surprit et accabla le poste sans difficulté. Maître ainsi de cette importante communication, il passa immédiatement avec son armée dans le territoire d'Amphipolis, où son arrivée répandit au plus haut degré l'effroi et la terreur. Le gouverneur Euklès, les magistrats et les citoyens se trouvèrent tous complétement au dépourvu : les terres appartenant à la ville étaient occupées par des hommes qui y résidaient avec leurs familles et qui avaient leurs biens autour d'eux, comptant sur une sécurité entière, comme s'il n'y avait pas eu d'ennemi à portée. Ceux d'entre eux qui étaient tout près de la ville réussirent à s'y réfugier avec leurs familles, tout en laissant leurs propriétés exposées ; — mais les plus éloignés se trouvèrent, corps et biens, à la merci de l'envahisseur. Même dans l'intérieur de la ville, remplie des amis et des parents de ces victimes du dehors, il régnait une confusion inexprimable, dont les conspirateurs du dedans essayèrent de profiter pour faire ouvrir les portes. Et la désorganisation était si complète que si Brasidas avait marché sans délai vers les portes et attaqué la ville, bien des personnes supposaient qu'il l'aurait emportée immédiatement. Toutefois, un tel coup de main était trop dangereux, même pour sa hardiesse, — d'autant plus qu'un échec aurait été probablement sa ruine. De plus, confiant dans les assurances données par les conspirateurs que les portes seraient ouvertes, il jugea plus sûr de saisir autant de personnes qu'il pourrait parmi les citoyens du dehors, comme moyen d'agir sur les sentiments de ceux qui étaient dans l'intérieur des murs. Enfin, il ne pouvait pas bien empêcher ce procédé de prise et de pillage, qui étaient probablement plus du goût de ses propres soldats.

Mais il attendit en vain l'ouverture des portes. Les conspirateurs dans la ville, malgré le succès complet de leur

comme précisément identique à ἐχ πολλοῦ (I, 68 ; IV, 57 ; V, 69) ; et aussi περὶ πλείονος.

Dans le chapitre suivant, à l'occa-sion de la bataille d'Amphipolis, on trouvera quelques autres remarques sur la localité, avec un plan annexé.

surprise et l'effroi qui régnait universellement autour d'eux, se trouvèrent impuissants à entraîner la majorité. Il en était à Amphipolis comme à Akanthos; ceux qui haïssaient réellement Athènes et désiraient se révolter n'étaient qu'une minorité de parti. Le plus grand nombre des citoyens, à ce moment critique, prêtèrent leur concours à Euklês et aux quelques Athéniens indigènes qui l'entouraient pour prendre les mesures nécessaires à la défeuse, et pour envoyer un exprès à Thasos à Thucydide (l'historien), collègue d'Euklès, comme général dans le pays de Thrace, pour avoir un secours immédiat. Cette démarche, communiquée naturellement sans retard de l'intérieur à Brasidas, le détermina à faire tous ses efforts pour engager les Amphipolitains à se rendre avant l'arrivée du renfort; d'autant plus qu'il fut informé que Thucydide, en qualité de grand propriétaire de mines d'or qu'il exploitait dans la région voisine, possédait une influence personnelle étendue parmi les tribus thraces, et pourrait les réunir pour défendre la place, conjointement avec sa propre escadre athénienne. En conséquence, il envoya faire des propositions pour les engager à se rendre aux conditions les plus favorables, — garantissant à tout citoyen qui voudrait rester, Amphipolitain ou même Athénien, la continuation de la résidence avec ses biens entiers et les mêmes droits politiques, — et accordant à tous ceux qui voudraient partir cinq jours, afin qu'ils pussent emporter leurs effets.

Ces conditions modérées, une fois connues dans la ville, produisirent bientôt un changement sensible d'opinion parmi les citoyens, — car elles étaient telles qu'elles pouvaient être acceptées, tant par les Athéniens que par les Amphipolitains, bien qu'à des titres différents (1). Les biens des citoyens du dehors, aussi bien que beaucoup de leurs parents,

---

(1) Thucydide, IV, 106. Οἱ δὲ πολλοὶ ἀκούσαντες ἀλλοιότεροι ἐγένοντο τὰς γνώμας, etc.

Le mot ἀλλοιότεροι semble indiquer à la fois le changement de vue, comparé avec ce qui avait été auparavant, et une nouvelle divergence introduite parmi eux.

étaient tous entre les mains de Brasidas. Personne ne comptait
sur la prompte arrivée du renfort, — et même dans le cas de
son arrivée, la cité serait sauvée, mais les citoyens du dehors
seraient ou tués ou faits prisonniers : il s'ensuivrait une bataille meurtrière, et peut-être, après tout, Brasidas, avec
l'aide du parti de l'intérieur, finirait-il par être victorieux.
Les citoyens athéniens à Amphipolis, se sachant exposés à
un danger particulier, étaient tout à fait charmés de son
offre, qui les tirait d'une position critique et leur procurait
les moyens d'échapper, avec une perte relativement peu
considérable; tandis que les citoyens non athéniens, qui
étaient également délivrés du péril, éprouvaient peu de répugnance à accepter une capitulation qui leur conservait et
leurs biens et leurs droits intacts, et les séparait seulement
d'Athènes, ville pour laquelle ils avaient non pas de la haine,
mais de l'indifférence. Surtout les amis et les parents des
citoyens exposés dans la banlieue poussaient avec force à
accepter la capitulation, de sorte que les conspirateurs devinrent bientôt assez hardis pour se déclarer ouvertement,
en insistant sur la modération de Brasidas et en montrant
combien il serait sage de l'admettre. Euklès sentit que le
courant de l'opinion, même parmi ses propres Athéniens,
avait graduellement tourné contre lui. Il ne put empêcher
que les conditions ne fussent acceptées, et l'ennemi reçu dans
la ville ce même jour.

Une telle résolution n'aurait pas été adoptée, si les citoyens avaient su combien Thucydide et ses forces étaient
près. Le message dépêché d'Amphipolis, le matin de bonne
heure, le trouva à Thasos avec sept trirèmes; il prit aussitôt
la mer avec son escadre, de manière à atteindre Eiôn à
l'embouchure du Strymôn, à trois milles (= 4 kil. 800 mèt.)
d'Amphipolis, le même soir. Il espérait être à temps pour
sauver Amphipolis; mais la place s'était rendue peu d'heures
auparavant. Dans le fait, il arriva seulement à temps pour
garantir Eiôn, car des partis dans cette ville commençaient
déjà à concerter l'admission de Brasidas, qui y serait probablement entré le lendemain matin à l'aurore. Thucydide
mit la place en état de défense et repoussa avec succès une

attaque dirigée par Brasidas tant par terre que par des bateaux sur le fleuve. En même temps il reçut et pourvut les citoyens athéniens qui se retiraient d'Amphipolis (1).

La prise de cette ville, peut-être la plus importante de toutes les possessions étrangères d'Athènes, — et l'ouverture du pont sur le Strymôn, par lequel même tous ses alliés orientaux devenaient accessibles du côté de la terre, causèrent une émotion prodigieuse dans tout le monde grec. L'effroi ressenti à Athènes (2) fut tel qu'on n'en avait jamais éprouvé auparavant de pareil. L'espérance et la joie régnaient chez ses ennemis, tandis que l'excitation et des aspirations nouvelles se répandaient au loin parmi ses alliés sujets. La défaite sanglante essuyée à Dêlion et les conquêtes inattendues de Brasidas diminuaient alors de nouveau le « *prestige* » du succès athénien, seize mois après qu'il avait été si puissamment rehaussé par la prise de Sphakteria. La perte de réputation, que Sparte avait éprouvée alors, était aujourd'hui compensée par une réaction contre les terreurs sans fondement conçues depuis au sujet de la carrière probable de son ennemie. Ce n'était pas seulement la perte d'Amphipolis, quelque grave que fût cet événement, qui affligeait les Athéniens, c'était encore l'incertitude où ils étaient de conserver tout leur empire. Ils ne savaient pas lequel de leurs alliés sujets pourrait se révolter ensuite, en comptant sur l'aide de Brasidas, que facilitait la nouvelle acquisition du pont sur le Strymôn. Et comme on faisait en partie honneur à son pays des actes de ce général, on voyait que Sparte, secouant alors sa langueur pour la première

---

(1) Thucydide, IV, 105, 106, 107 ; Diodore, XII, 68.

(2) Thucydide, IV, 108. Ἐχομένης δὲ τῆς Ἀμφιπόλεως, οἱ Ἀθηναῖοι ἐς μέγα δέος κατέστησαν, etc.

L'extrême importance de la situation d'Amphipolis, avec son pont adjacent qui formait la communication entre les pays à l'est et à l'ouest du Strymôn — fut comprise non-seulement par Philippe de Macédoine (comme on le verra ci-après), mais encore par les Romains après leur conquête de la Macedonia. Les Romains la divisèrent en quatre régions, dont « pars prima (dit Tite-Live, 45, 30) habet opportunitatem Amphipoleos ; quæ objecta claudit omnes ab oriente sole in Macedoniam aditus. »

fois (1), avait pris pour elle la rapidité et l'esprit d'entreprise jadis regardés comme le caractère exclusif d'Athènes.

Mais, outre toutes ces chances funestes pour les Athéniens, il y en avait une autre encore plus menaçante : c'était
la position et l'ascendant personnels de Brasidas lui-même.
Ce n'étaient pas seulement la hardiesse, la fécondité en ressources agressives, la rapidité des mouvements, le pouvoir
de stimuler les esprits des soldats, qui donnaient de la force
à ce général, mais encore sa probité incorruptible, sa bonne
foi, sa modération, son abstention de cruauté de parti ou
de corruption, et de toute intervention dans les constitu-
tions intérieures des différentes villes, — par une fidélité
rigoureuse à ce manifeste par lequel Sparte s'était proclamée
la libératrice de la Grèce. Jamais on n'avait vu combinés
auparavant de tels talents et un tel mérite public. Rehaussés
par le plein éclat de succès tels qu'on les jugeait incroyables
avant qu'ils fussent obtenus réellement, ils inspirèrent un
degré de confiance à l'égard de cet homme éminent, et tour-
nèrent vers lui un courant d'opinion, qui firent de lui personnellement une des premières puissances de la Grèce. Les
partis chez les alliés sujets d'Athènes, concevant actuellement de lui de grandes espérances et sentant diminuer leur
crainte des Athéniens, lui adressèrent de nombreuses sollicitations à Amphipolis. Le parti contraire à Athènes, dans
chacune de ces villes, était impatient de se révolter, et le
reste de la population moins retenu par la crainte (2).

Parmi ceux qui s'abandonnaient à ces calculs confiants,
un grand nombre avait encore à apprendre par une pénible
expérience qu'Athènes n'avait perdu que peu de son pouvoir. Cependant son inaction pendant cet automne important avait été telle qu'elle pouvait bien expliquer leur méprise. On s'était attendu qu'en apprenant la nouvelle de la

---

(1) Thucydide, IV, 108. Τὸ δὲ μέγιστον διὰ τὸ ἡδονὴν ἔχον ἐν τῷ αὐτίκα,
καὶ ὅτι τὸ πρῶτον Λακεδαιμονίων
ὀργώντον ἔμελλον πειρᾶσθαι,

κινδυνεύειν παντὶ πρόπῳ ἑτοῖμοι ἦσαν
(les alliés sujets d'Athènes).

(2) Thucydide, IV, 108.

jonction de Brasidas avec les Chalkidiens et Perdikkas, si près de leurs alliés dépendants, ils auraient envoyé sur-le-champ en Thrace des forces suffisantes qui, si elles eussent été dépêchées à temps, auraient obvié à tous les désastres subséquents. C'est ainsi qu'ils auraient agi à une autre époque, — et peut-être même alors, si Periklês avait vécu. Mais la nouvelle arriva précisément au moment où Athènes était engagée dans l'expédition contre la Bœôtia, qui finit bien vite par la ruineuse défaite de Dèlion. Dans le découragement que produisit la mort du stratêgos Hippokratês et de mille citoyens, l'idée d'une nouvelle expédition en Thrace aurait probablement été insupportable à des hoplites athéniens. Les misères d'un service d'hiver en Thrace, telles qu'on les avait éprouvées peu d'années auparavant, lors du blocus de Potidæa, auraient probablement aussi augmenté leur répugnance. Dans l'histoire grecque, nous devons constamment nous rappeler qu'il s'agit de soldats citoyens, et non de soldats de profession, et que les dispositions du moment, soit de confiance, soit de terreur, modifient à un degré inexprimable tous les calculs de la prudence militaire et politique. Même après les rapides succès de Brasidas, non-seulement à Akanthos et à Stageiros, mais même à Amphipolis, ils n'envoyèrent qu'un petit nombre de gardes insuffisants (1) aux points les plus menacés, — laissant ainsi à leur entreprenant ennemi tout le reste de l'hiver pour ses opérations, sans y apporter d'obstacle. Sans déprécier les mérites de Brasidas, nous pouvons voir que son succès extraordinaire fut en grande partie dû à l'abattement non moins extraordinaire qui, à cette époque, dominait dans le public athénien : sentiment encouragé par Nikias et par d'autres hommes importants du même parti, et sur lequel ils fondaient leurs espérances de voir accepter les propositions de paix des Lacédæmoniens.

Mais tandis que nous signalons comment Athènes resta

---

(1) Thucydide, IV, 108. Οἱ μὲν Ἀθηναῖοι φυλακὰς ὡς ἐξ ὀλίγου καὶ ἐν χειμῶνι διέπεμπον ἐς τὰς πόλεις, etc.

au-dessous de sa tâche en n'envoyant pas des forces à temps
contre Brasidas, nous devons en même temps admettre que
la perte la plus sérieuse et la plus irréparable qu'elle subit,
— celle d'Amphipolis, — fut la faute de ses officiers plutôt
que la sienne propre. Euklês et l'historien Thucydide, les
deux Athéniens qui commandaient en commun en Thrace, et
auxquels était confiée la défense de cette ville importante,
avaient des moyens amplement suffisants pour la mettre à
l'abri du danger d'être prise, s'ils avaient fait usage à
l'avance de la vigilance et des précautions les plus ordinaires. Que Thucydide ait été banni immédiatement après
cet événement, et qu'il soit resté en exil pendant vingt
ans, c'est ce que nous fait connaître d'une manière certaine
sa propre assertion. Et nous apprenons, ce qui, dans le cas
actuel, est une autorité tout à fait suffisante, que les Athéniens le condamnèrent (probablement Euklês aussi) áu bannissement, sur la proposition de Kleôn (1).

En considérant cette sentence, les historiens (2) regar-

---

(1) Thucydide, V, 26. V. la biographie de Thucydide par Marcellinus,
mise en tête de toutes les éditions,
p. 19, éd. Arnold.

(2) Je transcris les traits principaux
du récit du Dr Thirlwall, dont le jugement coïncide en cette occasion avec
ce qui est avancé généralement (Hist.
of Greece, ch. 23, vol. III, p. 268).

« Le soir du même jour, Thucydide,
avec sept galères qu'il se trouvait avoir
avec lui à Thasos, quand il reçut la
dépêche d'Euclès, entra dans l'embouchure du Strymôn, et apprenant la
chute d'Amphipolis, s'occupa de mettre
Eiôn en état de défense. Son arrivée opportune sauva la place, que Brasidas
attaqua le lendemain matin, tant par
le fleuve que par terre, sans effet ; et les
réfugiés, qui se retirèrent en vertu
du traité d'Amphipolis, trouvèrent un
asile à Eiôn, et contribuèrent à sa sécurité. *L'historien rendit un important service à son pays ; et il ne paraît pas que
la prudence et l'activité humaines au-*
*raient pu faire quelque chose de plus dans
les mêmes circonstances.* Cependant son
inévitable insuccès fut l'occasion d'une
sentence, en vertu de laquelle il passa
vingt années de sa vie en exil ; et il ne
fut rendu à son pays qu'à l'époque de
sa plus grande humiliation sous les calamités publiques. C'est seulement ce
qu'on peut recueillir avec certitude de
ses paroles ; car il n'a pas condescendu
à mentionner l'accusation qui fut portée
contre lui, ni la nature de la sentence
qu'il a pu ou subir, ou éviter par un
exil volontaire. Une assertion, très-
probable en elle-même, bien qu'elle ne
repose que sur une faible autorité, attribue son bannissement à des calomnies de Kleôn : *que l'irritation produite
par la perte d'Amphipolis ait été dirigée
ainsi contre un objet innocent, cela s'accorderait parfaitement avec le caractère
du peuple et du démagogue.* La postérité
a gagné à l'injustice de ses contemporains, etc. »

dent ordinairement Thucydide comme un homme innocent, et ne trouvent rien à condamner, si ce n'est les calomnies des démagogues, suivies de l'injustice du peuple. Mais cette manière d'apprécier le cas ne peut se soutenir, si nous réunissons tous les faits même tels qu'ils sont indiqués par Thucydide.

Au moment où Brasidas surprit Amphipolis, Thucydide était à Thasos; et l'événement est toujours discuté comme s'il y était par nécessité ou par devoir, — comme si Thasos était sa mission spéciale. Or nous savons par sa propre assertion que son commandement n'était ni spécial ni limité à Thasos. Il fut envoyé pour commander en commun avec Euklês généralement en Thrace, et surtout à Amphipolis (1). Tous deux étaient en commun et séparément responsables de la défense convenable d'Amphipolis, ainsi que de l'empire et des intérêts athéniens de ce côté. Cette nomination de deux officiers ou de plus, du même rang et solidairement responsables, était l'usage habituel à Athènes, partout où l'échelle ou le théâtre des opérations militaires était consi-

---

(1) Thucydide, IV, 104. Οἱ δ' ἐναντίοι τοῖς προδίδουσι (c'est-à-dire à Amphipolis), κρατοῦντες τῷ πλήθει ὥστε μὴ αὐτίκα τὰς πύλας ἀνοίγεσθαι, πέμπουσι μετὰ Εὐκλέους τοῦ στρατηγοῦ, ὃς ἐκ τῶν Ἀθηναίων παρῆν αὐτοῖς φύλαξ τοῦ χωρίου, ἐπὶ τὸν ἕτερον στρατηγὸν τῶν ἐπὶ Θράκης, Θουκυδίδην τὸν Ὀλόρου, ὃς τάδε ξυνέγραψεν, ὄντα περὶ Θάσυν (ἔστι δ' ἡ νῆσος, Παρίων ἀποικία, ἀπέχουσα τῆς Ἀμφιπόλεως ἡμισείας ἡμέρας μάλιστα πλοῦν) κελεύοντες σφίσι βοηθεῖν. Ici Thucydide se représente comme « l'autre général avec Euklês de la région de Thrace ou du côté de ce pays. » Il ne peut y avoir de désignation plus claire de la sphère étendue de ses fonctions et de ses devoirs. Les mêmes mots τοῦ ἑτέρου στρατηγοῦ sont employés relativement aux deux commandants réunis, Hippokratês et Demosthenês (Thucyd. IV, 67 et IV, 43).

J'adopte ici la leçon τῶν ἐπὶ Θράκης (le génitif de la phrase bien connue dans Thucydide τὰ ἐπὶ Θράκη), de préférence à τὸν ἐπὶ Θράκης; ce qui signifierait la même chose en substance, bien que d'une manière moins précise et moins conforme à la manière habituelle de l'historien. Bloomfield, Bekker et Goeller ont tous introduit τῶν dans le texte, sur l'autorité de divers manuscrits. Poppo et le Dr Arnold aussi expriment tous deux une préférence pour ce mot; mais ils laissent encore τὸν dans le texte.

De plus les mots de Thucydide lui-même, dans le passage où il mentionne son long exil, prouvent évidemment qu'il fut envoyé comme général, non à Thasos, mais à *Amphipolis* (V, 26) — καὶ ξυνέβη μοι φεύγειν* τὴν ἐμαυτοῦ ἔτη εἴκοσι μετὰ τὴν ἐς Ἀμφίπολιν στρατηγίαν, etc.

dérable, — au lieu d'un seul commandant en chef responsable, avec des officiers sous ses ordres et responsables à son égard. Si donc Thucydide « était en station à Thasos » (pour employer la phrase du Dr Thirlwall), c'était parce qu'il préférait s'y poster, en obéissant à sa propre volonté.

En conséquence, la question que nous avons à poser est de savoir, non si Thucydide fit tout ce qui pouvait être fait, après qu'il eut reçu l'exprès alarmant à Thasos (ce qui est la partie du cas qu'*il* expose d'une manière saillante à nos yeux), mais si lui et Euklès prirent en commun les meilleures mesures générales pour assurer la sécurité de l'empire athénien en Thrace, — et en particulier d'Amphipolis, le premier joyau de son empire.

Ils laissent enlever à Athènes ce joyau, — et comment? Avaient-ils une position difficile à défendre? Étaient-ils accablés par des forces supérieures? Étaient-ils détournés par des révoltes simultanées dans différents endroits, ou attaqués par des ennemis inconnus ou imprévus? On ne peut plaider aucun de ces motifs en faveur de l'acquittement. D'abord, leur position était entre toutes les autres la plus défendable. Ils n'avaient qu'à tenir le pont du Strymôn suffisamment veillé et gardé, — ou à retenir l'escadre athénienne à Eiôn, — et Amphipolis était en sûreté. L'une ou l'autre de ces précautions aurait suffi; toutes deux ensemble auraient si amplement suffi, qu'elles auraient probablement empêché que le plan d'attaque ne fût formé. Ensuite, les forces sous Brasidas n'étaient nullement supérieures, — elles ne suffisaient pas à la prise de la place inférieure d'Eiôn, si elle était convenablement gardée, — encore bien moins à celle d'Amphipolis. Enfin, il n'y avait pas de révoltes simultanées pour distraire l'attention, ni d'ennemis inconnus pour confondre un plan bien dressé de défense. Il n'y avait qu'un ennemi, d'un seul côté, n'ayant pour s'approcher qu'une seule route; ennemi d'un mérite supérieur, il est vrai, et éminemment dangereux pour Athènes, — mais sans aucune chance de succès, si ce n'est dans les fautes dues à la négligence des officiers athéniens.

Or, Thucydide et Euklès savaient tous deux que Brasidas

avait déterminé Akanthos et Stageiros à se révolter, et cela aussi d'une manière à étendre considérablement sa propre influence personnelle. Ils savaient que la population d'Argilos était d'origine andrienne (1), comme celle d'Akanthos et de Stageiros, et en conséquence particulièrement de nature à être tentée par l'exemple de ces deux villes. Enfin ils savaient (et Thucydide lui-même nous le dit (2), que la population argilienne, — dont le territoire touchait au Strymôn et à l'extrémité du pont, et qui avait beaucoup de relations dans Amphipolis, — avait été longtemps mal disposée pour Athènes, et surtout mécontente de la possession de cette ville par les Athéniens. Bien qu'ils eussent cette connaissance à l'avance et qu'ils fussent amplement avertis de la nécessité d'une défense vigilante, Thucydide et Euklès abandonnèrent ou négligèrent ces deux précautions sur lesquelles reposait la sécurité d'Amphipolis., — précautions toutes les deux évidentes, et dont l'une suffisait. L'un laisse le pont sous une faible garde (3), et il est pris tellement à l'improviste sur tous les points, que l'on pourrait supposer Athènes dans une paix profonde; l'autre se trouve avec son escadre, non à Eiôn, mais à Thasos, — île en dehors de tout danger possible, soit de la part de Brasidas (qui n'avait pas de vaisseaux), soit de tout autre ennemi. L'arrivée de Brasidas les surprend tous deux comme un coup de tonnerre. Il n'en faut pas plus que ce fait évident, dans les circonstances, pour prouver leur imprévoyance comme commandants.

La présence de Thucydide à la station de Thrace était importante pour Athènes, en partie parce qu'il possédait des relations de famille considérables, des biens dans les mines

---

(1) Cf. Thucyd. IV, 84, 88, 103.

(2) Thucyd. IV, 103. Μάλιστα δὲ οἱ Ἀργίλιοι, ἐγγύς τε προσοικοῦντες, καὶ ἀεί ποτε τοῖς Ἀθηναίοις ὄντες ὕποπτοι καὶ ἐπιβουλεύοντες τῷ χωρίῳ (Amphipolis), ἐπειδὴ παρέτυχεν ὁ καιρὸς καὶ Βρασίδας ἦλθεν, ἔπραξάν τε ἐκ πλείονος πρὸς τοὺς ἐμπολιτεύοντας σφῶν ἐκεῖ ὅπως ἐνδοθήσεται ἡ πόλις, etc.

(3) Thucyd. IV, 103. Φυλακὴ δέ τις βραχεῖα καθειστήκει, ἣν βιασάμενος ῥᾳδίως ὁ Βρασίδας, ἅμα μὲν τῆς προδοσίας οὔσης, ἅμα δὲ καὶ χειμῶνος ὄντος καὶ ἀπροσδόκητος προσπεσὼν, διέβη τὴν γέφυραν, etc.

et une haute influence parmi la population continentale qui entourait Amphipolis (1). Ce fut une des principales raisons de sa nomination. Le peuple athénien compte beaucoup sur son influence privée, outre les forces publiques placées sous son commandement, — il attend même plus de lui que de son collègue Euklês pour la continuation de la sécurité de la ville; au lieu de cela, il trouve que l'escadre qu'il commande n'est pas même près du point vulnérable au moment où l'ennemi arrive. Peut-être entre les deux la conduite d'Euklês admet-elle une explication concevable plus facilement que celle de Thucydide. Car il semble qu'Euklês n'avait pas de troupes payées dans Amphipolis; il n'avait pas d'autres forces que des hoplites citoyens, en partie Athéniens, en partie d'autre origine. Sans doute ces hommes regardaient comme pénible de monter la garde pendant l'hiver sur le pont du Strymôn. Euklês pouvait croire qu'en imposant une garde perpétuelle considérable, il courait le risque de rendre Athènes impopulaire. De plus, une permanence rigoureuse de veille, une nuit après l'autre, quand il n'arrive pas de danger réel, avec une troupe de citoyens non payés, — n'est pas facile à maintenir. C'est une excuse insuffisante, mais elle est meilleure que tout ce que l'on peut alléguer en faveur de Thucydide, qui avait avec lui des troupes athéniennes payées, et qui aurait pu tout aussi bien les tenir à Eiôn qu'à Thasos (2). Nous pouvons être sûrs que l'absence de Thucydide et de sa flotte fut une des conditions essentielles du complot ourdi par Brasidas avec les Argiliens.

---

(1) Thucyd. IX, 105. Καὶ ἀπ' αὐτοῦ δύνασθαι ἐν τοῖς πρώτοις τῶν ἠπειρωτῶν, etc.

Rotscher, dans sa vie de Thucydide (Leben des Thukydides, Goettingen. 1842, sect. 4, p. 97-99), admet comme vérité probable que Thucydide fut choisi pour le commandement précisément à cause de son influence privée dans le pays environnant. Cependant · ce biographe répète encore l'opinion généralement admise que Thucydide fit tout ce qu'un commandant habile pouvait faire, et fut très-injustement condamné.

(2) Que la station de la flotte athénienne fût à Eiôn, — et que la conservation du passage de Strymôn fût inestimable pour les Athéniens (même abstraction faite d'Amphipolis), comme garantie qui rendît son empire oriental inaccessible, — c'est ce que nous voyons par Thucydide, IV, 108.

Dire, avec le docteur Thirlwall, que « la prudence et l'activité humaines n'auraient pu faire plus que ne fit Thucydide *dans les mêmes circonstances,* » — c'est vrai comme fait réel, et digne de foi autant que le mérite cette assertion. Mais c'est complétement inadmissible comme justification, et ne répond qu'à une partie du cas. Un officier dans un commandement est non-seulement obligé de faire les plus grands efforts « dans les circonstances », mais encore il est responsable des circonstances elles-mêmes, en tant qu'elles sont sous son contrôle. Or, rien n'est plus sous son contrôle que la position qu'il veut bien occuper. Si l'empereur Napoléon ou le duc de Wellington avait perdu, surpris par un ennemi assez peu nombreux, un poste d'une importance suprême, qu'il croyait suffisamment protégé, se serait-il contenté de cette réponse de l'officier responsable chargé du commandement : — « N'ayant aucune idée que l'ennemi tenterait une surprise, je croyais pouvoir tenir mon armée à une demi-journée de marche du poste exposé, pour garder un autre poste qu'il était physiquement impossible à l'ennemi d'atteindre. Mais dès que je fus informé qu'il y avait eu surprise, je me hâtai d'arriver à l'endroit, et je fis tout ce que la prudence et l'activité humaines pouvaient faire pour repousser l'ennemi ; et bien que je le trouvasse déjà maître du poste le plus important de tous, cependant je le repoussai d'un second poste dont il était sur le point de s'emparer également? » S'imagine-t-on que ces illustres chefs, ressentant vivement la perte d'une position inestimable qui change tous les plans d'une campagne, se seraient contentés d'un tel rapport et auraient congédié l'officier avec des éloges pour sa vigueur et sa bravoure « dans les circonstances? » Ils auraient assurément répondu qu'il avait bien fait de revenir, — que sa conduite après être revenu avait été celle d'un homme brave, — et qu'il n'y avait aucun reproche à faire à son courage. Mais ils auraient ajouté en même temps que pour son manque de jugement et de prévoyance, en omettant de mettre à l'avance sous une garde suffisante la position importante réellement en danger, et en la laissant ainsi exposée à l'ennemi, tandis que lui-même était absent et

à un autre endroit à l'abri de toute crainte, — aussi bien
que pour sa facilité à croire qu'il n'y aurait pas de surprise
dangereuse à un moment où le caractère de l'officier ennemi, ainsi que les dispositions hostiles des voisins (Argilos),
indiquait évidemment qu'il y en *aurait une*, s'il se présentait
la moindre ouverture, — il méritait de sérieux reproches et
perdait tout droit à tout commandement futur qui exigerait
de la confiance et imposerait une responsabilité. Et nous ne
pouvons pas douter que tout le sentiment des armées respectives, qui auraient à payer du meilleur de leur sang les faux
et malheureux calculs de cet officier, n'approuvât une telle
sentence, sans que pour cela nous puissions les soupçonner
d'être coupables d'injustice, ou de « diriger contre un objet
innocent l'irritation produite par la perte. »

Il se peut que le véhément corroyeur dans la Pnyx
d'Athènes, quand il présenta ce qu'on appelle « les calomnies » contre Thucydide et Euklès, comme ayant causé par
une coupable négligence une perte fatale et irréparable à
leur pays, ait exposé le cas avec beaucoup de bruit et d'ai-
greur. Mais on peut douter qu'il ait dit quelque chose de
plus réellement amer que n'en contiendrait le digne reproche qu'un général moderne estimé adresserait à un officier subordonné dans des circonstances semblables. A mon
avis, non-seulement l'accusation contre ces deux officiers
(j'admets qu'Euklès y fut compris) fut provoquée par les motifs présumés les plus justes, — ce qui suffirait pour justifier
le corroyeur Kleôn, — mais encore le verdict positif de culpabilité contre eux fut pleinement mérité. Le bannissement
infligé fut-il une peine plus grande que ne l'autorisait le cas?
c'est ce que je ne prendrai pas sur moi de prononcer. Chaque
époque a sa propre règle de sentiment pour mesurer ce qui
est le degré propre dans une punition; des peines que nos
aïeux jugeaient convenables et légitimes, paraîtraient aujourd'hui d'une rigueur intolérable. Mais quand je considère
l'immense valeur d'Amphipolis pour Athènes, combinée avec
la conduite qui en causa la perte, je ne puis croire qu'il y
eût un seul Athénien ou un seul Grec qui regardât la peine
du bannissement comme trop sévère.

Il est pénible de trouver d'aussi fortes raisons de censure publique contre un homme qui, comme historien, a mérité l'admiration durable de la postérité; — et moi aussi, je me range parmi ses premiers et ses plus chauds admirateurs. Mais en critiquant la conduite de Thucydide l'officier, nous sommes tenu en justice d'oublier Thucydide l'historien. Il n'était pas connu en cette dernière qualité à l'époque où cette sentence fut rendue. Peut-être n'aurait-il jamais été connu ainsi (comme l'historien napolitain Colletta), si l'exil ne l'avait jeté hors des devoirs actifs et des espérances d'un citoyen.

On peut douter qu'il soit jamais revenu d'Éiôn dans sa patrie pour affronter la douleur, la colère et l'alarme, si vivement ressenties à Athènes après la perte d'Amphipolis. Condamné, par défaut ou non, il resta en exil pendant vingt ans (1), et ne retourna à Athènes qu'après la fin de la guerre du Péloponèse. On dit qu'il passa une grande partie de ce long exil dans ses propriétés en Thrace; cependant il visita aussi la plus grande partie de la Grèce, — des États ennemis d'Athènes aussi bien que neutres. Quoique nous puissions déplorer un tel malheur pour lui en particulier, l'humanité a en général et aura toujours la raison la plus forte pour s'en réjouir. C'est à ce loisir forcé que nous sommes redevables de l'achèvement, ou plutôt de l'achèvement presque entier de son histoire. Et les occasions qu'avait un exilé de consulter personnellement des neutres et des ennemis, contribuèrent beaucoup à former cet esprit impartial, compréhensif, panhellénique, qui règne en général d'un bout à l'autre de son immortel ouvrage.

Cependant Brasidas, installé à Amphipolis vers le commencement de décembre 424 avant J.-C., ne fit usage qu'avec plus de vigueur contre Athènes de sa puissance augmentée. Son premier soin fut de rétablir Amphipolis, tâche dans laquelle vint l'assister personnellement le Macé-

______

(1) Thucyd. V, 26.

donien Perdikkas, dont les intrigues avaient contribué à la prise de la ville. Elle subit une séparation et une rénovation partielle d'habitants; étant de plus coupée alors du port d'Eiôn et de l'embouchure du fleuve, qui restèrent entre les mains des Athéniens. Maints nouveaux arrangements ont dû être nécessaires, aussi bien pour son gouvernement intérieur que pour sa défense extérieure. Brasidas prit des mesures pour construire des vaisseaux de guerre, dans le lac au-dessus de la ville, afin de forcer la partie inférieure du fleuve (1) : mais sa démarche la plus importante fut de construire une palissade (2), rattachant au pont les murs de la ville. Il se rendit ainsi maître d'une manière permanente du passage du Strymôn, de manière à fermer la porte par laquelle il était entré lui-même, et en même temps à conserver une communication facile avec Argilos et la rive occidentale du Strymôn. Il fit aussi quelques acquisitions sur le côté oriental du fleuve. Pittakos, prince du municipe thrace édonien de Myrkinos dans le voisinage, avait été récemment assassiné par son épouse Brauro et par quelques ennemis personnels. Il avait été probablement l'allié d'Athènes, et ses assassins cherchaient alors à se fortifier en recherchant l'alliance du nouveau maître d'Amphipolis. Les colonies continentales thasiennes de Galepsos et d'Œsymê se déclarèrent aussi pour lui.

Pendant qu'il envoyait à Lacédæmone communiquer son excellente position aussi bien que ses vastes espérances, lui en même temps, sans attendre la réponse, commença à agir par lui-même, avec tous les alliés qu'il put réunir. Il marcha d'abord contre la péninsule appelée Aktê, — la langue étroite de terre qui s'étend du voisinage d'Akanthos au vaste promontoire appelé le mont Athos, — longue de près de trente milles (= 48 kilom.) et large en grande partie de

---

(1) Thucyd. IV, 104-108.

(2) C'est le σταύρωμα, mentionné (V, 10) comme existant une année et demie plus tard, à la bataille d'Am-phipolis. Je parlerai plus en détail de la topographie d'Amphipolis quand j'en viendrai à décrire cette bataille.

cinq à six milles (= de 8 kilom. à 9 kilom. 600 mèt.) (1).
La chaîne longue, raboteuse, boisée, — qui couvrait cette
péninsule de manière à ne laisser que d'étroits espaces pour
l'habitation, ou la culture, ou la nourriture du bétail, —
était à cette époque occupée par maintes petites communautés distinctes, dont quelques-unes étaient divisées de
race et de langage. Sanê, colonie d'Andros, était située
dans l'intérieur du golfe (appelé le golfe Singitique) entre
Athos et la péninsule Sithonienne, près du canal de Xerxès.
Le reste d'Aktê était réparti entre des Bisaltiens, des Kres-
tôniens et des Édoniens, toutes fractions du nom thrace, —
des Pélasges ou Tyrrhéniens, de la race qui jadis avait occupé
Lemnos et Imbros, — et quelques Chalkidiens. Quelques-
unes de ces petites communautés parlaient habituellement
deux langues. Thyssos, Kleônê, Olophyxos, et autres, se
soumirent toutes à l'arrivée de Brasidas ; mais Sanê et Dion
tinrent bon, et il ne put les amener à se soumettre même
en ravageant leur territoire.

Il s'avança ensuite dans la péninsule Sithonienne, pour
attaquer Torônê, située près de l'extrémité méridionale de
cette péninsule, — vis-à-vis du cap Kanastræon, le promontoire extrême de la péninsule de Pallênê (2).

Torônê était habitée par une population chalkidique, mais
elle n'avait point pris part à la révolte des Chalkidiens voisins contre Athènes. Une petite garnison athénienne y avait
été envoyée, probablement depuis les dangers récents, et
elle était occupée alors à la défendre aussi bien qu'à réparer
le mur de la ville dans diverses parties où il avait été négligé
au point de tomber en ruines. Elle occupait comme sorte de
citadelle distincte le cap avancé appelé Lêkythos, rattaché
par un isthme étroit à la colline sur laquelle la ville était
située, et formant un port où se trouvaient deux trirèmes
athéniennes comme vaisseaux de garde. Un petit parti

---

(1) Grisebach, Reise durch Rume-   (2) Thucyd. IV, 109.
lien und Brusa, vol. I, ch. 8, p. 226.

à Torônê, à l'insu du reste (1) ou même sans inspirer de
soupçon, entra en correspondance avec Brasidas, et l'engagea
à se procurer le moyen de pénétrer dans la ville et de s'en
rendre maître. En conséquence il s'avança par une marche
de nuit vers le temple des Dioskuri (Kastor et Pollux) à
environ un quart de mille (= 400 mèt.) des portes de la
ville, et il arriva un peu avant le lever du jour; il envoya
en avant cent peltastes pour être encore plus près, et pour
se jeter sur la porte au moment où le signal serait donné de
l'intérieur. Les partisans torônæens, dont quelques-uns
étaient déjà cachés à l'endroit et attendaient son arrivée,
firent avec lui leurs arrangements définitifs, et retournèrent
ensuite dans la ville, — emmenant avec eux sept hommes
déterminés de son armée, qui n'avaient que des poignards
et que commandait Lysistratos d'Olynthos. On avait dans
l'origine nommé vingt hommes pour ce service; mais le
danger parut si extrême, qu'il n'y en eut que sept qui furent
assez hardis pour aller. Ces enfants perdus, mis à même de
se glisser par une petite ouverture dans le mur du côté de
la mer, furent conduits silencieusement à la tour d'observation la plus élevée sur la colline dans l'enceinte de la ville, où
ils surprirent et tuèrent les gardes, et ouvrirent une poterne
voisine, tournée du côté du cap Kanastræon, aussi bien que
la grande porte menant vers l'agora. Ensuite ils introdui-
sirent les peltastes du dehors, qui, impatients du retard,
s'étaient furtivement glissés par degrés tout près des murs.
Quelques-uns d'entre eux s'emparèrent de la grande porte;
d'autres furent conduits à la poterne sur la hauteur, tandis
qu'on fit briller sur-le-champ le fanal pour appeler Brasidas
lui-même. Lui et ses hommes s'empressèrent de s'avancer
vers la ville de leur pas le plus rapide et avec de grands
cris, — annonce terrifiante de sa présence pour les citoyens
qui ne s'y attendaient pas. Ils entrèrent aisément par les

---

(1) Thucyd. IV, 110. Καὶ αὐτὸν ἄνδρες ὀλίγοι ἐπῆγον κρύφα, ἑτοῖμοι
ὄντες τὴν πόλιν παραδοῦναι, IV, 113.
Τῶν δὲ Τωρωναίων γιγνομένης τῆς ἁλώ-
σεως τὸ μὲν πολὺ, οὐδὲν εἰδὸς,
ἐθορυβεῖτο, etc.

portes ouvertes; mais quelques-uns aussi grimpèrent au moyen de poutres ou sorte d'échafaud, qui se trouvaient tout près du mur comme aide pour les ouvriers chargés de le réparer. Et pendant que les assaillants agissaient ainsi dans toutes les directions, Brasidas lui-même conduisit une partie d'entre eux pour s'assurer des portions hautes et dominantes de la ville.

Les Torônæens furent si complétement surpris et atterrés, qu'ils essayèrent à peine de résister. Même les cinquante hoplites athéniens qui occupaient l'agora, et qu'on trouva encore endormis, furent tués en partie, et en partie forcés de chercher un refuge sur le cap de Lêkythos qui avait une garnison séparée, et où ils furent suivis par une partie de la population torônæenne; quelques-uns par attachement pour Athènes, d'autres par pure terreur. Brasidas adressa à ces fugitifs une proclamation qui les invitait à revenir et leur promettait une sécurité absolue pour leurs personnes, leurs biens et leurs droits politiques; tandis qu'en même temps il envoya un héraut avec une sommation formelle pour les Athéniens à Lêkythos, leur enjoignant de quitter la place comme appartenant aux Chalkidiens, mais leur permettant d'emporter ce qui était à eux. Ils refusèrent d'évacuer la citadelle, mais ils sollicitèrent une trêve d'un jour dans le dessein d'enterrer leurs morts. Brasidas leur en accorda deux, qui furent employés tant par eux que par lui, en préparatifs pour la défense et l'attaque de Lêkythos; chaque parti fortifiant les maisons situées sur l'isthme qui unissait les deux endroits ou à côté.

En même temps il convoqua une assemblée générale de la population torônæenne, à laquelle il adressa le même langage conciliant et équitable qu'il avait employé ailleurs. « Il n'était venu pour nuire ni à la ville ni à aucun citoyen individuellement. On ne devait pas considérer comme des méchants ou comme des traîtres ceux qui l'avaient introduit, — car ils avaient agi en vue de l'avantage et de la délivrance de leur ville, et non en vue de l'asservir, ou d'acquérir du profit pour eux-mêmes. D'autre part, il n'avait pas plus mauvaise opinion de ceux qui s'étaient retirés à Lêkythos, par amour pour Athènes ; il désirait qu'ils revinssent librement, et il était sûr que plus ils connaîtraient les Lacédæmoniens, plus ils les estimeraient. Il était prêt à pardonner et à oublier l'hostilité antérieure ; mais tout en les engageant tous à vivre dans l'avenir comme des amis sincères et des concitoyens, — il tiendrait aussi dans l'avenir chaque homme responsable de sa conduite, soit comme ami soit comme ennemi. »

A l'expiration de la trêve de deux jours, Brasidas attaqua la garnison athénienne dans Lêkythos, promettant une récompense de trente mines au soldat qui le premier s'y frayerait un chemin. Malgré de très-pauvres moyens de défense, — en partie une palissade de bois, en partie des maisons avec des créneaux sur le toit, — cette garnison le repoussa pendant un jour entier. Le lendemain matin il·fit avancer une machine, dans le même dessein que les Bœôtiens en avaient employé une à Dêlion, pour mettre le feu à l'ouvrage en bois. Les Athéniens, de leur côté, voyant approcher cette machine à feu, élevèrent, sur un bâtiment en face de leur position, une plate-forme de bois, sur laquelle ils montèrent en grand nombre, avec des tonneaux d'eau et de grosses pierres pour la briser ou éteindre les flammes. A la fin, le poids accumulé devenant trop grand pour pouvoir être soutenu par les supports, la plate-forme se brisa avec un bruit prodigieux ; de sorte que tout ce qui s'y trouvait, objets et personnes, roula en bas pêle-mêle. Quelques-uns de ces hommes furent blessés ; cependant le mal ne fut pas sérieux en réalité, — si le bruit, les cris et l'étrangeté de cet incident n'avaient pas alarmé ceux qui étaient derrière, qui ne pouvaient voir précisément ce qui s'était passé, à un degré tel qu'ils crurent que l'ennemi avait déjà forcé les défenses. En conséquence, beaucoup d'entre eux prirent la fuite, tandis que ceux qui restaient étaient insuffisants pour prolonger la résistance avec succès ; de sorte que Brasidas, apercevant le désordre des défenseurs et la diminution de leur nombre, abandonna sa machine à feu et renouvela sa tentative pour emporter la place d'assaut, ce qui réussit alors pleinement. Une partie considérable des Athéniens et d'autres se réfugièrent en franchissant le golfe étroit dans la péninsule de Pallènê, au moyen des deux trirèmes et de quelques bâtiments marchands qui étaient là : mais tous ceux qu'on y trouva furent mis à mort. Brasidas, ainsi maître du fort, et considérant qu'il devait son succès à la rupture soudaine de l'échafaudage athénien, regarda cet incident comme une intervention divine, et fit présent des trente mines (qu'il avait promises au premier homme qui entrerait dans la place) à la déesse Athênê pour son temple à Lêkythos. En outre, il lui consacra le cap entier de Lêkythos, non-seulement en démolissant les défenses, mais encore en démantelant les habitations privées qu'il contenait (I), de sorte qu'il ne resta rien que le temple, avec ses ministres et ses dépendances.

Dans quelle proportion les Torônæens qui s'étaient réfugiés à Lêkythos, avaient-ils été engagés à revenir par la proclamation de Brasidas, à la fois généreuse et politique? c'est ce qu'on ne nous dit pas. Sa conduite et son langage furent admirablement calculés pour mettre cette petite communauté de nouveau dans un mouvement harmonieux, et pour effacer la mémoire des querelles passées. Et surtout, ils inspirèrent un fort sentiment d'attachement et de reconnaissance envers lui personnellement, — sentiment qui gagna de la force à tout incident successif dans lequel il se trouva engagé, et qui le mit à même d'exercer un ascendant plus grand que Sparte n'en pouvait jamais acquérir, et plus grand à quelques égards que celui qu'avait jamais possédé Athènes. C'est ce remarquable développement d'une individualité supérieure, partout animée par des desseins publics et franchement avoués, et reliant tant de petites communautés qui avaient peu d'autres sentiments en commun, — c'est ce développement, dis-je, qui donne à la courte carrière de cet homme éminent un intérêt romanesque et même héroïque.

Pendant le reste de l'hiver, Brasidas s'occupa à mettre

---

(1) Thucyd. IV, 114, 115. Νομίσας ἄλλῳ τινὶ τρόπῳ ἢ ἀνθρωπείῳ τὴν ἅλωσιν γενέσθαι.

en ordre les acquisitions déjà faites et à former des plans pour de nouvelles conquêtes au printemps (1). Mais le commencement du printemps, — c'est-à-dire la fin de la huitième année et le commencement de la neuvième année de la guerre, comme compte Thucydide, — amène avec lui une nouvelle série d'événements, qui sera racontée dans le chapitre suivant.

---

(1) Thucyd. IV, 116.

CHAPITRE IV

Huitième année de la guerre; — elle commence avec les promesses les plus favorables pour Athènes; — elle finit avec de grands revers pour elle. — Désir des Spartiates de faire la paix pour ravoir les captifs; — ils refusent d'envoyer des renforts à Brasidas. — Le roi Pleistoanax à Sparte; — disposé pour la paix; — ses raisons spéciales; — son long bannissement terminé récemment par un rappel. — Négociations pour la paix pendant l'hiver de 424-423 avant J.-C. — Trêve d'un an conclue en mars 423 avant J.-C. — Conditions de la trêve. — Résolution d'ouvrir des négociations pour un traité définitif. — Nouveaux événements en Thrace; — Skiônê se révolte contre Athènes pour passer à Brasidas, deux jours après que la trêve avait été jurée; — mars, 421 avant J.-C. — Brasidas se rend à Skiônê; — sa conduite judicieuse; — admiration enthousiaste qu'il y excite. — Brasidas amène par mer des renforts à Skiônê; — il emmène les femmes et les enfants dans une place de sûreté. — Des commissaires de Sparte et d'Athènes arrivent en Thrace, pour annoncer à Brasidas la trêve qui vient d'être conclue. — Dispute relativement à Skiônê. La guerre continue en Thrace, mais elle est suspendue partout ailleurs. — Mendê se révolte contre Athènes; — Brasidas accueille les offres des Mendæens; — il s'engage à les protéger et leur envoie une garnison contre Athènes. Il part pour une expédition contre Arrhibæos, dans l'intérieur de la Macédoine. — Nikias et Nikostratos arrivent dans Pallênê avec un armement athénien. Ils attaquent Mendê. La garnison lacédæmonienne commandée par Polydamidas les repousse d'abord. — Dissensions parmi les citoyens de Mendê; — mutinerie du Dêmos contre Polydamidas; — les Athéniens sont admis dans la ville. — Les Athéniens assiégent et bloquent Skiônê. Nikïas y laisse une armée de blocus et retourne à Athènes. — Expédition de Brasidas avec Perdikkas en Macédoine contre Arrhibæos. — Retraite de Brasidas et de Perdikkas devant les Illyriens. — Discours de Brasidas à ses soldats avant la retraite. — Contraste entre le sentiment militaire grec et barbare. — Appel de Brasidas au droit de conquête ou d'une force supérieure. — Les Illyriens attaquent Brasidas pendant sa retraite, mais ils sont repoussés. — Rupture entre Brasidas et Perdikkas; ce dernier ouvre des négociations avec les Athéniens. — Relations entre Athènes et les Péloponésiens; — aucun pas n'est fait vers une paix définitive; — un renfort

lacédæmonien, en route pour rejoindre Brasidas, est empêché de passer par la
Thessalia. — Incidents dans le Péloponèse ; — le temple de Hêrê, près d'Argos,
incendié accidentellement. — Guerre en Arkadia ; — bataille entre Mantineia
et Tegea. — Bœôtiens, en paix *de facto*, bien que n'étant pas partie à la trêve ;
— dur traitement infligé aux Thespiens par Thêbes. — 422 avant J.-C. —
Expiration de la trêve d'un an ; — disposition et de Sparte et d'Athènes à cette
époque par rapport à la paix : impossible par suite des relations des partis en
Thrace. — Nulle reprise réelle des hostilités, malgré l'expiration de la trêve,
depuis le mois de mars jusqu'à la fête pythienne, en août. — Changement dans
le langage des hommes d'État à Athènes ; — instances de Kleôn et de ses partisans pour obtenir qu'on poursuive avec vigueur la guerre en Thrace ; — Brasidas ; — opposé à la paix ; — ses vues et ses motifs. — Kleôn ; — opposé à la
paix ; — ses vues et ses motifs tels que Thucydide les expose. Kleôn n'avait
pas d'intérêt personnel dans la guerre. — Poursuivre avec vigueur la guerre en
Thrace, était à cette époque l'intérêt politique réel d'Athènes. — Question de
la paix ou de la guerre, telle qu'elle existait entre Nikias et Kleôn, en mars
422 avant J.-C., après l'expiration de la trêve d'un an. — Kleôn parfaitement
excusable pour s'être fait l'avocat de la guerre à cette époque ; — le compte que
Thucydide en rend est injuste. — Kleôn à cette époque était attaché plus étroitement que tout autre homme public athénien à la politique étrangère de Periklês. — Dispositions de Nikias et du parti de la paix par rapport à l'idée de
reconquérir Amphipolis. — 422 avant J.-C. — Kleôn conduit une expédition
contre Amphipolis ; — il prend Torônê. — Il arrive à Eiôn ; — envoie des ambassadeurs demander des auxiliaires Macédoniens et Thraces. Mécontentement
que ressentent ses propres troupes de son inaction en attendant ces auxiliaires.
— Il est forcé par ces murmures de faire une démonstration ; — il marche en
venant d'Eiôn le long des murs d'Amphipolis pour reconnaître le sommet de la
colline ; — calme apparent dans Amphipolis. — Brasidas d'abord sur le mont
Kordylion ; — bientôt il se rend dans la ville en traversant le pont. Son exhortation à ses soldats. — Kleôn essaye d'effectuer sa retraite. — Brasidas fait
une sortie et attaque l'armée pendant sa retraite ; — les Athéniens sont complétement mis en déroute ; — Brasidas et Kleôn sont tués tous deux. — Douleur
profonde que cause en Thrace la mort de Brasidas ; — honneurs funèbres qui
lui sont rendus à Amphipolis ; — l'armement athénien, fort diminué par ses
pertes dans la bataille, retourne dans ses foyers. — Remarques sur la bataille
d'Amphipolis ; — en quoi consistaient les fautes de Kleôn. — Honteuse conduite des hoplites athéniens ; — la défaite d'Amphipolis résulta en partie du
sentiment politique hostile à Kleôn. — Effet important de la mort de Brasidas,
par rapport aux chances futures de la guerre ; — son caractère et ses talents admi-
rables. — Sentiments de Thucydide à l'égard de Brasidas et de Kleôn ; — caractère de Kleôn ; — sa politique étrangère. — Politique intérieure de Kleôn,
comme citoyen, dans la vie constitutionnelle. Portrait dans les *Chevaliers* d'Aristophane. — Injustice à juger Kleôn sur une telle preuve ; — le portrait qu'Aristophane fait de Sokratês n'est nullement ressemblant. — Les vices imputés par
Aristophane à Kleôn ne sont pas conciliables entre eux. — Kleôn, — homme
doué de talents pour une opposition vigoureuse et acharnée, — disposé à accuser
fréquemment, — souvent en faveur de pauvres souffrant des injustices. —
Nécessité d'accusateurs volontaires à Athènes ; — danger et déshonneur accompagnant la fonction en général. — Nous n'avons pas de preuves pour décider la proportion des cas dans lesquels il accusa à tort. — Dispute particulière
entre Kleôn et Aristophane. — Négociations pour la paix pendant l'hiver qui
suit la bataille d'Amphipolis. — Paix appelée la paix de Nikias, — conclue en

mars 421 avant J.-C.; — conditions de la paix. — La paix n'est acceptée que
partiellement par les alliés de Sparte. — Les Bœôtiens, les Mégariens et les
Corinthiens rejettent tous la paix.

La huitième année de la guerre, racontée dans le dernier chapitre, s'était ouverte avec de brillantes espérances pour Athènes et avec de sombres promesses pour Sparte, surtout par suite de la mémorable prise de Sphakteria vers la fin de l'été précédent. Elle comprenait, pour ne pas mentionner d'autres événements, deux entreprises considérables et importantes faites par Athènes, — contre Megara et contre la Bœôtia; le premier plan, heureux en partie, — le second, non-seulement malheureux, mais accompagné d'une défaite ruineuse. Enfin, les pertes en Thrace qui suivirent de très-près la défaite de Dêlion, ainsi que les espérances illimitées qu'on concevait partout de la carrière future de Brasidas, avaient de nouveau sérieusement diminué l'impression que produisait la puissance athénienne. L'année se termina ainsi au milieu d'humiliations d'autant plus pénibles pour Athènes, qu'elles contrastaient avec les brillantes espérances par lesquelles elle avait commencé.

Ce fut alors qu'Athènes comprit toute l'importance des prisonniers qu'elle avait faits à Sphakteria. Avec ces prisonniers, comme l'avaient dit avec justesse Kleôn et ses partisans, elle pouvait être sûre de faire la paix quand elle le désirerait (1). Ayant un appui aussi certain, elle avait joué un jeu hardi et visé à des acquisitions plus considérables pendant l'année précédente. Ce calcul, bien qu'il ne fût pas déraisonnable en lui-même, avait échoué; de plus, un nouveau phénomène, également inattendu de tous, s'était présenté lorsque Brasidas fit brèche dans son empire en Thrace et l'ébranla. Toutefois, si grand était le désir des Spartiates de ravoir leurs prisonniers, qui avaient dans leur patrie des amis et des parents puissants, qu'ils considérèrent les victoires de Brasidas surtout comme un marchepied pour

____

(1) Thucyd. IV, 21.

atteindre ce but, et comme un moyen de déterminer Athènes à faire la paix. Aux vives représentations qu'il envoyait de Sparte à Amphipolis, et dans lesquelles il exposait les perspectives de succès ultérieurs, il demandait du renfort avec instance, — ils avaient fait une réponse décourageante, dictée en grande partie par la misérable jalousie de quelques-uns de leurs principaux personnages (1), qui, se sentant rejetés dans l'ombre, et considérant sa brillante carrière comme un mouvement excentrique qui sortait de la routine spartiate, étaient ainsi pour des motifs personnels aussi bien que politiques disposés à travailler en faveur de la paix. Ces motifs accessoires, agissant sur la prudence ordinaire de Sparte, la décidèrent à profiter de la fortune présente et des conquêtes réalisées de Brasidas, pour en faire la base d'une négociation en vue de recouvrer les prisonniers, sans courir la chance d'entreprises ultérieures qui, bien qu'elles pussent aboutir à des résultats encore plus triomphants, compromettraient d'une manière inévitable ce qui actuellement était assuré (2). L'histoire des Athéniens pendant l'année

---

(1) Thucyd. IV, 108. Ὁ δὲ ἐς τὴν Λακεδαίμονα ἐφιέμενος στρατιάν τε προσαποστέλλειν ἐκέλευε..... Οἱ δὲ Λακεδαιμόνιοι τὰ μὲν καὶ φθόνῳ ἀπὸ τῶν πρώτων ἀνδρῶν οὐχ ὑπηρέτησαν αὐτῷ, etc.

(2) Thucyd. IV, 117. Τοὺς γὰρ δὴ ἄνδρας περὶ πλείονος ἐποιοῦντο κομίσασθαι, ὡς ἔτι Βρασίδας εὐτύχει · καὶ ἔμελλον, ἐπὶ μεῖζον χωρήσαντος αὐτοῦ καὶ ἀντίπαλα καταστήσαντος, τῶν μὲν στέρεσθαι, τοῖς δ' ἐκ τοῦ ἴσου ἀμυνόμενοι κινδυνεύειν καὶ κρατήσειν.

C'est un passage embarrassant, et le sens que lui donnent les meilleurs commentateurs me paraît peu satisfaisant.

Le docteur Arnold fait observer : « Le sens nécessaire doit être en quelque sorte celui-ci. Si Brasidas avait encore plus de succès, la conséquence serait qu'ils perdraient leurs hommes pris à Sphakteria, et après tout qu'ils courraient le danger de n'être pas définitivement victorieux. » Haack, Poppo, Goeller, etc., adoptent le même sens, en substance. Mais assurément c'est un sens qui n'a pu se présenter à l'esprit de Thucydide. Car comment le fait *de succès plus grands* de Brasidas aurait-il fait perdre aux Lacédæmoniens la chance de recouvrer leurs prisonniers? Plus étaient considérables les acquisitions de Brasidas, plus les Lacédæmoniens avaient la chance de les ravoir, en ce qu'ils auraient plus à donner en échange. Et le sens que proposent les commentateurs est encore plus exclu par les mots mêmes qui précèdent immédiatement dans Thucydide : « Les Lacédæmoniens étaient par-dessus tout désireux de ravoir leurs prisonniers, parce que Brasidas était encore en plein succès. » Il est

précédente pouvait, en effet, servir d'avertissement pour détourner les Spartiates de jouer un jeu aventureux.

Toujours, depuis la prise de Sphakteria, les Lacédæmo-

---

impossible, immédiatement après ces mots, qu'il puisse continuer en disant : « Cependant, si Brasidas *avait encore plus de succès*, ils *perdraient* la chance de ravoir les prisonniers. » Bauer et Poppo, qui signalent cette contradiction, prétendent la faire disparaître en disant « que si Brasidas poussait plus loin ses succès, les Athéniens éprouveraient une haine et une indignation si violentes, qu'ils mettraient les prisonniers à mort. » Poppo appuie cette idée en s'en référant à IV, 41, passage qui cependant ne fournit pas de preuve pour le cas, ainsi qu'on le verra.

Ensuite, quant aux mots ἀντίπαλα καταστήσαντος (ἐπὶ μεῖζον χωρήσαντος αὐτοῦ καὶ ἀντίπαλα καταστήσαντος), — Goeller les traduit : « Postquam Brasidas in majus profecisset, et *sua arma cum potestate Atheniensium æquasset*. » Haack et Poppo également. Mais si c'était là le sens, il semblerait impliquer que Brasidas n'avait encore rien fait et rien gagné ; que ses acquisitions devaient toutes être faites dans l'avenir. Tandis que le fait est évidemment le contraire, comme Thucydide lui-même nous l'a dit dans la ligne précédente, Brasidas avait déjà fait des acquisitions immenses, — si grandes et si sérieuses, que le principal désir des Lacédæmoniens était de se servir de ce qu'il avait déjà acquis comme moyen de ravoir leurs prisonniers avant que le cours de la fortune lui devînt contraire.

De plus, le docteur Arnold et d'autres commentateurs regardent la dernière partie de la phrase comme altérée. On ne s'accorde pas sur la question de savoir à quel sujet antérieur τοῖς δὲ est destiné à se rapporter.

Le sens attribué par les commentateurs à tout le passage est, selon moi,

si peu satisfaisant, que si on n'en pouvait trouver d'autre dans les mots, je regarderais toute la phrase comme corrompue d'une manière ou d'une autre. Mais je crois qu'on peut trouver un autre sens.

J'admets que les mots ἐπὶ μεῖζον χωρήσαντος αὐτοῦ *pourraient* signifier « s'il arrivait à un plus grand succès, » d'après l'analogie de I, 17, et de I, 118, — ἐπὶ πλεῖστον ἐχώρησαν δυνάμεως — ἐπὶ μέγα ἐχώρησαν δυνάμεως. Mais ils n'ont pas nécessairement, ni même naturellement cette signification. Χωρεῖν ἐπὶ (avec un accusatif) veut dire *aller vers, tendre à, aller à, aller pour*, — ἐχώρουν ἐπὶ τὴν ἀντικρὺς ἐλευθερίαν (Thucyd. VIII, 64). La phrase pourrait s'employer, soit que la personne de qui on l'affirmait réussît ou non dans son objet. Je crois que dans cet endroit les mots signifient — « si Brasidas allait à quelque chose de plus grand, » s'il tendait à, « ou marchait vers de plus grands objets; » sans affirmer, d'une manière ou d'une autre, s'il atteindrait ou manquerait son but.

Ensuite, les mots ἀντίπαλα καταστήσαντος ne se rapportent pas, selon moi, aux acquisitions futures de Brasidas, ni à leur grandeur et à leur valeur comparatives dans une négociation. Les mots signifient plutôt — « s'il jouait dans une lutte et une hostilité ouvertes ce qu'il avait déjà acquis, » — (l'exposant ainsi à la chance d'être perdu) — « s'il se mettait lui et ses acquisitions déjà faites en lutte avec l'ennemi. » Le sens serait donc en substance le même que καταστήσαντος ἑαυτὸν ἀντίπαλον. Les deux mots discutés ici sont essentiellement obscurs et elliptiques, et toute interprétation doit procéder en mettant en lumière les idées qu'ils indiquent imparfaitement;

niens avaient tenté, directement ou indirectement, des négociations pour la paix et le recouvrement des prisonniers. Leurs dispositions pacifiques étaient spécialement excitées par le roi Pleistoanax, auquel des circonstances particulières donnaient de fortes raisons pour mener la guerre à fin.

---

or, l'explication que je propose tient tout aussi étroitement au sens des deux mots que celle de Haack et de Goeller, tout en offrant un sens général qui rend toute la phrase (dont ces deux mots font partie) claire et instructive. Le substantif, qui serait sous-entendu avec ἀντίπαλα, serait τὰ πράγματα, — ou peut-être τὰ εὐτυχήματα, emprunté du verbe εὐτύχει, qui précède immédiatement.

Dans la dernière partie de la phrase, je pense que τοῖς δὲ se rapporte au même sujet que ἀντίπαλα : dans le fait, ἀπὸ τοῦ ἴσου ἀμυνόμενοι est seulement une expression plus complète de la même idée générale que ἀντίπαλα.

Toute la phrase s'expliquerait donc ainsi : — « Car ils étaient très-désireux de recouvrer leurs prisonniers, parce que Brasidas était encore en plein succès; tandis qu'il était probable que s'il allait plus loin et s'il se mettait en lutte hostile dans l'état où il était alors, ils resteraient privés de leurs captifs; et même par rapport à leurs succès, ils courraient la chance d'un danger ou d'une victoire dans un conflit égal. »

Le sens présenté ici est clair et rationnel, et je crois que les mots le comportent bien. Thucydide n'a pas l'intention de représenter les Lacédæmoniens comme croyant que, si Brasidas *gagnait* réellement plus qu'il n'avait déjà gagné, une telle acquisition ultérieure serait un désavantage pour eux et les empêcherait de ravoir leurs captifs. Il les représente comme préférant *la certitude* des acquisitions que Brasidas avait déjà faites, à *la chance et au hasard* qu'il courrait s'il visait à de plus grandes, ce qui ne se ferait pas sans compromettre ce qui était assuré actuellement, — et non-seulement assuré, mais suffisant, si on en faisait un bon usage, pour amener la restitution des prisonniers.

Poppo rapporte τοῖς δὲ aux Athéniens; Goeller le rapporte aux autres forces militaires spartiates, séparément des captifs qui étaient détenus à Athènes. Ce dernier rapport me semble inexact; car τοῖς δὲ doit signifier quelques personnes ou quelques choses qui ont été spécifiées ou indiquées auparavant, et ce que Goeller suppose qu'il signifie ne l'a pas été. Pour le rapporter aux Athéniens, avec Poppo et Haack dans sa seconde édition, nous aurions à remonter bien loin pour trouver le sujet, et il y a de plus une difficulté en expliquant ἀμυνόμενοι avec le datif. Autrement ce rapport serait admissible, bien que je pense qu'il vaut mieux rapporter τοῖς δὲ au même sujet que ἀντίπαλα. Dans la phrase κινδυνεύειν (ou κινδυνεύσειν, car il ne semble pas qu'il y ait de raisons suffisantes pour changer cette ancienne leçon) καὶ κρατήσειν, la particule καὶ a un sens disjonctif dont il existe des exemples analogues. — V. Kühner, Griechische Grammatik, sect. 726, signifiant en substance la même chose que ἤ, et des exemples même dans Thucydide, dans des phrases telles que τοιαῦτα καὶ παραπλήσια (I, 22, 143) — τοιαύτη καὶ ὅτι ἐγγύτατα τούτων, V, 74. — V. une note de Poppo sur I, 22, et I, 118, καὶ παρακαλούμενος καὶ ἄκλητος, — où καὶ doit être employé dans un sens disjonctif, c'est-à-dire équivalent à ἤ, puisque les deux épithètes s'excluent formellement l'une l'autre.

Il avait été banni de Sparte quatorze ans avant le commencement de la guerre, et un peu avant la trève de Trente
ans, sous l'accusation d'avoir reçu des présents des Athéniens à l'occasion de l'invasion en Attique. Pendant plus de
dix-huit ans il vécut en exil tout près du temple de Zeus
Lykæos, en Arkadia, dans une crainte si constante des Lacédæmoniens, que son habitation était à moitié dans le terrain sacré (1). Mais il ne perdit jamais l'espérance d'obtenir
son rétablissement, par l'intermédiaire de la Pythie à Delphes, que lui et son frère Aristoklês avaient à leur solde.
A chaque ambassade sacrée qui venait de Sparte à Delphes,
elle répétait la même injonction impérative : — « Qu'ils
devaient ramener de la terre étrangère dans la leur le reje-
ton du demi-dieu (Hêraklês) fils de Zeus ; s'ils ne le faisaient
pas, leur destinée serait de labourer avec un soc d'argent. »
Le commandement du dieu, incessamment répété ainsi et
appuyé par l'influence des amis qui soutenaient Pleistoanax
à l'intérieur, finit par amener un changement complet à
Sparte. Dans la quatrième ou la cinquième année de la
guerre du Péloponèse, l'exilé fut rappelé ; et non-seulement
rappelé, mais reçu avec des honneurs illimités, — accueilli
avec les mêmes sacrifices et les spectacles choriques que
ceux qui avaient été offerts, disait-on, aux rois primitifs
lors du premier établissement de Sparte.

Toutefois, comme dans le cas de Kleomenês et de Demaratos, l'intrigue antérieure ne tarda pas à être découverte,
ou du moins à être soupçonnée et crue en général, à la
grande honte de Pleistoanax, bien qu'il ne pût être banni
de nouveau. Toute calamité publique successive qui accabla
l'État, — les insuccès d'Alkidas, la défaite d'Eurylochos en
Amphilochia, et surtout l'humiliation sans exemple subie à

---

(1) Thucydide, V, 117. Ἥμισυ τῆς
οἰκίας τοῦ ἱεροῦ τότε τοῦ Διὸς οἰκοῦντα
φόβῳ τῶν Λακεδαιμονίων.

« La raison en était, qu'il pouvait
être dans le sanctuaire en un instant,
et que cependant il pouvait accomplir
les devoirs ordinaires de la vie sans
commettre de profanation, ce qui n'eût
pas été le cas si toute l'habitation eût
été dans l'enceinte sacrée » (note du
Dʳ Arnold).

Sphakteria, — tout fut imputé au mécontentement des dieux par suite de la perfidie impie de Pleistoanax. Souffrant d'une telle imputation, ce roi était très-empressé d'échanger les hasards de la guerre contre la marche assurée de la paix ; aussi était-il personnellement intéressé à ouvrir toutes les portes à une négociation avec Athènes et à rétablir son crédit en recouvrant les prisonniers (1).

Après la bataille de Dêlion (2), les dispositions pacifiques de Nikias, de Lachês et du parti favorable aux Lacédæmoniens, commencèrent à trouver à Athènes une faveur croissante (3), tandis que les pertes imprévues éprouvées en Thrace, arrivant coup sur coup, — chaque triomphe successif de Brasidas augmentant en apparence les moyens de faire davantage, — contribuèrent à changer le découragement des Athéniens en une alarme positive. Des négociations paraissent avoir marché pendant une grande partie de l'hiver. L'espérance constante qu'elles pourraient aboutir, combinée avec l'aversion impolitique de Nikias et de ses amis pour toute action militaire énergique, sert à expliquer l'apathie inaccoutumée d'Athènes sous la pression de telles calamités. Mais son courage s'abattit tellement vers la fin de l'hiver, qu'elle en vint à regarder une trêve comme son seul moyen (4) de salut contre la marche victorieuse de Brasidas. Quel était alors le ton de Kleôn, c'est ce qu'on ne nous apprend pas directement. Il continuait probablement à s'opposer aux propositions de paix, du moins indirectement, en insistant sur des conditions plus favorables que celles qu'on pouvait obtenir. Sur ce point, ses conseils politiques étaient mauvais; mais sur un autre point, ils étaient plus sages et plus judicieux que ceux de son rival Nikias; car il recommandait de poursuivre vigoureusement les hostilités

---

(1) Thucydide, V, 17, 18.
(2) Thucydide, V, 15. Σφαλέντων δ' αὐτῶν ἐπὶ τῷ Δηλίῳ παραχρῆμα οἱ Λακεδαιμόνιοι, γνόντες νῦν μᾶλλον ἂν ἐνδεξομένους, ποιοῦνται τὴν ἐνιαύσιον ἐκεχειρίαν, etc.

(3) Thucydide, IV, 118; V, 43.
(4) Thucydide, IV, 117. Νομίσαντες Ἀθηναῖοι μὲν οὐκ ἂν ἔτι τὸν Βρασίδαν σφῶν προσαποστῆσαι οὐδὲν πρὶν παρασκευάσαιντο καθ' ἡσυχίαν, etc.

contre Brasidas en Thrace, au moyen des forces athéniennes. Dans le moment présent, c'était la nécessité politique la plus urgente d'Athènes, qu'elle nourrît ou qu'elle rejetât les idées de paix. Et la politique de Nikias, qui berçait l'abattement actuel des citoyens en les encourageant à se fier aux inclinations pacifiques de Sparte, était mal entendue et désastreuse dans ses résultats, comme l'avenir le montrera ci-après.

Le parti de la paix fit des tentatives et à Athènes et à Sparte pour négocier d'abord une paix définitive. Mais il n'était pas facile de déterminer les conditions d'une telle paix, de manière à satisfaire les deux parties, et la difficulté devint de plus en plus grande à chaque succès de Brasidas. Enfin les Athéniens, impatients avant tout d'arrêter sa marche, firent proposer à Sparte une trêve d'une année, — priant les Spartiates d'envoyer à Athènes des ambassadeurs avec de pleins pouvoirs pour fixer les conditions; la trêve donnerait du temps et de la tranquillité pour établir celles d'un traité définitif. La proposition de la trêve d'une année (1), avec les deux premiers articles tout préparés, venait d'Athènes, comme dans le fait nous l'aurions présumé même sans preuve, puisque l'intérêt de Sparte était plutôt contraire à la trêve, en ce qu'elle donnait aux Athéniens le loisir le plus complet pour faire des préparatifs contre de nouvelles pertes en Thrace. Mais son principal désir était, non pas tant de se mettre en état de faire la meilleure paix possible, que de s'assurer une paix qui libérerait ses captifs. Elle comptait qu'une fois que les Athéniens auraient goûté des douceurs de la paix pendant une année, ils ne s'imposeraient pas volontairement de nouveau les rigoureuses obligations de la guerre (2).

---

(1) C'est ce qui se voit par la forme de la trêve dans Thucydide, IV, 118; elle est préparée à Sparte, par suite d'une proposition antérieure d'Athènes; dans la section 6. Οἱ δὲ ἰόντες, τέλος ἔχοντες ἰόντων, ἥπερ καὶ ὑμεῖς ἡμᾶς κελεύετε.

(2) Thucydide, IV, 117. Καὶ γενομένης ἀνακωχῆς κακῶν καὶ ταλαιπωρίας μᾶλλον ἐπιθυμήσειν (τοὺς Ἀθη-

Dans le mois de mars 423 avant J.-C., le quatorzième jour du mois Elaphebolion à Athènes, et le douzième jour du mois Gerastios à Sparte, une trêve d'une année fut conclue et jurée, entre Athènes d'un côté, et Sparte, Corinthe, Sikyôn, Epidauros et Megara de l'autre (1). Les Spartiates, au lieu de dépêcher simplement des plénipotentiaires à Athènes, selon le vœu des Athéniens, firent un pas de plus. De concert avec les ambassadeurs athéniens, ils tracèrent un plan de trêve, approuvé par eux-mêmes et par leurs alliés, de telle sorte qu'il n'avait plus besoin que d'être adopté et ratifié par les Athéniens. Le principe général de la trêve était l'*uti possidetis*, et les conditions étaient en substance ainsi qu'il suit :

1. Relativement au temple de Delphes, tout Grec aura le droit d'en jouir honnêtement et sans crainte, conformément aux usages de sa ville propre. — Le but principal de cette stipulation, préparée et envoyée mot pour mot d'Athènes, était de permettre à des visiteurs athéniens de s'y rendre, ce qui avait été impossible pendant la guerre, par suite de l'hostilité des Bœôtiens (2) et des Phokiens. Les autorités delphiennes aussi étaient dans l'intérêt de Sparte, et sans doute les Athéniens ne recevaient pas d'invitation formelle pour les jeux Pythiens. Mais les Bœôtiens et les Phokiens n'étaient point parties à la trêve; conséquemment les Lacédæmoniens, tout en acceptant l'article et en proclamant la liberté générale en principe, ne s'engagent pas à l'imposer par les armes en ce qui concerne les Bœôtiens et les Phokiens, mais seulement à essayer de les persuader par des re-

---

ναίους) αὐτοὺς πειρασαμένους ξυναλλαγῆναι, etc.

(1) Thucydide, IV, 119. Le quatorze d'Elaphebolion, et le douze de Gerastios désignent le même jour. La trêve alla toute préparée de Sparte à Athènes, avec des ambassadeurs spartiates, corinthiens, mégariens, sikyoniens et épidauriens. La trêve fut acceptée par l'assemblée athénienne, et jurée sur-le-champ par tous les ambassadeurs aussi bien que par trois stratêgi athéniens (σπείσασθαι δὲ αὐτίκα μάλα τὰς πρεσβείας ἐν τῷ δήμῳ τὰς παρούσας, IV, 118, 119); ce jour étant fixé pour le commencement.

Les mois lunaires dans les différentes villes ne s'accordaient jamais d'une manière précise.

(2) V. Aristophane, Aves, 188.

présentations amicales. La liberté de sacrifier à Delphes était à ce moment d'autant plus agréable aux Athéniens, qu'ils semblent avoir cru être sous le coup de la colère d'Apollon (1).

2. Toutes les parties contractantes rechercheront et puniront, chacune suivant ses propres lois, les personnes qui violeraient les trésors du dieu de Delphes. — Cet article aussi est préparé à Athènes, probablement dans le dessein de lui concilier la faveur d'Apollon et des Delphiens. Naturellement les Lacédæmoniens acceptent l'article littéralement.

3. Les garnisons athéniennes à Pylos, à Kythêra, à Nisæa et à Minoa, et Methana dans le voisinage de Trœzen, doivent rester comme à présent. Aucune communication n'existera entre Kythêra et une partie quelconque du continent appartenant à l'alliance lacédæmonienne. Les soldats occupant Pylos se confineront dans l'espace entre Buphras et Tomeus; ceux qui sont dans Nisæa et Minoa ne dépasseront pas la route qui mène de la chapelle du héros Nisos au temple de Poseidôn, — sans avoir de communication avec la population au delà de cette limite. De la même manière les Athéniens dans la péninsule de Methana, près de Trœzen, et les habitants de cette dernière ville, observeront la convention spéciale conclue entre eux relativement aux frontières (2).

4. Les Lacédæmoniens et leurs alliés se serviront de la mer dans des vues de commerce, sur leurs propres côtes, mais ils n'auront la liberté de monter aucun vaisseau de guerre, ni aucun navire marchand à rames d'un tonnage égal à 500 talents. [Tous les vaisseaux de guerre étaient en général mis en mouvement par la rame; ils employaient quelquefois des voiles, mais jamais quand ils étaient nécessaires pour un combat. Les navires marchands semblent en

---

(1) Thucydide, V. 1-32. Il est possible qu'ils crussent que l'occupation de Dêlion avait offensé Apollon.

(2) Thucydide, IV, 118. V. une note de Poppo.

général avoir marché à la voile, mais parfois à la rame ; la
limitation de grandeur est ajoutée, pour s'assurer que, sous
prétexte de bâtiments marchands, les Lacédæmoniens ne
formeront pas une flotte de guerre.]

5. Il y aura libre communication par mer aussi bien que
par terre, entre le Péloponèse et Athènes, pour un héraut
ou une ambassade, avec une escorte convenable, afin de négocier une paix définitive ou d'arranger des différends.

6. Aucune des deux parties ne recevra des déserteurs de
l'autre, soit libres, soit esclaves. [Cet article avait une
égale importance pour les deux parties. Athènes avait à
craindre la révolte de ses alliés sujets, Sparte la désertion
des Ilotes.]

7. Les disputes seront arrangées à l'amiable par les deux
parties, suivant leurs lois et leurs coutumes existantes.

Telle fut la substance du traité préparé à Sparte, — vraisemblablement de concert avec des ambassadeurs athéniens,
— et envoyé par les Spartiates à Athènes pour être approuvé, avec l'addition suivante : — « S'il y a quelque mesure qui se présente à vous, plus honorable et plus juste que
celles-ci, venez à Lacédæmone et faites-la-nous connaître,
car ni les Spartiates ni leurs alliés ne s'opposeront à aucune
suggestion juste. Mais que ceux qui viendront soient munis
de pleins pouvoirs pour conclure, — de la même manière
que vous le désirez de nous. La trêve sera pour une année. »

Par la résolution que Lachès proposa dans l'assemblée
publique athénienne, ratifiant la trêve, le peuple décréta en
outre qu'on ouvrirait des négociations pour un traité définitif, et ordonna aux stratêgi de proposer à la prochaine assemblée un plan et des principes pour diriger les négociations. Mais au moment même où les ambassadeurs entre
Sparte et Athènes apportaient la trêve, afin qu'elle fût définitivement adoptée, il survint en Thrace des événements
qui menacèrent de la rendre complétement nulle. Deux
jours (1) après l'important quatorzième jour d'Elaphebolion,

---

(1) Thucydide, IV, 22.

mais avant que la trève pût être connue en Thrace, Skiônê
se révolta contre Athènes et passa à Brasidas.

Skiônê était une ville qui s'appelait achæenne, une des
nombreuses colonies qui, faute d'une cité-mère reconnue,
faisaient remonter leur origine à des guerriers revenant de
Troie. Elle était située dans la péninsule de Pallênê (la plus
occidentale de ces trois langues étroites de terre, ramifica-
tions de la Chalkidikè), limitrophe de la colonie érétrienne
Mendê. Les Skiônæens, non sans un dissentiment considérable qui s'éleva entre eux, se déclarèrent en révolte contre
Athènes, de concert avec Brasidas. Il franchit immédiatement le golfe pour se rendre à Pallênê, de sa personne,
dans un petit bateau, mais avec une trirème à ses côtés ; il
comptait qu'elle le protégerait contre un petit navire athénien quelconque, — tandis que toute trirème athénienne
qu'il rencontrerait attaquerait sa propre trirème, sans faire
attention au petit bateau sur lequel il se trouvait lui-même.
La révolte de Skiônê était, par la position de la ville, un
défi plus frappant adressé à Athènes qu'aucun des événements précédents. Car l'isthme qui rattachait Pallênê au
continent était occupé par la ville de Potidæa, — ville assi-
gnée à l'époque où elle fut prise, sept années auparavant, à
des colons athéniens, bien que probablement elle renfermât
en outre quelques autres habitants. De plus, l'isthme était
si étroit, que le mur de Potidæa le fermait complétement
d'une mer à l'autre. Pallênê était donc une presqu'île, qui
ne pouvait recevoir du continent le secours de forces de
terre, comme les villes acquises antérieurement par Brasidas. Ainsi les Skionæens, sans aucune aide étrangère, engagèrent une lutte contre toutes les forces d'Athènes, mettant
en question son empire, non-seulement sur les villes continentales, mais encore sur les îles.

Brasidas lui-même jugea leur révolte une démarche d'une
hardiesse étonnante. Après son admission dans la ville, il
convoqua une assemblée publique, et lui adressa le même
langage qu'il avait tenu à Akanthos et à Torônê ; il désavoua
toutes les préférences de parti aussi bien que toute intervention dans la politique intérieure de la ville, et il exhorta

les habitants à faire des efforts unanimes contre l'ennemi
commun. Il leur adressa en même temps les plus grands
éloges pour leur courage. « Bien qu'exposés à tous les dangers que courent des insulaires, ils s'étaient spontanément
mis en avant pour avoir la liberté (1), sans attendre comme
des lâches qu'ils fussent poussés par une force étrangère
vers ce qui était évidemment leur propre bien. Il les regardait comme capables dans l'avenir d'un héroïsme sans
bornes, si le danger qui menaçait actuellement du côté
d'Athènes était détourné, — et il saisirait la première occasion même de leur assigner un poste d'honneur parmi les
fidèles alliés de Lacédæmone. »

Ce ton généreux d'exhortation, à la fois simple, franc et
entraînant, — qui faisait appel à l'instinct politique le plus
fort de l'esprit grec, l'amour d'une autonomie municipale
complète, et tombait des lèvres d'un homme dont toute la
conduite s'y était conformée jusque-là; — ce ton, dis-je,
avait été extrêmement efficace auparavant dans toutes les
villes. Mais à Skiônê il porta la population au plus haut
point d'enthousiasme (2). Il agit même sur les sentiments de
la minorité dissidente, et l'amena à prendre une part sincère au mouvement. Il fit naître une confiance unanime et
noble qui fit qu'ils envisagèrent gaiement toutes les chances
désespérées dans lesquelles ils s'étaient engagés; et il produisit en même temps, dans une manifestation encore plus
illimitée, le même attachement et la même admiration personnels que Brasidas inspirait ailleurs. Non-seulement les
Skiônæens lui votèrent publiquement une couronne d'or,
comme au libérateur de la Grèce ; mais quand on la posa sur
sa tête, l'explosion de la sympathie et du sentiment individuel fut la plus forte dont le cœur grec fût capable. « Ils se
pressèrent autour de lui individuellement, entourèrent sa

---

(1) Thucydide, IV, 120. Ὄντες οὐδὲν
ἄλλο ἢ νησιῶται, etc.
(2) Thucydide, IV, 121. Καὶ οἱ μὲν
Σκιωναῖοι ἐπήρθησάν τε τοῖς λόγοις,
καὶ θαρσήσαντες πάντες ὁμοίως, καὶ
οἷς πρότερον μὴ ἤρεσκε τὰ πρασσό-
μενα, etc.

tête de bandelettes et l'honorèrent comme un athlète victorieux (1), » dit l'historien. Cet incident remarquable jette
du jour sur ce que j'ai fait observer auparavant, — à savoir
que les exploits, la marche confiante en elle-même, la politique entreprenante et la probité de cet homme illustre, qui
par le caractère était plutôt Athénien que Spartiate, toutefois avec les bonnes qualités d'Athènes qui prédominaient,
— inspirèrent à son égard une émotion personnelle telle
qu'il s'en manifesta rarement de pareille dans la vie politique
grecque. La sympathie et l'admiration ressenties en Grèce
pour un athlète victorieux étaient non-seulement un sentiment intense dans l'esprit grec, mais encore elles étaient
peut-être, de tous les autres sentiments, le plus largement
répandu et le plus panhellénique. Il se rattachait à la religion, au goût et à l'amour de récréation, commun à la nation entière, — tandis que la politique contribuait plutôt à
désunir les cités séparées; c'était, de plus, un sentiment à la
fois familier et exclusivement personnel. Les philosophes
se plaignirent souvent, non sans de bonnes raisons, de son
intensité exagérée. Mais Thucydide ne peut donner une idée
plus vive de l'enthousiasme et de l'unanimité qui accueillirent Brasidas à Skiônê, précisément après la résolution
désespérée prise par les citoyens, qu'en faisant usage de
cette comparaison.

Le commandant lacédæmonien n'ignorait pas combien la
résolution extrême était nécessaire aux Skiônæens, et avec
quelle rapidité leur position insulaire attirerait sur eux la
vigoureuse invasion d'Athènes. En conséquence, il transporta par mer à Pallênê une portion considérable de son
armée, non-seulement en vue de défendre Skiônê, mais encore avec l'intention de surprendre et Mendê et Potidæa,

---

(1) Thucydide, IV, 121. Καὶ δημα-
σίᾳ μὲν χρυσῷ στεφάνῳ ἀνέδησαν ὡς
ἐλευθεροῦντα τὴν Ἑλλάδα, ἰδίᾳ τε
ἐταινίουν τε καὶ προσήρχοντο ὥσπερ
ἀθλητῇ.
Cf. Plutarque, Periklês, c. 28. Cf.
aussi Krause (Olympia), section 17,
p. 162 (Wien, 1838). C'était l'usage de
placer un bandeau de toile ou de lin
sur la tête des vainqueurs à Olympia,
avant d'y mettre la couronne d'olivier.

villes dans lesquelles se trouvaient de petits partis de conspirateurs prêts à ouvrir les portes.

Ce fut dans cette position que le trouvèrent les commissaires qui vinrent annoncer formellement la conclusion de la trêve d'une année et en imposer les dispositions : Athenæos, de Sparte, — l'un des trois Spartiates qui avaient juré le traité; Aristonymos, d'Athènes. Cette communication changea essentiellement la face des affaires, à la grande satisfaction des alliés de Sparte nouvellement acquis en Thrace, qui acceptèrent la trêve sur-le-champ, — mais au grand chagrin de Brasidas, dont la carrière était ainsi soudainement arrêtée. Cependant il ne put refuser ouvertement obéissance, et en conséquence son armée fut transférée de la péninsule de Pallênê à Torônê.

Toutefois, le cas de Skiônê éleva immédiatement un obstacle, qui lui fut sans doute très-agréable. Les commissaires, qui étaient venus dans une trirème athénienne, n'avaient pas entendu parler de la révolte de cette ville, et Aristonymos fut étonné de trouver l'ennemi dans Pallênê. Mais en faisant une enquête sur le fait, il découvrit que les Skiônæens ne s'étaient révoltés que deux jours après le jour fixé pour le commencement de la trêve. En conséquence, tout en la sanctionnant pour toutes les autres villes de Thrace, il refusa d'y comprendre Skiônê, et envoya la nouvelle immédiate à Athènes. Brasidas, protestant hautement contre ce procédé, refusa de son côté d'abandonner Skiônê, que les scènes récentes lui avaient rendue particulièrement chère; et même il obtint l'appui des commissaires lacédæmoniens, en assurant faussement que la ville s'était révoltée avant le jour désigné dans la trêve.

Violente fut l'explosion d'indignation quand arriva à Athènes la nouvelle qu'y envoyait Aristonymos. Elle ne s'apaisa nullement quand les Lacédæmoniens, agissant d'après la version du fait que leur transmirent Brasidas et Athenæos, y dépêchèrent une ambassade afin de réclamer protection pour Skiônê, — ou en tout cas pour obtenir l'arrangement de la dispute par voie d'arbitrage ou par décision pacifique. Ayant pour eux les conditions du traité, les Athé-

niens ne furent nullement disposés à se relâcher de leurs
droits en faveur des premiers insulaires qui se révoltaient.
Ils résolurent aussitôt d'entreprendre une expédition pour
reconquérir Skiônê; et de plus, sur la proposition de Kleôn,
de mettre à mort tous les habitants mâles adultes de cette
ville dès qu'elle aurait été reconquise. En même temps, ils
ne montrèrent aucune disposition à rejeter la trêve en général. L'état de sentiment des deux côtés contribua à amener
ce résultat, — que pendant que la guerre continuait en
Thrace, elle fut suspendue partout ailleurs (1).

Bientôt il arriva une autre nouvelle, — qui porta encore
plus loin l'exaspération d'Athènes; c'était celle de la révolte
de Mendê, ville attenante à Skiônê. Ceux des Mendæens
qui avaient pris leurs mesures pour introduire secrètement
Brasidas, furent d'abord déjoués par l'arrivée des commissaires chargés d'annoncer la trêve. Mais ils virent qu'il conservait son empire sur Skiônê, malgré les dispositions de la
trêve; et ils s'assurèrent qu'il était encore disposé à les
protéger s'ils se révoltaient, bien qu'il ne pût être leur com-
plice, comme on l'avait projeté primitivement, pour surprendre la ville. De plus, ne formant qu'un faible parti, et
ayant contre eux le sentiment de la population, — ils craignirent, s'ils renonçaient actuellement à leur projet, d'être
découverts et punis pour les démarches partielles qu'ils
avaient déjà faites, quand les Athéniens viendraient châtier
Skiônê. Ils pensèrent donc qu'en somme le moins dangereux
était de persévérer. Ils se déclarèrent en révolte contre
Athènes, et forcèrent à leur obéir les citoyens qui résis-
taient (2). Le gouvernement semble avoir été démocratique

---

(1) Thucydide, IV, 122, 123.

(2) Thucydide, IV, 123. Διὸ καὶ οἱ
Μενδαῖοι μᾶλλον ἐτόλμησαν, τήν τε
τοῦ Βρασίδου, γνώμην ὁρῶντες ἑτοίμην,
καὶ ἅμα τῶν πρασσόντων σφίσιν
ὀλίγων τε ὄντων, καὶ ὡς τότε
ἐμέλλησαν οὐχέτι ἀνέντων, ἀλλὰ κατα-
βιασαμένων παρὰ γνώμην τοὺς
πολλούς. — IV, 130. Ὁ δῆμος εὐθὺς

ἀναλαβὼν τὰ ὅπλα περιοργῆς ἐχώρει
ἐπί τε Πελοποννησίους καὶ τοὺς τὰ
ἐναντία σφίσι μετ' αὐτῶν πρά-
ξαντας, etc.

Les Athéniens, après la conquête de
la ville, demandent aux Mendæens πο-
λιτεύειν ὥσπερ εἰωθέσαν.

Mendê est un autre cas où la masse
des citoyens était opposée à une révolte

auparavant; mais ils trouvèrent alors moyen d'opérer une
révolution oligarchique en même temps que la révolte. Brasidas accepta immédiatement leur adhésion et se chargea
volontiers de les protéger, déclarant qu'il croyait avoir le
droit de le faire, vu qu'ils s'étaient révoltés ouvertement
après la proclamation de la trêve. Mais la trêve était claire
sur ce point, — ce qu'il admettait lui-même virtuellement,
en avançant comme justification certains faits prétendus
dans lesquels les Athéniens l'avaient violée eux-mêmes. Il
fit immédiatement des préparatifs pour défendre et Mendê
et Skiônê contre l'attaque qui était alors devenue plus certaine qu'auparavant; il transporta par mer les femmes et les
enfants de ces deux villes à Olynthos, la cité chalkidique, et
y envoya comme garnison cinq cents hoplites péloponésiens, avec trois cents peltastes chalkidiens; le commandant
de ces forces, Polydamidas, prit possession de l'akropolis
avec ses propres troupes séparément (1).

Ensuite Brasidas s'éloigna avec la plus grande partie de
son armée pour accompagner Perdikkas, qui entreprenait
une expédition dans l'intérieur contre Arrhibæos et les Lynkestæ. Pour quel motif, après être entré auparavant en
arrangement avec Arrhibæos, devint-il alors son ennemi
actif? c'est ce qu'on nous laisse conjecturer. Probablement
ses relations avec Perdikkas, dont l'alliance était d'une importance essentielle, étaient-elles d'une nature telle que
cette démarche lui fut imposée contre sa volonté; ou il se
peut qu'il ait cru réellement que les forces sous Polydamidas étaient suffisantes pour la défense de Mendê et de Skiônê,
— idée que l'inexplicable lenteur d'Athènes pendant les six
ou huit derniers mois pouvait bien nourrir. Dans le fait,
même fût-il resté, il aurait pu difficilement les sauver, si
l'on songe à la situation de Pallênê et à la supériorité
d'Athènes sur mer; mais son absence rendit leur ruine certaine (2).

---

contre Athènes, malgré l'exemple du
voisinage.

(1) Thucydide, IV, 130.
(2) Thucydide, IV, 123, 124.

Tandis que Brasidas était ainsi engagé fort avant dans
l'intérieur, l'armement athénien sous Nikias et Nikostratos
arriva à Potidæa : cinquante trirèmes, dont dix de Chios,
— mille hoplites et six cents archers d'Athènes, — mille
Thraces mercenaires, — avec quelques peltastes de Methônê et d'autres villes du voisinage. De Potidæa, ils allèrent par mer au cap Poseidonion, près duquel ils débarquèrent, dans le dessein d'attaquer Mendê. Polydamidas, le
commandant péloponésien de la ville, se posta avec sa
troupe de sept cents hoplites, comprenant trois cents Skiônæens, sur une éminence voisine de la cité, forte et d'un
accès difficile. Alors les généraux athéniens divisèrent leurs
forces ; Nikias, avec soixante hoplites athéniens d'élite,
cent-vingt peltastes méthonéens et tous les archers, essaya
de gravir la colline par un sentier de côté, et de tourner
ainsi la position, — tandis que Nikostratos, avec le gros de
l'armée, l'attaquait de front. Mais les difficultés du terrain
étaient si grandes qu'ils furent repoussés tous les deux ;
Nikias lui-même fut blessé, et la division de Nikostratos fut
mise dans un grand désordre, et elle n'échappa que de bien
peu à une défaite destructive. Cependant les Mendæens éva-
cuèrent la position pendant la nuit et se retirèrent dans la
ville, tandis que les Athéniens, faisant voile le matin vers
le faubourg du côté de Skiônê, ravagèrent les terres envi-
ronnantes ; et Nikias, le lendemain, porta ses dévastations
encore plus loin, même jusqu'à la limite du territoire skiô-
næen.

Mais des dissensions si sérieuses avaient déjà commencé
à s'élever dans l'intérieur des murs, que les auxiliaires skiônæens, se défiant de leur situation, profitèrent de la nuit
pour retourner chez eux. La révolte de Mendê avait été
opérée contre la volonté des citoyens, par les intrigues et au
profit d'une faction oligarchique. De plus, il ne paraît pas
que Brasidas ait visité la ville en personne, comme il avait
visité Skiônê et les autres villes révoltées. S'il fût venu, son
influence personnelle aurait fait beaucoup pour apaiser les
citoyens offensés, et pour faire naître quelque disposition à
adopter la révolte comme un fait accompli, après qu'on

avait été compromis une fois avec Athènes. Mais on n'avait
pas entendu ses paroles entraînantes, et les troupes péloponésiennes, qu'il avait envoyées à Mendê, ne servirent qu'à
soutenir l'oligarchie nouvellement créée et à tenir les Athéniens à distance. Les sentiments des citoyens en général à
leur égard se montrèrent bientôt d'une manière non équi-
voque. Nikostratos, avec une moitié des forces athéniennes,
était établi devant la porte de Mendê qui s'ouvrait du côté
de Potidæa. Dans le voisinage de cette porte, à l'intérieur
de la ville, étaient la place d'armes et la principale station
tant des Péloponésiens que des citoyens. Polydamidas, qui
avait l'intention de faire une sortie, était occupé à ranger
les uns et les autres en ordre de bataille, quand un homme
du dèmos mendæen, manifestant avec une violente colère
un sentiment commun à la plupart d'entre eux, lui dit « qu'il
ne sortirait pas, et qu'il ne voulait point prendre part à la
lutte. » Polydamidas se saisissait de l'homme pour le punir,
quand la masse du dèmos armé, prenant parti pour son ca-
marade, s'élança soudainement sur les Péloponésiens. Ces
derniers, qui ne s'attendaient pas à une telle attaque, éprou-
vèrent d'abord quelques pertes et furent bientôt forcés de
se retirer dans l'akropolis, — d'autant plus qu'ils virent
quelques-uns des Mendæens ouvrir les portes aux assiégeants du dehors, ce qui les amena à soupçonner une trahison concertée à l'avance. Toutefois, un tel accord n'existait
pas, bien que les généraux qui assiégeaient la ville, en
voyant les portes ouvertes ainsi soudainement, comprissent
bientôt l'état réel des affaires. Mais il leur fut impossible
d'empêcher leurs soldats, qui entrèrent sur-le-champ, de
piller la ville, et ils eurent même quelque peine à sauver la
vie des citoyens (1).

Mendê étant prise ainsi, les généraux athéniens prièrent
le corps des citoyens de reprendre son ancien gouvernement, et il lui laissa le soin de reconnaître et de punir les
auteurs de la dernière révolte. Quel usage firent-ils de la

---

(1) Thucydide, IV, 130 ; Diodore, XII, 72.

permission, c'est ce qu'on ne nous dit pas; mais probablement la plupart d'entre eux s'étaient réfugiés dans l'akropolis avec Polydamidas. Après avoir élevé un mur de circonvallation autour de l'akropolis, qui touchait la mer à ses deux extrémités, — et laissé des troupes pour le garder, — les Athéniens s'éloignèrent pour commencer le siége de Skiônê, où ils trouvèrent et les citoyens et la garnison péloponésienne postés sur une forte colline, non loin des murs. Comme il était impossible d'entourer la ville si l'on n'était pas maître de cette colline, les Athéniens l'attaquèrent sur-le-champ, et furent plus heureux qu'ils ne l'avaient été devant Mendê; car ils l'emportèrent d'assaut et forcèrent les défenseurs à chercher un refuge dans la ville. Après avoir érigé leur trophée, ils commencèrent le mur de circonvallation. Avant qu'il fût achevé, la garnison, qui avait été enfermée dans l'akropolis de Mendê, se rendit à Skiônê de nuit, après s'être échappée par une sortie soudaine là où le mur de blocus qui les entourait touchait la mer. Mais cela n'empêcha pas Nikias de poursuivre ses opérations, de sorte que Skiônê fut bientôt enfermée complétement et une division placée pour garder le mur de circonvallation (1).

Tel était l'état dans lequel Brasidas trouva les affaires quand il revint de l'intérieur de la Macedonia. Hors d'état soit de recouvrer Mendê, soit de secourir Skiônê, il fut forcé de se borner à protéger Torônê. Toutefois Nikias, sans attaquer Torônê, retourna bientôt à Athènes avec son armement, laissant Skiônê bloquée.

La marche de Brasidas en Macedonia avait été malheureuse de toute manière. Il ne fallut rien moins que son extraordinaire vaillance pour le sauver d'une ruine complète. Ses forces combinées avec celles de Perdikkas consistaient en trois mille hoplites grecs, — Péloponésiens, Akanthiens et Chalkidiens, — avec mille chevaux macédoniens et chalkidiens, — et un nombre considérable d'auxiliaires non helléniques. Aussitôt qu'ils furent arrivés par le

____

(1) Thucydide, IV, 131.

défilé des montagnes dans le territoire des Lynkestæ, ils
rencontrèrent Arrhibæos, et il s'ensuivit une bataille dans
laquelle ce prince fut complétement défait. Ils s'arrêtèrent
là pendant quelques jours, et, — avant de s'avancer pour
attaquer les villages situés dans le territoire d'Arrhibæos,—
ils attendirent l'arrivée d'un corps de mercenaires illyriens,
avec lesquels Perdikkas avait conclu un marché (1). Enfin
Perdikkas devint impatient d'avancer sans eux, tandis que
Brasidas, au contraire, inquiet du sort de Mendê pendant
son absence, était résolu à revenir sur ses pas. Le dissentiment entre eux devenant plus grave, ils se séparèrent et
occupèrent des campements distincts à quelque distance l'un
de l'autre; à ce moment, ils reçurent tous deux une nouvelle inattendue, qui inquiéta Perdikkas au sujet de la retraite autant que Brasidas. Les Illyriens, ayant violé leur
traité, s'étaient réunis à Arrhibæos et étaient alors en pleine
marche pour attaquer les envahisseurs. Le nombre de ces
barbares qu'on ne nous dit pas était, rapportait-on, écrasant,
et leur réputation de férocité aussi bien que de valeur était
telle, que l'armée macédonienne de Perdikkas, saisie d'une
panique soudaine, se sépara pendant la nuit et s'enfuit sans
avoir reçu d'ordres ; elle entraîna avec elle Perdikkas lui-
même, sans même faire avertir Brasidas, avec lequel rien
n'avait été concerté au sujet de la retraite. Le matin, ce
dernier trouva Arrhibæos et les Illyriens tout près de lui ;
les Macédoniens étaient déjà bien avancés dans leur voyage
vers leurs foyers.

Le contraste entre l'homme de la Hellas et celui de la
Macedonia, — général aussi bien que soldats, — ne se montra jamais d'une manière plus frappante que dans cette occasion critique. Les soldats de Brasidas, bien que surpris et
abandonnés, ne perdirent ni leur courage ni leur discipline ;
le commandant conserva non-seulement sa présence d'esprit, mais encore sa pleine autorité. Ses hoplites reçurent
l'ordre de se former en bataillon carré ou oblong, avec les

---

(1) Thucydide, IV, 124.

hommes armés à la légère et les serviteurs au centre, pour la marche de retraite. Les jeunes soldats furent placés soit aux rangs extérieurs, soit dans des postes convenables, pour s'élancer rapidement et repousser les attaques de l'ennemi, tandis que Brasidas lui-même, avec trois cents hommes d'élite, formait l'arrière-garde (1).

La courte harangue que (suivant une coutume universelle chez les généraux grecs) il adressa à ses troupes immédiatement avant l'approche de l'ennemi, est remarquable à bien des égards. Bien qu'il y eût parmi ses soldats des Akanthiens, des Chalkidiens et des Ilotes, il les désigne tous par le titre honorable de « Péloponésiens ». Les rassurant contre la désertion de leurs alliés aussi bien que contre le nombre supérieur de l'ennemi qui s'avance, — il fait appel à leur courage naturel, national (2). « *Vous*, vous n'avez pas besoin de la présence d'alliés pour vous inspirer de la bravoure, — et vous ne craignez pas un ennemi supérieur en nombre; car vous n'appartenez pas à ces communautés politiques dans lesquelles le plus grand nombre gouverne le plus petit, mais à celles dans lesquelles quelques hommes régissent des sujets plus nombreux qu'eux-mêmes, — après n'avoir acquis leur pouvoir par aucun autre moyen que par une supériorité dans le combat. » Ensuite Brasidas s'efforça de dissiper le « *prestige* » du nom illyrien. Son armée avait déjà vaincu les Lynkestæ, et les autres barbares ne leur étaient nullement supérieurs. En les connaissant mieux, elle reconnaîtrait bientôt qu'ils n'étaient formidables que par le bruit, les gestes, le fracas des armes et les accessoires de leur attaque, et qu'ils étaient incapables de soutenir la réalité d'un combat corps à corps. « Ils n'ont pas d'ordre régulier (dit-il) tel qu'ils éprouvent de la honte à abandonner

______

(1) Thucydide, IV, 125.

(2) Thucydide, IV, 126. Ἀγαθοῖς γὰρ εἶναι ὑμῖν προσήκει τὰ πολέμια, οὐ διὰ ξυμμάχων παρουσίαν ἑκάστοτε ἀλλὰ δι' οἰκείαν ἀρετὴν, καὶ μηδὲν πλῆθος πεφοβῆσθαι ἑτέρων, οἵ γε (μηδὲ) ἀπὸ πολιτεῖῶν τοιούτῶν ἥκετε, ἐν αἷς οὐ πολλοὶ ὀλίγων ἄρχουσιν, ἀλλὰ πλειόνων μᾶλλον ἐλάσσους · οὐκ ἄλλῳ τινὶ κτησάμενοι τὴν δυνάστειαν, ἢ τῷ μαχόμενοι κρατεῖν.

leur poste. La fuite et l'attaque sont auprès d'eux en une estime également honorable, de sorte qu'il n'y a rien qui fasse reconnaître l'homme réellement courageux; leur combat, où chacun lutte à sa fantaisie, est tel qu'il fournit à chacun un prétexte honnête de se sauver. » — « Repoussez leur attaque toutes les fois qu'ils la renouvelleront, et aussitôt que l'occasion se présentera, reprenez votre retraite en rang et en ordre. Vous arriverez bientôt en lieu de sûreté, et vous serez convaincus que ces hordes, quand l'ennemi a tenu bon et a défié leur première attaque, se tiennent à distance avec de vaines menaces et une parade de courage qui ne frappe jamais; — tandis que si leur ennemi cède, elles se montrent vives et hardies en le poursuivant, alors qu'il n'y a aucun danger (1). »

La supériorité de forces disciplinées et enrégimentées sur un nombre désordonné, même avec un courage individuel égal, est aujourd'hui une vérité si familière, que nous avons besoin d'un effort d'imagination pour nous reporter au cinquième siècle avant l'ère chrétienne, où cette vérité était reconnue seulement dans les communautés helléniques; où la pratique de tous leurs voisins, Illyriens, Thraces, Asia-

---

(1) Thucydide, IV, 126. Οὔτε γὰρ τάξιν ἔχοντες αἰσχυνθεῖεν ἂν λιπεῖν τινα χώραν βιαζόμενοι · ἥ τε φυγὴ αὐτῶν καὶ ἡ ἔφοδος ἴσην ἔχουσα δόξαν τοῦ καλοῦ ἀνεξέλεγκτον καὶ τὸ ἀνδρεῖον ἔχει · αὐτοκράτωρ δὲ μάχη μάλιστ' ἂν καὶ πρόφασιν τοῦ σώζεσθαί (se sauver) τινι πρεπόντως πορίσειε.

Σαφῶς τε πᾶν προϋπάρχον δεινὸν ἀπ' αὐτῶν ὁρᾶτε, ἔργῳ μὲν βραχὺ ὄν, ὄψει δὲ καὶ ἀκοῇ κατάσπερχον. Ὁ ὑπομείναντες ἐπιφερόμενον, καὶ ὅταν καιρὸς ᾖ, κόσμῳ καὶ τάξει αὖθις ὑπαγαγόντες, ἔς τε τὸ ἀσφαλὲς θᾶσσον ἀφίξεσθε, καὶ γνώσεσθε τὸ λοιπὸν ὅτι οἱ τοιοῦτοι ὄχλοι τοῖς μὲν τὴν πρώτην ἔφοδον δεξαμένοις ἄποθεν ἀπειλαῖς τὸ ἀνδρεῖον μελλήσει ἐπικομποῦσιν, οἱ δ' ἂν εἴξωσιν αὐτοῖς, κατὰ πόδας τὸ εὔψυχον ἐν τῷ ἀσφαλεῖ ὀξεῖς ἐπιδείκνυνται.

Le mot μέλλησις, qui se rencontre deux fois dans ce chapitre par rapport aux Illyriens, est très-expressif et en même temps difficile à traduire dans toute autre langue — « ce qu'ils semblent sur le point de faire, mais ce qu'ils ne réalisent jamais. » V. aussi I, 69.

Le discours du consul romain Manlius, où il décrit les Gaulois, mérite d'être comparé à Thucydide — « Procera corpora, promissæ et rutilatæ comæ, vasta scuta, prælongi gladii: ad hoc cantus ineuntium prælium, et ululatus et tripudia, et quatientium scuta in patrium quemdam morem horrendus armorum crepitus : *omnia de industriâ composita ad terrorem* » (Tite-Live, XXXVIII, 17).

tiques, Épirotes, et même Macédoniens, — impliquait ignorance ou contradiction sur ce point. Par rapport aux Epirotes, la différence entre leurs habitudes militaires et celles des Grecs a déjà été signalée; — elle s'était manifestée formellement dans la mémorable attaque combinée dirigée sur la ville akarnanienne de Stratos, dans la seconde année de la guerre (1). Toutefois les Épirotes et les Macédoniens sont d'un degré plus rapprochés des Grecs que les Thraces ou ces barbares illyriens contre lesquels Brasidas était alors sur le point de combattre, et qui offrent le contraste d'une manière encore plus frappante. Ce n'est pas seulement le contraste entre deux modes de combattre que le commandant lacédæmonien fait sentir à ses soldats. Il donne ce qu'on peut appeler une théorie morale des principes sur lesquels ce contraste est fondé, théorie d'une vaste étendue et prenant à sa base la vie sociale grecque, en paix aussi bien qu'en guerre. Le sentiment, dans le cœur de chaque homme individuellement, d'une certaine place qu'il a à occuper et de devoirs qu'il a à remplir, — combiné avec la crainte du mécontentement de ses camarades aussi bien que de son propre repentir s'il recule, — mais en même temps essentiellement lié à la pensée que ses voisins ont des obligations correspondantes à son égard, — ce sentiment, que Brasidas invoque comme le symbole militaire de ses soldats dans leurs rangs, était tout autant le principe régulateur de leurs rapports en paix comme citoyens de la même communauté. Quelque simple que ce principe puisse paraître, rien ne lui aurait répondu dans l'armée de Xerxès, ni dans celle du Thrace Sitalkès, ni dans celle du Gaulois Brennus. Le soldat persan se précipite à la mort par ordre du Grand Roi, peut-être par crainte des coups de fouet que le Grand Roi ordonne de lui administrer. L'Illyrien et le Gaulois méprisent un tel stimulant et obéissent seulement à l'instigation de leur humeur belliqueuse, ou de leur vengeance, ou de leur soif de sang, ou de leur amour de butin, — mais ils se retirent dès que

---

(1) Thucydide, II, 81. V. t. VIII, ch. 2 de cette Histoire.

ce sentiment individuel est satisfait, ou dominé par la crainte. C'est le soldat grec seul qui se sent uni à ses camarades par des liens réciproques et indissolubles (1), — qui n'obéit ni à la volonté d'un roi, ni à son propre mouvement individuel, mais à un sentiment d'obligation commun et impératif, — dont l'honneur ou le déshonneur est attaché à sa place dans les rangs, qu'il ne doit jamais abandonner ni dépasser. De telles conceptions du devoir militaire, établies dans les esprits de ces soldats auxquels parlait Brasidas, seront mises dans un plus grand jour encore par la description que nous ferons de la mémorable retraite des Dix Mille. A présent, je me contente de les indiquer comme faisant partie de ce plan général de moralité, sociale et politique aussi bien que militaire, qui élevait les Grecs au-dessus des nations dont ils étaient entourés.

Mais il y a dans le discours de Brasidas un autre point qui mérite d'être signalé ; il dit à ses soldats : — « Le courage est votre propriété nationale, car vous appartenez à des communautés où le petit nombre gouverne le plus grand, simplement en vertu d'une vaillance supérieure qui le distingue et de conquêtes faites par ses ancêtres. » D'abord, il est à remarquer qu'une grande partie des soldats péloponésiens, auxquels Brasidas parle ainsi, consistait en Ilotes, — c'était la race conquise, et non la conquérante ; cependant l'orgueil militaire ou de régiment se substitue si facilement aux sympathies de race, que ces hommes se sentaient flattés qu'on leur parlât comme s'ils étaient eux-mêmes issus de la race qui avait asservi leurs ancêtres. Ensuite, nous voyons ici le droit du plus fort invoqué comme la source légitime du pouvoir, et comme un souvenir honorable et glorieux, par un officier de race dôrienne, d'une politique oligarchique, d'une intelligence non pervertie et d'un esti-

---

(1) V. les mémorables remarques d'Hippokratês et d'Aristote sur la différence quant au courage entre les Européens et les Asiatiques, aussi bien qu'entre les Hellènes et les non Hellènes (Hippokratês, De Aere, Locis et Aquis, a. 24, éd. Littré, sect 116 seq. éd. Petersen ; Aristote, Polit. VII, 6, 1-5), et la conversation entre Xerxês et Demaratos (Hérodote, VII, 103, 104).

mable caractère. Conséquemment, quand nous verrons un principe semblable présenté ci-après par les ambassadeurs athéniens à Melos, nous serons prêt à rejeter l'explication de ceux qui le considèrent seulement comme une théorie inventée par des démagogues et des sophistes, — sur les uns et sur les autres desquels il est d'usage de jeter le blâme pour tout ce qui est répréhensible dans la politique ou la moralité grecque.

Après avoir terminé sa harangue, Brasidas donna le signal de la retraite. Aussitôt qu'il commença à se mettre en marche, les Illyriens se jetèrent sur lui avec toute la confiance et les cris de vainqueurs poursuivant un ennemi qui s'enfuit, convaincus qu'ils détruiraient complétement son armée. Mais partout où ils arrivaient très-près, les jeunes soldats, postés spécialement dans ce but, faisaient volte-face et les forçaient à se retirer avec des pertes sérieuses; tandis que Brasidas lui-même avec son arrière-garde de trois cents hommes était présent en tout lieu et prêtait une aide vigoureuse. Quand les Lynkestæ et les Illyriens attaquaient, l'armée faisait halte et les repoussait, puis elle reprenait sa marche de retraite. Les barbares se trouvèrent traités si rudement et avec une vigueur si inaccoutumée, — car probablement ils n'avaient pas une expérience antérieure des troupes grecques, — qu'après un petit nombre d'essais ils renoncèrent à avoir affaire à l'armée dans sa retraite le long de la plaine. Ils coururent rapidement en avant, en partie pour surprendre les Macédoniens sous les ordres de Perdikkas, qui avaient fui auparavant, — en partie pour occuper le défilé étroit, avec de hautes collines de chaque côté, qui faisait l'entrée de la Lynkèstis, et qui se trouvait sur la route de Brasidas. Quand ce dernier approcha de cet étroit passage, il vit que les barbares en étaient maîtres. Quelques-uns d'entre eux étaient déjà sur les sommets, et un plus grand nombre gravissait les pentes pour les renforcer, tandis qu'une autre partie se portait sur ses derrières. Immédiatement Brasidas donna ordre à ses trois cents hommes d'élite de faire une charge, de leur pas le plus rapide, sur la plus attaquable des deux collines, avant

qu'elle fût occupée par un plus grand nombre, — sans s'arrêter à conserver leurs rangs compactes. Ce mouvement
inattendu et vigoureux déconcerta les barbares, qui s'enfuirent, abandonnant l'éminence aux Grecs, et laissant
leurs propres hommes dans le défilé exposés sur un de leurs
flancs (1). L'armée qui faisait retraite, maîtresse ainsi de
l'une des collines de côté, put se frayer un chemin par le
passage du milieu et chasser les Lynkêstiens et les Illyriens
qui l'occupaient. Après avoir franchi cette voie étroite, Brasidas se trouva sur le terrain plus élevé. Ses ennemis n'osèrent pas l'attaquer de nouveau ; de sorte qu'il lui fut possible d'atteindre, même dans ce jour de marche, la première
ville ou village dans le royaume de Perdikkas, appelée Ar-
nissa. Ses soldats étaient tellement irrités contre les sujets
macédoniens de Perdikkas, qui avaient fui à la première
nouvelle du danger sans les prévenir, — qu'ils saisirent et
s'approprièrent tous les articles des bagages, en quantité
assez considérable, qui étaient tombés par mégarde dans le
désordre d'une fuite nocturne. Ils allèren t jusqu'à déharna-
cher et à tuer les bœufs des chariots des bagages (2).

Perdikkas ressentit vivement cette conduite des troupes
de Brasidas, qui suivait immédiatement sa propre querelle
avec le général, et la mortification qu'il avait éprouvée
d'être repoussé de la Lynkêstis. Dès ce moment il rompit
son alliance avec les Péloponésiens et ouvrit des négociations avec Nikias, occupé alors à construire le mur de blocus autour de Skiôné. Toutefois la perfidie de ce prince était

---

(1) Thucydide, IV, 128. Il n'est pas
possible de comprendre clairement ce
passage sans quelque connaissance du
terrain auquel il se rapporte. Je pré-
sume que la route régulière par le défilé, le long duquel passa le corps
d'armée de Brasidas, était longue et
sinueuse, arrivant au sommet par une
pente très-douce, mais en même temps
exposée des deux côtés à cause des
hauteurs qui la dominaient. Le détachement des Trois Cents escalada les
hauteurs escarpées d'un côté, en chassa
l'ennemi, et le mit ainsi dans l'impossibilité de rester davantage même dans
la grande route. Mais je ne suppose
pas, avec le Dr Arnold, que le gros de
l'armée de Brasidas ait suivi les Trois
Cents, et « qu'il soit sorti de la vallée
en escaladant un des côtés ; » il suivit
la grande route, aussitôt que le chemin
fut nettoyé.

(2) Thucydide, IV, 127, 128.

telle en général, que Nikias exigea comme condition de l'alliance une preuve manifeste de la sincérité de ses intentions; et Perdikkas fut bientôt à même de fournir une preuve d'une importance considérable (1).

Les relations entre Athènes et le Péloponèse, depuis la conclusion de la trève dans le mois de mars précédent, avaient abouti à une combinaison curieuse. En Thrace, la guerre se poursuivait d'un mutuel accord, et avec une vigueur non affaiblie ; mais partout ailleurs la trève était observée. Toutefois le but principal de la trève, qui était de donner du temps pour les discussions préliminaires en vue d'une paix définitive, fut complétement manqué. Le décret du peuple athénien (qui est compris dans leur vote sanctionnant le décret), à l'effet d'envoyer et de recevoir des ambassadeurs chargés de négocier une telle paix, ne semble pas avoir été jamais exécuté.

Au lieu de cela, les Lacédæmoniens dépêchèrent un renfort considérable par terre pour rejoindre Brasidas; probablement sur sa demande, et aussi excités par la nouvelle de l'armement athénien que Nikias commandait alors dans Pallênê. Mais Ischagoras, le commandant du renfort, en arrivant aux frontières de la Thessalia, se trouva dans l'impossibilité d'aller plus loin, et fut forcé de ramener ses troupes. Car Perdikkas, dont la puissante influence avait seule mis Brasidas à même de traverser la Thessalia, ordonna alors à ses hôtes thessaliens d'éloigner les nouveaux venus, ce qui fut bien plus facilement exécuté et satisfit les sentiments de Perdikkas lui-même, tout en étant un service essentiel rendu aux Athéniens (2).

Cependant Ischagoras, — avec quelques compagnons,

---

(1) Thucydide, IV, 128-132. On a conservé quelques vers du poëte comique Hermippos (dans les Φορμό-φοροι, Meineke, Fragm. p. 407) relatifs à Sitalkês et à Perdikkas. Parmi les présents rapportés chez lui par Denys dans son voyage, on compte « la gale de Sitalkês, destinée aux Lacédæmoniens, — et des mensonges de Perdikkas à charger beaucoup de vaisseaux. » Καὶ παρὰ Περδίκκου ψεύδη ναυσὶν πάνυ πολλαῖς.

(2) Thucydide, IV, 132.

mais sans son armée, — parvint jusqu'à Brasidas; il avait reçu des Lacédæmoniens l'ordre spécial d'examiner et de faire connaître l'état des affaires. Il avait parmi ses compagons quelques Spartiates d'élite en âge de servir, destinés à être placés comme harmostes ou gouverneurs dans les villes soumises par Brasidas. Ce fut une des premières violations, apparemment répétées souvent dans la suite, de l'ancienne coutume spartiate, — à savoir que personne, si ce n'est des hommes déjà âgés, qui n'étaient plus en âge de servir, fût nommé à de tels postes. Dans le fait, Brasidas lui-même était un illustre exemple de l'abandon de l'ancienne règle. La mission de ces officiers avait pour but de prévenir la nomination de tout autre que de Spartiates à de tels postes,— car il n'y avait pas de Spartiates dans l'armée de Brasidas. Un des nouveaux venus, Klearidas, fut fait gouverneur d'Amphipolis; — un autre, Pasitelidas, de Torônê (1). Il est probable que ces commissaires chargés d'inspecter ont pu con-

---

(1) Thucydide, IV, 132. Καὶ τῶν ἡβώντων αὐτῶν παρανόμως ἄνδρας ἐξῆγον ἐκ Σπάρτης, ὥστε τῶν πόλεων ἄρχοντας καθεστάναι καὶ μὴ τοῖς εὐτυχοῦσιν ἐπιτρέπειν.

La plupart des commentateurs traduisent ἡβώντων par « *jeunes gens,* » ce qui n'est pas le sens habituel du mot; il signifie « *des hommes en âge de servir,* » ce qui comprend et des jeunes gens et des hommes d'un âge moyen. Si nous comparons IV, 132, avec III, 36, V, 32, et V, 116, nous verrons que ἡβῶντες a réellement ce sens plus étendu : cf. aussi μέχρι ἥβης (II, 46), qui veut dire « jusqu'à ce que l'âge du service militaire commençât. »

Il n'est donc pas nécessaire de supposer que les hommes choisis par Ischagoras étaient très-jeunes, par exemple qu'ils étaient au-dessous de trente ans, — comme Manso, O. Müller et Goeller voudraient nous le faire croire. Il suffit qu'ils fussent dans les limites de l'âge du service mi-litaire, d'une manière ou d'autre.

Si l'on songe au respect extraordinaire rendu à la vieillesse à Sparte, il n'est nullement étonnant que les vieillards se soient crus propres exclusivement à de tels commandements, dans les anciens usages et l'ancienne constitution. Cela semble impliqué dans Xénophon, Repub. Laced. IV, 7.

Toutefois les opérations étendues dans lesquelles Sparte se trouva engagée par la guerre du Péloponèse, rendaient impossible de maintenir cette maxime en pratique; mais à ce moment, la mesure fût encore reconnue comme une violation de la maxime admise, et est caractérisée comme telle par Thucydide sous le terme παρανόμως.

Selon moi, τοῖς εὐτυχοῦσιν se rapporte au cas d'hommes *non spartiates* nommés à ces postes : V. par rapport à ce point, combien Brasidas insiste sur le fait que Klearidas était Spartiate, Thucyd. V, 9.

tribuer à entraver l'activité de Brasidas. En outre, l'hostilité nouvellement déclarée de Perdikkas, avec le désappointement de la non-arrivée des nouvelles troupes destinées à le rejoindre, diminua beaucoup ses moyens. Nous n'entendons parler que d'un seul exploit accompli par lui à cette époque, — et cela encore plus de six mois après la retraite de Macedonia, — vers janvier ou février 422 avant J.-C. Après avoir noué des intelligences avec quelques partis dans la ville de Potidæa, en vue de la surprendre, il s'arrangea pour amener son armée la nuit au pied des murs, et même pour dresser ses échelles d'escalade sans être découvert. La sentinelle, qui portait et faisait résonner la clochette, venait justement de passer sur le mur, laissant pour un court intervalle un espace non gardé (l'usage étant apparemment de faire passer cette clochette autour des murs d'une sentinelle à l'autre pendant toute la nuit), — lorsque quelques-uns des soldats de Brasidas profitèrent du moment pour essayer de monter. Mais avant qu'ils pussent atteindre le haut du mur, la sentinelle revint sur ses pas, l'alarme fut donnée, et les assaillants furent forcés de se retirer (1).

Dans l'absence d'une guerre réelle entre les grandes puissances dans le Péloponèse et auprès de cette contrée, pendant le cours de cet été, Thucydide nous mentionne quelques incidents que peut-être il aurait omis s'il avait eu à décrire d'importantes opérations militaires. Le grand temple de Hêrè, entre Mykênæ et Argos (plus voisin de la première et dans les anciens temps plus intimement rattaché à elle, mais alors dépendance de la seconde; Mykênæ elle-même ayant été soumise et presque dépeuplée par les Argiens), — jouissait d'une ancienne réputation panhellénique. Le catalogue de ses prêtresses, vraisemblablement avec une statue ou un buste de chacune d'elles, fut conservé ou imaginé pendant les siècles du temps passé, réel et mythique, commençant par la déesse elle-même ou par ses représentants immédiats. Il se trouva que Chrysis, vieille

____

(1) Thucydide, IV, 135.

femme qui avait été prêtresse pendant cinquante-six ans, s'endormit dans le temple avec une lampe allumée près de sa tête; le bandeau qui entourait son front prit feu, et bien qu'elle échappât elle-même saine et sauve, le temple, très-ancien et peut-être construit en bois, fut consumé. Par crainte de la colère des Argiens, Chrysis s'enfuit à Phlionte, et subséquemment crut nécessaire de chercher protection comme suppliante dans le temple d'Athênê Alea à Tegea; Phaeinis fut nommée prêtresse à sa place (1). Le temple fut reconstruit sur une place adjacente par Eupolemos d'Argos; il continuait autant que possible les antiquités et les traditions du premier, mais avec plus d'éclat et de grandeur. Pausanias le voyageur, qui décrit ce second édifice en visiteur, près de six cents ans plus tard, vit à côté les restes de l'ancien temple qui avait été brûlé.

Nous entendons en outre parler d'une guerre en Arkadia, entre les deux villes importantes de Mantineia et de Tegea; — chacune accompagnée de ses alliés arkadiens, les uns libres, les autres sujets. Dans une bataille qu'elles se livrèrent à Laodikion, la victoire fut disputée. Chaque parti érigea un trophée, — chacun envoya des dépouilles au temple de Delphes. Nous aurons bientôt occasion de parler encore de ces dissensions arkadiennes.

Les Bœôtiens n'avaient pas été partie à la trêve jurée

---

(1) Thucydide, II, 2; IV, 133; Pausan. II, 17, 7; III, 5, 6. Hellanikus (contemporain de Thucydide, mais un peu plus âgé, — venant sous le rapport de l'âge entre lui et Hérodote) avait formé une série chronologique de ces prêtresses de Hêrê avec une histoire des événements passés appartenant aux temps supposés de chacune. Et telle était l'importance panhellénique du temple à cette époque, que Thucydide, quand il décrit avec soin le commencement de la guerre du Péloponèse, nous dit comme une de ses indications du temps, que Chrysis avait été pendant quarante-huit ans prêtresse de l'Hêræon. L'emploi des séries des vainqueurs olympiques et des Olympiades, comme distribution continue du temps, était un usage qui ne s'était pas encore établi.

Le catalogue de ces prêtresses de Hêrê, commençant par des noms mythiques et descendant à des noms historiques, est expliqué par l'inscription appartenant au temple d'Halikarnassos dans Boeckh, Corpus Inscr. n° 2655 : V. le commentaire de Boeckh, et Preller, Hellanici Fragmenta, p. 34, 46.

entre Sparte et Athènes dans le précédent mois de mars. Mais ils semblent avoir suivi l'exemple de Sparte en s'abstenant d'hostilités *de facto;* et nous pouvons conclure qu'ils accédèrent à la requête de Sparte jusqu'à accorder le passage de visiteurs athéniens et d'ambassadeurs sacrés à travers la Bœôtia vers le temple de Delphes. Le seul incident réel dont nous entendions parler en Bœôtia pendant cet intervalle, est un fait qui explique d'une manière frappante l'ascendant dur et peu généreux des Thèbains sur quelques-unes des cités bœôtiennes inférieures (1). Les Thèbains détruisirent les murs de Thespiæ et condamnèrent la ville à rester sans fortifications, sur l'accusation de tendances favorables à Athènes. Jusqu'à quel point ce soupçon était-il fondé, c'est ce que nous n'avons aucun moyen de déterminer. Mais les Thespiens, loin d'être dangereux à ce moment, étaient complétement sans puissance, — ayant perdu la fleur de leurs forces militaires à la bataille de Dèlion, ou leur poste était à l'aile défaite. Ce fut cette même faiblesse, qu'ils devaient à leurs services rendus à Thèbes contre Athènes, qui maintenant engageait les Thèbains à exécuter la rigoureuse sentence mentionnée plus haut et les mettait à même de le faire (2).

Mais le mois de mars (ou l'attique Elaphebolion) 422 av. J.-C., — l'époque prescrite pour l'expiration de la trêve d'un an, — était arrivé maintenant. Nous avons déjà mentionné que cette trêve n'avait jamais été observée plus que partiellement. Brasidas en Thrace l'avait méconnue dès le commencement. Les deux puissances contractantes avaient acquiescé tacitement à la condition anormale d'une guerre en Thrace pendant que la paix régnait ailleurs. Chacune d'elles avait ainsi un excellent prétexte pour violer la trêve complétement; et comme ni l'une ni l'autre n'agit sous ce prétexte, nous voyons clairement que le sentiment régnant et les partis dominants, dans les deux États, tendaient à la paix, de leur propre accord, à cette époque. Il n'y avait

---

que l'intérêt de Brasidas et de ces sujets révoltés d'Athènes
auxquels il s'était lié, qui entretînt la guerre en Thrace.
Dans un tel état de sentiment, le serment juré de maintenir
la trève semblait encore impératif des deux côtés, — toujours à l'exception des affaires de Thrace. De plus, les
Athéniens étaient à un certain degré flattés de leurs succès
à Mendè et à Skiônè, et de l'acquisition qu'ils avaient faite
de Perdikkas comme allié, pendant l'été et l'automne de
423 avant J.-C. Mais l'état de sentiment entre les parties
contractantes n'était pas tel qu'il rendît possible de traiter
pour une paix plus longue, ou de conclure quelque nouvel
accord, bien que ni l'une ni l'autre ne fût disposée à s'écarter de ce qui avait été déjà conclu.

La seule arrivée du dernier jour de la trève n'amena pas
d'abord de différence pratique dans cet état de choses. La
trève était expirée; chacune des deux parties pouvait renouveler les hostilités, mais ni l'une ni l'autre ne les renouvela réellement. Les Athéniens avaient un motif de plus
pour s'abstenir d'hostilités pendant quelques mois encore ;
la grande fête pythienne était célébrée à Delphes en juillet
ou au commencement d'août, et comme ils avaient été
exclus de ce saint lieu pendant tout l'intervalle entre le
commencement de la guerre et la conclusion de la trève
d'une année, leurs pieux sentiments semblent alors avoir
éprouvé une ardeur particulière pour les visites, les pèleri-
nages et les fêtes qui s'y rattachaient. En conséquence,
bien que la trève eût cessé effectivement, il ne s'engagea
aucune guerre réelle jusqu'à ce que les jeux Pythiens fussent
passés (1).

---

(1) Cela me semble le sens le plus raisonnable qu'on puisse donner au passage de Thucydide tant débattu, V, 1. Τοῦ δὲ ἐπιγιγνομένου θέρους αἱ μὲν ἐνιαύσιοι σπονδαὶ διελέλυντο μέχρι τῶν Πυθίων · καὶ ἐν τῇ ἐκεχειρίᾳ Ἀθηναῖοι Δηλίους ἀνέστησαν ἐκ Δήλου, — et V, 2. Κλέων δὲ Ἀθηναίους πείσας ἐς τὰ ἐπὶ Θράκης χώρια ἐξέπλευσε μετὰ τὴν ἐκεχειρίαν, etc.

Thucydide dit ici que « la trève fut rompue; » le lien imposé aux deux parties fut défait, et toutes deux reprirent leur liberté naturelle. Mais il ne dit pas que « *des hostilités recommencèrent* » avant les jeux Pythiens, comme

Mais bien que la conduite d'Athènes restât la même, le langage à Athènes devint très-différent. Kleôn et ses partisans recommencèrent leurs instances pour obtenir qu'on poursuivît la guerre avec vigueur, et ils les recommencèrent avec une grande et nouvelle force d'argument, la question étant alors soumise à des considérations de prudence politique, sans aucun lien d'obligation.

Goeller et d'autres critiques affirment qu'il le dit. L'intervalle entre le 14 du mois Elaphebolion et la fête Pythienne fut un moment dans lequel il n'y eut plus en vigueur de trêve qui liât les parties, sans toutefois qu'il y eût d'hostilités réelles : ce fut une ἀνακωχὴ ἄσπονδος, pour employer les mots de Thucydide quand il décrit les relations entre Corinthe et Athènes l'année suivante (V, 32).

Le mot ἐκεχειρία signifie ici, à mon avis, la trêve proclamée à la saison de la fête Pythienne, — tout à fait distincte de la trêve d'un an qui était expirée un peu auparavant. Le changement du mot dans le cours d'une ligne de σπονδαὶ à ἐκεχειρία marque cette distinction.

Je suis d'accord avec le docteur Arnold (qui diffère d'opinion et avec M. Boeckh et avec M. Clinton) quant à la manière dont il conçoit les événements de cette année. Kleôn partit pour son expédition de Thrace après la trêve sacrée pythienne, au commencement d'août : entre cette date et la fin de septembre survint la prise de Torônê et la bataille d'Amphipolis. Mais la manière dont le docteur Arnold défend son opinion n'est nullement satisfaisante Dans la dissertation annexée à son second volume de Thucydide (p. 458), il dit : « Les mots de Thucydyde, αἱ ἐνιαύσιοι σπονδαὶ διελέλυντο μέχρι Πυθίων, signifient, comme je les comprends, — que la trêve d'une année avait duré jusqu'aux jeux Pythiens, et avait fini ensuite ; » c'est-à-dire, au lieu d'expirer le 14 d'Elaphebolion, elle avait été *continuée tacitement* près de quatre mois de plus, jusqu'après le solstice d'été ; et ce ne fut pas avant le milieu d'Hécatombæon que Kleôn fut envoyé pour recouvrer Amphipolis.

Cette explication du mot διελέλυντο ne me paraît pas satisfaisante, — et la manière dont le docteur Arnold la défend, p. 454, n'a pas non plus beaucoup de valeur : σπονδὰς διαλύειν est une expression bien connue de Thucydide (IV, 23 ; V, 36), — « rompre la trêve. »

J'explique ces mots comme Boeckh et M. Clinton, si ce n'est que j'efface ce qu'ils introduisent de leur imagination. Ils disent : — « La trêve fut finie, et *la guerre reprise de nouveau* jusqu'à l'époque des jeux Pythiens. » Thucydide dit seulement « que la trêve fut rompue, » il ne dit pas « que la *guerre fut reprise de nouveau.* » Il n'est pas du tout nécessaire pour l'idée que le docteur Arnold a des faits que les mots soient traduits comme il le propose. Ses remarques aussi (p. 460) sur les rapports des Athéniens avec les jeux Pythiens, me paraissent justes ; mais il ne remarque pas le fait (qui aurait fortifié considérablement ce qu'il dit là) que les Athéniens avaient été exclus de Delphes et de la fête Pythienne entre le commencement de la guerre et la trêve d'un an. Je pense que les jeux Pythiens furent célébrés vers juillet ou août. Dans une partie antérieure de cette Histoire (tome V, ch. 10), j'ai dit qu'on les célébrait en *automne* ; ce devrait être plutôt « vers la fin de l'été. »

« A cette époque (fait observer Thucydide (1), les grands ennemis de la paix étaient Brasidas d'un côté et Kleôn de l'autre : le premier, parce qu'il était en plein succès et illustré par la guerre; le second, parce qu'il pensait que, si la paix était conclue, sa politique malhonnête serait découverte, et que ses accusations dirigées contre les autres seraient moins facilement crues. » Quant à Brasidas, la remarque de l'historien est incontestable. Il serait étonnant, en effet, que lui, dont la guerre faisait paraître les nombreuses et brillantes qualités, et qui en outre avait contracté des obligations avec les villes de Thrace, pour lesquelles il concevait des espérances et des craintes particulières, tout à fait séparément de Lacédæmone, n'eût pas regardé la guerre et sa durée comme l'objet essentiel. Effectivement, *sa* position en Thrace constituait un obstacle insurmontable à toute paix solide ou sûre, indépendamment des dispositions de Kleôn.

Mais la manière dont Thucydide colore l'appui que Kleôn donne à la guerre, donne lieu à un commentaire beaucoup plus étendu. D'abord, nous pouvons bien soulever la question de savoir si Kleôn avait un intérêt réel dans la guerre, — si elle augmentait son importance personnelle ou celle de son parti. Il n'avait lui-même ni talent ni capacité pour les opérations militaires, — qui tendaient infailliblement à mettre l'ascendant en d'autres mains et à le rejeter dans l'ombre. Quant au pouvoir qu'il avait de conduire des intrigues malhonnêtes avec succès, cela devait dépendre de l'étendue de son ascendant politique. Des sujets d'accusation contre d'autres (en admettant qu'il s'inquiétât peu de la vérité ou du mensonge) ne pouvaient guère manquer soit en guerre, soit en paix. Et si la guerre devait mettre en avant des généraux malheureux donnant prise à ses accusa-

---

(1) Thucydide, V, 16. Κλέων τε καὶ Βρασίδας, οἵπερ ἀμφοτέρωθεν μάλιστα ἠναντιοῦντο τῇ εἰρήνῃ, ὁ μὲν, διὰ τὸ εὐτυχεῖν τε καὶ τιμᾶσθαι ἐκ τοῦ πολεμεῖν, ὁ δὲ, γενομένης ἡσυχίας καταφανέστερος νομίζων ἂν εἶναι κακουργῶν, καὶ ἀπιστότερος διαβάλλων, etc.

tions, elle devait aussi faire surgir des généraux heureux, qui certainement l'éclipseraient et le renverseraient probablement. Dans la vie que Plutarque nous a donnée de Phokiôn, militaire simple, franc et sincère, — nous lisons qu'un des nombreux orateurs d'Athènes habitués à incriminer (d'un caractère analogue à celui qu'on attribue à Kleôn), exprimait sa surprise en entendant Phokiôn dissuader les Athéniens de s'embarquer dans une nouvelle guerre : « Oui (dit Phokiôn), je crois qu'il est juste de les dissuader ; cependant je sais bien que, s'il y a la guerre, j'aurai autorité sur toi ; — s'il y a la paix, tu auras autorité sur moi (1). » C'est là assurément une appréciation plus raisonnable de la manière dont la guerre influe sur l'importance comparative de l'orateur et de l'officier, que celle qu'avance Thucydide relativement aux intérêts de Kleôn. En outre, quand nous en viendrons à suivre l'histoire politique de Syracuse, nous verrons le démagogue Athenagoras, ultrapacifique, et l'aristocrate Hermokratès, beaucoup plus belliqueux (2). Le premier craint, non sans raison, que la guerre ne donne de l'importance à des chefs militaires énergiques, dangereux pour la constitution populaire. Nous pouvons ajouter que Kleôn lui-même n'avait pas toujours été belliqueux. Il débuta dans la carrière politique comme adversaire de Periklês, quand ce dernier soutenait avec énergie combien il était nécessaire et sage de commencer la guerre du Péloponèse (3).

Mais en outre, — si même nous accordions que Kleôn avait un intérêt de parti séparé à favoriser la guerre, — il restera à considérer si, dans cette crise particulière, l'emploi d'énergiques mesures guerrières en Thrace n'était pas une saine et sage politique pour Athènes. En prenant Periklês comme le meilleur juge de cette politique, nous le trouverons au début de cette guerre recommandant expressé-

---

(1) Plutarque, Phokiôn, c. 16. Cf. aussi la conversation de Menekleidês et d'Epaminondas, — Cornél. Nép. Epamin. c. 5.

(2) V. les discours d'Athenagoras et d'Hermokratês. Thucyd. VI, 33-36.
(3) Plutarque, Periklês, c. 33-35.

ment aux Athéniens deux points importants. — 1. Se tenir avec vigueur sur la défensive, en conservant entier leur empire maritime, « en tenant bien en bride leurs alliés sujets, » en se soumettant avec patience même à voir l'Attique ravagée. — 2. S'abstenir d'essayer d'agrandir leur empire ou de faire de nouvelles conquêtes pendant la guerre (1). — Conséquemment, avec ce plan bien défini d'action, Periklès, s'il eût vécu, aurait pris soin d'intervenir vigoureusement et de bonne heure pour empêcher Brasidas de faire ses conquêtes. Si une telle intervention avait été impossible ou avait échoué accidentellement, il n'aurait pas jugé qu'on pût faire d'efforts trop grands pour les recouvrer. Maintenir intacte l'intégrité de l'empire, aussi bien que l'opinion de la force athénienne sur laquelle l'empire reposait, tel était son principe fondamental. Or, il est impossible de nier que, par rapport à la Thrace, Kleôn ne s'attachât plus étroitement que son rival Nikias à la politique de Periklès. C'est à Nikias plutôt qu'à Kleôn qu'il faut imputer la faute fatale commise par Athènes, de ne pas intervenir promptement après que Brasidas eut fait sa première incursion en Thrace. Ce furent Nikias et ses partisans, désirant la paix pour ainsi dire à tout prix, et sachant que les Lacédæmoniens la désiraient également, — qui encouragèrent les Athéniens, à un moment où l'esprit public était fort abattu, à laisser Brasidas en Thrace sans s'opposer à lui, et à compter sur la chance d'une négociation avec Sparte pour arrêter ses progrès. Le parti de la paix à Athènes finit par obtenir la trêve d'un an, avec la promesse et dans le dessein exprès d'arrêter les conquêtes ultérieures de Brasidas; encore avec la nouvelle promesse de transformer cette trêve en une paix permanente et d'obtenir en vertu de la paix même la restitution d'Amphipolis.

Telle était la politique de Nikias et de ses partisans, les

---

(1) Thucydide, I, 142, 143, 144; II, 13. Καὶ τὸ ναυτικὸν ἧπερ ἰσχύουσιν ἐξαρτύεσθαι, τά τε τῶν ξυμμάχων διὰ χειρὸς ἔχειν — λέγων τὴν ἰσχὺν αὐτοῖς ἀπὸ τούτων εἶναι τῶν χρημάτων τῆς προσόδου, etc.

amis de la paix et les adversaires de Kleôn. Et les promesses
qu'ils offraient ainsi en perspective pouvaient bien paraître
plausibles en mars 423 avant J.-C., au moment où fut conclue la trêve d'un an. Mais les événements subséquents les
avaient fait échouer de la manière la plus manifeste et
avaient même fourni les meilleures raisons de croire qu'il
n'était pas possible que de telles espérances se réalisassent,
tant que Brasidas agirait sans rencontrer d'opposition ni
d'obstacle. Car les Lacédæmoniens, bien que vraisemblablement sincères en concluant la trêve sur la base de l'*uti possidetis*, et désirant l'étendre à la Thrace aussi bien qu'à tout
autre lieu, n'avaient pu en imposer l'observation à Brasidas,
ni l'empêcher même de faire de nouvelles acquisitions, —
de sorte qu'Athènes ne jouit jamais du bénéfice de la trêve,
précisément dans le pays où elle en avait le plus besoin.
C'était seulement par l'envoi de son armement à Skiônê et
à Mendê qu'elle s'était maintenue en possession même de
Pallênê.

Or, quelle était la leçon à tirer de cette expérience, quand
les Athéniens en vinrent à discuter leur politique future
après l'expiration de la trêve? Le grand objet de tous les
partis à Athènes était de recouvrer les possessions perdues
en Thrace, — particulièrement Amphipolis. Nikias, qui
poussait encore les négociations pour la paix, continua à
faire espérer que les Lacédæmoniens seraient disposés à
rendre cette place, comme rançon de leurs prisonniers actuellement à Athènes. Ses rapports avec Sparte lui permettaient d'annoncer ses déclarations même sur autorité. Mais
à cela Kleôn pouvait faire, et sans doute fit une réponse
complète, fondée sur l'expérience la plus récente : — « Si
les Lacédæmoniens consentent à la restitution d'Amphipolis (disait-il), ce ne sera probablement qu'avec la pensée de
trouver quelques moyens d'en esquiver l'exécution, et cependant de ravoir leurs prisonniers. Mais en admettant
qu'ils soient parfaitement sincères, ils ne seront jamais en
état de contrôler Brasidas, et les partis en Thrace qui sont
liés à lui par une communauté de sentiment et d'intérêt ; de
sorte qu'après tout vous leur rendrez leurs prisonniers, sur la

foi d'un équivalent qu'il n'est pas en leur pouvoir de réaliser. Voyez ce qui est survenu pendant la trêve! Les vues et les obligations de Brasidas en Thrace sont si différentes de celles des Lacédæmoniens, qu'il n'obéirait même pas à leur ordre s'ils lui commandaient de rester dans l'état où il était, et de renoncer à de nouvelles conquêtes. Il leur obéira encore moins quand ils lui ordonneront de rendre ce qu'il a déjà acquis; et bien moins encore, s'ils lui enjoignent de restituer Amphipolis, sa grande acquisition et son point central pour tout effort dans l'avenir. Comptez-y, si vous désirez regagner Amphipolis, vous n'y parviendrez que par un emploi énergique de la force, comme il est arrivé pour Skiônè et pour Mendè. Et vous devez déployer immédiatement votre force dans ce but, tandis que les prisonniers lacédæmoniens sont encore entre vos mains, — au lieu d'attendre que vous ayez été amenés par fraude à les rendre et à perdre par là tout votre empire sur Lacédæmone. »

Ces prévisions furent pleinement vérifiées par le résultat : car l'histoire subséquente montrera que les Lacédæmoniens, quand ils se furent engagés par un traité à livrer Amphipolis, ou ne voulurent pas, ou ne purent pas imposer l'exécution de leur stipulation, même après la mort de Brasidas. Encore moins auraient-ils pu le faire pendant sa vie, quand son immense influence personnelle, sa volonté énergique et ses espérances de conquêtes futures auraient été pour eux un grand obstacle. De telles prévisions étaient évidemment suggérées par les événements récents; de sorte qu'en les mettant dans la bouche de Kleôn, nous ne faisons que supposer qu'il lisait la leçon ouverte devant ses yeux.

Or, puisque l'on peut montrer ainsi que la politique belliqueuse de Kleôn, prise à ce moment après l'expiration de la trêve d'un an, est non-seulement plus conforme au génie de Periklès, mais encore qu'elle est fondée sur une appréciation plus juste des événements passés et futurs, que la politique pacifique de Nikias, — que devons-nous dire à l'historien, qui, sans réfuter de telles présomptions, dont chacune est tirée de son propre récit, — bien plus, sans même en indiquer l'existence, — se contente de nous dire que « Kleôn s'opposait à la paix afin de pouvoir dissimuler des intrigues coupables, et trouver matière à de plausibles accusations? » Nous ne pouvons nous empêcher de dire de cette critique, tout en regrettant profondément qu'il faille prononcer de telles paroles relativement à un jugement de Thucydide, qu'elle est dure et injuste à l'égard de Kleôn, et qu'elle tient peu compte de la vérité et de l'instruction de ses lecteurs. Elle ne respire pas le même esprit d'impartialité honorable qui traverse son histoire en général. C'est une interpolation due à l'officier dont l'imprévoyance avait causé à ses concitoyens la perte fatale d'Amphipolis, et qui se venge du citoyen qui l'avait accusé justement. Elle est conçue dans le même ton que son inexplicable jugement dans l'affaire de Sphakteria.

En rejetant dans cette occasion l'appréciation de Thucydide, nous pouvons affirmer avec confiance que Kleôn avait des motifs publics rationnels pour pousser ses compatriotes à entreprendre avec énergie l'expédition destinée à reconquérir Amphipolis. Bien qu'il fût démagogue et corroyeur, il se distingue ici honorablement, aussi bien de la timidité et de l'inaction de Nikias, qui s'attachait à la paix avec une crédulité irréfléchie, par lassitude résultant des efforts que nécessite la guerre, que du mouvement incessant et des nouveautés, non-seulement inutiles, mais ruineuses, que nous verrons bientôt paraître sous les auspices d'Alkibiadès. Periklês avait dit à ses compatriotes, à une époque où ils enduraient toutes les misères de la peste, et où ils étaient dans un état de découragement plus grand même que celui qui régnait en 422 avant J.-C. : — « Vous maintenez votre empire et votre belle position, à condition d'être disposés à affronter les dépenses, la fatigue et le danger ; abstenez-vous de toute idée d'agrandir l'empire, mais ne regardez aucun effort comme trop grand pour le conserver intact.—Perdre ce que nous avons déjà acquis est plus déshonorant que d'échouer dans des efforts faits pour acquérir (1). » Proba-

---

(1) Thucydide, II, 63. Τῆς δὲ πόλεως ὑμᾶς εἰκὸς τῷ τιμωμένῳ ἀπὸ τοῦ

blement Kleôn tenait tout à fait le même langage quand il
exhortait ses compatriotes à faire une expédition pour reconquérir Amphipolis. Mais s'il l'émettait, il devait avoir
un effet bien différent de celui qu'il avait produit naguère
dans la bouche de Periklês, — et différent aussi de celui
qu'il aurait produit alors s'il eût été tenu par Nikias. Tout
le parti de la paix le répudiait quand il venait de Kleôn, —
— en partie par aversion pour l'orateur, en partie dans la
conviction, sans doute commune à tous, qu'une expédition
contre Brasidas serait un service hasardeux et pénible pour
tous ceux qui y prendraient part, général aussi bien que
soldats, — en partie aussi dans la persuasion sincère au moment, bien que le résultat ait prouvé dans la suite combien
elle était illusoire, qu'on pouvait réellement rêcouvrer Amphipolis en faisant la paix avec les Lacédæmoniens.

Si Kleôn, en proposant l'expédition, s'offrait lui-même
pour la commander, il fournissait ainsi un nouveau motif
d'objection, et un motif très-fort. Comme on regarde tout
ce que fait Kleôn comme une manifestation de quelque
attribut vicieux ou niais, on nous dit que ce fut un exemple
de son absurde présomption, qui avait sa source dans le succès de Pylos, et qui le persuadait qu'il était le seul général
qui pût accabler Brasidas. Mais si le succès de Pylos l'avait
rempli réellement de cette outrecuidante opinion militaire,
il est tout à fait inexplicable qu'il ne se soit pas procuré
quelque commandement pendant l'année qui suivit immédiatement l'affaire de Sphakteria, — la huitième année de la
guerre : époque des entreprises guerrières les plus actives,
alors que sa présomption et son influence dues à la victoire
sphaktérienne ont dû être dans toute leur nouveauté et
dans tout leur éclat. Comme il n'obtint pas de commandement pendant cette période qui suivit immédiatement, nous

---

ἄρχειν, ᾧπερ ἅπαντες ἀγάλλεσθε, βοηθεῖν, καὶ μὴ φεύγειν τοὺς πόνους ἢ μηδὲ
τὰς τιμὰς διώκειν,etc., c. 62. Αἴσχιον δὲ,
ἔχοντας ἀφαιρεθῆναι ἢ κτωμένους ἀτυ-
χῆσαι. Cf. la teneur des deux discours
de Periklês (Thucyd. I, 140-144; II,
60-64) avec la description que fait Thucydide de la simple « disposition à fuir
le danger (τὸ ἀκίνδυνον) qui caractérisait Nikias (V, 16).

pouvons bien douter qu'il ait réellement conçu cette excessive présomption personnelle de ses talents pour la guerre, et qu'il n'ait pas conservé après l'affaire de Sphakteria le même caractère qu'il avait manifesté avant cette affaire, — à savoir, la répugnance à s'engager dans des expéditions militaires, et une disposition à les voir commandées aussi bien que conduites par d'autres. Il n'est nullement certain que Kleôn, en conseillant l'expédition contre Amphipolis, ait proposé dans l'origine d'en prendre le commandement lui-même ; je regarde du moins comme également probable que son désir primitif était d'engager Nikias ou les Stratêgi à s'en charger, comme dans le cas de Sphakteria. Sans doute Nikias s'opposa à l'expédition autant qu'il le put. Quand elle fut décidée par le peuple, malgré son opposition, il déclina péremptoirement le commandement pour lui-même, et fit tout ce qu'il put pour l'imposer à Kleôn, ou du moins il fut plus aise de la voir commandée par lui que par tout autre. Il ne fut pas moins charmé de se débarrasser d'un service dangereux que de voir son rival engagé. Et il avait devant lui la même alternative que lui et ses amis avaient vue avec tant de satisfaction dans l'affaire de Sphakteria ; ou l'expédition réussirait, et dans ce cas Amphipolis serait prise, — ou elle échouerait, et la conséquence serait la ruine de Kleôn. Le dernier des deux cas était réellement le plus probable à Amphipolis, — comme Nikias se l'était imaginé faussement par rapport à Sphakteria.

Toutefois il est facile de voir qu'une expédition proposée par Kleôn dans de telles circonstances, bien qu'elle pût avoir une majorité dans l'assemblée publique, avait contre elle une partie considérable de citoyens, allant même jusqu'à souhaiter qu'elle échouât. En outre, Kleôn n'avait ni talents ni expérience pour commander une armée ; aussi le fait d'être engagé sous son commandement pour combattre le plus habile officier de l'époque, ne pouvait-il inspirer de confiance à aucun homme quand il revêtait son armure. D'après toutes ces circonstances réunies, politiques aussi bien que militaires, nous ne sommes pas surpris d'apprendre que les hoplites qu'il prit avec lui partirent avec beaucoup

de répugnance (1). Un général ignorant avec des soldats mal
disposés, dont un grand nombre ne l'aimaient pas sous le
rapport politique, avait peu de chances d'arracher Amphipolis à Brasidas. Mais si les Stratêgi ou Nikias avaient fait
leur devoir et employé toutes les forces de la ville habilement commandées dans le même but, l'issue aurait probablement été différente quant au gain et à la perte, — et certainement très-différente quant au déshonneur.

Kleôn partit de Peiræeus, apparemment vers le commencement d'août, avec 1,200 hoplites athéniens, lemniens
et imbriens, et 300 cavaliers, — troupes de très-bonne qualité et dans un excellent état; il avait, en outre, une armée
auxiliaire d'alliés (dont le nombre n'est pas connu exactement), et trente trirèmes. Cet armement n'était pas assez
grand pour prendre Amphipolis; car Brasidas avait un
nombre égal d'hommes, outre tous les avantages de la position. Mais une partie du plan de Kleôn, en arrivant à Eiôn,
était de se procurer des renforts macédoniens et thraces
avant de commencer son attaque. Il s'arrêta d'abord en
route près de Skiônè, où il prit ceux des hoplites dont on
pouvait se passer pour le blocus. Il se rendit ensuite, en traversant le golfe de Pallênê, à la péninsule sithonienne,
vers un lieu appelé le port des Kolophoniens, près de Torônê (2). Après avoir appris que ni Brasidas lui-même, ni
aucune garnison péloponésienne considérable n'étaient alors
à Torônê, il débarqua ses troupes et marcha pour attaquer
la ville, et il envoya en même temps dix trirèmes doubler un
promontoire qui séparait le port des Kolophoniens de Torônê pour attaquer cette dernière ville du côté de la mer.

---

(1) Thucydide, V. 7. Καὶ οἴκοθεν ὡς
ἄκοντες αὐτῷ ξυνῆλθον.

(2) La ville de Torônê était située
près de la péninsule sithonienne, sur le
côté qui regardait Pallênê. Mais le
territoire appartenant à la ville comprenait toute l'extrémité de la péninsule des deux côtés, et il renfermait la
pointe extrême, le cap Ampelos, — Ἄμ-

πελον τὴν Τορωναίην ἄκρην (Hérodote,
VII, 122). Hérodote appelle le golfe
Singitique θάλασσαν τὴν ἄντιον Το-
ρώνης (VII, 122).

On voit encore les ruines de Torônê,
qui portent l'ancien nom, et Kufo, port
fermé par la terre auprès d'elle (Leake,
Travels in Northern Greece, vol. III,
c. 29, p. 119).

Il se trouva que Brasidas, qui désirait élargir l'enceinte
fortifiée de Torônè, avait abattu une portion de l'ancien
mur, et en avait employé les matériaux à bâtir un nouveau
mur plus large enfermant le proasteion ou faubourg. Il paraît
que ce nouveau mur était encore incomplet et dans un état
imparfait de défense. Pasitelidas, le commandant péloponésien, résista à l'attaque des Athéniens aussi longtemps qu'il
put; mais quand il commençait déjà à céder, il vit les dix
trirèmes athéniennes entrer dans le port, qui était à peine
gardé. Abandonnant la défense du faubourg, il se hâta de
repousser ces nouveaux assaillants; mais il vint trop tard,
de sorte que l'ennemi entra dans la ville de deux côtés à la
fois. Brasidas, qui n'était pas éloigné, arriva à son secours
avec la plus grande célérité; mais il était encore à une distance de cinq milles de la ville, quand il apprit qu'elle était
prise, et il fut obligé de se retirer sans succès. On envoya
comme prisonniers à Athènes le commandant Pasitelidas,
avec la garnison péloponésienne et la population mâle de
Torônè, tandis que les femmes et les enfants de cette ville,
par un sort qui n'était que trop commun à cette époque,
furent vendus comme esclaves (1).

Après ce succès assez important, Kleôn doubla le promontoire d'Athos pour gagner Eiôn, à l'embouchure du Strymôn, à trois milles d'Amphipolis. De là, mettant à exécution son plan primitif, il envoya des ambassadeurs à
Perdikkas pour le presser de lui prêter une aide effective
comme allié d'Athènes dans l'attaque d'Amphipolis, avec
toutes ses forces, et à Pollès, roi des Thraces odomantes,
pour l'inviter également à venir avec autant de mercenaires
thraces qu'il en pourrait lever. Les Édoniens, la tribu
thrace la plus rapprochée d'Amphipolis, prirent parti pour
Brasidas. L'influence locale de Thucydide banni n'était plus
au service d'Athènes, — encore bien moins au service de
Kleôn. En attendant les renforts espérés, Kleôn s'occupa

____

(1) Thucydide, V, 3.

d'abord à attaquer Stageiros sur le golfe Strymonique,
attaque qui fut repoussée, — ensuite Galèpsos, sur la côte
faisant face à l'île de Thasos, attaque qui réussit. Mais les
renforts n'arrivèrent pas immédiatement; et comme il était
trop faible pour attaquer Amphipolis sans eux, il fut obligé
de rester inactif à Eiôn, tandis que Brasidas, de son côté,
ne fit aucun mouvement hors d'Amphipolis, mais se con-
tenta de veiller constamment sur les forces de Kleôn, qu'il
voyait de son poste sur la colline de Kerdylion, sur la rive
occidentale du fleuve, qui communiquait par le pont avec
Amphipolis. Quelques jours se passèrent dans cette inaction
des deux côtés. Mais les hoplites athéniens, s'impatientant
de ne rien faire, commencèrent bientôt à donner carrière à
ces sentiments d'aversion qu'ils avaient apportés d'Athènes
contre leur général, « dont ils comparaient l'ignorance et la
lâcheté (dit l'historien) avec l'habileté et la bravoure de son
adversaire (1). » Des hoplites athéniens, s'ils éprouvaient
un tel sentiment, n'étaient pas d'un caractère à s'empêcher
de le manifester. Et Kleôn le sut bientôt d'une manière
assez pénible pour le forcer à opérer quelque mouvement
contre sa volonté ; toutefois il ne voulut rien faire de plus
qu'une marche dans le dessein de reconnaître le terrain tout
autour de la ville, et une démonstration afin d'échapper à
l'apparence de rester inactif, — sachant bien qu'il était impossible d'attaquer la place avec quelque effet avant l'arrivée de ses renforts.

Pour comprendre les incidents importants qui suivirent,
il est nécessaire de dire quelques mots sur la topographie
d'Amphipolis, autant que nous pouvons la comprendre d'après
les documents imparfaits que nous avons sous les yeux. Cette
ville était située sur la rive gauche du Strymôn, sur une

---

(1) Thucydide, V, 7. ʽΟ δὲ Κλέων
τέως μὲν ἡσύχαζεν, ἔπειτα δὲ ἠναγ-
κάσθη ποιῆσαι ὅπερ Βρασίδας προσε-
δέχετο. Τῶν γὰρ στρατιωτῶν ἀχθομένων
μὲν τῇ ἕδρᾳ, ἀναλογιζομένων δὲ τὴν
ἐκείνου ἡγευονίαν, πρὸς οἵαν ἐμπειρίαν
καὶ τόλμαν μεθ' οἵας ἀνεπιστημοσύνης
καὶ μαλακίας γενήσοιτο, καὶ οἴκοθεν ὡς
ἄκοντες αὐτῷ ξυνῆλθον, αἰσθόμενος τὸν
θροῦν, καὶ οὐ βουλόμενος αὐτοὺς διὰ τὸ
ἐν τῷ αὐτῷ καθημένους βαρύνεσθαι,
ἀναλαβὼν ἦγε.

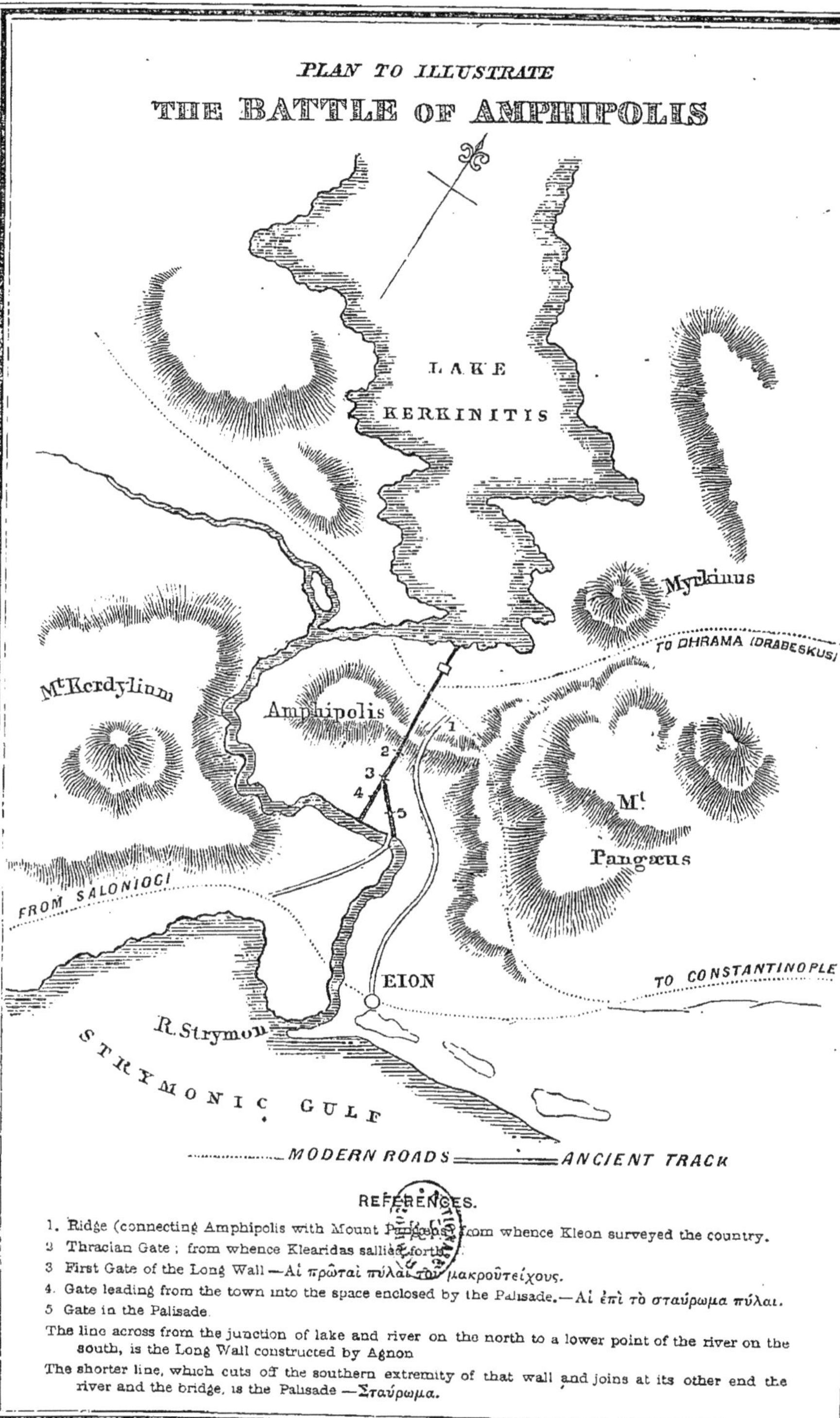

PLAN TO ILLUSTRATE
THE BATTLE OF AMPHIPOLIS
LAKE
KERKINITIS
Myrkinus
TO DHRAMA (DRABESKUS)
Mt Kerdylium
Amphipolis
1
2
3
4
5
Mt
Pangæus
FROM SALONIQGI
EION
TO CONSTANTINOPLE
R. Strymon
STRYMONIC GULF
MODERN ROADS
ANCIENT TRACK

REFERENCES.
1. Ridge (connecting Amphipolis with Mount Pangæus) from whence Kleon surveyed the country.
2 Thracian Gate ; from whence Klearidas sallied forth.
3 First Gate of the Long Wall — Αἱ πρῶται πύλαι τοῦ μακροῦτείχους.
4. Gate leading from the town into the space enclosed by the Palisade.—Αἱ ἐπὶ τὸ σταύρωμα πύλαι.
5 Gate in the Palisade.
The line across from the junction of lake and river on the north to a lower point of the river on the south, is the Long Wall constructed by Agnon
The shorter line, which cuts off the southern extremity of that wall and joins at its other end the river and the bridge, is the Palisade — Σταύρωμα.

colline assez élevée, autour de laquelle le fleuve fait un coude d'abord dans une direction sud-ouest, puis, après avoir coulé un peu vers le sud, dans une direction sud-est. Amphipolis avait pour sa seule fortification artificielle un long mur, qui commençait près du point nord-est de la ville, où le fleuve se resserre de nouveau pour former un canal après avoir traversé le lac Kerkinitis, — montait le long du côté oriental de la colline, en traversant l'arête qui la rattache au mont Pangæos, — et ensuite descendait de manière à toucher de nouveau la rivière à un autre point au sud de la ville, — étant ainsi en quelque sorte la corde de l'arc fortement tendu que formait le fleuve. De trois côtés, au nord, à l'ouest et au sud, la ville était défendue seulement par le Strymôn. Elle était ainsi visible sans qu'un mur interceptât la vue pour des spectateurs du côté de la mer (sud), aussi bien que du côté du continent (ou ouest et nord (1)). A une faible distance au-dessous du point où le

---

(1) Thucydide, IV, 102. Ἀπὸ τῆς νῦν πόλεως, ἣν Ἀμφίπολιν Ἅγνων ὠνόμασεν, ὅτι ἐπ' ἀμφότερα περιῤῥέοντος τοῦ Στρύμονος, διὰ τὸ περιέχειν αὐτὴν, τείχει μακρῷ ἀπολαβὼν ἐκ ποταμοῦ ἐς ποταμὸν, περιφανῆ ἐς θάλασσάν τε καὶ ἤπειρον ᾤκισεν.

Ὁ καλλιγέφυρος ποταμὸς Στρύμων, Euripid. Rhesus, 346.

J'annexe un plan qui donnera quelque idée de la colline d'Amphipolis et du territoire circonvoisin : Cf. le plan dans les « Travels in Northern Greece, » du colonel Leake, vol. III, ch. 25, p. 191, et celui (de M. Hawkins) qui est annexé au troisième volume du Thucydide du Dr Arnold, combiné avec une Dissertation qui se trouve dans le second volume du même ouvrage, p. 450. V. aussi les remarques de Kutzen, De Atheniensium imperio circa Strymonem, ch II, 18-21 ; Weissenborn, Beitraege zur genaueren Erfoschung der altgriechischen Geschichte, p. 152-156 ;

Cousinéry, Voyage dans la Macédoine vol. I, ch. 4, p. 124 *seq.*

Le colonel Leake suppose que l'ancien pont était au même point du fleuve que le pont moderne, c'est-à-dire au nord d'Amphipolis, et un peu à l'ouest du coin du lac. Sur ce point je diffère de lui, et je l'ai placé (avec le Dr Arnold) près de l'extrémité sud-est du canal du Strymôn, qui coule autour d'Amphipolis. Mais il y a une autre circonstance, dans laquelle le récit du colonel Leake corrige une erreur essentielle de la Dissertation du Dr Arnold. Le colonel Leake signale en particulier la haute arête qui rattache la colline d'Amphipolis au mont Pangæos à l'est (p. 182, 183, 191-194), tandis que le Dr Arnold les représente comme séparés par un ravin profond (p. 451) ; dans cette dernière supposition, tout le récit de la marche et de l'inspection de Kleôn me paraît inintelligible.

L'épithète que Thucydide donne à

mur touchait le fleuve au sud de la ville, était le pont (1),
communication d'une grande importance pour tout le pays,
qui reliait le territoire d'Amphipolis à celui d'Argilos. Sur
la rive occidentale ou droite du fleuve, le touchant et formant un coude extérieur correspondant au coude du fleuve,
était situé le mont Kerdylion. Dans le fait, le cours du Strymôn est déterminé ici par ces deux éminences escarpées,
Kerdylion à l'ouest, et la colline d'Amphipolis à l'est, entre
lesquelles il coule. A l'époque où Brasidas s'empara de la
ville pour la première fois, le pont était totalement sans
liaison avec le long mur de la ville. Mais, pendant les dix-
huit mois qui suivirent, il avait élevé un ouvrage en palissade (probablement une levée de terre surmontée d'une palissade) qui les unissait tous deux. Au moyen de cette palissade, le pont était ainsi à l'époque de l'expédition de Kleôn
compris dans l'intérieur des fortifications de la ville ; de
sorte que Brasidas, tout en veillant du haut du mont
Kerdylion, pouvait passer toutes les fois qu'il le voulait
sans obstacle (2).

Amphipolis, « bien visible tant du côté de la mer que du côté de la terre, » qui cause quelque embarras aux commentateurs, me paraît d'une propriété évidente. Amphipolis était en effet située sur une colline ; c'est ainsi que l'étaient maintes autres villes ; mais ce qu'elle avait de particulier, c'est que de trois côtés elle n'avait pas de mur qui arrêtât l'œil du spectateur ; un de ces côtés était tourné vers la mer.

Kutzen et Cousinéry font du Long Mur le segment d'une courbe fortement tendue, touchant le fleuve aux deux extrémités. Mais je suis d'accord avec Weissenborn pour reconnaître que cela est inadmissible, et que les mots « long mur » impliquent quelque chose qui se rapproche d'une ligne droite.

(1) Ἀπέχει δὲ τὸ πόλισμα πλέον τῆς διαβάσεως. V. une note sur ces mots quelques pages plus haut. Cela n'im-
plique pas nécessairement que le pont fût à une distance considérable du point extrême où le Long Mur touchait le fleuve au sud ; mais ce dernier point était à une bonne distance de la ville, proprement appelée ainsi, — qui occupait la pente la plus élevée de la colline. Nous ne devons pas supposer que *tout* l'espace entre le Long Mur et le fleuve fût couvert de bâtiments.

(2) Thucydide, V, 10. Καὶ ὁ μὲν (Brasidas) κατὰ τῆς ἐπὶ τὸ σταύρωμα πύλας, καὶ τὰς πρώτας τοῦ μακροῦ τείχους τότε ὄντος ἐξελθὼν, ἔθει δρόμῳ τὴν ὁδὸν ταύτην εὐθεῖαν, ᾗπερ νῦν, etc.

L'explication que j'ai présentée ici du mot σταύρωμα ne l'a été par personne autre ; mais elle me paraît la seule faite pour donner de la clarté et de la suite à tout le récit.

Quand Brasidas surprit Amphipolis pour la première fois, le pont était

Dans la marche que Kleôn entreprit alors, il monta au sommet de l'arête (qui court presque dans une direction orientale d'Amphipolis au mont Pangæos), afin de surveiller la ville

---

complétement sans liaison avec le Long Mur, et à une certaine distance de lui. Mais quand Thucydide écrivit son histoire, il y avait deux *murs de liaison* entre le pont et les fortifications de la ville, telles qu'elles étaient alors — οὐ καθεῖτο τείχη ὥσπερ νῦν (IV, 103) toutes les fortifications de la ville avaient été changées pendant la période intermédiaire.

Or la question est celle-ci : — Le long mur d'Amphipolis était-il rattaché ou non au pont, à l'époque du conflit entre Brasidas et Kleôn? Quiconque lira attentivement le récit de Thucydide verra, je pense, qu'ils ont dû être unis, bien que Thucydide ne spécifie pas le fait en termes exprès. Car, si le pont avait été détaché du mur, comme il l'était lorsque Brasidas surprit la ville pour la première fois — la colline de Kerdylion, sur le côté opposé du fleuve, n'aurait pas été pour lui une position sûre à occuper. Il aurait pu être coupé d'Amphipolis par un ennemi attaquant le pont. Mais nous le verrons rester tranquillement sur la colline de Kerdylion, parfaitement sûr d'entrer dans Amphipolis toutes les fois qu'il le voudrait. Si l'on avançait que le pont, bien que non rattaché au Long Mur, pouvait être encore sous une forte garde détachée, je réponds que dans cette supposition un ennemi venant d'Eiôn devait naturellement attaquer le pont en premier lieu. Avoir à défendre un pont complétement séparé de la ville, simplement au moyen d'une garde permanente considérable, aurait beaucoup aggravé les difficultés de Brasidas. S'il avait été possible d'attaquer le pont sans attaquer la ville, il aurait dû en être dit quelque chose dans la description des opérations de Kleôn, qui est représenté comme se trouvant n'a-

voir affaire qu'aux fortifications de la ville.

En admettant qu'il y eût une telle ligne de connexion entre le pont et le Long Mur, ajoutée par Brasidas depuis qu'il avait pris la ville une première fois — je ne connais pas de sens aussi naturel à donner au mot σταύρωμα. Personne ne propose d'autre signification distincte. Il y avait naturellement une porte (ou plus d'une) dans le Long Mur, menant dans l'espace enclos par la palissade ; c'est par cette porte que Brasidas entrait dans la ville quand il venait de Kerdylion en traversant le fleuve. Cette porte est appelée par Thucydide αἱ ἐπὶ τὸ σταύρωμα πύλαι. Il a dû y avoir aussi une porte (ou plus d'une) dans la palissade elle-même, menant dans l'espace au dehors, de sorte que des passagers ou du bétail traversant le pont en venant de l'ouest et se rendant à Myrkinos (*e. g.*) étaient nécessairement obligés de se détourner de leur route et d'entrer dans la ville d'Amphipolis.

Sur le plan que j'ai donné ici, la ligne courant à peu près du nord au sud représente le Long Mur d'Agnôn, touchant le fleuve aux deux extrémités, et bornant aussi bien que fortifiant la ville d'Amphipolis sur son côté oriental.

La ligne plus courte qui coupe l'extrémité méridionale de ce long mur, et rejoint le fleuve immédiatement au-dessus du pont, représente le σταύρωμα ou palissade ; c'était probablement une levée de terre et un fossé, avec une forte palissade au sommet.

Au moyen de cette palissade, le pont était enfermé dans les fortifications d'Amphipolis, et Brasidas pouvait passer du mont Kerdylion dans la ville toutes les fois qu'il le voulait.

et son territoire adjacent sur le côté nord et nord-est, qu'il
n'avait pas encore vu, c'est-à-dire le côté tourné vers le lac
et vers la Thrace (1), — qui n'était pas visible du terrain plus
bas voisin d'Eiôn. La route qu'il avait à prendre en venant
d'Eiôn était à une petite distance à l'est du long mur de la
ville, et de la palissade qui rattachait ce mur au pont. Mais
il n'avait pas à s'attendre à être attaqué pendant sa marche,
— d'autant plus que Brasidas, avec la plus grande partie de
son armée, était visible sur le mont Kerdylion. De plus, les
portes d'Amphipolis étaient toutes fermées, — pas un
homme n'était sur le rempart, — et l'on ne pouvait découvrir aucun symptôme de mouvement. Comme rien ne lui
prouvait qu'on eût l'intention de l'attaquer, il ne prit pas de
précautions, et marcha sans soin et sans ordre (2). Lorsqu'il eut atteint le sommet de l'arête et placé son armée sur
la forte éminence faisant face à la partie la plus élevée du
Long Mur, il inspecta à loisir le lac qu'il avait devant lui et
le côté de la ville tourné vers la Thrace, — ou vers Myrkinos, Drabèskos, etc., — voyant ainsi toute la portion des-
cendante du Long Mur au nord vers le Strymôn. Le calme
parfait de la ville le trompa et même l'étonna. Elle sem-

---

(1) Thucydide, V, 7 — cf. le colonel Leake, *l. c.* p. 182 — Αὐτὸς ἐθεᾶτο
τὸ λιμνῶδες τοῦ Στρύμονος, καὶ τὴν
θέσιν τῆς πόλεως ἐπὶ τῇ Θρᾴκῃ, ὡς
ἔχοι.

(2) Thucydide, V, 7. Κατὰ θέαν δὲ
μᾶλλον ἔφη ἀναβαίνειν τοῦ χωρίου, καὶ
τὴν μείζω παρασκευὴν περιέμενεν, οὐχ
ὡς τῷ ἀσφαλεῖ, ἢν ἀναγκάζηται, περισ-
χήσων, ἀλλ' ὡς κύκλῳ περιστὰς βίᾳ
αἱρήσων τὴν πόλιν.

Les mots οὐχ ὡς τῷ ἀσφαλεῖ, etc.,
ne se rapportent pas à μείζω παρασκευὴν, comme le croit le Scholiaste
(avec lequel s'accorde le Dr Arnold),
mais au dessein et aux dispositions de
Kleôn en général. « Il montait, non
comme un homme qui veut avoir plus
d'un moyen suffisant de salut, dans le
cas où il serait forcé de se défendre,
mais comme un homme qui va entourer
la ville et la prendre immédiatement. »

Ces derniers mots ne représentent
pas non plus aucun dessein réel conçu
dans l'esprit de Kleôn (car Amphipolis,
par sa position, *ne pouvait être réellement entourée*), mais ils sont donnés
simplement pour expliquer la confiance
insouciante de sa marche depuis Eiôn
jusqu'à l'arête. C'est de la même manière qu'Hérodote décrit l'élan impé-
tueux des Perses ayant la bataille de
Platée, pour surprendre les Grecs qu'ils
supposaient prêts à s'enfuir : — Καὶ
οὗτοι μὲν βοῇ τε καὶ ὁμίλῳ ἐπήισαν ὡς
ἀναρπασόμενοι τοὺς Ἕλληνας (IX,
59) ; cf. VIII, 28.

blait complétement non défendue, et il s'imagina presque que s'il avait amené des machines de siége, il aurait pu la prendre sur-le-champ (1). Convaincu qu'il n'y avait pas d'ennemi prêt à combattre, il prit son temps pour examiner le terrain, tandis que ses soldats devinrent de plus en plus relâchés et insouciants dans leur tenue, — quelques-uns même s'avancèrent tout près des murs et des portes.

Mais cet état de choses changea bientôt considérablement. Brasidas, sachant que les hoplites athéniens n'endureraient pas longtemps l'ennui d'une inaction absolue, comptait, en affectant une extrême répugnance à combattre et une crainte apparente, engager Kleôn à faire quelque mouvement imprudent dont il pourrait profiter. Sa position sur le mont Kerdylion lui permettait de surveiller la marche de l'armée athénienne à partir d'Eiôn; et quand il la vit passer le long de la route en dehors du long mur d'Amphipolis (2), il traversa immédiatement le fleuve avec son armée et entra dans la ville. Mais il n'avait pas l'intention d'en sortir et de lui offrir une bataille rangée; car son armée, bien qu'égale en nombre à la leur, était bien inférieure sous le rapport des armes et de l'équipement (3),

---

(1) Thucydide, V, 7. Ὥστε καὶ μηχανὰς ὅτι οὐ κατῆλθεν ἔχον, ἁμαρτεῖν ἐδόκει · ἑλεῖν γὰρ ἂν τὴν πόλιν διὰ τὸ ἐρῆμον.

Je crois que le verbe κατῆλθεν se rapporte à l'arrivée de l'armement à Eiôn, analogue à ce qui est dit V, 2, κατέπλευσεν ἐς τὸν Τορωναίων λιμένα : cf. I, 51; III, 4, etc. La marche d'Eiôn au sommet de l'arête ne pouvait pas bien être exprimée par le mot κατῆλθεν : mais l'arrivée de l'expédition au Strymôn pouvait être représentée ainsi. Des machines de siége n'étaient amenées d'aucun autre lieu que d'Athènes.

Selon le Dr Arnold, le mot κατῆλθεν signifie que Kleôn avait d'abord gagné un point plus élevé, et qu'ensuite il était descendu de ce point sur Amphipolis. Mais je conteste l'exactitude de cette supposition, au point de vue de la topographie. Il ne me paraît pas que Kleôn ait jamais atteint un point plus élevé que le sommet de la montagne et le mur d'Amphipolis. De plus, eût-il atteint un point plus élevé, il ne pourrait pas bien parler « de faire descendre des machines de siége *de ce point.* »

(2) Thucydide, V, 6. Βρασίδας δὲ — ἀντεκάθητο καὶ αὐτὸς ἐπὶ τῷ Κερδυλίῳ · ἐστὶ δὲ τὸ χωρίον τοῦτο τῶν Ἀργιλίων, πέραν τοῦ ποταμοῦ, οὐ πολὺ ἀπέχον τῆς Ἀμφιπόλεως, καὶ κατεφαίνετο πάντα αὐτόθεν, ὥστε οὐκ ἂν ἔλαθεν αὐτόθεν ὁρμώμενος ὁ Κλέων τῷ στρατῷ, etc.

(3) Thucydide, V, 8.

choses dont l'armée athénienne, présente alors, était si admirablement pourvue, que ses hommes même ne se croyaient pas capables de lui tenir tête, si les deux armées se trouvaient en présence en rase campagne. Il comptait entièrement sur l'effet d'une sortie soudaine et d'une surprise opportune, quand les Athéniens auraient été jetés dans un sentiment de sécurité méprisante par une affectation exagérée d'impuissance de la part de leur ennemi.

Après avoir offert le sacrifice pour la bataille au temple d'Athênê, Brasidas rassembla ses hommes pour leur adresser les encouragements habituels avant un engagement. Il fit d'abord appel à l'orgueil dôrien de ses Péloponésiens, accoutumés à triompher d'Ioniens; puis il leur expliqua la pensée qu'il avait de compter sur un mouvement soudain et hardi, avec un nombre relativement faible, contre l'armée athénienne au moment où elle ne s'y attendait pas (1), — où son courage n'avait pas atteint le plus haut point de l'enthousiasme guerrier, et où, après avoir gravi négligemment la colline pour reconnaître le terrain, elle ne songeait qu'à retourner tranquillement dans ses quartiers. Lui-même au moment convenable s'élancerait d'une porte, et serait le premier à engager la lutte avec l'ennemi. Klearidas, avec cette bravoure qui lui convenait en qualité de Spartiate, imiterait son exemple en faisant une sortie par

---

(1) Thucydide, V, 9. Τοὺς γὰρ ἐναντίους εἰκάζω καταφρονήσει τε ἡμῶν καὶ οὐκ ἂν ἐλπίσαντας ὡς ἂν ἀπεξέλθοι τις αὐτοῖς ἐς μάχην, ἀναβῆναί τε πρὸς τὸ χωρίον, καὶ νῦν ἀτάκτως κατὰ θέαν τετραμμένους ὀλιγωρεῖν .... Ἕως οὖν ἔτι ἀπαράσκευοι θαρσοῦσι, καὶ τοῦ ὑπανιέναι πλέον ἢ τοῦ μένοντας, ἐξ ὧν ἐμοὶ φαίνονται, τὴν διάνοιαν ἔχουσιν, ἐν τῷ ἀνειμένῳ αὐτῶν τῆς γνώμης, καὶ πρὶν ξυνταχθῆναι μᾶλλον τὴν δόξαν, ἐγὼ μὲν, etc. Les mots τὸ ἀνειμένον τῆς γνώμης sont très-significatifs par rapport aux affaires militaires anciennes. Les hoplites grecs, même les meilleurs d'entre eux, avaient besoin d'être *préparés* particulièrement pour une bataille; de là la nécessité de la harangue du général qui la précédait toujours. Comp. l'éloge que fait Xénophon des manœuvres d'Épaminondas avant la bataille de Mantineia, par lesquelles il fit croire aux ennemis qu'il n'allait pas combattre et dissipa la préparation au combat dans l'esprit de leurs soldats — ἔλυσε μὲν τῶν πλείστων πολεμίων τὴν ἐν ταῖς ψυχαῖς πρὸς μάχην παρασκευήν, etc. (Xénoph., Hellen., VII, 5, 22).

une autre porte ; et l'ennemi, pris ainsi à l'improviste, ferait probablement peu de résistance. Quant aux Amphipolitains, cette journée et leur propre conduite décideraient s'ils devaient être des alliés de Lacédæmone ou des esclaves d'Athènes, — peut-être vendus comme esclaves, ou même mis à mort, en punition de leur récente révolte.

Cependant ces préparatifs ne purent être achevés en secret. Les éclaireurs athéniens du dehors virent parfaitement Brasidas avec son armée quand il descendit la colline de Kerdylion, traversa le pont et entra dans Amphipolis. De plus, l'intérieur de la ville était si visible pour des spectateurs du dehors, qu'on reconnut distinctement le temple d'Athênê, dont les ministres entouraient Brasidas qui accomplissait la cérémonie du sacrifice. On fit connaître le fait à Kleôn au moment où il était sur le haut de l'arête occupé à faire sa reconnaissance, tandis qu'en même temps ceux qui étaient allés près des portes rapportaient qu'on commençait à voir en dessous les pieds de beaucoup de chevaux et d'hommes, comme si l'on se préparait à une sortie (1). Il alla lui-même tout près de la porte et se convainquit de cette circonstance. Nous devons nous rappeler qu'il n'y avait pas de défenseurs sur les murailles, ni danger de traits. Désirant éviter d'en venir à un engagement réel avant l'arrivée de ses renforts, il donna immédiatement l'ordre de la retraite, qu'il pensait pouvoir être accomplie avant que l'attaque qui viendrait de l'intérieur pût être complétement organisée. Car il s'imaginait qu'un nombre considérable de troupes sortirait de la ville et se rangerait en ordre de bataille avant que l'attaque commençât réellement ; — il ne pensait pas que la

---

(1) Thucydide, V, 10. Τῷ δὲ Κλέωνι, φανεροῦ γενομένου αὐτοῦ ἀπὸ τοῦ Κερδυλίου καταβάντος καὶ ἐν τῇ πόλει ἐπιφανεῖ οὔσῃ ἔξωθεν περὶ τοῦ ἱεροῦ τῆς Ἀθηνᾶς θυομένου καὶ ταῦτα πράσσοντος, ἀγγέλλεται (προὐκεχωρήκει γὰρ τότε κατὰ τὴν θέαν) ὅτι ἥ τε στρατιὰ ἅπασα φανερὰ τῶν πολεμίων ἐν τῇ πόλει, etc.

Kleôn ne *vit* pas lui-même Brasidas occupé à sacrifier, ni l'armée de l'ennemi dans l'intérieur de la ville ; d'autres sur le terrain plus bas étaient mieux placés, pour voir ce qui se passait dans Amphipolis, qu'il ne l'était quand il se trouvait sur le haut de l'arête. D'autres le virent et l'en informèrent.

sortie serait instantanée et faite avec une simple poignée
d'hommes. L'ordre ayant été donné de faire conversion à
gauche et de se retirer en colonne sur le flanc gauche vers
Eiôn, — Kleôn, qui était lui-même au sommet de la colline
avec l'aile droite, attendit seulement pour voir sa gauche et
son centre réellement en marche sur la route d'Eiôn, puis il
ordonna aussi à sa droite de faire conversion à gauche et
de les suivre.

Toute l'armée athénienne était ainsi en pleine retraite;
elle marchait dans une direction presque parallèle au long
mur d'Amphipolis, avec son côté droit, c'est-à-dire non protégé par le bouclier, exposé par conséquent à l'ennemi, —
lorsque Brasidas, regardant par-dessus les portes les plus
méridionales du Long Mur avec son petit détachement tout
rangé près de lui, éclata en exclamations méprisantes sur le
désordre de la marche des Athéniens (1). « Ces gens-là ne
nous attendront pas : je le vois au tremblement de leurs
lances et de leurs têtes. Des hommes qui vacillent de cette
manière n'ont pas l'habitude d'attendre les assaillants. Ou-
vrez-moi les portes à l'instant, et sortons avec confiance. »

A ces mots, la porte du Long Mur la plus rapprochée de la
palissade, et la porte adjacente de la palissade elle-même,
s'ouvrirent toutes les deux soudainement, et Brasidas avec ses
cent cinquante soldats d'élite sortit par elles pour attaquer
les Athéniens en retraite. Descendant rapidement la route
directe qui rejoignait latéralement le chemin d'Eiôn que sui-
vaient les Athéniens, il chargea leur division centrale sur le
flanc droit (2). Leur aile gauche l'avait déjà dépassé sur la

---

(1) Thucydide, V, 10. Οἱ ἄνδρες
ἡμᾶς οὐ μένουσι (μενοῦσι?) · δῆλοι δὲ
τῶν τε δοράτων τῇ κινησει καὶ τῶν κε-
φαλῶν · οἷς γὰρ ἂν τοῦτο γίγνηται, οὐκ
εἰώθασι μένειν τοὺς ἐπιόντας.

C'est une explication remarquable
du mouvement régulier de têtes et de
lances, qui caractérisait un corps bien
ordonné d'hoplites grecs.

(2) Thucydide, V, 10. Καὶ ὁ μὲν, κατὰ
τὰς ἐπὶ τὸ σταύρωμα πύλας, καὶ τὰς
πρώτας τοῦ μακροῦ τείχους τότε ὄντος
ἐξελθὼν, ἔθει δρόμῳ τὴν ὁδὸν ταύτην
εὐθεῖαν, ᾗπερ νῦν κατὰ τὸ καρτερώτατον τοῦ χωρίου ἰόντι τὸ τροπαῖον
ἕστηκε.

Brasidas et ses hommes sortirent par
deux portes différentes en même temps.
L'une était la première porte du Long
Mur, — c'est-à-dire la porte marquée

route d'Eiôn. Pris complétement à l'improviste, connaissant leur ordre irrégulier et étonnés de la hardiesse de leurs ennemis, — les Athéniens du centre furent saisis d'une panique, ne firent pas la moindre résistance et s'enfuirent aussitôt. Même la gauche athénienne, bien qu'elle ne fût pas attaquée, au lieu de s'arrêter pour prêter aide, partagea la panique et se sauva en désordre. Après avoir désorganisé ainsi cette partie de l'armée, Brasidas passa le long de la ligne pour pousser son attaque sur la droite athénienne ; mais dans ce mouvement il reçut une blessure mortelle et fut emporté du champ de bataille sans être vu de ses ennemis. Cependant Klearidas, sortant par la porte de Thrace, avait attaqué la droite athénienne sur l'arète qui lui faisait face, immédiatement après qu'elle eut commencé sa retraite. Mais les soldats de la droite athénienne avaient probablement vu le mouvement antérieur de Brasidas contre l'autre division, et bien qu'étonnés du danger soudain, ils eurent ainsi un moment pour se reconnaître avant d'être attaqués eux-mêmes, pour faire halte et se former sur la colline. Klearidas trouva ici une résistance considérable, malgré la désertion de Kleôn, qui, plus frappé qu'aucun homme de son

---

n° 3 dans le plan annexé, qui était la première porte pour toute personne venant du sud. L'autre était la *porte sur la palissade* (αἱ ἐπὶ τὸ σταύρωμα πύλαι), — c'est-à-dire la porte du Long Mur qui s'ouvrait *de la ville sur la palissade*; et qui est marquée du n° 4 sur le plan. Les personnes qui sortaient par cette porte devaient passer, pour attaquer l'ennemi, par la porte de la palissade elle-même, marquée du n° 5.

La porte n° 4 était celle par laquelle Brasidas lui-même avec son armée entra dans Amphipolis en venant du mont Kerdylion. Elle était probablement ouverte au moment où il ordonnait la sortie; celle qu'il avait à faire ouvrir alors était la porte de la palissade, en même temps que la porte n° 3, la première du Long Mur.

Les derniers mots de Thucydide que nous avons cités — ἥπερ νῦν κατὰ τὸ καρτερώτατον τοῦ χωρίου ἰόντι τὸ τροπαῖον ἔστηκε — ne sont pas intelligibles sans une meilleure connaissance de la topographie que celle que nous possédons. Nous ne savons ce que veut dire Thucydide par « le point le plus fort de la ville. » Nous comprenons seulement que le trophée fut élevé dans le chemin par lequel on montait à ce point. Nous devons nous rappeler que les expressions de Thucydide se rapportent ici au terrain tel qu'il était un peu plus tard — non tel qu'il était au moment de la bataille entre Kleôn et Brasidas.

armée par une catastrophe si inattendue, perdit toute présence d'esprit et s'enfuit immédiatement; mais il fut surpris par un peltaste thrace de Myrkinos et tué. Cependant ses soldats de l'aile droite repoussèrent deux ou trois attaques dirigées de front par Klearidas, et tinrent bon, jusqu'à ce qu'enfin la cavalerie chalkidienne et les peltastes de Myrkinos, étant sortis des portes, les attaquassent avec des traits dans le flanc et par derrière, et les missent en désordre. Toute l'armée athénienne fut ainsi réduite à fuir; la gauche se précipita vers Eiôn, les hommes de la droite se dispersèrent et cherchèrent un abri dans les terrains montueux du Pangæos sur leurs derrières. Les souffrances et les pertes que leur firent éprouver dans la retraite les peltastes et la cavalerie qui les poursuivaient, furent des plus cruelles. Quand enfin ils se réunirent de nouveau à Eiôn, on trouva qu'il manquait non-seulement le commandant Kleôn, mais encore six cents hoplites athéniens, moitié des forces qu'on avait envoyées (1).

L'attaque avait été si admirablement concertée, et son succès fut si complet, qu'il ne périt que sept hommes du côté des vainqueurs. Mais un de ces sept fut le vaillant Brasidas lui-même, qui, transporté dans Amphipolis, vécut juste assez pour apprendre la complète victoire de ses troupes et expira ensuite. Grande et amère fut la douleur que sa mort causa dans toute la Thrace, surtout chez les Amphipolitains. Il reçut, par décret spécial, l'honneur distingué d'être enterré dans l'intérieur de leur ville, — l'habitude en général étant d'enterrer même les personnes les plus éminentes décédées dans un faubourg en dehors des murs. Tous les alliés ac-

---

(1) Il est presque pénible de lire le récit que fait Diodore (XII, 73, 74) de la bataille d'Amphipolis, quand on a l'esprit rempli de la claire et admirable narration de Thucydide — dont le seul défaut est d'être trop brève. Il est difficile de croire que Diodore décrit le même événement, tant les circons- tances sont complétement différentes, si ce n'est que les Lacédæmoniens finissent par remporter la victoire. Dire avec Wesseling dans sa note — « Hæc non usquequaque conveniunt Thucydideis » est prodigieusement au-dessous de la vérité.

compagnèrent ses funérailles en armes et avec les honneurs militaires. Sa tombe fut entourée d'une grille, et l'espace qui lui faisait immédiatement face fut consacré comme la grande agora de la ville, qu'on refit en conséquence. Il fut aussi proclamé Œkiste ou fondateur d'Amphipolis, et comme tel reçut un culte héroïque avec des jeux et des sacrifices annuels en son honneur (1). L'Athénien Agnôn, le fondateur réel de la ville, et son Œkiste primitivement reconnu, fut dépouillé de tous ses honneurs commémoratifs et effacé de la mémoire du peuple, les bâtiments qui servaient comme souvenir visible de son nom étant détruits. Remplis de haine comme l'étaient alors les Amphipolitains à l'égard d'Athènes, — et non-seulement de haine, mais de crainte, depuis la perte qu'ils venaient d'éprouver de leur sauveur et protecteur, — ils avaient de la répugnance pour l'idée de rendre encore un culte à un œkiste athénien. Il était peu convenable de conserver un lien religieux avec Athènes, maintenant qu'ils étaient forcés de jeter un regard plein d'anxiété sur Lacédæmone afin d'avoir son aide. Klearidas, comme gouverneur d'Amphipolis, surveilla les nombreuses modifications que nécessitait cet important changement, en même temps que l'érection du trophée, précisément à l'endroit où Brasidas avait chargé les Athéniens pour la première fois; tandis que le reste de l'armement athénien, après avoir obtenu la trève ordinaire et enseveli ses morts, retourna dans ses foyers sans entreprendre de nouvelles opérations.

Il y a peu de batailles racontées dans l'histoire où la différence et le contraste entre les deux généraux opposés aient été aussi manifestes, — l'habileté consommée et le courage

---

(1) Aristote, V, II. Aristote (natif de Stageiros, près d'Amphipolis), cite les sacrifices offerts à Brasidas comme exemples d'institutions établies par loi spéciale et locale (Ethic. Nikomach. V, 7).

Relativement à l'assertion que les Amphipolitains avaient alors pour le culte prolongé d'Agnôn comme leur Œkiste, cf. le discours adressé par les Platæens aux Lacédæmoniens, demandant merci. Les Thêbains, s'ils devenaient possesseurs du territoire de Platée, ne devaient pas continuer les sacrifices aux dieux qui avaient accordé la victoire à la grande bataille de Platée — ni des souvenirs funèbres aux victimes (Thucyd., III, 58).

d'un côté contre l'ignorance et la panique de l'autre. Sur le talent et la valeur remarquables de Brasidas, il ne peut y avoir qu'un seul jugement d'admiration absolue. Mais la critique que Thucydide fait de Kleôn, ici comme ailleurs, ne peut être adoptée sans réserves. Il nous dit que Kleôn entreprit sa marche, d'Eiôn jusqu'à la colline en face d'Amphipolis, avec le même esprit téméraire et confiant qu'il avait montré en s'embarquant dans l'entreprise contre Pylos, — dans la confiance aveugle que personne ne lui résisterait (1). Or, j'ai déjà présenté, dans un précédent chapitre, des motifs pour conclure que les prévisions de Kleôn relativement à la prise de Sphakteria, loin d'être marquées d'un esprit de présomption sans mesure, étaient sobres et judicieuses, — réalisées à la lettre sans aucun secours inattendu de la fortune. Les remarques que Thucydide fait ici sur cette affaire ne sont pas plus fondées que l'appréciation qu'il en donne dans son premier chapitre, car il n'est pas vrai (comme il l'implique ici) que Kleôn ne s'attendît pas à trouver de résistance à Sphakteria; — il comptait sur de la résistance, mais il savait qu'il avait assez de forces pour en triompher. Sa faute même à Amphipolis, toute grande qu'elle fût, ne consista pas en témérité et en présomption. Cette accusation du moins est repoussée par la circonstance qu'il désira lui-même ne pas faire de mouvement agressif avant l'arrivée de ses renforts, — et qu'il fût seulement obligé, contre sa propre volonté, de renoncer pendant cet intervalle à son inaction temporaire projetée par les murmures violents de ses soldats, qui lui reprochaient son ignorance et sa lenteur, — cette dernière qualité étant le contraire de celle dont le flétrit Thucydide.

Quand Kleôn fut ainsi forcé de faire quelque chose, sa marche vers le sommet de la colline, dans le dessein de reconnaître le terrain, ne fut pas mal entendue en elle-même.

____

(1) Thucydide, V, 7. Καὶ ἐχρήσατο τῷ τρόπῳ ὧπερ καὶ ἐς τὴν Πύλον εὐτυχήσας ἐπίστευσέ τι φρονεῖν · ἐς μάχην μὲν γὰρ οὐδὲ ἤλπισέν οἱ ἐπεξιέναι οὐδένα, κατὰ θέαν δὲ μᾶλλον ἔφη ἀναβαίνειν τοῦ χωρίου, καὶ τὴν μείζω παρασκευὴν περιέμενεν, etc.

Elle aurait été accomplie en toute sûreté, s'il avait maintenu
son armée en ordre régulier, prête aux éventualités. Mais il
se laissa surprendre et tromper par cette conscience simulée
d'impuissance et de répugnance à combattre, dont Brasidas
eut soin de faire parade à ses yeux. Parmi tous les strata-
gèmes militaires, celui-ci a peut-être été le plus souvent employé avec succès contre des généraux sans expérience, qui
cessent ainsi d'être sur leurs gardes et sont amenés à négli-
ger les précautions, non parce qu'ils sont naturellement,
plus téméraires ou plus présomptueux que des hommes ordinaires, mais parce qu'il n'y a qu'une intelligence d'un ordre
élevé, ou une pratique et une éducation spéciales qui mette
un homme en état d'avoir constamment présents à l'esprit
des dangers même réels et sérieux, quand il n'y a pas de
preuve visible qui annonce leur approche, — encore plus
quand *il y a* une preuve positive, disposée avec art par un
ennemi supérieur, pour faire croire à leur absence. Une
faute, la même en substance, avait été commise par Thucydide lui-même et par son collègue Euklês un an et demi auparavant, quand ils laissèrent Brasidas surprendre le pont
sur le Strymôn et Amphipolis, sans même prendre les précautions ordinaires ni juger nécessaire de conserver la flotte
à Eiôn. Ce n'étaient pas des hommes particulièrement téméraires et présomptueux, mais des hommes ignorants et sans
expérience dans le sens militaire, incapables de conserver
devant leurs yeux des éventualités dangereuses qu'ils connaissaient parfaitement, simplement parce qu'il n'y avait pas
de preuve présente d'une explosion prochaine.

Cette incapacité militaire, qui fit tomber Kleôn dans le
piége que lui tendit Brasidas, lui fit également prendre de
mauvaises mesures contre le danger, quand il finit par découvrir inopinément que l'ennemi à l'intérieur se préparait
à l'attaquer. Son erreur fatale consista à donner l'ordre immédiat de la retraite, dans le vain espoir qu'il pourrait se
retirer avant que l'ennemi pût effectuer son attaque (1). Un

____

(1) Thucydide, V, 10. Οἰόμενος φθήσεσθαι ἀπελθὼν, etc.

officier plus habile, avant de commencer la marche de retraite si près des murs ennemis, aurait pris soin de ranger ses hommes en ordre convenable, de les avertir et de leur adresser la harangue habituelle, et de préparer leur courage à l'idée d'une lutte. Jusqu'à ce moment ils n'avaient pas eu la pensée qu'ils seraient appelés à combattre, et le courage d'hoplites grecs, — pris ainsi à l'improviste dans une retraite précipitée et dans un désordre qu'ils voyaient eux-mêmes aussi bien que leurs ennemis, sans les préliminaires ordinaires d'une bataille, — ce courage, dis-je, n'était que trop disposé à faire défaut. Tourner à l'ennemi le côté droit que ne protégeait pas le bouclier était inévitable, à cause de la direction du mouvement de retraite; et il n'est pas raisonnable d'en blâmer Kleôn, comme l'ont fait quelques historiens, — ni d'avoir ébranlé trop tôt son aile droite en suivant la direction de la gauche, comme semble le croire le docteur Arnold. La faute principale paraît avoir consisté à ne pas avoir attendu pour ranger ses hommes et pour les préparer à une lutte constante pendant leur retraite. Ajoutons cependant, — et la remarque, si elle sert à expliquer la pensée qu'avait Kleôn de pouvoir échapper avant d'être attaqué réellement, compte comme double éloge pour le jugement aussi bien que pour la hardiesse de Brasidas, — ajoutons qu'aucun autre général lacédæmonien de cette époque (peut-être pas même Demosthenês, le général d'Athènes le plus entreprenant) n'aurait osé attaquer avec une si faible troupe, en comptant entièrement sur la panique produite par son mouvement soudain.

Mais l'absence de connaissances et de précautions militaires n'est pas la pire des fautes de Kleôn en cette occasion. Son défaut de courage au moment de la lutte est encore plus déplorable, et enlève à sa fin cette sympathie personnelle qui autrement l'aurait accompagnée. Un commandant qui a été trompé est doublement dans l'obligation de faire des efforts et de s'exposer le plus possible, afin de remédier aux conséquences de ses propres erreurs. Du moins il conservera ainsi son honneur personnel, quelque censure qu'il mérite pour le défaut de connaissances et de jugement (1).

Ce que nous disons de la fuite honteuse de Kleôn lui-même doit être appliquée, avec une critique tout aussi sévère, aux hoplites athéniens sous ses ordres. Ils se conduisirent d'une manière tout à fait indigne de la réputation de leur ville ; surtout l'aile gauche, qui semble s'être rompue et avoir fui sans attendre qu'elle fût attaquée. Et en lisant, dans Thucydide, que les hommes qui se déshonorèrent ainsi étaient au nombre des hoplites les meilleurs et les mieux armés d'Athènes, — qu'ils servirent sous Kleôn contre leur gré, — qu'ils commencèrent leurs murmures dédaigneux contre lui avant qu'il eût commis aucune faute, le méprisant pour sa lenteur quand il n'était pas assez fort pour faire de tentative sérieuse, et qu'il montrait seulement une prudence raisonnable en attendant l'arrivée de renforts espérés, — en lisant, dis-je, ces détails, nous serons amenés à comparer l'expédition contre Amphipolis aux artifices antérieurs relatifs à l'attaque de Sphakteria, et à distinguer d'autres causes qui l'ont fait échouer outre l'incapacité militaire du chef. Ces hoplites apportaient avec eux d'Athènes les sentiments qui régnaient parmi les adversaires politiques de Kleôn. L'expédition fut proposée et conduite par lui, contrairement aux désirs de ces adversaires. Ils ne purent l'empêcher, mais leur opposition l'affaiblit dès le début, maintint dans des limites trop étroites les forces assignées, et fut une des raisons principales qui en déterminèrent l'insuccès.

Si Periklês avait vécu, il est possible qu'Amphipolis eût encore été perdue, puisqu'elle fut prise par la faute des officiers chargés de la défendre. Mais, dans ce cas, elle eût probablement été attaquée et recouvrée avec la même énergie que l'avait été Samos révoltée, avec toutes les forces et les meilleurs généraux d'Athènes. Avec un tel armement sous de bons officiers, reconquérir la place n'était nullement

______

(1) Cf. la vaillante mort du général lacédæmonien Anaxibios, quand il se trouva trompé et surpris par le général athénien Iphikratês (Xénophon, Hellen. IV, 8, 38).

une entreprise impraticable, d'autant qu'à cette époque elle n'avait d'autre défense de trois côtés que celle du Strymôn, et que les vaisseaux athéniens pouvaient s'en approcher sur ce fleuve navigable. L'armement de Kleôn, quand même ses renforts seraient arrivés, était à peine suffisant dans ce dessein (1). Mais Periklès aurait pu concentrer pour cette expédition toutes les forces de la république, sans être paralysé par les luttes des partis politiques. Il aurait vu aussi clairement que Kleôn que l'on ne pouvait recouvrer la ville que par la force, et que c'était là l'objet le plus important auquel Athènes pût consacrer son énergie.

Ce fut ainsi que les Athéniens, en partie par suite d'intriques politiques, en partie à cause de l'incapacité de Kleôn, essuyèrent une défaite désastreuse au lieu d'emporter Amphipolis. Mais la mort de Brasidas changea leur défaite en une victoire réelle. Il ne restait aucun Spartiate qui égalât cet homme éminent ou qui en approchât, soit comme soldat, soit comme politique conciliateur ; aucun qui pût le remplacer dans la confiance et l'affection des alliés d'Athènes en Thrace ; aucun qui pût poursuivre ces plans entreprenants contre le côté faible d'Athènes, qui avant lui n'avaient pas paru praticables. Avec lui disparurent à la fois les craintes d'Athènes et les espérances de Sparte, par rapport à l'avenir. Les généraux athéniens Phormiôn et Demosthenès avaient acquis tous deux parmi les Akarnaniens une influence personnelle à eux-mêmes, séparément de leur poste et de leur pays. Mais la carrière de Brasidas montra une étendue d'as-

---

(1) Amphipolis fut réellement attaquée ainsi par les Athéniens, bien que sans succès, huit ans après, par des vaisseaux, sur le Strymôn, — Thucyd. VII, 9. Εὐετίων στρατηγὸς Ἀθηναίων, μετὰ Περδίκκου στρατεύσας ἐπ' Ἀμφιπόλιν Θραξὶ πολλοῖς, τὴν μὲν πόλιν οὐχ εἷλεν, ἐς δὲ τὸν Στρύμονα περικομίσας τριήρεις ἐκ τοῦ ποταμοῦ ἐπολιόρκει, ὁρμώμενος ἐξ Ἱμεραίου (dans la dix-huitième année de la guerre). Mais les fortifications de la ville paraissent avoir été considérablement changées dans cet intervalle. Au lieu d'un seul long mur, avec trois côtés ouverts sur le fleuve, elle semble avoir eu de plus un mur circulaire ouvert seulement sur le fleuve dans un espace relativement étroit près du lac, tandis que ce mur circulaire rejoignait le pont au sud au moyen de deux longs murs parallèles entre lesquels était une route.

cendant et d'admiration personnelle, obtenue aussi bien que
méritée, telle qu'aucun chef militaire grec n'en avait jamais
acquis de pareille auparavant : et Platon pouvait bien le
choisir comme le pendant historique le plus convenable de
l'héroïque Achille (1). Tous les exploits de Brasidas lui
furent propres individuellement, sans rien de plus qu'un
stérile encouragement, quelquefois même sans encouragement, de la part de son pays. Et si nous nous rappelons
l'étroite et rigoureuse routine dans laquelle, comme Spartiate, il avait été élevé, routine si fatale au développement
de tout ce qui ressemblait à une pensée ou à un mouvement
original, et si complétement éloignée de toute expérience
de parti ou de discussion politique, — nous sommes surpris
des ressources et de la flexibilité de son caractère, de sa facilité à s'adapter à de nouvelles circonstances et à de nouvelles personnes, et de son heureuse adresse à se faire le
point de ralliement des partis politiques opposés dans chacune des diverses villes dont il se rendait maître. La combinaison « de toute sorte de supériorité pratique, » — valeur,
intelligence, probité et douceur de conduite, — que présentait son caractère, ne fut jamais oubliée parmi les alliés
sujets d'Athènes, et assura à d'autres officiers spartiates
dans les années suivantes de favorables présomptions, que
rarement leur conduite se trouva réaliser (2). A l'époque où
périt Brasidas, dans la fleur de son âge, il était incontestablement le premier homme dé la Grèce. Et bien qu'il ne
nous soit pas donné de prédire ce qu'il serait devenu s'il eût
vécu, nous pouvons être assurés que le cours futur de la
guerre aurait été modifié sensiblement ; peut-être même à
l'avantage d'Athènes, puisqu'elle aurait eu assez d'occupation chez elle pour l'empêcher d'entreprendre sa désastreuse
expédition en Sicile.

Thucydide semble prendre plaisir à faire ressortir les
vaillants exploits de Brasidas, depuis le premier à Methônê

---

(1) Platon, Symposion, c. 36, p. 221.   (2) Thucydide, IV, 81. Δόξας εἶναι
κατὰ πάντα ἀγαθὸς, etc.

jusqu'au dernier à Amphipolis, — non moins que le côté
sombre de Kleôn ; tous deux, bien que dans des sens différents, causes de son bannissement. Jamais il ne mentionne
ce dernier, si ce n est en connexion avec quelque acte représenté comme peu sage ou déshonorant. Les barbaries que la
majesté offensée de l'empire se croyait autorisée à pratiquer
dans l'antiquité contre des dépendances révoltées et reconquises, atteignirent leur maximum dans les propositions
faites contre Mitylênê et Skiônê : toutes deux sont attribuées à Kleôn, qui est nommé comme en étant l'auteur. Mais
quand nous en arrivons au massacre des Mêliens, — également barbare, et pire par rapport aux motifs d'excuse, en
ce que les Mêliens n'avaient jamais été sujets d'Athènes, —
nous voyons Thucydide mentionner le fait sans nommer
celui qui l'avait proposé (1).

Relativement à la politique étrangère de Kleôn, les faits
déjà racontés mettront le lecteur en état de s'en former une
idée en tant que comparée à celle de ses adversaires. J'ai
présenté des raisons qui autorisent à croire que Thucydide a
oublié son impartialité habituelle en critiquant cet ennemi
personnel ; que par rapport à Sphakteria ce fut à Kleôn,
comme à une cause principale et indispensable, que le pays
dut le plus grand avantage qu'il ait obtenu pendant toute la
guerre ; et que par rapport à son jugement, en tant qu'il
conseillait de poursuivre la guerre, on doit distinguer trois
époques différentes. — 1. Après le premier blocus des
hoplites dans Sphakteria. — 2. Après la prise de l'île. — 3.
Après l'expiration de la trêve d'un an. Dans la première de
ces trois occasions, il eut tort, car il semble avoir fermé la
porte à toute possibilité de négociation par sa manière d'agir
avec les ambassadeurs lacédæmoniens. Dans la seconde occasion, il avait à présenter des motifs justes et plausibles en
faveur de son opinion, bien qu'elle eût une issue malheureuse ; de plus, à cette époque, toute Athènes était belliqueuse, et l'on ne doit pas regarder Kleôn comme ayant

____

(1) Thucydide, V, 116.

particulièrement conseillé cette politique. Dans la troisième et dernière occasion, après l'expiration de la trêve, le conseil politique de Kleôn était légitime, judicieux et vraiment digne de Periklès; — il surpassait beaucoup en sagesse celui de ses adversaires. Nous verrons dans les chapitres suivants comment ces adversaires administrèrent les affaires de l'État après sa mort, — comment Nikias sacrifia les intérêts d'Athènes en imposant les conditions de la paix, — comment Nikias et Alkibiadês firent ensemble échouer la puissance de leur patrie sur les rivages de Syracuse. Et en jugeant le démagogue Kleôn par comparaison, nous trouvons des raisons qui nous prouveront que Thucydide est réservé et même indulgent pour les erreurs et les vices d'autres hommes d'État, — dur seulement pour ceux de son accusateur.

Quant à la politique intérieure de Kleôn, et à sa conduite comme politique dans la vie constitutionnelle athénienne, nous n'avons que peu de preuves dignes de confiance. Dans le fait, il existe de lui un portrait revètu de couleurs fortes et éclatantes, — qui fait sur l'imagination l'impression la plus grande, et qui ne peut guère s'effacer de la mémoire. C'est le portrait dans les « Chevaliers » d'Aristophane. C'est sous ces traits que Kleôn a été transmis à la postérité, crucifié par un poëte qui avoue lui-même qu'il a une rancune personnelle contre lui, précisément comme il a été consigné dans la prose d'un historien dont il avait proposé le bannissement. De toutes les productions d'Aristophane, si remplies de génie comique d'un bout à l'autre, la comédie des « Chevaliers » est la plus achevée et la plus irrésistible, — la plus claire dans son caractère, son arrangement et son but. Si on la considère en songeant à l'objet de son auteur, eu égard tant à l'auditoire qu'à Kleôn, elle mérite la plus grande admiration possible, et nous ne sommes pas surpris d'apprendre qu'elle obtint le premier prix. Elle présente le maximum de ce que peut faire l'esprit combiné avec la malice, en couvrant un ennemi de ridicule, de mépris et de haine. Le doyen Swift n'aurait rien pu désirer de pire, même pour Ditton et Whiston. Le vieillard Dêmos de Pnyx, introduit sur la scène comme personnifiant le peuple athénien, — Kleôn, présenté

comme son esclave paphlagonien nouvellement acheté, qui
par des flatteries, des mensonges, des dénonciations impu-
dentes et fausses, a gagné la confiance de son maître, amon-
celle sur tous les autres les mauvais traitements, tandis
qu'il s'enrichit, — les Chevaliers ou principaux membres de
ce que nous pouvons appeler l'aristocratie athénienne, formant le chœur de la pièce comme ennemis déclarés de Kleôn,
le marchand de saucisses de la place du marché, qui, à l'instigation de Nikias, de Demosthenès et de ces Chevaliers,
dépasse Kleôn dans tous ses bas artifices, et le supplante
dans la faveur de Dêmos, — tous ces traits, présentés avec
une inimitable vivacité d'expression, forment le chef-d'œuvre
et la gloire de la comédie diffamatoire. L'effet produit sur
l'auditoire athénien quand cette pièce fut jouée à la fête
Lénæenne (janvier 424 av. J.-C., six mois environ après la
prise de Sphakteria), en présence de Kleôn lui-même et de
la plupart des Chevaliers réels, a dû être puissant au delà
de ce que nous pouvons facilement nous imaginer aujour-
d'hui. Que Kleôn ait pu se maintenir après cet humiliant
éclat, ce n'est pas une faible preuve de sa vigueur et de sa
capacité intellectuelles. Son influence ne semble pas en avoir
été diminuée, — du moins non pas d'une manière permanente. Car non-seulement nous le voyons le plus fort adversaire de la paix pendant les deux années suivantes, mais il y
a lieu de croire que le poëte jugea à propos d'adoucir son
ton à l'égard de ce puissant ennemi. .

La plupart des écrivains sont tellement disposés à trouver
Kleôn coupable, qu'ils se contentent d'Aristophane comme
témoin contre lui, bien que nul autre homme public, d'aucune époque ni d'aucune nation, n'ait jamais été condamné
sur une telle preuve. Personne ne songe à juger sir Robert
Walpole, ni M. Fox, ni Mirabeau, d'après les nombreux
pamphlets mis en circulation contre eux. Personne ne pren-
dra *Punch* comme mesure d'un homme d'État anglais, ni *le
Charivari*, d'un homme d'État français. L'incomparable mérite comique des « Chevaliers » d'Aristophane n'est qu'une
raison de plus de se défier de la ressemblance de son portrait avec le vrai Kleôn. Nous avons encore un moyen

d'éprouver la sincérité et l'inexactitude d'Aristophane par
son portrait de Sokratès, qu'il introduisit dans la comédie
des « Nuées » une année après celle des « Chevaliers. »
Comme comédie, les « Nuées » ont le second rang seulement après les « Chevaliers; comme portrait de Sokratès,
» ce n'est guère plus qu'une pure imagination : ce n'est pas
même une caricature, c'est un personnage totalement différent. Nous pouvons, à la vérité, apercevoir des traits isolés
de ressemblance; les pieds nus et la subtilité d'argumen-
tation appartiennent à tous deux; mais l'ensemble du portrait est tel que, s'il portait un nom différent, personne ne
songerait à le comparer à Sokratès, que nous connaissons
bien d'après d'autres sources. Avec une telle analogie sous
les yeux, sans mentionner ce que nous savons en général
des portraits de Periklès par ces auteurs, nous ne sommes
pas autorisés à considérer le portrait de Kleôn comme une
ressemblance, si ce n'est dans les points où il existe une
preuve qui vient corroborer. Et nous pouvons ajouter que
quelques-uns des coups dirigés contre lui, là où nous pouvons accidentellement en reconnaître la justesse, ne sont
pas décidément fondés en fait, — comme, par exemple,
lorsque le poëte accuse Kleôn d'avoir, de propos délibéré et
par ruse, enlevé à Demosthenês ses lauriers dans l'entreprise contre Sphakteria (1).

Dans la prose de Thucydide, nous voyons Kleôn représenté comme un politique malhonnète, — un injuste accusateur d'autrui, — le plus violent de tous les citoyens (2).
Dans toute la pièce d'Aristophane, ces mêmes accusations
sont présentés avec son énergie caractéristique, mais il y

---

(1) Aristoph. Equit. 55, 391, 740, etc.
Dans un passage de la pièce, on reproche à Kleôn de donner pour prétexte qu'il est engagé à Argos dans des
démarches pour obtenir l'alliance de
cette ville; mais en réalité, à la faveur
de cette conduite, de mener des négociations clandestines avec les Lacédæmoniens (464). Dans deux autres passages, on le dénonce comme étant la
personne qui s'oppose à la conclusion
de la paix avec les Lacédæmoniens
(790, 1390).

(2) Thucydide, V, 17; III, 45. Καταφανέστερος μὲν εἶναι κακουργῶν, καὶ
ἀπιστότερος διαβάλλων — βιαιότατος
τῶν πολιτῶν.

en a d'autres ajoutées aussi, — Kleôn pratique les ruses et les artifices les plus bas pour gagner la faveur du peuple, il vole les fonds publics, reçoit des présents, et extorque par masse des accommodements à des particuliers, et s'enrichit ainsi sous prétexte de zèle pour le trésor public. Dans la comédie des Acharniens, représentée un an avant celle des Chevaliers, le poëte se plaît à faire allusion à une somme de cinq talents, pour laquelle Kleôn avait été obligé de « rendre gorge, » présent que lui avaient fait les sujets insulaires d'Athènes (si nous devons en croire Théopompe) dans le dessein d'obtenir une remise de leur tribut, et que les Chevaliers, qu'il avait dénoncés comme esquivant le service militaire, le forcèrent d'abandonner (1).

Mais si nous réunissons les différents chefs d'accusation accumulés par Aristophane, nous trouverons qu'ils ne peuvent facilement se concilier les uns avec les autres. Car un Athénien, que son caractère menait à accuser violemment les autres, au risque inévitable de multiplier et d'exaspérer des ennemis personnels, trouvait particulièrement dangereux, sinon impossible, de pratiquer le péculat pour son propre compte. Si, d'autre part, il se décidait à prendre le dernier parti, il était porté à acheter la connivence des autres même en fermant les yeux sur des fautes réelles de leur part, loin de se faire remarquer comme calomniateur de l'innocence. Nous devons donc discuter le côté de l'accusation qui est indiqué dans Thucydide ; non pas Kleôn rampant devant le peuple et le trompant au profit de sa fortune (ce qui n'est certainement pas le caractère impliqué dans son discours au sujet des Mitylénæens tel que nous le donne l'historien) (2) ; mais Kleôn, homme de caractère violent et

---

(1) Aristophan. Acharn. 8, avec le Scholiaste, qui cite d'après Théopompe. Theopomp. Fragm. 99, 100, 101, éd. Didot.

(2) Le langage public de Kleôn était caractérisé par Aristote et par Théopompe (V. Schol. ad Lucian. Timon. c. 30), non comme cajoleur, mais comme plein d'arrogance : sous ce dernier rapport semblable aussi à celui de Caton l'Ancien à Rome (Plutarque, Caton, c. 14). On dit aussi que le ton dérisoire de Caton dans son langage public était impertinent et dégoûtant (Plutarque, Reipub. Gerend. Præcept. p. 803, c. 7).

de farouches antipathies politiques, — orateur amer, — et quelquefois malhonnête dans ses calomnies contre des adversaires. Ce sont ces qualités qui, dans tous les pays de libre discussion, contribuent à former ce qu'on appelle un grand orateur de l'opposition. C'était ainsi que Caton l'Ancien, — « celui qui mordait tout le monde, et que Persephonè craignait même d'admettre dans Hadès après sa mort, » — était caractérisé à Rome, même de l'aveu de ses admirateurs dans une certaine mesure, et d'une manière encore plus forte par ceux qui lui étaient hostiles, comme Thucydide l'était à Kleôn (1). Dans Caton, un tel caractère

---

(1) Une épigramme donnée par Plutarque (Caton, c. 1) d'un poëte contemporain de Caton le Censeur, le représente :

Πυῤῥὸν, πανδακέτην, γλαυκόμμα-
[τον, οὐδὲ θανόντα
Πόρκιον εἰς Ἀΐδην Περσεφόνη δέ-
[χεται.

Tite-Live dit, dans un éloge éloquent de Caton (XXXIX, 40) : — « Simultates nimio plures et exercuerunt eum, et ipse exercuit eas : nec facile dixeris utrum magis presserit eum nobilitas, an ille agitaverit nobilitatem. Asperi procul dubio animi, et linguæ acerbæ et immodice liberæ fuit : sed invicti a cupiditatibus animi et rigidæ innocentiæ; contemptor gratiæ, divitiarum... Hunc sicut omni vitâ, tum censuram petentem premebat nobilitas; coierantque candidati omnes ad dejiciendum honore eum; non solum ut ipsi potius adipiscerentur, nec quia indignabantur novum hominem censorem videre; sed etiam quod tristem censuram, periculosamque multorum famæ, et *ab læso a plerisque et lædendi cupido*, expectabant. »

V. aussi Plutarque (Caton, c. 15, 16, — son parallèle entre Aristeidês et Caton, c. 2) au sujet du nombre prodigieux d'accusations dans lesquelles Caton était engagé, soit comme plaignant,

soit comme accusé. Sa querelle acharnée avec la *nobilitas* est analogue à celle de Kleôn contre les Hippeis.

Je n'ai guère besoin de dire que la comparaison de Caton avec Kleôn ne s'applique qu'à la politique intérieure; quant au courage et à l'énergie militaires qui distinguent Caton, Kleôn en est complétement dépourvu. Nous ne sommes pas autorisé à lui rien attribuer qui ressemble à la supériorité de l'intelligence générale que nous trouvons signalée dans Caton.

L'expression de Cicéron relative à Kleôn, — « Turbulentum quidem civem, sed tamen eloquentem, » (Cicéron, Brutus, 7) me paraît être une traduction des épithètes de Thucydide, βιαιότατος — τῷ δήμῳ πιθανώτατος (III, 45).

Ses remarques, que font aussi des critiques latins sur le style et le caractère des discours de Caton, pourraient presque sembler être une traduction des mots de Thucydide sur Kleôn. Fronton dit de Caton : « Concionatur Cato *infeste*, Gracchus turbulente, Tullius copiose. Jam in judiciis sævit idem Cato, triumphat Cicero, tumultuatur Gracchus. » V. les Oratorum Romanorum Fragmenta de Meyer, éd. Dübner, p. 117 (Paris, 1837).

n'était pas incompatible avec un sentiment élevé de devoir
public. Et Plutarque nous raconte, au sujet de Kleôn, l'anecdote suivante : dès le début de sa carrière politique, il convoqua ses amis et rompit son intimité avec eux, comprenant que des amitiés privées le détourneraient de son devoir
supérieur envers la république (1).

De plus, la réputation de Kleôn, en tant que disposé à
accuser les autres souvent et sans mesure, peut être expliquée en partie par un passage de son ennemi Aristophane :
passage qui mérite d'autant plus de confiance comme représentation exacte du fait, qu'il paraît dans une comédie (les
« Grenouilles ») jouée (405 av. J.-C.) quinze ans après la
mort de Kleôn, et cinq ans après celle d'Hyperbolos, quand
le poëte avait moins de motifs pour les représenter l'un ou
l'autre sous de fausses couleurs. Dans les « Grenouilles, » la
scène est placée au milieu d'Hadès, où va le dieu Dionysos,
sous le costume d'Hêraklès et avec son esclave Xanthias,
dans le dessein de ramener sur la terre le poëte décédé, Euripide. Entre autres incidents, Xanthias, avec le costume
que son maître avait porté, emploie, dans son rôle, la violence et l'insulte à l'égard de deux hôtesses de restaurants ;
il consomme leur bien, les vole, refuse de payer quand on
l'en somme, et même menace leur vie avec une épée nue.
Sur ce, les femmes, auxquelles il ne reste pas d'autre recours, annoncent leur résolution de faire appel, l'une à son
protecteur Kleôn, l'autre à Hyperbolos, dans le dessein de
cité l'offenseur en justice devant le dikasterion (2). Ce passage nous montre (si nous devons regarder comme admissi-
bles des conclusions reposant sur des preuves comiques) que
Kleôn et Hyperbolos étaient enveloppés dans des accusations en partie en secourant des personnes pauvres, qui
avaient été lésées, afin d'obtenir justice devant le dikaste-

---

(1) Plutarque, Reip. Ger. Præcep.
p. 806. Cf. deux autres passages du
même traité, p. 805, où Plutarque
parle de l'ἀπόνοια καὶ δεινοτὴς de
Kleôn, et p. 812, où il dit, avec vérité,
que Kleôn n'avait nullement les qualités nécessaires pour agir comme général en campagne.

(2) Aristoph. Ran. 566-576.

rion. Un homme riche qui avait éprouvé une injustice pouvait acheter d'Antiphôn ou de quelque autre rhéteur un avis et une aide quant à la manière de mener sa plainte. Mais un homme ou une femme pauvre se croyait heureux d'obtenir les conseils gratuits, et quelquefois le secours de la parole, de Kleôn ou d'Hyperbolos : ceux-ci, de cette façon, augmentaient leur popularité par des moyens tout à fait semblables à ceux que mettaient en pratique les principaux personnages de Rome (1).

Mais outre l'aide qu'il prêtait à d'autres, souvent aussi Kleôn accusa, en son propre nom, des délinquants officiels, réels ou supposés. Il était indispensable, pour assurer une protection à la république, que quelqu'un se chargeât de ce devoir; autrement la responsabilité à laquelle les personnages officiels étaient soumis après le temps de leur charge, aurait été purement nominale, et il nous est assez prouvé que la moralité publique en général de ces personnages officiels n'était nullement élevée. Mais ce devoir était en même temps un de ceux que la plupart des personnes voulaient éviter et évitaient en effet. L'accusateur, tout en étant exposé à l'aversion générale, ne gagnait même rien au succès le plus complet; et s'il échouait au point de ne pas obtenir une minorité de votes parmi les dikastes, égale à un cinquième de ceux qui étaient présents, il était condamné à payer une amende de mille drachmes. Ce qui était encore plus sérieux, il attirait sur lui une masse formidable de haine privée, de la part des amis, des partisans et de l'association politique de la partie accusée, — haine extrêmement menaçante pour sa sécurité et son bonheur futurs dans une communauté telle qu'Athènes. Il y avait donc peu de raisons pour accepter, et de graves raisons pour décliner la tâche de poursuivre sur des motifs publics. Un politique

---

(1) Ici encore nous trouvons Caton l'Ancien représenté comme constamment dans la place publique à Rome, prêtant une semblable assistance, et épousant la cause de tous ceux qui avaient des motifs de plainte (Plutarque, Caton, c. 3) : Πρωΐ μὲν εἰς ἀγορὰν βαδίζει καὶ παρίσταται τοῖς δεομένοις — τοὺς μὲν θαυμαστὰς καὶ φίλους ἐκτᾶτο διὰ τῶν ξυνηγοριῶν, etc.

prudent à Athènes s'en chargeait par occasion, et contre des rivaux spéciaux ; mais il se mettait soigneusement en garde contre la réputation de le faire souvent ou par inclination, — et les orateurs se mettent ainsi constamment en garde dans les discours qui nous restent encore.

C'est cette réputation que Thucydide attache à Kleôn, et que, comme Caton le Censeur à Rome, probablement il méritait, à cause de l'acrimonie naturelle de son caractère, d'un talent puissant pour l'invective, et de sa position à la fois inférieure et hostile aux chevaliers ou aristocratie athénienne, qui l'éclipsaient par leur importance de famille. Mais quelle était la proportion des cas dans lesquels ses accusations furent justes ou calomnieuses, — question réelle sur laquelle roule un jugement sincère, — c'est ce que nous n'avons pas moyen de décider, soit par rapport à lui, soit par rapport à Caton. « Flageller les méchants (fait observer Aristophane lui-même (1)) non-seulement n'est pas une faute, c'est même une source d'honneur pour les gens de bien. » Il n'a pas été d'usage d'accorder à Kleôn le bénéfice de cette observation, bien qu'il y ait plus de droits qu'Aristophane. Car les attaques d'un diffamateur poétique n'admettent ni défense ni représaille, tandis qu'un accusateur devant le dikasterion trouvait son adversaire prêt à lui répondre ou même à rétorquer ses arguments, — et il était obligé de spécifier son accusation, aussi bien que de fournir des preuves à l'appui, — et par là l'innocent avait une bonne chance de ne pas être confondu avec le coupable.

On dit que la querelle de Kleôn avec Aristophane prit sa source dans une accusation qu'il porta contre ce poëte (2)

---

(1) Aristophan. Equit. 1271.
Λοιδορῆσαι τοὺς πονηροὺς, οὐδέν ἐστ'
[ἐπίφθονον,
Ἀλλὰ τιμὴ τοῖσι χρηστοῖς, ὅστις εὖ
[λογίζεται.
(2) Il paraît que la plainte fut portée ostensiblement contre Kallistratos, sous le nom duquel le poëte fit représenter les « Babyloniens ». (Schol. ad Arist. Vesp. 1284), et qui était naturellement la partie responsable, — bien que l'auteur réel fût sans doute parfaitement connu. Les « Chevaliers » furent la première pièce que le poëte fit jouer sous son propre nom.

dans le sénat des Cinq Cents, au sujet de sa seconde comédie, les « Babyloniens, » représentée en 426 avant J.-C., à la fête des Dionysia de la ville au mois de Mars. Dans cette saison, il y avait un grand nombre d'étrangers à Athènes, surtout maints visiteurs et députés des alliés sujets qui apportaient leur tribut annuel. Et comme les « Babyloniens » (aujourd'hui perdus), ainsi que tant d'autres productions d'Aristophane, étaient remplis de ridicule mordant non-seulement contre des citoyens individuellement, mais contre les fonctionnaires et les institutions de la ville (1), — Kleôn porta une plainte dans le sénat contre cette pièce, comme étant un spectacle qu'il était dangereux pour la sécurité publique d'exposer devant des étrangers et des alliés. Il faut nous rappeler qu'Athènes était alors engagée dans une guerre embarrassante, — que l'on doutait fort de la fidélité des alliés sujets, — que Lesbos, le plus grand des alliés, n'avait été reconquise que l'année précédente, après une révolte à la fois fatigante et dangereuse pour les Athéniens. Dans de telles circonstances, Kleôn pouvait trouver des raisons plausibles pour croire qu'une comédie politique, fruit de la veine et du talent d'Aristophane, contribuait à dégrader la république aux yeux des étrangers, même en admettant qu'elle fût inoffensive quand elle était bornée aux citoyens euxmêmes. Le poëte se plaint (2) que Kleôn l'ait cité devant le sénat, avec de terribles menaces et des calomnies; mais il ne paraît pas qu'aucune peine lui ait été infligée. Et dans le fait, il n'était pas dans la compétence du sénat de le reconnaître coupable, ni de le punir, excepté dans la mesure d'une faible amende. Il pouvait seulement le citer devant le dikasterion, ce qui, dans ce cas, ne fut évidemment point fait. Toutefois il semble lui-même avoir senti la justesse de l'aver-

---

(1) V. Acharn. 377, avec les Scholies, et la biographie anonyme d'Aristophane.

Meineke (Aristoph. Fragm. Comic. Gr. vol. II, p. 966) et Ranke (Commentat. de Aristoph. Vitâ, p. 330) essayent tous deux de deviner le plan des « Babyloniens » ; mais il n'y a pas de renseignements suffisants pour les aider.

(2) Aristoph. Acharn. 355-475.

tissement ; car nous trouvons que sur les quatre pièces suivantes, avant la paix de Nikias (les Acharniens, les Chevaliers et les Guêpes), trois furent représentées à la fête Lénæenne (1), au mois de janvier, époque où il n'y avait à Athènes ni étrangers ni alliés. Kleôn fut sans doute fort irrité de la pièce des Chevaliers, et il semble avoir molesté le poëte soit en portant une accusation contre lui pour exercer les droits de bourgeois sans avoir pour cela toutes les qualités voulues (puisque les citoyens seuls avaient le droit de paraître et de jouer dans les représentations dramatiques), ou par quelques autres moyens qui ne sont pas clairement expliqués. Nous ne pouvons établir de quelle manière le poëte lui tint tête, bien qu'il paraisse que, trouvant moins de sympathie publique qu'il n'en croyait mériter, il fît des excuses sans vouloir être lié par là (2). Il est certain que ses

---

(1) V. les arguments mis en tête de ces trois pièces, et Acharn. 475, Equit. 881.

On ne sait pas si la première comédie, intitulée *les Nuées* (représentée dans la première partie de 423 avant J.-C., une année après les Chevaliers, et une année avant les Guêpes), parut à la fête Lénæenne de janvier ou aux Dionysia de la ville en mars. Elle n'eut pas de succès, et le poëte la changea en partie en vue d'une seconde représentation. S'il est vrai que cette seconde représentation se donna pendant l'année qui suivit immédiatement (422 av. J.-C. V. les Fasti Hellenici de M. Clinton, ad ann. 422), ce doit avoir été aux Dionysia de la ville en mars, précisément à l'époque où la trève d'un an touchait à sa fin; car les Guêpes furent représentées cette année à la fête Lénæenne, et il n'était guère probable que le même poëte fît jouer deux pièces. L'induction que Ranke tire des Nuées, 310, à savoir qu'elle fut représentée aux Dionysia, n'est cependant pas très-concluante (Ranke, Commentat. de Aristoph. Vitâ, p. 621,

mise en avant de son édition du Plutus).

(2) V. l'obscur passage, Vespæ 1285 seq. ; Aristoph. Vita anonymi, p. 13 , éd. Bekker; Demosthen. cont. Meid., p. 532.

Il paraît qu'Aristophane était Æginétain d'origine (Acharn. 629) ; de sorte que la γραφὴ ξενίας (accusation pour usurpation illégitime des droits de citoyen athénien) était fondée sur un fait réel. Entre le temps de la conquête d'Ægina par Athènes et l'expulsion des habitants indigènes dans la première année de la guerre du Péloponèse (intervalle de vingt ans environ), il est probable qu'un nombre assez considérable d'Æginétains se mêlèrent à des citoyens athéniens ou s'unirent à eux par des mariages. Surtout des hommes d'un talent poétique dans les villes sujettes trouvaient intérêt à aller à Athènes. Iôn vint de Chios et Achæos d'Eretria : tous les deux auteurs tragiques.

Le poëte comique Eupolis semble avoir aussi dirigé quelques sarcasmes contre l'origine étrangère d'Aristo-

autres pièces, qui suivirent les Chevaliers, bien qu'elles renfermassent quelques plaisanteries amères contre Kleôn, ne montrent pas un second plan arrêté d'attaque contre lui.

La bataille d'Amphipolis fit disparaître en même temps les deux adversaires individuels de la paix les plus prononcés, Kleôn et Brasidas. Athènes aussi fut plus que jamais découragée et opposée à une lutte prolongée; car le nombre des hoplites tués à Amphipolis remplit sans doute la ville de deuil, outre la honte sans pareille qui souilla alors le caractère militaire athénien. Le parti de la paix, sous les auspices de Nikias et de Lachès, délivré à la fois de l'opposition intérieure de Kleôn et des entreprises de Brasidas à l'étranger, put reprendre ses négociations avec Sparte dans un esprit qui faisait espérer le succès. Le roi Pleistoanax et les éphores spartiates de l'année étaient de leur côté également disposés à terminer la guerre, et les députés de tous les alliés furent convoqués à Sparte pour discuter avec les ambassadeurs d'Athènes. Cette discussion fut continuée pendant tout l'automne et tout l'hiver après la bataille d'Amphipolis, sans aucune hostilité réelle ni d'un côté ni de l'autre. D'abord les prétentions qu'on avança se trouvèrent très-opposées; mais à la fin, après plusieurs débats, on convint de traiter sur la base suivante, à savoir que chaque partie rendrait ce qui avait été acquis par la guerre. Les Athéniens insistaient d'abord sur la restitution de Platée; mais les Thébains répondirent que Platée leur appartenait, non par la force ni par la trahison, — mais par une capitulation et une reddition volontaires des habitants. Cette distinction nous paraît avec nos idées un peu singulière, puisque la capitulation d'une ville assiégée n'est pas moins le résultat de la force qu'une prise d'assaut. Mais elle fut adoptée dans le traité actuel; et d'après cela les Athéniens, tout en renonçant à leur demande concernant Platée, purent conserver Nisæa, qu'ils avaient acquise des Mégariens, et Anak-

---

phane, — si Meineke est exact dans l'explication qu'il donne de ce passage   (Historia Comicor. Græc., I, p. 3).

torion et Sollion, villes qu'ils avaient prises à Corinthe (1).
Pour être sûrs de trouver des dispositions accommodantes
de la part d'Athènes, les Spartiates menacèrent d'envahir
l'Attique au printemps et d'établir une fortification permanente dans le territoire ; et même ils envoyèrent partout
une proclamation à leurs alliés, enjoignant tous les détails
nécessaires pour cette démarche. Comme il y avait alors
trois ans que l'Attique avait été exempte d'invasion, les
Athéniens ne furent probablement pas insensibles à cette
menace d'incursion renouvelée sous une forme permanente.

Au commencement du printemps, — vers la fin de mars,
421 avant J.-C., — peu après la célébration des Dionysia à
Athènes, — l'important traité fut conclu pour cinquante
ans. Voici quelles en étaient les conditions principales :

1. Tous auront pleine liberté de visiter tous les temples
publics de la Grèce, — en vue d'offrir des sacrifices privés,
de consulter un oracle ou d'assister aux fêtes. Chacun ne
sera inquiété ni en allant ni en venant. — [On comprendra
l'importance de cet article si l'on se rappelle que les Athéniens et leurs alliés n'avaient pu se rendre ni aux jeux
Olympiques ni à la fête Pythienne depuis le commencement
de la guerre.]

2. Les Delphiens jouiront d'une entière autonomie et de
la possession complète de leur temple et de leur territoire.
— [Cet article était destiné à exclure l'ancien droit de la
confédération phokienne à l'administration du temple, droit
que les Athéniens avaient jadis appuyé avant la trêve de
Trente ans ; mais ils avaient alors peu d'intérêt dans la
question, depuis que les Phokiens étaient dans les rangs de
leurs ennemis.]

3. La paix durera pendant cinquante ans entre Athènes

---

(1) Thucydide, V, 17-30. Le renseignement du chapitre 30 semble
prouver que ce fut le motif sur lequel
les Athéniens furent autorisés à conserver Sollion et Anaktorion. Car si le
fait de retenir ces deux places avait été,
distinctement ou dans les termes employés en opposition avec le traité, les
Corinthiens l'auraient sans doute choisi
comme motif ostensible de leur plainte ;
tandis qu'ils préférèrent avoir recours
à un πρόσχημα ou argument spécieux.

et Sparte avec leurs alliés respectifs, sans dommage ni patent ni frauduleux, sur terre aussi bien que sur mer.

4. Aucune des deux parties n'envahira dans des vues de dommage le territoire de l'autre, — ni par artifice, ni sous aucun prétexte.

S'il s'élève quelque sujet de différend, il sera réglé par des moyens équitables et avec des serments échangés dans la forme dont on conviendra ci-après.

5. Les Lacédæmoniens et leurs alliés rendront Amphipolis aux Athéniens.

Ils *abandonneront* en outre aux Athéniens Argilos, Stageiros, 'Akanthos, Skôlos, Olynthos et Spartôlos. Mais ces villes resteront autonomes, à condition de payer tribut à Athènes suivant la taxation d'Aristeidês. Tout citoyen de ces villes (Amphipolis aussi bien que les autres) qui voudra les quitter, aura la liberté de le faire et d'emporter ses biens avec lui. Ces villes ne seront comptées désormais ni comme alliées d'Athènes ni comme alliées de Sparte, à moins qu'Athènes ne les engage par des conseils persuasifs et amicaux à devenir ses alliées, ce qu'elle a la liberté de faire si elle le peut.

Les habitants de Mekyberna, de Sanê et de Singê résideront dans leurs villes respectives et seront indépendants, précisément autant que les Olynthiens et les Akanthiens. — [C'étaient des villes qui étaient attachées à Athènes et étaient encore comptées comme ses alliées, bien qu'elles fussent assez près pour être molestées par Olynthos (1) et

---

(1) Cf. V, 39, avec V, 18, qui me semble réfuter l'explication proposée par le docteur Arnold, et adoptée par Poppo.

L'emploi du mot ἀποδόντων par rapport à la restitution d'Amphipolis à Athènes, — et du mot παρέδοσαν par rapport à l'*abandon* des autres villes, mérite d'être signalé. Ceux qui dressèrent le traité, qui est exprimé d'une manière très-confuse, semblent avoir voulu que le mot παρέδοσαν s'appliquât tant à Amphipolis qu'aux autres villes, mais que le mot ἀποδόντων s'appliquât exclusivement à Amphipolis. Le mot παρέδοσαν est applicable également à la restitution d'Amphipolis, — car ce qui est *restitué* est naturellement *rendu*. Mais il est remarquable que le mot παρέδοσαν ne s'applique pas proprement aux autres villes; car elles ne furent pas *rendues* à Athènes, — elles furent

par Akanthos, villes contre lesquelles cette clause était destinée à les mettre en sûreté.]

Les Lacédæmoniens et leurs alliés restitueront Panakton aux Athéniens.

6. Les Athéniens rendront à Sparte Koryphasion, Kythêra, Methônê, Pteleon, Atalantê, — avec tous les captifs de Sparte ou de ses alliés qu'ils ont en leur pouvoir. En outre, ils laisseront aller tous les Spartiates ou alliés de Sparte actuellement bloqués dans Skiônê.

7. Les Lacédæmoniens et leurs alliés rendront tous les captifs d'Athènes ou de ses alliés qu'ils ont entre leurs mains.

8. Relativement à Skiônê, à Torônê et à Sermylos, ou à toute autre ville possédée par Athènes, les Athéniens pourront prendre les mesures qui leur conviendront.

9. Des serments seront échangés entre les parties contractantes conformément aux solennités regardées comme les plus *obligatoires* dans chaque ville respectivement et dans les termes suivants : — « J'adhérerai à cette convention et à cette trêve sincèrement et sans fraude. » Les serments seront renouvelés annuellement, et les conditions de la paix seront inscrites sur des colonnes à Olympia, à Delphes et à l'Isthme, aussi bien qu'à Sparte et à Athènes.

10. Si quelque point a été oublié dans la présente convention, les Athéniens et les Lacédæmoniens pourront le changer d'un accord et d'un consentement mutuels, sans être considérés comme violant leurs serments.

En conséquence, ces serments furent échangés. Ils furent prêtés par dix-sept des principaux Athéniens et par autant

---

seulement *abandonnées*, comme l'expliquent encore les clauses qui suivent immédiatement. Peut-être y a-t-il un petit orgueil athénien dans l'emploi du mot, — d'abord pour donner à entendre indirectement que les Lacédæmoniens devaient *rendre* diverses villes à Athènes, — puis pour ajouter des mots ensuite qui prouvent que les villes ne devaient être qu'*abandonnées*, — non rendues à Athènes.

La disposition qui garantissait la liberté de se retirer et d'emporter ses biens était destinée surtout aux Amphipolitains, qui devaient désirer naturellement émigrer, si la ville avait été réellement restituée à Athènes.

de Spartiates, au nom de leurs pays respectifs, — le 26 du mois Artemisios à Sparte et le 24 d'Elaphobolion à Athènes, immédiatement après les Dionysia de la ville, Pleistolas étant éphore éponyme à Sparte, et Alkæos archonte éponyme à Athènes. Parmi les Lacédæmoniens qui jurèrent, sont compris les deux rois, Agis et Pleistoanax, — l'éphore Pleistolas (et peut-être d'autres éphores, mais nous ne le savons pas) — et Tellis, le père de Brasidas. Parmi les Athéniens qui prononcèrent le serment, on trouve Nikias, Lachês, Agnón, Lamachos et Demosthenês (1).

Telle fut la paix (communément connue sous le nom de Paix de Nikias) conclue au commencement du onzième printemps de la guerre, qni avait précisément duré dix années pleines. Les conditions en étant mises au vote à Sparte dans l'assemblée des députés des alliés lacédæmoniens, la majorité les accepta; ce qui, suivant la condition adoptée et jurée par chaque membre de la confédération (2), les rendait obligatoires pour tous. Il y avait à la vérité une réserve spéciale accordée à tout État particulier en cas de scrupule religieux, qui naîtrait de la crainte d'offenser quelques-uns de leurs dieux ou de leurs héros. Sauf cette réserve, on avait formellement consenti à la paix en vertu de la décision des confédérés. Mais on vit bientôt combien avait peu de force le vote de la majorité, quoique même imposé par la forte pression de Lacédæmone elle-même, — quand les membres plus puissants se trouvèrent dans la minorité contraire au traité. Les Bœótiens, les Mégariens et les Corinthiens refusèrent tous de l'accepter.

Les Corinthiens étaient mécontents parce qu'ils ne recouvraient pas Sollion et Anaktorion ; les Mégariens, parce qu'ils ne regagnaient pas Nisæa ; les Bœótiens, parce qu'on

---

(1) Thucydide, V, 19.

(2) Thucydide, V, 17-30. — Παραβήσεσθαί τε ἔφασαν (dirent les Lacédæmoniens) αὐτοὺς (les Corinthiens) τοὺς ὅρκους καὶ ἤδη ἀδικεῖν ὅτι οὐ δέχονται τὰς Ἀθηναίων σπονδάς, εἰρημένον, κύριον εἶναι ὅτι ἂν τὸ πλῆθος τῶν ξυμμάχων ψηφίσηται, ἢν μή τι θεῶν ἢ ἡρώων κώλυμα ᾖ.

leur demandait de livrer Panakton. Malgré les instantes sollicitations de Sparte, les députés de tous ces puissants États
non-seulement dénoncèrent la paix comme injuste et votèrent contre elle dans l'assemblée générale des alliés, —
mais encore refusèrent de l'accepter quand on en vint au
vote, et retournèrent dans leurs villes respectives chercher
des instructions (1).

Telles furent les conditions de la paix de Nikias et les circonstances qui l'accompagnèrent; cette paix terminait ou
déclarait terminer la grande guerre du Péloponèse, après
une durée de dix ans (mars, 421 av. J.-C.). On en verra
dans les chapitres suivants les conséquences et les fruits, —
qui furent, à bien des égards, autres que ne les prévirent
l'une et l'autre des parties contractantes.

---

(1) Thucydide, V, 22.

CHAPITRE V

DE LA PAIX DE NIKIAS A LA FÊTE OLYMPIQUE DE LA
SOIXANTE-DIXIÈME OLYMPIADE

Négociations pour la paix pendant l'hiver qui suivit la bataille d'Amphipolis. — Paix appelée la paix de Nikias, conclue en mars 421 avant J.-C.; — conditions de la paix. — Paix acceptée à Sparte par la majorité des membres de l'alliance péloponésienne. — Les membres les plus puissants de l'alliance refusent d'accepter la trêve; — Bœôtiens, Mégariens, Corinthiens et Eleiens. — Position et sentiments des Lacédæmoniens; — leur grand désir de la paix; — leurs relations incertaines avec Argos. — Mesures prises par les Lacédæmoniens pour exécuter la paix; — Amphipolis n'est pas rendue à Athènes; — les grands alliés de Sparte n'acceptent point la paix. — Alliance separée pour une défense mutuelle conclue entre Sparte et Athènes. — Termes de l'alliance. — Athènes rend les prisonniers spartiates. — Mauvaise gestion des intérêts politiques d'Athènes par Nikias et par le parti de la paix. — Aux termes de l'alliance, Athènes renonçait à tous les avantages de sa position par rapport aux Lacédæmoniens; — elle ne gagnait aucune des concessions sur lesquelles elle comptait, tandis qu'ils obtenaient des avantages considérables. — Mécontentement et remontrances des Athéniens contre Sparte par suite de la non-exécution des conditions; — ils se repentent d'avoir livré les prisonniers; — excuses de la part de Sparte. — Nouvelles combinaisons dans le Péloponèse; — soupçon conçu relativement à un accord entre Sparte et Athènes; — Argos se met en avant d'une manière prononcée; — état d'Argos; — régiment aristocratique de mille hommes formé dans cette ville. — Les Corinthiens décident Argos à se mettre en avant comme chef d'une nouvelle alliance péloponésienne. — Congrès des alliés opposés à la paix tenu à Corinthe; les Mantineiens se joignent à Argos; — état de l'Arkadia; — rivalité de Tegea et de Mantineia. — Remontrances des ambassadeurs lacédæmoniens au congrès de Corinthe; — réponse des Corinthiens; — prétexte d'un scrupule religieux. — Les Bœôtiens et les Mégariens refusent de rompre avec Sparte ou de s'allier avec Argos; — les Corinthiens hésitent à se joindre réellement à Argos. — Les Eleiens deviennent alliés d'Argos; — leurs raisons pour agir ainsi; — relations avec Lepreon; — les Corinthiens se joignent alors également à Argos. — Refus de Tegea de se séparer de Sparte. Les Corinthiens sont découragés; — ils s'adressent à Athènes par l'entremise des Bœôtiens. — Les Lacédæmoniens affranchissent les sujets Arkadiens de Mantineia; — ils établissent les Ilotes de Brasidas à Lepreon. —

Traitement des prisonniers spartiates après leur libération et leur retour d'Athènes à Sparte; — ils sont privés de leurs priviléges pendant un temps et d'une manière conditionnelle. — Les Athéniens reprennent Skiônê; — ils mettent à mort tous les mâles adultes. — Rapports politiques dans le Péloponèse; — changement d'Éphores à Sparte; — les nouveaux Éphores sont hostiles à Athènes. — Congrès à Sparte; — députés Athéniens, Bœôtiens et Corinthiens présents; — longs débats; — aucun des points disputés n'est réglé; — intrigues des Éphores contraires aux Athéniens; — Kleoboulos et Xenarès. — Ces Éphores essayent de former sous main une alliance entre Sparte et Argos, par l'entremise des Bœôtiens; — le projet échoue. — Les Lacédæmoniens concluent une alliance spéciale avec les Bœôtiens, violant par là leur alliance avec Athènes; — les Bœôtiens rasent Panakton. — Demande des Argiens à Sparte, pour renouveler le traité qui expirait. — Projet d'un renouvellement de traité agréé. Curieuse stipulation au sujet d'un combat par champions, pour laisser ouverte la question au sujet du titre de Thyrea. — Des ambassadeurs lacédæmoniens vont d'abord en Bœôtia, ensuite à Athènes; — ils trouvent Panakton démoli; — ils demandent à Athènes la cession de Pylos. — Ils sont mal reçus à Athènes; — sentiment d'irritation contre les Lacédæmoniens. — Alkibiadès se met en avant comme chef de parti. Son éducation et son caractère. — Grande énergie et habileté remarquable d'Alkibiadès dans les affaires publiques; — ses dépenses insouciantes; — sa conduite sans frein; — caractère sans principes, inspirant le soupçon et la crainte; — service militaire. — Alkibiadès; — Sokratès; — les sophistes. — Sentiments contraires nourris à l'égard d'Alkibiadès; — sa grande énergie et sa grande capacité; — admiration, crainte, haine et jalousie qu'il inspire. — Alkibiadès essaie de renouveler les relations anciennes, mais interrompues, de ses ancêtres avec Lacédæmone, comme proxeni. — Les Spartiates rejettent ses avances; il se tourne contre eux, — change de politique et devient leur ennemi à Athènes. — Il essaye d'amener Athènes à faire alliance avec Argos. — Il engage les Argiens à envoyer des ambassadeurs à Athènes; — les Argiens embrassent cette ouverture avec ardeur, et abandonnent leurs négociations avec Sparte. — Ambassade des Lacédæmoniens à Athènes, pour presser les Athéniens de ne pas renoncer à l'alliance. Les ambassadeurs sont favorablement reçus. — Tour par lequel Alkibiadès trompe et déshonore les ambassadeurs et déjoue le projet lacédæmonien. Indignation des Athéniens contre Sparte. — Nikias décide l'assemblée à l'envoyer lui-même, et d'autres, comme ambassadeurs à Sparte, afin de dissiper la difficulté. — L'ambassade de Nikias à Sparte échoue; — Athènes conclut l'alliance avec Argos, Elis et Mantineia. — Conditions de cette convention et de cette alliance. — Relations compliquées dans les États grecs quant à un traité et à une alliance. — Fête olympique de la quatre-vingt-dixième Olympiade, — juillet 420 avant J.-C., — son caractère mémorable. — Première apparition d'Athènes à la fête olympique depuis le commencement de la guerre. Faste immense d'Alkibiadès dans la course des chars. — Les Éleiens excluent l'ambassade sacrée spartiate de cette fête olympique, par suite d'une prétendue violation de la trêve olympique. — On craint à la fête que les Spartiates ne viennent en armes. — Abaissement de l'estime à l'égard de Sparte dans toute la Grèce. Hêrakleia.

Mon dernier chapitre se terminait avec la paix appelée la Paix de Nikias, conclue en mars 421 avant J.-C., — entre Athènes et la confédération spartiate, pour cinquante ans.

Cette paix, — négociée pendant l'automne et l'hiver qui suivirent la défaite des Athéniens à Amphipolis, dans laquelle Kleôn et Brasidas furent tous les deux tués, — résulta en partie du désir extraordinaire qu'avaient les Spartiates de recouvrer ceux des leurs faits prisonniers à Sphakteria, en partie du découragement des Athéniens, qui les amena à prêter l'oreille au parti de la paix, agissant de concert avec Nikias. Le principe général adopté pour la paix fut la restitution par les deux parties de ce qui avait été acquis pendant la guerre, — en excluant toutefois les places qui avaient été livrées par capitulation : en vertu de cette réserve, les Athéniens, s'ils ne purent recouvrer Platée, continuèrent à posséder Nisæa, le port de Megara. Les Lacédæmoniens s'engagèrent à restituer Amphipolis aux Athéniens, et à renoncer à leurs relations avec les alliés d'Athènes révoltés en Thrace, — c'est-à-dire Argilos, Stageiros, Akanthos, Skôlos, Olynthos et Spartôlos. Cependant ces six villes ne durent pas être inscrites comme alliées d'Athènes, à moins qu'elles ne consentissent volontairement à le devenir ; mais elles durent seulement payer régulièrement à Athènes le tribut établi dans l'origine par Aristeidès, comme sorte de récompense pour la protection étendue sur la mer Ægée contre la guerre privée ou la piraterie. Tout habitant d'Amphipolis ou des autres villes, qui voulait les quitter, avait la liberté de le faire et d'emporter ses biens avec lui. De plus, les Lacédæmoniens s'engagèrent à restituer Panakton à Athènes, avec tous les prisonniers athéniens qu'ils avaient en leur pouvoir. Quant à Skiônê, à Torônê et à Sermylos, les Athéniens furent déclarés libres de faire ce qui leur semblerait bon. De leur côté, ils prirent l'engagement de relâcher tous les captifs qui étaient entre leurs mains, soit de Sparte, soit de ses alliés ; de restituer Pylos, Kythèra, Methônê, Pteleon et Atalantê, et de mettre en liberté tous les soldats du Péloponèse ou de Brasidas, bloqués en ce moment à Skiônê.

On fit aussi une disposition, par articles spéciaux, portant que tous les Grecs auraient un libre accès aux fêtes panhelléniques sacrées, soit par mer, soit par terre, et que l'autonomie du temple Delphien serait garantie.

Les parties contractantes jurèrent de s'abstenir dans l'avenir de toute injure mutuelle, et de régler par décision à l'amiable toute dispute qui pourrait s'élever (1).

En dernier lieu, si quelque question se présentait dans la suite comme ayant été oubliée, on pourvut à ce que les Athéniens et les Lacédæmoniens pussent d'un mutuel accord amender le traité comme ils le jugeraient bon. Après ces préliminaires, les serments furent échangés entre dix-sept Athéniens et autant de Lacédæmoniens, des principaux personnages dans les deux villes respectivement.

Bien que la paix eût été ardemment désirée par Sparte elle-même, — bien qu'elle eût été ratifiée par le vote d'une majorité parmi les confédérés, — il y eut encore une minorité puissante qui non-seulement refusa son assentiment, mais qui protesta énergiquement contre ces conditions. Les Corinthiens furent mécontents parce qu'ils ne recouvrèrent pas Sollion et Anaktorion, les Mégariens parce qu'ils ne règagnèrent pas Nisæa; les Bœôtiens, parce que Panakton dut être rendu à Athènes; les Éleiens aussi, pour quelques autres raisons que nous ne connaissons pas distinctement. En outre, tous furent également blessés de l'article qui disait que Sparte et Athènes pourraient d'un mutuel accord, et sans consulter les alliés, amender le traité comme elles le jugeraient bon (2). Aussi, bien que la paix fût jurée, les membres les plus puissants de la confédération spartiate persistèrent-ils tous à refuser de s'y conformer.

Cependant l'intérêt des Spartiates eux-mêmes était si fort qu'après avoir obtenu le vote favorable de la majorité, ils résolurent de faire triompher la paix, même au risque de rompre la confédération. Outre leur vif désir de recouvrer leurs prisonniers au pouvoir des Athéniens, ils étaient en outre alarmés par ce fait, que leur trêve de trente ans, conclue avec Argos, venait précisément d'expirer alors. Ils avaient, il est vrai, demandé à Argos de la renouveler, par l'entremise de Lichas, le proxenos spartiate de cette ville.

____

(1) Thucydide, V, 17-29.   (2) Thucydide, V, 18.

Mais les Argiens avaient refusé, si ce n'est à la condition inadmissible que le territoire frontière de Kynuria leur fût cédé. Il y avait donc lieu de craindre que cette nouvelle et puissante force ne fît pencher la balance en faveur d'Athènes, si on laissait la guerre continuer (1).

En conséquence, la paix n'avait pas été plus tôt jurée que les Spartiates se mirent en devoir d'en exécuter les dispositions. On tira au sort pour déterminer laquelle, de Sparte ou d'Athènes, serait la première à faire les cessions demandées, et les Athéniens tirèrent le billet favorable : — avantage tellement grand, dans les circonstances, que Théophraste affirmait que Nikias en était venu à ses fins par corruption. Il n'y a pas de motif pour croire à cette corruption prétendue ; d'autant moins que nous verrons bientôt Nikias renoncer gratuitement à la plus grande partie de l'avantage que donnait le sort heureux (2).

Les Spartiates commencèrent à accomplir leur promesse en relâchant aussitôt tous les prisonniers athéniens qu'ils avaient entre leurs mains, et en dépêchant Ischagoras avec deux autres vers Amphipolis et les villes thraces. Ces ambassadeurs avaient l'ordre de proclamer la paix aussi bien que d'en imposer l'observation aux villes thraces, et en particulier de commander à Klearidas, le commandant spartiate d'Amphipolis, de rendre la ville aux Athéniens. Mais, à son arrivée en Thrace, Ischagoras ne rencontra qu'une opposition unanime ; et les remontrances des Chalkidiens furent si énergiques, tant dans Amphipolis qu'au dehors, que même Klearidas refusa obéissance à son propre gouvernement, prétendant qu'il n'était pas assez fort pour livrer la place contre la résistance des Chalkidiens. Joués ainsi complétement, les ambassadeurs retournèrent à Sparte, où Klearidas jugea prudent de les accompagner, en partie pour expliquer sa propre conduite, en partie dans l'espoir de pouvoir obtenir quelque modification aux conditions. Mais il trouva la chose impossible. Il fut renvoyé à Amphipolis avec

---

(1) Thucydide, V, 14, 22, 76.   (2) Plutarque, Nikias, c. 10.

l'ordre péremptoire de livrer la ville aux Athéniens, s'il était possible de le faire ; si cela dépassait ses forces, alors de se retirer et de ramener avec lui tous les soldats péloponésiens de la garnison. Peut-être la reddition était-elle réellement impraticable pour des forces qui n'étaient pas plus grandes que celles que commandait Klearidas, puisque la résistance de la population fut sans doute obstinée. En tout cas, il la représenta comme impraticable : conséquemment les troupes revinrent dans leurs foyers ; mais les Athéniens continuèrent encore à être exclus d'Amphipolis, et toutes les stipulations de la paix relatives aux villes thraces restèrent sans accomplissement. Et ce ne fut pas tout. Les envoyés de la minorité opposante (Corinthiens et autres), après être retournés dans leur patrie pour avoir des instructions, étaient alors revenus à Sparte, avec une nouvelle répugnance et de plus fortes protestations contre l'injustice de la paix, au point que tous les efforts des Spartiates pour les amener à s'y conformer furent inutiles (1).

Les Spartiates se trouvèrent alors dans un sérieux embarras. N'ayant pas exécuté leur partie du traité, ils ne pouvaient pas demander qu'Athènes exécutât la sienne ; et ils étaient menacés du double malheur de perdre la confiance de leurs alliés, sans acquérir aucun des avantages du traité. Dans ce dilemme, ils se décidèrent à entrer en relations plus étroites et en relations séparées avec Athènes, à tout hasard d'offenser leurs alliés. Ils redoutaient peu l'inimitié d'Argos, si elle n'était pas assistée par Athènes, tandis que le moment était favorable alors pour une alliance avec cette dernière ville, à cause des tendances pacifiques prononcées qui régnaient des deux côtés, aussi bien que du sentiment favorable à Lacédæmone et bien connu des chefs Nikias et Lachês. Les ambassadeurs athéniens étaient toujours restés à Sparte depuis que la paix avait été jurée, — attendant que les conditions fussent remplies : Nikias ou Lachês, l'un ou tous deux, étant très-probablement du nombre. Quand ils

____

(1) Thucydide, V. 21, 22.

virent que Sparte ne pouvait satisfaire à son engagement, de
sorte que l'annulation du traité paraissait probable, sans
doute ils encouragèrent, peut-être même avaient-ils suggéré
l'idée d'une alliance séparée entre Sparte et Athènes,
comme le seul expédient pour combler les lacunes du premier traité; promettant qu'en vertu de cette alliance les
prisonniers spartiates seraient rendus. En conséquence, les
deux États conclurent, pour cinquante années, un traité —
non-seulement de paix, mais d'alliance défensive. Chaque
partie s'engageait à aider l'autre à repousser tous les envahisseurs de son territoire, à les traiter comme des ennemis,
et à ne pas conclure de paix avec eux sans le consentement
de l'autre. Ce fut la seule disposition de l'alliance, — avec
une addition, toutefois, de non médiocre importance pour la
sécurité de Lacédæmone. Les Athéniens s'engagèrent à
prêter leur concours le plus actif et le plus énergique pour
abattre tout soulèvement des Ilotes qui pourrait survenir en
Laconie. Une telle disposition indique fortement l'inquiétude
que faisait éprouver aux Lacédæmoniens leur population
de serfs. Mais, au moment actuel, elle avait une valeur particulière, en ce qu'elle obligeait les Athéniens à diminuer,
sinon à retirer, la garnison messénienne de Pylos, qu'ils y
avaient eux-mêmes établie dans le dessein exprès de provoquer les Ilotes à la révolte.

Il ne fallut pas beaucoup de temps pour discuter une alliance avec des stipulations si peu nombreuses et si simples.
Elle fut conclue très-vite après le retour des envoyés d'Amphipolis, — probablement pas plus d'un mois ou de deux
après la première paix. Elle fut jurée par les mêmes individus des deux côtés, avec la même déclaration que le serment
serait renouvelé chaque année, — et aussi avec la même
clause conditionnelle que Sparte et Athènes pourraient d'un
mutuel accord, soit étendre, soit resserrer les conditions,
sans violer le serment (1). De plus, le traité dut être gravé

____

(1) Thucydide, V, 23. Le traité   Sparte, et approuvé ou concerté avec
d'alliance paraît avoir été dressé à   les ambassadeurs athéniens; ensuite

sur deux colonnes : l'une devait être placée dans le temple d'Apollon à Amyklæ, l'autre dans le temple d'Athênê dans l'akropolis d'Athènes.

Le résultat le plus important de cette nouvelle alliance fut une mesure qui ne fut pas spécifiée dans ses dispositions, mais comprise, nous pouvons bien en être sûrs, entre les éphores spartiates et Nikias, à l'époque où elle fut conclue. Tous les prisonniers spartiates alors à Athènes furent rendus sur-le-champ (1).

Rien ne peut montrer plus puissamment le sentiment pacifique et l'humeur facile qui régnaient alors à Athènes, aussi bien que les fortes inclinations favorables à Lacédæmone de ses principaux personnages (à ce moment Alkibiadès disputait à Nikias la faveur de Sparte, comme nous le dirons bientôt), que les conditions de cette alliance, qui obligeaient Athènes à prêter son concours pour maintenir les Ilotes dans le devoir, — et que la mesure ultérieure encore plus importante, la restitution des prisonniers spartiates. Athènes se défaisait ainsi irrévocablement de sa meilleure carte, et promettait de renoncer à la meilleure après cette autre, — sans obtenir le plus petit équivalent au delà de ce qui était contenu dans le serment qu'avait fait Sparte de devenir son alliée. Pendant les trois dernières années et demie, toujours depuis la prise de Sphakteria, la possession de ces prisonniers l'avait mise dans une position d'avantage prononcée par rapport à sa principale ennemie, — avantage, cependant, qui, dans une certaine mesure, avait été contre-balancé par des pertes subséquentes. Cet état de choses était assez bien représenté par le traité de paix mûrement discuté pendant l'hiver, juré au commencement du printemps, et qui avait imposé aux deux parties une série de conces-

---

envoyé à Athènes, et là adopté par le peuple, puis juré des deux côtés. L'intervalle entre ce second traité et le premier (οὐ πολλῷ ὕστερον, V, 24) peut bien avoir été plus d'un mois ; car il comprenait la visite des envoyés lacédæmoniens à Amphipolis et aux autres villes de Thrace, — la manifestation de résistance dans les villes, et le retour de Kléaridas à Sparte pour rendre compte de sa conduite.

(1) Thucydide, V, 24.

sions réciproques qui se balançaient. De plus, Athènes avait été assez heureuse en tirant au sort pour se trouver mise en état d'attendre l'accomplissement réel de ces concessions par les Spartiates, avant qu'elle achevàt les siennes propres. Or les Spartiates n'avaient encore exécuté aucune de leurs concessions promises; qui plus est, — en essayant de le faire, ils avaient montré si peu de pouvoir ou de volonté qu'ils avaient prouvé que rien moins que la plus stricte nécessité changerait leurs promesses en réalités. Cependant avec ces indications précises, Nikias persuade à ses compatriotes de conclure un second traité qui, en pratique, annule le premier, et qui assure gratuitement aux Spartiates tous les principaux avantages du premier, avec peu ou point des sacrifices corrélatifs. On ne pouvait guère dire que l'alliance de Sparte comptât comme une considération; car cette alliance était à ce moment (dans les relations incertaines avec Argos) non moins importante pour Sparte elle-même que pour Athènes. On ne peut guère douter que si le jeu d'Athènes avait alors été joué avec prudence, elle n'eût pu recouvrer Amphipolis en échange des captifs; car l'impuissance de Klearidas à céder la ville, même si nous accordons qu'elle fùt un fait réel, et non pas simplement simulé, aurait pu cesser, gràce à une coopération décisive de la part de Sparte avec un armement athénien envoyé pour occuper la place. Dans le fait, ce qu'Athènes était maintenant amenée à accorder était précisément la proposition primitive que les Lacédæmoniens lui avait transmise quatre ans auparavant, quand les hoplites étaient enfermés pour la première fois dans Sphakteria, mais avant la prise réelle de la place. Alors ils n'offraient pas d'équivalent; mais ils se bornaient à dire par leurs ambassadeurs : « Donnez-nous les hommes qui sont dans l'île, et acceptez la paix en échange avec notre alliance (1). » A ce moment-là il y avait quelques raisons plau-

---

(1) Thucydide, IV, 19. Λακεδαιμόνιοι δὲ ὑμᾶς προκαλοῦνται ἐς σπονδὰς
καὶ διάλυσιν πολέμου, διδόντες μὲν εἰρήνην καὶ ξυμμαχίαν καὶ ἄλλην φιλίαν
πολλὴν καὶ οἰκειότητα ἐς ἀλλήλους ὑπάρ-
χειν, ἀνταιτοῦντες δὲ τοὺς ἐκ τῆς νήσου
ἄνδρας.

sibles pour accéder à la proposition; mais même alors l'opposition qu'y faisait Kleôn était également plausible et puissante, quand il prétendait qu'Athènes avait droit de faire un marché meilleur. Mais *actuellement* il n'y avait pas de raisons en sa faveur; il n'y avait qu'un fort concours de raisons contre elle. Une alliance avec les Spartiates n'était pas d'une grande importance pour Athènes, la paix en avait une considérable pour elle; — mais une paix avait déjà été jurée des deux côtés, après mûre discussion, et il n'était plus besoin alors que de la mettre à exécution. Cette réciprocité égale de concessions, qui présentait la meilleure chance d'un résultat permanent, avait été convenue; et la fortune lui avait procuré le privilége de recevoir le prix d'achat avant de livrer les marchandises. Pourquoi renoncer à une position si avantageuse, pour accepter en échange une alliance creuse et stérile, sous l'obligation de livrer sa marchandise la plus précieuse à crédit, — et à un crédit aussi illusoire en promesse qu'il fut plus tard improductif en réalité? L'alliance, en effet, empêcha que les conditions de la paix fussent remplies : elle devint (comme le reconnaît Thucydide lui-même) (1), non pas une paix, mais une simple suspension d'hostilités directes.

Thucydide avance en plus d'une occasion, — et c'était le sentiment de Nikias lui-même, — qu'au moment de conclure la paix qui porte son nom, Sparte était dans un état d'infériorité et de déshonneur par rapport à Athènes (2). Il fait surtout allusion aux captifs qui étaient au pouvoir de cette dernière; — en effet, quant à d'autres points, les défaites de Dêlion et d'Amphipolis, avec les pertes sérieuses en Thrace, faisaient plus que contre-balancer les acquisitions de Nisæa, de Pylos, de Kythêra et de Methônê. Cependant les

---

(1) Thucydide, V, 26. Οὐκ εἰκὸς ὂν εἰρήνην αὐτὴν κριθῆναι, etc.

(2) Thucydide, V, 28. Κατὰ γὰρ τὸν χρόνον τοῦτον ἥ τε Λακεδαίμων μάλιστα δὴ κακῶς ἤκουε καὶ ὑπερώφθη διὰ τὰς ξυμφοράς. — (Νικίας) λέγων ἐν μὲν τῷ σφετέρῳ καλῷ (Athénien) ἐν δὲ τῷ ἐκείνων ἀπρεπεῖ (Lacédæmonien) τὸν πόλεμον ἀναβάλλεσθαι, etc. (V. 46). — Οἷς πρῶτον μὲν (pour les Lacédæmoniens) διὰ ξυμφορῶν ἡ ξύμβασις, etc.

tendances philo-laconiennes de Nikias et des hommes qui jouissaient alors de la confiance à Athènes étaient si irréfléchies et à si courte vue, qu'ils renoncèrent à cet avantage, — souffrirent qu'Athènes fût frustrée de toutes les espérances qu'ils avaient eux-mêmes présentées comme motifs pour faire la paix, — et néanmoins cédèrent gratuitement à Sparte tous les points essentiels qu'elle désirait. Très-certainement jamais Kleôn ne recommanda rien à ses concitoyens (autant que nous le savons par les documents que nous possédons) qui fût aussi impolitique et aussi ruineux que cette alliance avec Sparte et cette reddition des prisonniers, auxquelles concoururent et Nikias et Alkibiadês. Probablement les éphores spartiates amusèrent Nikias, et il amusa l'assemblée athénienne avec les fallacieuses assurances d'une obéissance certaine en Thrace, d'après les prétendus ordres péremptoires donnés à Klearidas. Et maintenant que le véhément corroyeur, avec son éloquence accusatrice, avait disparu, — remplacé seulement par un successeur inférieur, le lampiste (1) Hyperbolos, — et laissant le public athénien sous la direction incontestée de citoyens éminents par la naissance et la position, descendus de dieux et de héros, — il ne restait personne pour démontrer d'une manière efficace la futilité de ces assurances, ni pour imposer la leçon d'une simple et évidente prudence. — « Attendez, comme c'est votre droit, que les Spartiates aient accompli la partie onéreuse de leur marché avant que vous accomplissiez la partie onéreuse du vôtre. Ou si vous voulez vous relâcher par rapport à quelqu'une des concessions qu'ils ont juré de faire, en tout cas attachez-vous au point capital, et présentez-leur l'alternative péremptoire, — Amphipolis en échange des prisonniers. »

Les Athéniens ne tardèrent pas à reconnaître combien ils avaient perdu complétement l'avantage de leur position, et le principal moyen d'imposer l'exécution du traité en livrant les prisonniers, ce qui donnait à Sparte une liberté d'action

---

(1) Aristophan. Pac. 665-887.

telle qu'elle n'en avait pas eu une pareille depuis le premier blocus de Sphakteria. Cependant il semble que sous les éphores actuels Sparte ne fut coupable d'aucun acte calculé ni positif qu'on pourrait appeler un manque de foi. Elle donna ordre à Klearidas de rendre Amphipolis s'il le pouvait, si non de l'évacuer et de ramener les troupes péloponésiennes dans leurs foyers. Naturellement la ville ne fut pas rendue aux Athéniens, mais évacuée, et alors elle pensa avoir rempli son devoir à l'égard d'Athènes en ce qui concernait Amphipolis, bien qu'elle eût juré de la rendre et que son serment restât sans être rempli (1). Les autres villes thraces furent également sourdes à ses conseils persuasifs, et également obstinées dans leur hostilité à l'égard d'Athènes. Il en fut de même des Bœôtiens, des Corinthiens, des Mégariens et des Éleiens; mais les Bœôtiens, tout en refusant de devenir partie à la trêve avec Sparte, conclurent pour eux-mêmes une convention séparée ou armistice avec Athènes, qui pouvait être rompue à condition que l'une ou l'autre des deux parties la dénonçât dix jours à l'avance (2).

Dans cet état de choses, bien qu'il fût établi entre Athènes et le Péloponèse des relations ostensibles de paix, et une libre réciprocité de rapports, — le mécontentement des Athéniens et les remontrances de leurs ambassadeurs à Sparte devinrent bientôt sérieux. Les Lacédæmoniens avaient juré pour eux et pour leurs alliés, — cependant les plus puissants de ces alliés, et ceux dont l'inimitié avait le plus d'importance pour Athènes, continuaient encore à refuser de se conformer à la paix. Ni Panakton, ni les prisonniers athéniens en Bœôtia n'étaient encore rendus à Athènes, et les cités thraces ne s'étaient pas encore soumises au traité de paix. En réponse aux remontrances des ambassadeurs athéniens, les Lacédæmoniens affirmèrent qu'ils avaient déjà rendu tous les prisonniers athéniens qui étaient entre leurs mains et retiré leurs troupes de Thrace, ce qui était (disaient-ils) la seule chose qui fût en leur pouvoir, puisqu'ils

---

(1) Thucydide, V, 21-35.　　　　　(2) Thucydide, V, 32.

n'étaient pas maîtres d'Amphipolis, ni capables de contraindre les villes thraces contre leur volonté. Quant aux Bœôtiens et aux Corinthiens, les Lacédæmoniens allèrent jusqu'à se déclarer prêt à prendre les armes en même temps qu'Athènes (1), afin de les obliger à accepter la paix, et même ils parlèrent de fixer un jour après lequel ces États récalcitrants seraient proclamés ennemis communs, et par Sparte et par Athènes. Mais leurs propositions se bornèrent toujours à des mots vagues, et ils ne voulurent pas consentir à se lier par un instrument écrit ou péremptoire. Néanmoins, leur confiance était si grande soit dans la suffisance de ces assurances, soit dans la facilité de Nikias, qu'ils osèrent demander à Athènes de rendre Pylos, — ou du moins de retirer de cette ville la garnison messènienne avec les déserteurs ilotes, — en n'y laissant que des soldats athéniens indigènes, jusqu'à ce qu'on fût plus avancé dans la paix. Mais les sentiments des Athéniens avaient subi alors un changement sérieux, et ils accueillirent cette demande avec une froideur marquée. Aucune des stipulations du traité en leur faveur n'avait encore été exécutée, — aucune même ne semblait en train de l'être ; aussi commencèrent-ils alors à soupçonner Sparte de malhonnèteté et de fraude, et ils regrettèrent amèrement d'avoir légèrement rendu les prisonniers (2). Leurs remontrances à Sparte, souvent répétées dans le courant de l'été, ne produisirent aucun effet positif. Néanmoins, ils se laissèrent persuader d'éloigner de Pylos les Messèniens et les Ilotes pour les placer à Kephallenia, en les remplaçant par une garnison athénienne (3).

Les Athéniens avaient sans doute de bonnes raisons pour

---

(1) Thucydide, V, 35. Λέγοντες ἀεὶ ὡς μετ' Ἀθηναίων τούτους, ἢν μὴ θέλωσι, κοινῇ ἀναγκάσουσι · χρόνους δὲ προὔθεντο ἄνευ ξυγγραφῆς, ἐν οἷς χρῆν τοὺς μὴ ἐσιόντας ἀμφοτέροις πολεμίους εἶναι.

(2) Thucydide, V, 35. Τούτων οὖν ὁρῶντες οἱ Ἀθηναῖοι οὐδὲν ἔργῳ γιγνόμενον, ὑπετόπευσαν τοὺς Λακεδαιμονίους μηδὲν δίκαιον διανοεῖσθαι, ὥστε οὔτε Πύλον ἀπαιτούντων αὐτῶν ἀπεδίδοσαν, ἀλλὰ καὶ τοὺς ἐκ τῆς νήσου ἄνδρας μετεμέλοντο ἀποδεδωκότες, etc.

(3) Thucydide, V, 35. Πολλάκις δὲ καὶ πολλῶν λόγων γενομένων ἐν τῷ θέρει τούτῳ, etc.

se plaindre de Sparte. Mais les personnes dont ils avaient à se plaindre avec plus de raison encore étaient Nikias et leurs propres chefs philo-laconiens, qui avaient d'abord accepté de Sparte des promesses douteuses quant à l'exécution, et ensuite, — bien que favorisés par le sort par rapport à la priorité de cession, et acquérant ainsi la preuve que Sparte ou ne voulait pas ou ne pouvait pas remplir ses promesses, — renonçaient à tous ces avantages et procuraient à Sparte presque gratuitement le seul bien dont elle se souciât sérieusement. Les nombreux critiques de l'histoire grecque, qui ne jugent pas de terme trop dur pour le démagogue Kleôn, devraient en bonne justice mettre sa prudence politique en contraste avec celle de ses rivaux, et voir laquelle des deux indique une plus grande prévoyance dans l'administration des relations étrangères d'Athènes. Amphipolis avait jadis été perdue par la surveillance imprévoyante de Thucydide et d'Euklês : elle le fut alors de nouveau par les imprévoyantes concessions de Nikias.

L'alliance péloponésienne fut tellement dérangée par le nombre d'États qui avaient refusé la paix, et l'ascendant de Sparte avait tellement diminué pour le moment, qu'il se forma alors de nouvelles combinaisons dans la péninsule. Nous avons déjà mentionné que la trêve entre Argos et Sparte venait précisément d'expirer alors. Argos était donc libre, avec ses anciennes prétentions à l'hégémonie du Péloponèse, soutenues par une plénitude entière de richesses, de puissance et de population. N'ayant pas pris une part directe à la dernière guerre si ruineuse, elle avait même gagné de l'argent en fournissant à l'occasion du secours aux deux parties belligérantes (1), tandis que ses forces mili-

---

(1) Thucydide, V, 28. Aristophan. Pac. 467. sur les Argiens, δίχοθεν μισθοφοροῦντες ἄλφιτα.

Il caractérise les Argiens comme désireux pour cette raison de prolonger la guerre entre Athènes et Sparte. Ce passage, aussi bien que toute la teneur de la pièce, donne lieu d'affirmer que la *Paix* fut représentée pendant l'hiver qui précéda immédiatement la paix de Nikias, — environ quatre ou cinq mois après la bataille d'Amphipolis et la mort de Kleôn et de Brasidas, non pas deux ans plus tard, comme M. Clinton

taires venaient d'être alors augmentées par une mesure d'une importance très-considérable. Elle avait récemment mis à part un corps de mille hoplites d'élite, composé de jeunes gens riches et d'un rang élevé, pour recevoir une éducation militaire constante aux frais de l'État, et pour être inscrit comme un régiment séparé et spécial, à part des autres citoyens (1). Pour un gouvernement démocratique comme Argos, une telle institution était dangereuse à l'intérieur et grosse de malheurs, qui seront décrits ci-après. Mais au moment actuel, les chefs démocratiques d'Argos semblent n'avoir songé qu'aux relations étrangères de leur ville, maintenant que sa trêve avec Sparte allait expirer, et que l'état désorganisé de la confédération spartiate ouvrait à son ambition de nouvelles chances de reconquérir quelque chose qui ressemblât à l'hégémonie dans le Péloponèse.

Le mécontentement des alliés péloponésiens récalcitrants les amena alors à tourner leur attention sur Argos comme sur un nouveau chef. Ils s'étaient défiés de Sparte, même avant la paix, sachant bien qu'elle avait des intérêts distincts de ceux de la confédération, intérêts qui prenaient leur source dans son désir de ravoir ses captifs. Dans les conditions de la paix, il semblait qu'il ne s'agît que de Sparte et d'Athènes, les intérêts des autres alliés, et en particulier de ceux de Thrace, étant écartés. De plus, cet article du traité de paix où il était dit qu'Athènes et Sparte pourraient d'un mutuel accord ajouter ou effacer tout article qu'elles vou-

---

voudrait la placer, sur l'autorité d'une date qui se trouve dans la pièce elle-même et à laquelle il attache trop d'importance.

(1) Thucydide, V, 67. Ἀργείων οἱ Χίλιοι λογάδες, οἷς ἡ πόλις ἐκ πολλοῦ ἄσκησιν τῶν ἐς τὸν πόλεμον δημοσίᾳ παρεῖχε.

Diodore (XII, 75) représente la première formation de ce régiment des Mille à Argos comme s'étant précisément effectuée à cette époque, et je pense qu'il est ici digne de créance ;

de sorte que je ne regarde pas l'expression de Thucydide ἐκ πολλοῦ comme indiquant un temps plus long que deux années avant la bataille de Mantineia. Pour une éducation militaire grecque, deux ans de pratique constante étaient un *long* temps. Il ne faut pas croire que la démocratie argienne se fût exposée à la dépense et au danger de conserver ce régiment d'élite pendant toute la période de sa longue paix, qui arrivait précisément alors à sa fin.

draient, sans consulter les alliés, excitait une alarme générale, comme si Sparte méditait une trahison de concert avec Athènes contre la confédération (1). Et l'alarme, une fois éveillée, fut encore augmentée davantage par le traité séparé d'alliance entre Sparte et Athènes, qui fut conclu à si peu d'intervalle, aussi bien que par la restitution des prisonniers spartiates.

Ce mécontentement général causé dans les États péloponésiens par l'accord inattendu des Athéniens et des Lacédæmoniens, fortifié dans le cas de chaque État particulier par des intérêts propres à chacun d'eux, se manifesta pour la première fois ouvertement par la conduite des Corinthiens. En se retirant des conférences de Sparte, — où l'on venait de faire connaître l'alliance récente entre les Athéniens et les Spartiates, et où ces derniers s'étaient efforcés vainement de déterminer leurs alliés à accepter la paix, — les Corinthiens se rendirent droit à Argos pour y communiquer ce qui s'était passé et pour solliciter une intervention. Ils dirent aux principaux personnages de cette ville que c'était actuellement le devoir d'Argos de se mettre en avant comme sauveur du Péloponèse, que les Lacédæmoniens livraient ouvertement à l'ennemi commun, — et d'inviter dans ce dessein à faire une alliance pour la défense réciproque, tout État hellénique autonome qui voudrait s'engager à donner et à recevoir satisfaction à l'amiable dans tous les points de différend. Ils affirmaient que maintes cités, par haine contre Sparte, répondraient volontiers à une telle invitation, surtout si un conseil de commissaires peu nombreux était nommé, avec pleins pouvoirs d'admettre toute demande convenable ; de sorte que, dans le cas de rejet, il n'y eût pas du moins d'éclat devant l'assemblée publique de la démocratie argienne. Cette suggestion, — faite en secret par les Corinthiens qui retournèrent chez eux immédiatement après, — fut adoptée avec empressement tant par les chefs

----

(1) Thucydide, V, 29. Μὴ μετὰ Ἀθηναίων σφᾶς βούλωνται Λακεδαιμό- νιοι δουλώσασθαι : cf. Diodore, XII, 75.

que par le peuple à Argos, vu qu'elle promettait de réaliser leurs prétentions au commandement si longtemps nourries. En conséquence, on nomma douze commissaires, avec pouvoir d'admettre tous les nouveaux alliés qu'ils jugeraient éligibles, excepté Athènes et Sparte. Il ne fut pas permis de traiter avec l'une ou avec l'autre de ces deux villes sans la sanction formelle de l'assemblée publique (1).

Cependant les Corinthiens, bien qu'ils eussent été les premiers à mettre les Argiens en mouvement, crurent néanmoins juste, avant de s'engager publiquement dans la nouvelle alliance, de convoquer à Corinthe un congrès de mécontents péloponésiens. Ce furent les Mantineiens qui, les premiers, s'adressèrent à Argos d'après la notification qui venait d'être faite. Et ici il nous est donné de voir en partie les relations qui existaient entre les États secondaires et intérieurs du Péloponèse. Mantineia et Tegea, étant limitrophes aussi bien que les deux États les plus considérables de l'Arkadia, étaient dans une rivalité perpétuelle, qui s'était montrée seulement un an et demi auparavant (2) dans une bataille sanglante, mais indécise. Tegea, située sur les frontières de la Laconie et ayant un gouvernement oligarchique, était très-fortement attachée à Sparte; tandis que pour cette raison même, aussi bien que par le caractère démocratique de son gouvernement, Mantineia l'était moins, — bien qu'elle fût encore inscrite dans la confédération péloponésienne et qu'elle agît comme un de ses membres. Elle avait récemment conquis pour elle-même un petit empire (3) dans son voisinage, composé de districts de village en Arkadia, comptés comme ses alliés sujets, et combattant dans ses rangs à la dernière bataille avec Tegea. Cette conquête

---

(1) Thucydide, V, 28.
(2) Thucydide, IV, 134.
(3) Thucyd., V, 39. Τοῖς γὰρ Μαντινεῦσι μέρος τι τῆς Ἀρκαδίας κατέστραπτο
ὑπήκοον, ἔτι τοῦ πρὸς Ἀθηναίους πολέμου ὄντος, καὶ ἐνόμιζον οὐ περιόψεσθαι σφᾶς τοὺς Λακεδαιμονίους

ἄρχειν, ἐπειδὴ καὶ σχολὴν ἦγον.
Quant à la manière dont l'accord des membres de la confédération modifiait les relations entre les États subordonnés et les États souverains, voir plus loin pages 274 et 275, dans le cas d'Elis et de Lepreon.

avait été faite même pendant la durée de la guerre avec
Athènes, — époque où les États moindres du Péloponèse
en général, et même États sujets par rapport à leurs propres États souverains, étaient sous la garantie de la confédération pour laquelle ils étaient obligés de faire un service gratuit contre l'ennemi commun; — de sorte qu'elle
redoutait une intervention lacédæmonienne à la requête et
pour l'affranchissement de ces sujets, qui de plus étaient
situés près des frontières de la Laconie. Probablement une
telle intervention avait été sollicitée auparavant; seulement
Sparte avait été dans des embarras pressants, — et de plus
elle n'avait pas fait de convocation générale de la confédération contre Athènes, — pendant tout le temps qui avait
suivi le désastre de Sphakteria. Mais actuellement elle avait
les bras libres, avec un bon prétexte et une bonne raison
pour intervenir.

Maintenir l'autonomie de tous les petits États, et empêcher
qu'aucun d'eux ne fût médiatisé ou groupé en agrégats sous
l'ascendant des plus grands, telle avait été la politique générale de Sparte, — surtout depuis qu'elle avait accru sa propre
influence comme chef de toute la confédération en assurant
à chaque État moindre un vote indépendant aux réunions
des confédérés (1). En outre, la rivalité de Tegea agissait
probablement ici comme motif auxiliaire contre Mantineia.
Dans de telles appréhensions, les Mantineiens se hâtèrent de
rechercher l'alliance et la protection d'Argos pour laquelle
ils avaient une sympathie de plus, celle d'une démocratie
commune. Une telle révolte contre Sparte (2) (car on la
considérait ainsi) excitait une grande sensation d'une extrémité à l'autre du Péloponèse, ainsi qu'une grande disposition à suivre cet exemple, dans le mécontentement qui régnait alors.

---

(1) Thucydide, I, 125.
(2) Thucydide, V, 29. Ἀποστάν-
των δὲ τῶν Μαντινέων, καὶ ἡ ἄλλη
Πελοπόννησος, ἐς θροῦν καθίστατο ὡς
καὶ σφίσι ποιητέον τοῦτο, νομίζοντες
πλέον τέ τι εἰδότας μεταστῆναι αὐτοὺς,
καὶ τοὺς Λακεδαιμονίους ἅμα δι' ὀργῆς
ἔχοντες, etc.

En particulier, elle contribua beaucoup à accroître l'importance du congrès à Corinthe, où les Lacédæmoniens jugèrent nécessaire d'envoyer des ambassadeurs spéciaux pour déjouer les intrigues qui se tramaient contre eux. Leur ambassadeur adressa aux Corinthiens une énergique remontrance, et même un reproche, pour la part importante qu'ils avaient prise dans ces machinations, en excitant la dissension parmi les anciens confédérés et en organisant une nouvelle confédération sous la présidence d'Argos. « Ils (les Corinthiens) aggravaient la faute et le parjure dont ils s'étaient primitivement rendus coupables en ne tenant pas compte du vote formel d'une majorité de la confédération et en refusant d'accepter la paix, — car c'était une maxime fondamentale et jurée des confédérés, que la décision de la majorité les liât tous, excepté dans les cas où il s'agissait d'offenses envers les Dieux ou les Héros. » Encouragés par la présence de nombreux députés qui avaient de la sympathie pour leur cause, — Bœôtiens, Mégariens, Chalkidiens de Thrace (1), etc., — les Corinthiens répondirent avec fermeté. Mais ils ne regardèrent pas comme une bonne politique de proclamer le motif réel qu'ils avaient pour rejeter la paix, — à savoir qu'elle ne leur avait pas procuré la restitution de Sollion et d'Anaktorion; en effet, c'était d'abord une question dans laquelle leurs alliés présents n'avaient aucun intérêt, — et ensuite, elle ne fournissait aucune excuse valable pour leur résistance au vote de la majorité. En conséquence, ils se placèrent sur un prétexte à la fois noble et religieux, — sur cette réserve pour scrupules de religion, que l'ambassadeur lacédæmonien avait admise luimême, et qui naturellement devait être expliquée par chaque membre, eu égard à ses propres sentiments religieux. « *C'était* un obstacle religieux (prétendaient les Corinthiens)

---

(1) Thucydide, V, 30. Κορίνθιοι δὲ παρόντων σφίσι τῶν ξυμμάχων, ὅσοι οὐδ' αὐτοὶ ἐδέξαντο τὰς σπονδὰς (παρεκάλεσαν δὲ αὐτοὺς αὐτοὶ πρότερον) ἀντέλεγον τοῖς Λακεδαιμονίοις, ἃ μὲν ἠδικοῦντο, οὐ δηλοῦντες ἀντίκρυς, etc.

qui les empêchait d'accéder à la paix avec Athènes, nonobstant le vote de la majorité ; car nous avions antérieurement
échangé des serments, nous-mêmes séparément de la confédération, avec les Chalkidiens de Thrace à l'époque où ils se
révoltèrent contre Athènes ; et nous aurions violé ces serments séparés, si nous avions accepté un traité de paix dans
lequel ces Chalkidiens étaient abandonnés. Quant à une
alliance avec Argos, nous nous regardons comme libres
d'adopter toute résolution qui nous semblera convenable,
après avoir consulté nos amis ici présents. » C'est avec cette
réponse si peu satisfaisante que les ambassadeurs lacédæmoniens furent obligés de retourner chez eux. Cependant
quelques envoyés argiens, qui étaient aussi présents à l'assemblée dans le dessein de presser les Corinthiens de réaliser sur-le-champ les espérances d'alliance qu'ils avaient
présentées à Argos, ne purent encore de leur côté obtenir
une réponse affirmative et décidée ; — on leur demanda de
revenir à la nouvelle conférence (1).

Bien que les Corinthiens eussent eux-mêmes fait naître
l'idée d'une nouvelle confédération argienne et compromis
Argos dans une proclamation ouverte, cependant ils hési-
tèrent alors à exécuter leur propre plan. Ils étaient sans
doute arrêtés en partie par l'amertume du reproche lacédæmonien, — car l'accomplissement ouvert de cette révolte,
outre ses graves conséquences politiques, blessait une suite
de sentiments très-anciens ; — mais ils l'étaient plus encore
par la découverte qu'ils venaient de faire que leurs amis,
qui étaient d'accord avec eux pour rejeter la paix, refusaient
décidément de se révolter ouvertement contre Sparte et de
faire aucune alliance avec Argos. Dans cette catégorie
étaient les Bœótiens et les Mégariens. Ces deux États, —
laissés à leurs propres impressions et à leur jugement par les
Lacédæmoniens, qui ne leur firent aucun appel particulier
comme ils l'avaient fait aux Corinthiens, — se détournèrent
spontanément d'Argos, non moins par aversion pour la dé-

(1) Thucydide, V, 30.

mocratie argienne que par sympathie pour l'oligarchie de
Sparte (1). Ils étaient liés ensemble par une communauté

---

(1) Thucydide, V, 31. Βοιωτοὶ δὲ
καὶ Μεγαρῆς τὸ αὐτὸ λέγοντες ἡσύχαζον, περιορώμενοι ὑπὸ τῶν Λακεδαιμονίων, καὶ νομίζοντες σφίσι τὴν
Ἀργείων δημοκρατίαν αὐτοῖς ὀλιγαρ-
χουμένοις ἧσσον ξύμφοραν εἶναι τῆς Λακεδαιμονίων πολιτείας.

Ces mots, περιορώμενοι ὑπὸ τῶν Λακεδαιμονίων, ne sont pas clairs, et ont
causé beaucoup d'embarras aux commentateurs, et donné lieu à quelques
propositions de changer le texte. Ce
serait indubitablement une améliora-
tion dans le sens, s'il nous était permis
(avec Dobree) de rejeter les mots ὑπὸ
τῶν Λακεδαιμονίων comme glose, et
ainsi d'expliquer περιορώμενοι comme
un verbe moyen, « attendant pour voir
l'événement, » ou littéralement, « faisant le guet sur eux. » Mais, à prendre
le texte tel qu'il est maintenant, le
sens que j'ai donné semble le meilleur
qui s'en puisse tirer.

La plupart des critiques traduisent
περιορώμενοι « dédaignés ou méprisés
par les Lacédæmoniens. » Mais en premier lieu, cela n'est pas vrai comme fait;
en second lieu, si cela était vrai, nous
devrions avoir une conjonction adversative au lieu de καὶ devant νομίζοντες,
puisque la tendance des deux motifs
indiqués serait alors dans des directions contraires. « Les Bœôtiens, *bien
que* méprisés par les Lacédæmoniens,
jugeaient cependant dangereuse une
union avec la démocratie argienne. »
Et c'est là le sens que Haack propose
réellement, bien qu'il fasse une grande
violence au mot καὶ.

Le docteur Thirlwall et le docteur
Arnold traduisent περιορώμενοι « se
sentant dédaignés ; » et le dernier dit :
« Les Bœôtiens et les Mégariens ne se
rangèrent d'aucun côté; ni de celui des
Lacédæmoniens, car ils sentaient que
les Lacédæmoniens les avaient dédai-

gnés, ni de celui des Argiens, parce
qu'ils pensaient que la démocratie argienne leur conviendrait moins que
la constitution de Sparte. » Mais cela
donne encore un sens inadmissible à
ἡσύχαζον, qui signifie « restèrent
comme ils étaient. » Les Bœôtiens ne
furent pas appelés à choisir entre
deux côtés ou deux plans positifs
d'action; ils furent invités à s'allier
avec Argos, et c'est ce qu'ils refusent
de faire : ils préfèrent *rester comme
ils sont*, alliés de Lacédæmone, mais
refusant de devenir parties à la paix.
De plus, dans le sens proposé par le
docteur Arnold, nous trouverions assurément une conjonction adversative
à la place de καὶ.

Le mot περιορᾶν ne signifie pas nécessairement (et c'est un sens que je
propose) « dédaigner ou mépriser, »
mais quelquefois « laisser seul, ne pas
remarquer, s'abstenir d'intervenir. »
Ainsi, Thucydide, I, 24. Ἐπιδάμνιοι
— πέμπουσιν ἐς τὴν Κερκύραν πρέσβεις
— δεόμενοι μὴ σφᾶς περιορᾶν φθειρο-
μένους, etc.; et I, 69. Καὶ νῦν τοὺς
Ἀθηναίους οὐχ ἕκας ἀλλ' ἐγγὺς ὄντας πε-
ριορᾶτε, etc. Semblable est le sens de
περιιδεῖν et περιόψεσθαι, II, 20. Dans
tous ces passages, il n'y a pas d'idée
de *mépris* impliquée dans le mot :
« laisser seul, » ou « s'abstenir d'intervention, » provient de sentiments tout
à fait différents du mépris.

C'est ainsi que dans le passage que
nous avons sous les yeux, περιορώμενοι semble le participe *passif* dans ce
sens. Thucydide, qui vient de décrire
une énergique remontrance envoyée
par les Spartiates pour empêcher Corinthe de se joindre à Argos, veut donner à entendre (par les mots discutés
actuellement) qu'ils n'eurent pas recours à une *intervention semblable* pour
empêcher les Bœôtiens et les Mégariens

d'intérêt, non-seulement comme étant à la fois voisins et ennemis acharnés de l'Attique, mais comme ayant chacun un corps d'exilés démocratiques qui pouvaient trouver des encouragements à Argos. Découragés par la résistance de ces deux alliés importants, les Corinthiens s'abstinrent de visiter Argos, jusqu'à ce qu'ils fussent poussés en avant par une nouvelle impulsion due au hasard, — la demande des Éleiens, — qui, embrassant avec ardeur le nouveau projet, envoyèrent des ambassadeurs pour conclure d'abord une alliance avec les Corinthiens, ensuite pour aller inscrire Elis comme alliée d'Argos. Cet incident confirma tellement les Corinthiens dans leur premier projet, qu'ils se hâtèrent d'aller à Argos, avec les Chalkidiens de Thrace, pour se joindre à la nouvelle confédération.

La conduite d'Elis, comme celle de Mantineia, en se révoltant ainsi contre Sparte, avait été dictée par des motifs privés de querelle, nés de rapports avec son alliée dépendante la ville de Lepreon. Les Lépréates étaient devenus dépendants d'Elis quelque temps avant le commencement de la guerre du Péloponèse, en considération du secours que leur avaient prêté les Éleiens pour les délivrer d'une guerre dangereuse contre quelques ennemis arkadiens. Pour acheter ce secours, ils s'étaient engagés à céder aux Éleiens la moitié de leur territoire; mais il leur avait été permis d'y résider et de l'occuper, sous la condition de payer annuellement un talent comme tribut à Zeus Olympien, — ou, en d'autres termes, aux Éleiens comme à ses intendants. Au début de la guerre du Péloponèse (1), quand les Lacédæmoniens commencèrent à réclamer un service gratuit des villes péloponésiennes en général, petites aussi bien que

---

de s'unir à elle : « Les Bœôtiens et les Mégariens restèrent comme ils étaient, *laissés à eux-mêmes par les Lacédæmoniens*, et pensant que la démocratie argienne leur convenait moins que l'oligarchie de Sparte. »

(1) Thucydide, V, 31. Καὶ μέχρι τοῦ Ἀττικοῦ πολέμου ἀπέφερον · ἔπειτα, παυσαμένων διὰ πρόφασιν τοῦ πολέμου, οἱ Ἠλεῖοι ἐπηνάγκαζον, οἱ δ' ἐτράποντο πρὸς τοὺς Λακεδαιμονίους.

Pour *l'accord* auquel il est fait allusion ici, voir quelques lignes plus loin.

grandes, contre Athènes, — les Lépréates, en vertu de l'accord en vigueur dans la confédération, furent exemptés provisoirement de continuer le payement de leur tribut à Elis. Cette exemption cessa avec la guerre, à la fin de laquelle Elis fut autorisée, en vertu du même accord, à reprendre le tribut suspendu. En conséquence, elle demanda que le payement fût recommencé; mais les Lépréates refusèrent; et quand elle vint à employer la force, ils se mirent sous la protection de Sparte, à la décision de laquelle les Éleiens eux-mêmes consentirent d'abord à s'en rapporter, ayant l'accord général de la confédération décidément en leur faveur. Mais on vit bientôt que Sparte était plus disposée à pratiquer son système général, qui était de favoriser l'autonomie des États moindres, que d'imposer la volonté positive de la confédération. En conséquence, les Éleiens, l'accusant d'un faux-fuyant injuste, renoncèrent à son autorité comme arbitre et envoyèrent des forces militaires occuper Lepreon. Néanmoins les Spartiates persistèrent dans leur décision, déclarèrent Lepreon autonome et expédièrent un corps de leurs propres hoplites pour défendre cette ville contre les Éleiens. Ces derniers protestèrent avec éclat contre ce procédé, et dénoncèrent les Lacédæmoniens comme leur ayant enlevé une de leurs dépendances, contrairement à l'accord qui avait été adopté par toute la confédération au commencement de la guerre, — à savoir que chaque cité souveraine reprendrait à la fin de la guerre toutes les dépendances qu'elle possédait au commencement, à condition de laisser de côté son droit au tribut et au service militaire de leur part tout le temps que la guerre durerait. Après avoir fait à Sparte des remontrances inutiles, les Éleiens saisirent avidement l'occasion qui s'offrait alors de se révolter contre elle et de se joindre à la nouvelle ligue avec Corinthe et Argos (1).

---

(1) Thucydide, V, 31. Τὴν ξυνθήκην προφέροντες, ἐν ᾗ εἴρητο, ἃ ἔχοντες ἐς τὸν Ἀττικὸν πόλεμον καθίσταντό τινες, ταῦτα ἔχοντας καὶ ἐξελθεῖν, ὡς οὐκ ἴσον ἔχοντες ἀφίστανται, etc.

Nous n'entendons parler que dans

Cette nouvelle ligue, qui comprenait Argos, Corinthe, Elis et Mantineia, avait acquis alors tant de force et de confiance, que les Argiens et les Corinthiens envoyèrent une ambassade commune à Tegea pour obtenir la réunion de cette ville, — vraisemblablement la plus puissante du Péloponèse après Sparte et Argos. Quels motifs avaient-ils pour espérer réussir, c'est ce que l'on ne nous dit pas. Le seul fait que Mantineia s'était unie à Argos semblait de nature à empêcher Tegea, en tant que rivale de la puissance arkadienne, d'en faire autant; et il en fut ainsi, — car les Tégéens repoussèrent décidément la proposition, non sans protester énergiquement qu'ils resteraient attachés à Sparte en toute chose. Les Corinthiens furent très-découragés par ce refus, auquel ils ne s'étaient nullement attendus, — après avoir été égarés par des expressions générales de mécontentement

ce seul passage de l'accord auquel il est fait allusion ici entre les membres de la confédération péloponésienne. Il était extrêmement important pour ceux des confédérés qui étaient des villes souveraines, — c'est-à-dire qui avaient des subordonnés ou alliés sujets.

Poppo et Bloomfield s'étonnent que les Corinthiens n'aient pas fait appel à cet accord pour obtenir la restitution de Sollion et d'Anaktorion. Mais ils comprennent mal, à mon avis, le but de l'accord, qui ne se rapportait pas aux prises faites pendant la guerre par l'ennemi commun. Il était inutile pour la confédération de convenir formellement qu'aucun des membres ne perdrait rien par suite de prises faites par l'ennemi. C'était une question de supériorité de force, — car aucun accord ne pouvait lier l'ennemi. Mais la confédération pouvait très-bien faire un pacte quant aux rapports entre ses membres souverains *immédiats* et les dépendances *médiates* ou subordonnées de chacun d'eux. Chaque État souverain consentait à renoncer au tribut ou aux services de son subordonné, tout

le temps que ce dernier était appelé à concourir à l'effort général de la confédération contre l'ennemi commun. Mais la confédération garantissait en même temps que l'État souverain rentrerait dans ses droits suspendus, aussitôt que la guerre serait finie. Cette garantie fut évidemment violée par Sparte dans le cas d'Elis et de Lepreon. Au contraire, dans le cas de Mantineia (mentionné quelques pages plus haut, p. 269), les Mantinéiens avaient violé la maxime de la confédération, et Sparte était justifiée en intervenant à la requête de leurs sujets pour maintenir l'autonomie de ces derniers. Car Thucydide dit expressément que les Mantinéiens avaient soumis ces districts arkadiens pendant le temps même que se faisait la guerre contre Athènes, — τοῖς γὰρ Μαντινεῦσι μέρος τι τῆς Ἀρκαδίας κατέστραπτο ὑπήκοον, ἔτι τοῦ πρὸς Ἀθηναίους πολέμου ὄντος (V, 29). Les Éléiens possédaient Lepreon, et recevaient de cette ville un tribut avant que la guerre fût commencée.

contre Sparte, au point de croire qu'ils pouvaient transporter à Argos presque tout le corps des confédérés. Mais ils commencèrent alors à désespérer de toute extension ultérieure de l'hégémonie argienne, et même à regarder leur propre position comme peu sûre du côté d'Athènes, avec laquelle ils n'étaient pas'en paix, tandis qu'en se joignant à Argos ils avaient perdu leur droit sur Sparte et sur sa confédération, y compris la Bœôtia et Megara. Dans cet embarras ils eurent recours aux Bœôtiens, qu'ils supplièrent de nouveau de se joindre à eux dans l'alliance argienne, requête déjà refusée une fois, et qui ne devait vraisemblablement pas être accordée alors, — mais destinée à être l'avant-coureur d'une autre requête présentée en même temps. Les Bœôtiens étaient priés d'accompagner les Corinthiens à Athènes et d'obtenir pour eux des Athéniens un armistice qui pouvait être rompu, à condition d'être dénoncé dix jours à l'avance, tel que celui dont ils étaient convenus pour eux-mêmes. En cas de refus, ils étaient priés encore de renoncer à leur propre accord, et de n'en pas conclure d'autre sans le concours des Corinthiens. Les Bœôtiens consentirent à aller à Athènes avec les Corinthiens et à appuyer leur demande d'armistice, — ce que les Athéniens refusèrent d'accorder, en disant que les Corinthiens étaient déjà compris dans la paix générale, s'ils étaient alliés de Sparte. En recevant cette réponse, les Corinthiens supplièrent les Bœôtiens, posant la chose comme question obligatoire, de renoncer à leur propre armistice et de faire cause commune pour tout traité à venir. Mais cette requête fut refusée avec fermeté. Les Bœôtiens maintinrent leur armistice de dix jours, et les Corinthiens furent obligés d'acquiescer à leur condition actuelle de paix *de facto*, bien qu'elle ne fût garantie par aucun engagement d'Athènes (1).

---

(1) Thucydide, V, 32. Κορινθίοις δὲ ἀνακωχὴ ἄσπονδος ἦν πρὸς Ἀθηναίους.

Le Dᵣ Arnold fait remarquer à ce sujet : — « Par ἄσπονδος il est entendu un simple accord en paroles, non ratifié par les solennités de la religion. Et les Grecs, comme nous l'avons vu, considéraient la violation de leur parole

Cependant les Lacédæmoniens n'oubliaient pas l'affront qu'ils avaient reçu par la révolte de Mantineia et d'Elis. A la requête d'un parti chez les Parrhasii, sujets arkadiens de Mantineia, ils entrèrent dans ce territoire conduits par le roi Pleistoanax, et forcèrent les Mantineiens d'évacuer le fort qu'ils y avaient élevé et qu'ils ne purent défendre, bien qu'ils reçussent un corps de troupes argiennes pour garder leur ville, ce qui leur permit de faire marcher toutes leurs forces vers l'endroit menacé. Non-seulement les Lacédæmoniens affranchirent les sujets arkadiens de Mantineia, mais encore ils établirent un corps additionnel d'Ilotes et de Neodamodes à Lepreon, comme défense et moyen d'observation sur les frontières de l'Elis (1). C'étaient les soldats de Brasidas, que Klearidas avait alors ramenés de Sparte. Les Ilotes qui étaient du nombre avaient été affranchis comme récompense et autorisés à résider où ils voudraient. Mais comme ils avaient puisé des leçons de bravoure à l'école de leur illustre chef, leur présence était indubitablement dangereuse parmi les serfs de la Laconie; de là la disposition des Lacédæmoniens à les établir au dehors. Nous pouvons nous rappeler que, non pas bien longtemps auparavant, ils avaient fait assassiner secrètement deux mille Ilotes des plus courageux, sans aucun motif de soupçon contre ces victimes personnellement, mais seulement par crainte de tout

---

comme très-différente de la violation de leur serment. »

Cela n'a pas autant de signification même qu'en suppose le Dr Arnold. Il n'y avait pas d'accord du tout — ni en paroles ni par serment. Il y avait une simple absence d'hostilités, *de facto*, ne résultant d'aucun engagement reconnu. Tel est le sens d'ἀναχωχὴ, I, 66; III, 25, 26.

La réponse faite ici par les Athéniens à la demande de Corinthe n'est pas facile à comprendre. Ils auraient, avec bien plus de raison, refusé de conclure l'armistice de dix jours avec les *Bœó-*

tiens, — vu que ces derniers restaient encore les alliés de Sparte, bien qu'ils ne voulussent pas accéder à la paix générale, tandis que les Corinthiens, après s'être joints à Argos, avaient moins de droits à être considérés comme alliés de Sparte. Néanmoins, nous les verrons encore assister aux réunions de Sparte, et agir comme alliés de cette ville.

(1) Thucydide, V, 33, 34. Les Neodamodes étaient des Ilotes antérieurement affranchis, ou les fils de ces derniers.

le corps, et naturellement par une crainte plus grande des plus braves (1).

Ce ne fut pas seulement contre un danger de la part des Ilotes de Brasidas revenus de Thrace que les Lacédæmoniens eurent à se garder, — mais aussi contre un danger (réel ou supposé) de la part de leurs propres prisonniers spartiates, rendus par Athènes à la conclusion de la récente alliance. Bien que la reddition de Sphakteria n'eût été souillée par aucune lâcheté réelle ni par aucune incapacité militaire, néanmoins, d'après les inexorables coutumes de Sparte et le ton de l'opinion qui y régnait, ces hommes étaient regardés comme plus ou moins avilis, ou du moins il y avait assez pour leur faire croire qu'ils étaient considérés comme tels, et par là pour exciter leur mécontentement. Quelques-uns d'entre eux étaient déjà dans l'exercice de diverses fonctions, quand les éphores, concevant des soupçons de leurs desseins, les condamnèrent tous à une incapacité temporaire pour tout poste officiel, plaçant tous leurs biens sous la gestion d'un fidéi-commissaire, et leur interdisant, comme à des mineurs, tout acte d'achat ou de vente (2). Cette sorte de privation de priviléges dura pendant un temps considérable ; mais ceux qui en avaient été frappés finirent par recouvrer leurs droits, quand on supposa le danger passé. La nature de l'interdiction confirme ce que nous savons directement par Thucydide, à savoir que beaucoup de ces captifs appartenaient aux familles les plus considérables et les plus riches de l'État ; et les éphores ont pu craindre qu'ils n'employassent leur fortune à acquérir des partisans et à organiser une révolte parmi les Ilotes. Nous n'avons pas de faits qui nous permettent d'apprécier la situation : mais l'esprit peu généreux de la mesure, en tant qu'appliquée à de braves guer-

---

(1) Thucydide, IV, 80.

(2) Thucydide, V, 34. Ἀτίμους ἐποίησαν, ἀτιμίαν δὲ τοιαύτην, ὥστε μήτε ἄρχειν, μήτε πριαμένους τι, ἢ πωλοῦντας, κυρίους εἶναι.

Pour le traitement habituel de soldats spartiates qui s'enfuyaient du combat, V. Xénophon, Rep. Laced., c. 9 ; Plutarque, Agésilas, c. 30 ; Hérodote, VII, 231.

riers rentrés récemment dans leurs foyers après un long
emprisonnement (esprit signalé avec justesse par des historiens modernes), n'avait pas beaucoup de poids pour les
éphores s'il existait quelque symptôme d'un danger public.

Nous n'entendons rien dire des actes des Athéniens pendant cet été, si ce n'est que la ville de Skiônê finit par se
rendre à eux après un blocus continué longtemps, qu'ils
mirent à mort la population mâle en état de porter les armes
et vendirent les femmes et les enfants comme esclaves.
L'odieux d'avoir proposé cette résolution cruelle deux ans
et demi auparavant appartient à Kleôn ; celui de l'exécuter,
près d'une année après sa mort, appartient aux chefs qui lui
succédèrent et à ses compatriotes en général. Toutefois
le lecteur doit actuellement être suffisamment accoutumé
aux lois grecques de la guerre, et ne pas s'étonner d'un tel
traitement à l'égard de sujets révoltés et d'une ville reconquise. Skiônê et son territoire furent cédés aux réfugiés
Platæens. La population indigène de Dêlos, aussi, qui avait
été éloignée de ce lieu sacré l'année précédente, dans la
pensée qu'elle était trop impure pour s'acquitter des fonctions sacerdotales, — fut alors rendue à son île. La défaite
subséquente essuyée à Amphipolis avait fait naître à Athènes
la croyance que cet éloignement avait offensé les dieux, —
et c'était sous cette impression, confirmée par l'oracle de
Delphes, que les Athéniens prouvaient actuellement leur
repentir en rétablissant les exilés dêliens (1). Ils perdirent
en outre les villes de Thyssos sur la péninsule de l'Athos, et
de Mekyberna, sur le golfe Sithonien, qui furent prises par
les Chalkidiens de Thrace (2).

Cependant les relations politiques dans les États grecs
puissants restèrent toutes provisoires et non déterminées.
L'alliance existait encore entre Sparte et Athènes, toutefois
avec des plaintes continuelles de la part de cette dernière,

---

relativement à la non-exécution du premier traité. Les membres de la confédération spartiate étaient mécontents; quelques-uns s'étaient retirés et d'autres semblaient disposés à faire de même, tandis qu'Argos, qui avait l'ambition de supplanter Sparte, essayait de se mettre à la tête d'une nouvelle confédération, bien que jusque-là avec un succès très-partiel. Cependant, jusqu'à ce moment, les autorités de Sparte, — le roi Pleistoanax aussi bien que les éphores de l'année, — avaient désiré sincèrement maintenir l'alliance athénienne, autant que cela était possible sans sacrifice et sans l'emploi réel de la force contre les récalcitrants, dont ils n'avaient parlé que pour amuser les Athéniens. De plus, le prodigieux avantage qu'ils avaient obtenu en recouvrant les prisonniers, ce qui sans doute les rendait très-populaires dans leur patrie, les attachait d'autant plus fortement à leur propre mesure. Mais à la fin de l'été (vraisemblablement vers la fin de septembre ou au commencement d'octobre, 421 av. J.-C.), l'année de ces éphores expira, et on nomma d'autres éphores pour l'année suivante. Dans l'état de choses actuel ce fut une révolution importante; car sur les cinq éphores nouveaux, deux (Kleoboulos et Xenarès) étaient décidément hostiles à la paix avec Athènes, et les trois autres indifférents en apparence (1). Et nous pouvons faire remarquer ici que cette instabilité et cette fluctuation de politique publique, que l'on dénonce souvent comme si c'était l'attribut particulier d'une démocratie, se rencontrent tout autant dans la monarchie constitutionnelle de Sparte, — le gouvernement le moins populaire de la Grèce, tant en principe que dans le détail.

Les nouveaux éphores réunirent un congrès spécial à Sparte pour régler les différends pendants; à ce congrès, entre autres, les ambassadeurs athéniens, bœôtiens et corinthiens furent tous présents. Mais, après des débats prolongés, on n'arrivait pas à un accord; aussi le congrès était-il sur le point de se dissoudre, quand Kleoboulos et Xenarès, avec

____

(1) Thucydide, V, 36.

un grand nombre de leurs partisans (1), produisirent sous main, de concert avec les députés bœôtiens et corinthiens, une série de manœuvres privées, pour la dissolution de l'alliance athénienne. On devait y parvenir en faisant une alliance séparée entre Argos et Sparte, alliance que les Spartiates désiraient sincèrement, et qu'ils embrasseraient de préférence (ainsi l'affirmaient ces éphores), même au prix de la rupture de leur nouveau lien avec Athènes. On pressait les Bœôtiens de devenir d'abord eux-mêmes alliés d'Argos, et ensuite d'amener Argos dans l'alliance de Sparte. Mais il était essentiel, en outre, qu'ils donnassent Panakton à Sparte, afin qu'on pût offrir cette place aux Athéniens en échange de Pylos, — car Sparte ne pouvait pas facilement aller en guerre contre ces derniers tant qu'ils restaient maîtres de cette dernière position (2).

Tels furent les plans que Kleoboulos et Xenarès formèrent avec les députés corinthiens et bœôtiens, et ces derniers retournèrent chez eux prêts à les mettre à exécution. La chance sembla aussitôt favoriser le dessein; car, en chemin vers leur patrie, ils furent accostés par deux Argiens, sénateurs dans leur ville, qui exprimèrent un très-vif désir d'établir une alliance entre les Bœôtiens et Argos. Les députés bœôtiens, encourageant cette idée avec chaleur, pressèrent les Argiens d'envoyer des ambassadeurs à Thèbes pour solliciter l'alliance; et ils communiquèrent aux Bœôtarques, à leur arrivée chez eux, et les plans formés par les éphores spartiates et les désirs de ces Argiens. Les Bœôtarques entrèrent aussi avec ardeur dans tout le projet; ils reçurent les ambassadeurs argiens avec une faveur marquée, et promirent, aussitôt qu'ils auraient obtenu la sanction nécessaire, d'envoyer des députés de leur propre État et de demander une alliance avec Argos.

Il fallait obtenir cette sanction des « Quatre Sénats des Bœôtiens, » — corps dont la constitution nous est totale-

---

(1) Thucydide, V, 37. Ἐπεσταλμένοι ἀπό τε τοῦ Κλεοβούλου καὶ Ξενά ρους καὶ ὅσοι φίλοι ἦσαν αὐτοῖς, etc.

(2) Thucydide, V, 36.

ment inconnue. Mais on les trouvait habituellement si pas-
sifs et si faciles que les Bœôtarques, comptant sur leur assentiment comme sur une chose toute naturelle, même sans faire
un exposé complet de motifs, firent tous leurs plans en conséquence (1). Ils proposèrent à ces quatre Sénats une résolution en termes généraux, s'autorisant au nom de la fédération bœôtienne à échanger des serments d'alliance avec toute
cité grecque qui serait disposée à s'allier avec elle, à des
conditions mutuellement avantageuses. Leur objet particulier était (disaient-ils) de faire alliance avec les Corinthiens,
les Mégariens et les Chalkidiens de Thrace, — pour une
mutuelle défense, et pour la guerre aussi bien que pour la
paix avec d'autres, seulement d'un consentement commun.
Ils ne prévoyaient pas de résistance à cet objet particulier
de la part des Sénats, en ce que leurs relations avec Corinthe avaient toujours été intimes, tandis que la position des
quatre parties nommées était la même, — toutes refusant
d'accéder à la récente paix. Mais la résolution fut à dessein
rédigée dans les termes les plus compréhensifs, afin qu'elle les
autorisât à aller ensuite plus loin, et à conclure une alliance
du côté des Bœôtiens et des Mégariens avec Argos ; cette
proposition ultérieure étant toutefois pour le moment tenue
en réserve, parce qu'une alliance avec Argos était une nouveauté qui pouvait surprendre et alarmer les Sénats. La manœuvre, habilement combinée pour tromper ces corps et leur
faire approuver par surprise des mesures auxquelles ils n'a-
vaient jamais songé, explique la manière dont un pouvoir
exécutif oligarchique pouvait éluder les moyens de contrôle
imaginés pour surveiller ses actes. Mais les Bœôtarques, à
leur grand étonnement, se trouvèrent déjoués dès le début ;
car les Sénats ne voulurent pas même entendre parler d'alliance avec Corinthe, — tant ils craignaient d'offenser Sparte
par quelque relation spéciale avec une ville qui s'était ré-

(1) Thucydide, V, 38. Οἰόμενοι τὴν
βουλὴν, κἂν μὴ εἴπωσιν, οὐκ ἄλλα ψη-
φιεῖσθαι ἢ ἃ σφίσι προδιαγνόντες παραι-
νοῦσιν .... ταῖς τέσσαρσι βουλαῖς τῶν
Βοιωτῶν, αἵπερ ἅπαν τὸ κῦρος, ἔχουσι.

voltée contre elle. Les Bœôtarques ne jugèrent pas non plus prudent de divulguer leurs communications avec Kleoboulos et Xenarès, ni de faire connaître aux Sénats que tout le plan provenait d'un parti puissant dans Sparte elle-même. En conséquence, d'après le refus formel fait par les Sénats, on ne pouvait faire d'autres démarches. Les ambassadeurs corinthiens et chalkidiens quittèrent Thèbes, et la promesse d'envoyer des députés bœôtiens à Argos resta sans exécution (1).

Mais les éphores à Sparte hostiles aux Athéniens, bien que déjoués dans leur dessein d'arriver à l'alliance argienne par l'intermédiaire des Bœôtiens, n'en persistèrent pas moins dans leurs vues sur Panakton. Cette ville, — forteresse frontière dans la chaîne de montagnes entre l'Attique et la Bœôtia, apparemment sur le côté bœôtien de Phylè, et sur la route directe d'Athènes à Thèbes, qui conduisait par Phylè ou auprès de cette route (2), — avait été une possession athénienne, jusqu'à six mois avant la paix, époque où elle avait été livrée aux Bœôtiens par trahison (3). Une disposition spéciale du traité entre Athènes et Sparte prescrivait qu'elle serait rendue à Athènes ; et on envoya alors des ambassadeurs lacédæmoniens en mission expresse en Bœôtia, pour demander aux Bœôtiens de leur remettre Panakton aussi bien que leurs prisonniers athéniens, afin qu'en les offrant à Athènes, celle-ci fût engagée à rendre Pylos. Les Bœôtiens refusèrent d'accéder à cette demande, si ce n'est à la condition que Sparte ferait avec eux une alliance spéciale comme elle en avait fait une avec les Athéniens. Or les Spartiates se trouvaient engagés par leur contrat avec ces derniers (soit par ses termes, soit par son sens reconnu), à ne contracter aucune alliance sans leur consentement. Mais ils étaient fortement déterminés à avoir Panakton en leur possession, — tandis que la perspective d'une rupture avec

---

(1) Thucydide, V, 38.
(2) V. le colonel Leake, Travels in Northern Greece, vol. II, ch. 17, p. 370.
(3) Thucydide, V, 3.

Athènes, loin d'être un motif qui arrêtât, était exactement
ce que désiraient Kleoboulos et Xenarês. Dans ces sentiments, les Lacédæmoniens consentirent à une alliance·spé-
ciale avec les Bœôtiens et la jurèrent. Mais les Bœôtiens,
au lieu de céder Panakton pour être rendu comme ils
l'avaient promis, rasèrent immédiatement la forteresse jusqu'au sol, sous prétexte de quelques anciens serments qui
avaient été échangés entre leurs ancêtres et les Athéniens,
afin que le district circonvoisin restât toujours sans habitants, — comme bande neutre de terre frontière, et destinée
à être un pâturage commun.

Ces négociations, après avoir marché tout l'hiver, finirent
par l'accomplissement de l'alliance et la destruction de Panakton au commencement du printemps ou vers le milieu de
mars (420 av. J.-C.). Et pendant que les éphores lacédæmoniens paraissaient ainsi en venir à leurs fins du côté de la
Bœôtia, ils furent agréablement surpris par un encouragement inattendu à leurs vues, qui venait d'un autre côté. Il
arriva d'Argos à Sparte une ambassade pour solliciter le renouvellement de la paix qui venait d'expirer. Les Argiens
trouvaient qu'ils n'avançaient pas dans l'extension de leur
confédération nouvellement formée, tandis que le désappointement qu'ils avaient eu récemment avec les Bœôtiens
les faisait désespérer de réaliser leurs projets ambitieux d'hégémonie péloponésienne. Mais quand ils apprirent que les
Lacédæmoniens avaient conclu une alliance séparée avec les
Bœôtiens, et que Panakton avait été rasé, leur désappointement se changea en alarme positive pour l'avenir. Concluant naturellement que cette nouvelle alliance n'aurait pas
été formée, si ce n'est de concert avec Athènes, ils inter-
prétèrent tout ce qui s'était fait comme indiquant que Sparte
avait déterminé les Bœôtiens à accepter la paix avec les
Athéniens, — la destruction de Panakton étant conçue
comme un compromis destiné à obvier aux disputes relativement à la possession. Dans cette conviction, — qui n'était
nullement déraisonnable en elle-même, lorsque les deux gouvernements contractants, tous deux oligarchiques et tous
deux secrets, ne fournissaient pas de preuves collatérales

pour expliquer leur intention réelle, — les Argiens se virent exclus de l'alliance non-seulement avec la Bœôtia, Sparte et Tegea, mais encore avec Athènes, ville que jusque-là ils avaient regardée comme un recours assuré en cas d'hostilité avec Sparte. Sans tarder un moment, ils dépêchèrent Eustrophos et Æsôn, — deux Argiens fort estimés à Sparte, et peut-être proxeni de cette ville, — pour demander avec instance un renouvellement de leur trêve conclue avec les Spartiates, et qui expirait, et pour obtenir les meilleures conditions possible.

Cette demande fut particulièrement agréable aux éphores lacédæmoniens ; — c'était l'événement même dont ils avaient amené l'accomplissement par leurs manœuvres secrètes. On ouvrit des négociations, dans lesquelles les ambassadeurs argiens proposèrent d'abord que la possession disputée de Thyrea fût référée à un arbitrage. Mais leur demande rencontra un refus péremptoire, — les Lacédæmoniens ne consentant pas à en venir à une telle discussion, et insistant sur le simple renouvellement de la paix alors à son terme. Enfin les ambassadeurs argiens, fortement décidés à tenir ouverte la question relative à Thyrea, d'une manière ou d'une autre, — déterminèrent les Lacédæmoniens à accepter la singulière convention suivante. La paix était conclue entre Athènes et Sparte pour cinquante années : mais si à quelque moment dans cet intervalle il convenait aux vues de l'une ou de l'autre partie de provoquer un combat par des champions choisis en nombre égal dans le dessein de déterminer le droit de Thyrea, — elle devait avoir pleine liberté de le faire ; le combat se livrerait dans le territoire de Thyrea même, et il serait interdit aux vainqueurs de poursuivre les vaincus au delà de la frontière incontestée de l'un ou de l'autre territoire. On se rappellera qu'environ cent vingt ans avant cette date, il y avait eu un combat de cette sorte entre trois cents champions de chaque côté, combat dans lequel, après des efforts désespérés de valeur des deux parts, la victoire aussi bien que le droit contesté était restée indécise. La proposition avancée par les Argiens faisait revivre cet ancien usage de combat judiciaire ; néanmoins, le chan-

gement qu'avait subi l'esprit grec pendant cet intervalle
était tel, qu'il parut alors une absurdité complète, —
même aux yeux des Lacédæmoniens, le peuple de la Grèce
le plus attaché aux anciens usages (1). Cependant, comme ils
ne risquaient rien en pratique par une concession aussi
vague, et qu'ils avaient l'extrême désir de rendre faciles leurs
relations avec Argos, en vue d'une rupture avec Athènes,
— ils finirent par accéder à la condition, dressèrent le traité
et le mirent entre les mains des ambassadeurs pour le porter
à Argos. Il fallait, pour lui donner de la validité, une accep-
tation et une ratification formelles de l'assemblée publique
argienne ; si on les accordait, les ambassadeurs étaient invités à retourner à Sparte à la fête des Hyakinthia, afin d'y
accomplir la solennité des serments.

Au milieu de cet étrange croisement de desseins et d'intérêts, les éphores spartiates semblaient alors être entièrement arrivés à leurs fins, — amitié avec Argos, rupture avec
Athènes, et cependant moyen (par la possession de Panakton)
d'obtenir de cette dernière ville la cession de Pylos. Mais
ils n'étaient pas encore sur un terrain solide. En effet, quand
leurs députés, Andromedès et deux collègues, arrivèrent en
Bœôtia dans le dessein de se rendre à Athènes et de poursuivre la négociation au sujet de Panakton (à l'époque où
Eustrophos et Æsôn menaient leur négociation à Sparte),
ils découvrirent pour la première fois que les Bœôtiens, au
lieu d'accomplir leur promesse de céder Panakton, l'avaient
rasé jusqu'au sol. C'était un coup sérieux porté à leur chance
de succès à Athènes ; néanmoins Andromedès y alla, en
prenant avec lui tous les prisonniers athéniens qui se trouvaient en Bœôtia. Il les rendit à Athènes, annonçant en

---

(1) Thucydide, V, 41. Τοῖς δὲ Λακεδαιμονίοις τὸ μὲν πρῶτον ἐδόκει μωρία
εἶναι ταῦτα · ἔπειτα (ἐπεθύμουν γὰρ τὸ
Ἄργος πάντως φίλιον ἔχειν) ξυνεχώρη-
σαν ἐφ' οἷς ἠξίουν, καὶ ξυνεγράψαντο.

Par les formes du traité qui restent,
nous somme amené à conclure que le
traité ne portait pas de signatures, mais
qu'il fut dressé par le secrétaire ou
officier autorisé, et finalement gravé
sur une colonne. Les noms de ceux qui
prêtèrent serment sont consignés, mais
vraisemblablement aucune signature
officielle.

même temps la démolition de Panakton comme un fait : Panakton aussi bien que les prisonniers était ainsi *rendu* (prétendait-il), — car les Athéniens ne trouveraient pas dès lors un seul ennemi dans la place ; et il réclama la cession de Pylos en échange (1).

Mais il trouva bientôt qu'on avait atteint la dernière limite de la condescendance athénienne. Ce fut sans doute en cette occasion que l'alliance séparée conclue entre Sparte et les Bœôtiens fut pour la première fois découverte à Athènes ; puisque non-seulement les actes de ces gouvernements oligarchiques étaient habituellement secrets, mais qu'il y avait un motif particulier pour tenir cachée cette alliance, jusqu'à ce que la discussion au sujet de Panakton et de Pylos eût été menée à fin. L'alliance et la démolition de Panakton excitèrent à la fois chez les Athéniens les signes les plus forts de dégoût et de colère, aggravés probablement plutôt qu'adoucis par l'argutie d'Andromedês, — à savoir que la démolition du fort, équivalant à une restitution et empêchant que l'ennemi ne l'occupât ultérieurement, remplissait véritablement les conditions du traité ; et aggravés plus encore par le souvenir de tous les autres articles de ce traité qui n'avaient pas été remplis. Toute une année s'était alors écoulée, au milieu d'une foule de notes et de protocoles (pour employer une phrase moderne) : néanmoins pas une des conditions favorables à Athènes n'avait encore été exécutée (excepté la restitution de ses prisonniers, vraisemblablement peu nombreux), — tandis que de son côté elle avait fait à Sparte la cession capitale sur laquelle reposait presque tout. L'indignation s'était depuis longtemps accumulée ; la mission d'Andromedês la mûrit, et elle se déchargea dans le renvoi brutal de cet ambassadeur et de ses collègues, et dans les durs reproches qu'on leur adressa (2).

Même Nikias, Lachês et les autres principaux athéniens, à l'imprévoyante facilité et au jugement erroné desquels était dû l'embarras du moment, ne restèrent probablement

----

(1) Thucydide, V, 42.   (2) Thucydide, V, 42.

pas beaucoup en arrière du public en général pour se récrier contre la perfidie spartiate, — n'eût-ce été que pour détourner l'attention de leur propre faute. Mais il y eut un d'entre eux, — Alkibiadês, fils de Kleinias, — qui saisit cette occasion de se mettre à la tête du violent sentiment antilaconien, dont était agitée l'Ekklesia, et de lui donner un but réel.

C'est ici la première occasion dans laquelle nous entendons parler de cet homme remarquable comme prenant une part saillante dans la vie publique. Il avait alors trente et un ou trente-deux ans environ, âge auquel, en Grèce, un homme était regardé comme bien jeune pour exercer un commandement important. Mais tels étaient l'éclat, les richesses et l'antiquité de sa famille, de lignage æakide par les héros Eurysakès et Ajax, et tel l'effet de ce lignage sur le public démocratique d'Athènes (1), — qu'il arriva promptement et facilement à une position éminente. Appartenant aussi par sa mère Deinomachê à la gens des Alkmæonidæ, il était parent de Periklês, qui devint son tuteur quand il resta orphelin à l'âge d'environ cinq ans, avec Kleinias son frère, plus jeune que lui. Ce fut à cette époque que leur père Kleinias fut tué à la bataille de Koroneia, après avoir déjà servi avec honneur, dans une trirème qu'il avait équipée, au combat naval d'Artemision contre les Perses. Son illustre tuteur donna au jeune Alkibiadês une nourrice spartiate nommée Amykla, et choisit un esclave nommé Zopyros pour veiller sur lui. Mais on ne put absolument pas gouverner même son enfance, et Athènes était remplie de ses tours et de ses énormités, aux regrets inutiles de Periklês et de son frère Ariphrôn (2). Ses

---

(1) Thucydide, V, 43. Ἀλκιβιάδης .... ἀνὴρ ἡλικίᾳ μὲν ὢν ἔτι τότε νεὸς, ὡς ἐν ἄλλῃ πόλει, ἀξιώματι δὲ προγόνων τιμώμενος.

Toutefois, l'expression de Plutarque, ἔτι μειράκιον, semble une exagération (Alkibiad. c. 10).

Kritias et Chariklês, en réponse à la question de Sokratês, auquel ils avaient défendu de converser avec des jeunes gens ou de leur faire des leçons — disaient que pour être *un jeune homme* il ne fallait pas avoir trente ans — l'âge des sénateurs à Athènes (Xénoph. Memorab. I, 2, 35).

(2) Platon, Protagoras, c. 10, p. 320;

passions violentes, son amour de jouissances, son désir ambitieux de supériorité, et son insolence à l'égard d'autrui (1),
se manifestèrent de bonne heure, et ne l'abandonnèrent
jamais pendant tout le cours de sa vie. Sa beauté accomplie
dans son enfance, sa jeunesse et son âge mûr le fit beaucoup
rechercher par les femmes (2), — et même par des femmes
d'habitudes réservées en général. En outre, même avant
l'âge où de telles tentations étaient habituellement offertes,
la beauté de sa première jeunesse, quand il se livrait aux
exercices gymnastiques ordinaires, lui attirait les caresses,
les sollicitations et les compliments assidus de toute sorte
des principaux Athéniens qui fréquentaient les palestres
publiques. Non-seulement ces hommes enduraient sa pétu-
lance, mais ils étaient même flattés quand il voulait condes-
cendre à la diriger sur eux. Au milieu de cette admiration
et de cette indulgence universelles, — au milieu des in-
fluences corruptrices exercées de tant de côtés et dès un âge
si tendre, combinées avec une grande fortune et la plus haute
position, — il n'était pas vraisemblable que, soit la contrainte
volontaire, soit la considération pour le bonheur d'autrui,
acquît jamais du développement dans l'esprit d'Alkibiadès.
Les anecdotes dont sa biographie est remplie révèlent l'absence absolue de ces deux éléments constitutifs de la moralité ; et bien que, par rapport aux histoires particulières, il
faille sans doute faire la part du scandale et de l'exagéra-

Plutarque, Alkib. c. 2, 3, 4 ; Isokrate, De Bigis, Orat. XVI, p. 353,
sect. 33, 34 ; Cornél. Népos, Alcibiad,
c. 1.

(1) Πέπονθα δὲ πρὸς τοῦτον (Σω-
κράτη) μόνον ἀνθρώπων, ὃ οὐκ ἄν
τις οἴοιτο ἐν ἐμοὶ ἐνεῖναι, τὸ
αἰσχύνεσθαι ὄντινοῦν.

C'est une partie du langage que Platon met dans la bouche d'Alkibiadès,
dans le Symposion, c. 32, p. 216 ;
V. aussi Platon, Alkibiad. I, ch. 1,
2, 3.

Cf. son autre contemporain, Xénoph.
Memor. I, 2, 16-25.

Φύσει δὲ πολλῶν ὄντων καὶ μεγάλων
πάθων ἐν αὐτῷ τὸ φιλόνεικον ἰσχυρότα-
τον ἦν καὶ τὸ φιλόπρωτον, ὡς δῆλόν ἐστι
τοῖς παιδικοῖς ὑπομνήμασι (Plutarque,
Alkib. c. 2).

(2) Je traduis, en diminuant un peu
la force des termes, l'expression d'un
auteur contemporain, Xénophon, Memorab. I, 2, 24. Ἀλκιβιάδης δ' αὖ διὰ
μὲν κάλλος ὑπὸ πολλῶν καὶ σεμνῶν γυ-
ναικῶν θηρώμενος, etc.

tion, cependant le type général du caractère est clairement
marqué et suffisamment établi dans toutes.

Une vie dissolue et un amour immodéré du plaisir sous
toutes ses formes, est ce que nous pouvions naturellement
attendre d'un jeune homme ainsi placé ; et il paraît qu'il se
livra à ces goûts avec une publicité choquante par laquelle
fut détruit le bonheur de sa femme Hipparetè, fille d'Hippo-
nikos, tué à la bataille de Dèlion. Elle lui avait apporté une
dot considérable de dix talents : quand elle rechercha le
divorce, comme le permettait la loi d'Athènes, Alkibiadès
intervint avec violence pour empêcher qu'elle n'obtînt le
bénéfice de la loi, et la ramena de force chez lui, même de
devant le magistrat. C'est cette violence de passion égoïste
et ce mépris insouciant pour toute obligation sociale à l'égard
de tout le monde, qui forme le trait caractéristique et particulier d'Alkibiadès. Il frappe le maître d'école dont il trouve
un jour la maison dépourvue d'un exemplaire d'Homère, —
il frappe Taureas (1), chorége rival, dans le théâtre public,
pendant le cours de la représentation, — il frappe Hipponi-
kos (qui plus tard devint son beau-père), par suite d'un pari
de pure fanfaronnade, l'apaisant après par d'amples excuses,
— il protége le poëte thasien Hègêmôn, contre lequel on
avait formellement porté une accusation devant l'archonte,
en l'effaçant de sa propre main de la liste placée dans l'édifice public appelé Metroôn, défiant à la fois le magistrat et
l'accusateur de présenter la cause en justice (2). Et il ne
paraît pas qu'aucune personne injuriée ait jamais osé citer
Alkibiadès devant le dikasterion, bien que nous lisions avec
étonnement le tissu d'actes arbitraires (3) qui marquaient sa

---

(1) Demosth. Cont. Meidiam, c. 49 ;
Thucydide, VI, 16 ; Antiphon, ap.
Athenæ. XII, 525.

(2) Athénée, IX, p. 407.

(3) Thucydide, VI, 15. Je traduis
l'expression de Thucydide, qui a beaucoup de force et de signification — φο-
6ηθέντες γὰρ αὐτοῦ οἱ πολλοὶ τὸ μέγεθος
τῆς τε κατὰ τὸ ἑαυτοῦ σῶμα παρανο-
μίας ἐς τὴν δίαιταν, etc. Le même mot
est répété par l'historien, VI, 28. Τὴν
ἄλλην αὐτοῦ ἐς τὰ ἐπιτηδεύματα οὐ
δημοτικὴν παρανομίαν.

La même phrase se trouve aussi dans
le court extrait de la λοιδορία d'Antiphon (Athénée, XII, p. 525).

La description d'Alkibiadês, donnée
dans le Discours appelé le Ἐρωτικὸς

vie privée, — combinaison d'insolence et d'ostentation avec une basse fourberie par occasion quand elle servait son dessein. Mais au milieu de l'égalité absolue légale, judiciaire et constitutionnelle, qui régnait parmi les citoyens d'Athènes, il restait encore de grandes inégalités sociales entre un homme et un autre, transmises depuis les temps qui précédaient la démocratie : inégalités que les institutions démocratiques limitaient dans leurs dangers pratiques, mais qu'elles n'effaçaient ni ne discréditaient jamais, — et qui étaient reconnues comme des éléments modificatifs dans la veine courante et inconsciente de sentiment et de critique, par ceux qu'elles offensaient aussi bien que par ceux qu'elles favorisaient. Dans le discours que Thucydide (1) attribue à

Λόγος, attribué par erreur à Démosthène (c. 12, p. 1414) est plus caractéristique que ce que nous trouvons ordinairement dans des compositions de rhétorique. Τοῦτο δ', Ἀλκιβιάδην εὑρήσεις φύσει μὲν πρὸς ἀρετὴν πολλῷ χεῖρον διακείμενον, καὶ τὰ μὲν ὑπερηφανῶς, τὰ δὲ ταπεινῶς, τὰ δ' ὑπεράκρως, ζῆν προῃρημένον · ἀπὸ δὲ τῆς Σωκράτους ὁμιλίας πολλὰ μὲν ἐπανορθωθέντα τοῦ βίου, τὰ δὲ λοιπὰ τῷ μεγέθει τῶν ἄλλων ἔργων ἐπικρυψάμενον.

Les trois épithètes par lesquelles l'auteur décrit les mauvaises tendances d'Alkibiadês trouveront leur complète explication dans ses actes, qui seront décrits ci-après. L'influence salutaire attribuée ici à Sokratês est malheureusement bien moins justifiée.

(1) Plutarque, Alkibiad. c. 4; Cornél. Népos, Alcib. c. 2; Platon, Protagoras, c. I.

Je ne sais jusqu'à quel point le mémorable récit attribué à Alkibiadês dans le Symposion de Platon (c. 33, 34, p. 216, 217), peut être regardé comme une histoire et un fait réels, en ce qui concerne Sokratês; mais c'est une ample preuve par rapport aux relations d'Alkibiadês avec d'autres en général.

Cf. Xénophon, Memorab. 1, 2, 29, 30; IV, 1·2.

Plusieurs des dialogues de Platon nous offrent des tableaux frappants de la palestre, avec les enfants, les jeunes gens, les maîtres de gymnastique, occupés à leurs exercices ou s'en reposant — et les philosophes et les spectateurs qui y venaient pour s'amuser et converser. Voir particulièrement les premiers chapitres du Lysis et du Charmidês — et les Rivaux (Anterastæ) où la scène est placée dans la maison d'un γραμματιστὴς ou maître d'école. Dans le Lysis, Sokratês déclare faire de sa conversation avec ces intéressants jeunes gens un antidote contre les flatteries corruptrices de la plupart de ceux qui cherchaient à gagner leur bon vouloir. Οὕτω χρὴ, ὦ Ἱππόθαλες, τοῖς παιδικοῖς διαλέγεσθαι, ταπεινοῦντα καὶ συστέλλοντα, ἀλλὰ μὴ, ὥσπερ σὺ, χαυνοῦντα καὶ διαθρύπτοντα (Lysis, c. 7, p. 210).

Voir, comme explication de ce qui est dit ici au sujet d'Alkibiadês comme jeune homme, Euripid. Supplic. 906 (sur Parthenopæos), et les beaux vers dans l'Atys de Catulle, 60-69.

On ne peut guère douter que les caractères de tous les jeunes gens grecs

Alkibiadès devant l'assemblée publique athénienne, nous voyons l'insolence de la fortune et d'une haute position sociale non-seulement admise comme un fait, mais défendue comme une moralité légitime ; et l'histoire de sa vie, aussi bien que beaucoup d'autrès faits dans la société athénïenne, montrent que si on ne l'approuvait pas, on la tolérait du moins en pratique dans une grande mesure, malgré les restrictions de la démocratie.

Au milieu de ces excès immoraux de conduite, Alkibiadès se distinguait par une bravoure personnelle. Il servit comme hoplite dans l'armée commandée par Phormiôn au siége de Potidæa, en 432 avant J.-C. Bien qu'il eût alors vingt ans à peine, il fut au nombre des soldats qui s'exposèrent le plus dans la bataille ; il reçut une grave blessure et courut un grand danger ; il ne dut la vie qu'aux efforts de Sokratês, qui servait avec lui dans les rangs. Huit ans après, Alkibiadès servit aussi avec honneur dans la cavalerie à la bataille de Dèlion, et eut l'occasion de s'acquitter de ce qu'il devait à Sokratês en le protégeant contre les Bœôtiens qui le poursuivaient. Comme jeune homme riche aussi, il fut chargé d'une chorégie et d'une triérarchie : devoirs dispendieux dont (comme nous pouvions le prévoir) il s'acquitta non-seulement d'une manière suffisante, mais encore avec ostentation. Dans le fait une dépense de la sorte, bien qu'obligatoire jusqu'à un certain point pour tous les hommes riches, était si largement remboursée pour tous ceux qui avaient la moindre ambition, sous forme de popularité et d'influence, que la plupart d'entre eux allaient spontanément au delà du minimum exigé, dans le dessein de se mettre en évidence. On dit qu'Alkibiadès parut pour la première fois dans la vie publique comme donateur, pour quelque dessein spécial, dans l'Ekklesia, lorsque divers citoyens

---

de quelques prétentions ne fussent affectés considérablement par cette société et cette conversation de leurs années d'enfance, bien que le sujet soit un de ceux sur lesquels on ne peut pas bien produire et discuter les preuves complètes.

étaient en train de remettre leurs contributions ; et les
bruyants applaudissements que sa souscription provoqua
furent si nouveaux pour lui et l'émurent tellement, qu'il
laissa échapper une caille apprivoisée qu'il portait dans son
sein. Cet incident excita de la gaieté et de la sympathie
parmi les citoyens présents ; l'oiseau fut rattrapé et rendu à
son maître par Antiochos, qui, à partir de ce moment, acquit
sa faveur, et dans la suite devint son pilote et son lieute-
nant de confiance (1).

Pour un jeune homme tel qu'Alkibiadês, avide de pouvoir
et de prééminence, une certaine mesure de facilité de rhéteur et de puissance de persuasion était indispensable. En
vue de les acquérir, il fréquentait la société de divers maîtres
d'art sophistique et de rhétorique (2), — Prodikos, Protagoras et autres, mais surtout celle de Sokratês. Son intimité
avec Sokratês est devenue célèbre pour bien des raisons, et
elle est rappelée et par Platon et par Xénophon, bien que par
malheur avec moins de détails instructifs que nous ne pourrions le désirer. Nous pouvons facilement croire Xénophon,
quand il nous dit qu'Alkibiadês (comme l'oligarchique Kritias, dont nous aurons à parler beaucoup ci-après) était attiré
vers Sokratês par son incomparable talent de dialectique
dans la conversation, par son influence féconde sur les esprits de ses auditeurs, d'où elle faisait sortir de nouvelles
pensées et de nouvelles combinaisons, — par son habileté
extrême à donner des explications appropriées et familières,
— par sa faculté de voir longtemps à l'avance le terme d'un
long débat contradictoire, — par son affectation ironique
d'ignorance, qui ne faisait que rendre plus complète l'humiliation de ses adversaires, lorsqu'ils étaient convaincus d'in-
conséquence et de contradiction d'après leurs propres ré-
ponses. Le spectacle de cet art ingénieux était en lui-même
d'un haut intérêt, et il stimulait l'activité intellectuelle des
auditeurs, tandis que le talent même avait une valeur parti-

---

(1) Plutarque, Alkibiadês, c. 10. -   (2) V. la description dans le Protagoras de Platon, c. 8, p. 317.

culière pour ceux qui se proposaient de mener un débat public ; et c'est dans cette vue que ces ambitieux jeunes gens essayaient de saisir la manière de Sokratès (1) et de copier sa série formidable d'interrogations. Tous deux sans doute respectaient involontairement le citoyen pauvre, se suffisant à lui-même, modéré et brave, doué de ce talent éminent ; et en particulier Alkibiadès, qui non-seulement était redevable de la vie à la généreuse valeur de Sokratès à Potidæa, mais qui avait encore appris à admirer dans ce service le corps de fer du philosophe sous son armure, endurant la faim, le froid et les fatigues (2). Nous ne devons pas supposer que l'un ou l'autre vînt vers Sokratès dans le dessein d'entendre et d'observer ses préceptes en matière de devoir, ou de recevoir de lui un nouveau plan de vie. Ils venaient en partie pour satisfaire un désir intellectuel, en partie pour acquérir un fonds de mots et d'idées, avec la facilité de manier les arguments, propre à leur plan ultérieur comme orateurs publics. Des sujets moraux, politiques et intellectuels servaient de sujets, parfois de discours, parfois de discussion, dans la

---

(1) V. Xénophon, Memorab. I, 2, 12-24, 39-47.

Κριτίας μὲν καὶ Ἀλκιβιάδης, οὐκ ἀρέσκοντος αὐτοῖς Σωκράτους, ὡμιλεσάτην, ὃν χρόνον ὡμιλείτην αὐτῷ, ἀλλ' εὐθὺς ἐξ ἀρχῆς ὡρμηκότε προεστάναι τῆς πόλεως. Ἔτι γὰρ Σωκράτει ξυνόντες οὐκ ἄλλοις τισι μᾶλλον ἐπεχείρουν διαλέγεσθαι ἢ τοῖς μάλιστα πράττουσι τὰ πολιτικά .... Ἐπεὶ τοίνυν τάχιστα τῶν πολιτευομένων ὑπέλαβον κρείττονες εἶναι, Σωκράτει μὲν οὐκ ἔτι προσῄισαν, οὐδὲ γὰρ αὐτοῖς ἄλλως ἤρεσκεν · εἴτε προσέλθοιεν, ὑπὲρ ὧν ἡμάρτανον ἐλεγχόμενοι ἤχθοντο · τὰ δὲ τῆς πόλεως ἔπραττον, ὧνπερ ἕνεκεν καὶ Σωκράτει προσῆλθον : cf. Platon, Apolog. Sokrat. c. 10, p. 23 ; c. 22, p. 33.

Xénophon représente Alkibiadès et Kritias comme fréquentant la société de Sokratès, pour la même raison et les mêmes buts pour lesquels les jeunes gens allaient en général trouver les sophistes, comme l'affirme Platon. Voir Platon, Sophist. c. 20, p. 232 D.

« Nam et Socrati (fait observer Quintilien, Inst. Or. II, 16) objiciunt comici, docere eum, quomodo pejorem causam meliorem reddat; et contra Tisiam et Gorgiam similia dicit polliceri Plato. »

Ce que dit Platon de la grande influence acquise par Sokratès sur Alkibiadès, et de la déférence et de la soumission de ce dernier, ne doit pas être évidemment pris comme historique même quand nous n'aurions pas le tableau plus simple et plus digne de foi tracé par Xénophon. Isokrate va jusqu'à dire que personne ne connut jamais Sokratès comme maître d'Alkibiadès; ce qui est une exagération dans l'autre sens (Isokrate, Busiris, Or. XI, sect. 6, p. 222).

(2) Platon, Symposion, c. 35-36, p. 220, etc.

société de tous ces sophistes, — de Prodikos et de Protagoras non moins que de Sokratês; car dans le sens athénien du mot, Sokratês était un sophiste aussi bien que les autres, et pour les jeunes gens riches d'Athènes, comme Alkibiadês et Kritias, une telle société était d'une haute utilité (1). Elle donnait un but plus noble à leur ambition, comprenant les mérites intellectuels aussi bien que le succès politique; elle agrandissait le cercle de leur intelligence et leur ouvrait une veine de littérature et de critique aussi abondante que l'époque le permettait; elle les accoutumait à discuter la conduite humaine, avec les causes du bien être humain, tant public que privé, et les obstacles qu'il rencontre; — elle leur suggérait même indirectement des leçons de devoir et de prudence dont leur position sociale tendait à les éloigner, et qu'ils se seraient difficilement soumis à entendre d'une autre bouche que de celle d'un homme qu'ils admiraient pour son intelligence. En apprenant à parler, ils étaient forcés d'apprendre plus ou moins à penser et se familiarisaient avec la différence entre la vérité et l'erreur; et un maître éloquent ne manquait pas d'inscrire leurs sentiments au nombre des grands sujets de morale et de politique. Leur soif de stimulant intellectuel et de talents oratoires avait ainsi, autant que c'était possible, un effet moral, bien que ce fût rarement le but auquel ils tendissent (2).

---

(1) Voir l'exposé donné dans le Protagoras de Platon des dispositions dans lesquelles le jeune et riche Hippokratês va chercher l'instruction auprès de Protagoras — et des objets que Protagoras se propose en la donnant (Platon, Protagoras, c. 2, p. 310 D; c. 8, p. 316 C; c. 9, p. 318, etc. : cf. aussi Platon, Menôn, p. 91, et Gorgias, c. 4, p. 449 E — assurant la connexion, dans l'esprit de Gorgias, entre enseigner à parler et enseigner à penser — λέγειν καὶ φρονεῖν, etc.).

Il ne serait pas raisonnable de répéter comme vraies et justes toutes les accusations polémiques dirigées contre ceux qu'on appelle sophistes, même tels que nous les trouvons dans Platon — sans examen et réflexion. Mais des écrivains modernes sur les affaires grecques rabaissent les sophistes même plus que ne le fit Platon, et ne tiennent pas compte de ce que lui, bien que leur adversaire, admet perpétuellement en leur faveur.

C'est un sujet très-étendu, auquel j'espère revenir.

(2) Je ne partage en aucune sorte le jugement du Dr Thirlwall, qui répète ce que l'on dit habituellement de Sokratês et des sophistes, à savoir qu'Alkibiadês fut « séduit par les sophistes, »

Alkibiadês, rempli d'ardeur et d'ambition de toute sorte, jouissait de la conversation des plus éminents causeurs et maîtres qu'on trouvât à Athènes, de celle de Sokratês parti-

---

tandis que Sokratês est représenté comme un bon génie qui le préserve de leurs corruptions (Hist. of Greece, vol. III, ch. 24, p. 312, 313, 314). Je crois aussi qu'il se trompe quand il distingue si formellement Sokratês des sophistes — quand il décrit les sophistes comme « ayant des prétentions à la sagesse, » — comme « une nouvelle école, » — comme « enseignant qu'il n'y avait pas de différence réelle entre la vérité et le mensonge, le juste et l'injuste, » etc.

Toute la plausibilité qu'il y a dans cette manière de les représenter résulte d'une confusion entre le sens primitif et le sens moderne du mot sophiste ; le dernier étant vraisemblablement donné au mot par Platon et par Aristote. Dans l'ancienne acception ordinaire du mot à Athènes, il signifiait non pas une *école* de personnes professant des doctrines communes — mais une *classe* d'hommes portant le même nom, parce qu'ils devaient leur célébrité à des objets analogues d'étude et à une occupation intellectuelle commune. Les sophistes étaient des hommes qui avaient les mêmes fonctions et les mêmes travaux, en partie spéculatifs, en partie de profession ; mais ils différaient grandement les uns des autres, tant pour la méthode que pour la doctrine (V. par exemple Isokrate, Cont. Sophist. Orat. XIII ; Platon, Menôn, p. 87 B.) Quiconque se distinguait par des travaux spéculatifs, et communiquait ses opinions par des leçons, des discussions ou des conversations publiques, — était appelé sophiste, quelles que fussent les conclusions qu'il cherchait à exposer ou à défendre. La différence entre recevoir de l'argent et exposer gratuitement, sur laquelle Sokratês lui-même

aimait tant à insister (Xénophon, Memorab. I, 6, 12), n'a évidemment aucun rapport avec le cas. Quand Æschine l'orateur dit aux dikastes : « Rappelez-vous que vous, Athéniens, mettiez à mort *le sophiste Sokratês*, parce qu'il était prouvé qu'il avait été le maître de Kritias » (Æschine, Cont. Timarch. c. 34, p. 74), il se sert du mot dans son sens athénien vrai et naturel. Il n'avait rien à dire contre Sokratês, qui alors était mort depuis plus de quarante ans — mais il le représente par sa profession ou son occupation, précisément comme il aurait dit *Hippokratês le médecin* ; *Pheidias le sculpteur*, etc. Denys d'Halikarn. appelle Platon et Isokraté des sophistes (Ars Rhetor. De Compos. Verb. p. 208 R). Les Nuées d'Aristophane, et les défenses présentées par Platon et Xénophon, montrent que Sokratês non-seulement était appelé du nom de sophiste, mais qu'il était regardé sous le même jour que celui sous lequel le Dr Thirlwall nous présente ce qu'il appelle « la nouvelle École des Sophistes » — comme « un corrupteur de la jeunesse, indifférent à la vérité ou au mensonge, au juste ou à l'injuste, » etc. V. un passage frappant dans le Politicus de Platon, c. 38, p. 299 B. Quiconque pense (comme moi) que ces accusations étaient faussement portées contre Sokratês, devra faire attention à la manière dont il les avance contre la profession générale à laquelle Sokratês appartenait.

Qu'il y eût des hommes sans principes et immoraux dans la classe des sophistes (comme il y en a et comme il y en a toujours eu parmi les maîtres d'école, les professeurs, les gens de loi, etc., et tous les corps), c'est ce dont

culièrement et le plus souvent. Le philosophe lui devint très-attaché, et sans doute ne perdit aucune occasion de lui inculquer des leçons salutaires, autant qu'il le pouvait faire sans dégoûter l'orgueil d'un jeune homme hautain et gâté qui avait en vue la célébrité de la vie publique. Mais par malheur ses leçons ne produisirent pas d'effet sérieux, et elles finirent même par devenir désagréables à l'élève. Toute la vie d'Alkibiadês atteste combien le sentiment d'obligation, publique ou privée, s'établit faiblement dans son esprit; — combien les fins qu'il poursuivait étaient dictées par une vanité impérieuse et par un amour d'agrandissement. Dans la dernière partie de sa vie, Sokratês fut signalé à la haine publique par ses ennemis, comme ayant été le maître d'Alki-

---

je ne doute pas ; dans quelle proportion, c'est ce que nous ne pouvons déterminer. Mais on sentira l'extrême dureté qu'il y a à passer condamnation sans réserve sur le grand corps des maîtres intellectuels à Athènes, et à canoniser exclusivement Sokratês et ses sectateurs — si l'on se rappelle que l'Apologue bien connu, appelé le *Choix d'Hercule*, fut l'œuvre du sophiste Prodikos, et son sujet favori de leçon (Xénophon, Memor. II, 1, 21-34). Jusqu'à ce jour, cet Apologue n'a pas été surpassé, pour la simplicité touchante avec laquelle il présente un des points de vue d'obligation morale les plus importants ; et il a été placé dans un plus grand nombre de livres de morale élémentaire que toute autre chose de Sokratês, de Platon ou de Xénophon. Considérer l'auteur de cet Apologue, et la classe à laquelle il appartenait, comme enseignant « qu'il n'y avait pas de différence réelle entre le juste et l'injuste, la vérité et le mensonge, » etc., est une critique peu en harmonie avec le ton juste et libéral de l'Histoire du docteur Thirlwall.

J'ajouterai que Platon lui-même, dans un passage très-important de la République (VI, c. 6, 7, p. 492-493), réfute l'imputation dirigée contre les sophistes d'être particulièrement les corrupteurs de la jeunesse. Il les représente comme inculquant à leurs jeunes élèves la morale qui était reçue comme vraie et juste à leur époque et dans leur société — rien de plus, rien de moins. Le grand corrupteur (dit-il) est la société elle-même ; les sophistes ne font que répéter la voix et le jugement de la société. Sans chercher à présent jusqu'à quel point Platon ou Sokratês avait raison en condamnant la morale reçue de leurs compatriotes, j'accepte sans réserve son assertion, que le grand corps des maîtres de profession contemporains enseignait ce qu'on regardait comme bonne morale dans le public athénien. Il y en avait sans doute quelques-uns qui enseignaient une morale meilleure, d'autres une morale pire. Et on peut le dire avec une égale vérité du grand corps des maîtres de profession à toute époque et de toute nation.

Xénophon énumère diverses causes auxquelles il attribue la corruption du caractère d'Alkibiadês — fortune, rang, beauté personnelle, flatteurs, etc.; mais il ne nomme pas dans ce nombre les sophistes (Memorab. I, 2, 24, 25).

biadès et de Kritias. Et si nous pouvions être assez injuste
pour juger la morale du maître par celle de ces deux élèves,
nous le rangerions assurément parmi les pires d'entre les sophistes athéniens.

A l'âge de trente et un ou de trente-deux ans, première
époque à laquelle il fût permis de songer à une position élevée dans la vie publique, Alkibiadès se présenta sur la scène
politique avec une réputation souillée par des énormités privées et avec un grand nombre d'ennemis que lui avait sus-
cités son insolente conduite. Mais cela ne l'empêcha pas de
faire des progrès dans cette position, à laquelle son rang,
ses relations et ses partisans de cercle lui donnaient accès;
et il ne tarda pas à déployer son énergie, sa décision et son
talent pour le commandement, qualités qu'il possédait à un
degré peu ordinaire. Depuis le commencement jusqu'à la fin
de sa vie politique si remplie d'événements, il montra une
combinaison de hardiesse dans le dessein, de ressources
dans l'organisation de ses projets et de vigueur dans leur
exécution, — que ne surpassa aucun des Grecs de son temps;
et ce qui le distinguait entre tous, c'était sa souplesse extraordinaire de caractère (1) et son art achevé à s'adapter à de
nouvelles habitudes, à de nouvelles nécessités et à de nouvelles personnes toutes les fois que les circonstances l'exi-
geaient. Comme Themistoklès, — auquel il ressemblait
aussi bien par l'habileté et la vigueur que par le manque de
principe public et par l'indifférence quant aux moyens, —
Alkibiadès était essentiellement un homme d'action. L'éloquence était en lui une qualité secondaire subordonnée à
l'action; et bien qu'il en possédât assez pour ses desseins,
ses discours ne se distinguaient que par l'à-propos du sujet;
souvent ils étaient imparfaitement exprimés, du moins selon la règle élevée d'Athènes (2). Mais sa carrière fournit

---

(1) Cornélius Népos, Alcibiad. c. 1 ;
Satyrus apud Athenæum, XII, p. 534 ;
Plutarque, Alkibiad, c. 23.

Οὖ γὰρ τοιούτων δεῖ, τοιοῦτός εἰμ'

ἐγώ, dit Odysseus dans le Philoktêtês
de Sophokle:

(2) Je suis la critique que Plutarque
cite de Théophraste, vraisemblablement

un exemple mémorable de brillantes qualités, tant pour l'action que pour le commandement, ruinées et transformées en instruments de mal par l'absence complète de moralité publique et privée. Un flot puissant de haine individuelle monta ainsi contre lui, poussé aussi bien par des citoyens de condition moyenne qu'il avait insultés, que par les riches qu'avait éclipsés sa ruineuse ostentation. Car d'après ses exorbitantes dépenses volontaires dans les fêtes publiques, qui dépassaient la mesure la plus vaste de fortune privée, les hommes clairvoyants étaient convaincus qu'il se rembourserait en pillant le public, et même, si l'occasion s'en présentait, en renversant (1) la constitution pour se rendre maître des personnes et des biens de ses concitoyens.

---

impartiale et mesurée, beaucoup plus digne de foi que le vague éloge de Népos, ou même de Démosthène (naturellement non d'après sa propre connaissance), au sujet de l'éloquence d'Alkibiadês (Plutarque, Alkib. c. 10); Plutarque, Reipubl. Gerend. Præcepta, c. 8, p. 804.

Antisthenês, — compagnon et disciple de Sokratês, et créateur de ce qu'on appelle la philosophie cynique, — contemporain d'Alkibiadês, qu'il connaissait personnellement, — était rempli d'admiration pour l'extrême beauté de sa personne, et le déclarait fort, viril et audacieux, — mais sans éducation, — ἀπαίδευτον. Toutefois ses médisances au sujet de la vie sans frein d'Alkibiadês dépassent ce que nous pouvons raisonnablement admettre, même de la part d'un contemporain (Antisthenês ap. Athenæum, V, p. 220, XII, p. 534). Antisthenês avait composé un dialogue appelé Alkibiadês (Diog. Laërt. VI, 15).

Voir la collection des Fragmenta Antisthenis (par A. G. Winckelmann, Zurich, 1842, p. 17-19).

Les auteurs comiques du temps, — Eupolis, Aristophanês, Pherekratês et autres — semblent avoir été féconds en railleries et en injures contre les excès d'Alkibiadês, réels ou supposés. Il y avait un conte faux, mais qui courait dans la tradition comique : Alkibiadês, qui n'était pas homme à se laisser insulter impunément, avait noyé Eupolis dans la mer pour se venger de la comédie des Baptæ. V. Meineke, Fragm. Com. Gr. Eupolidis Βάπται et Κόλακες (vol. II, p. 447-494), et Aristophane Τριφαλῆς, p. 1166; ainsi que le premier volume de Meineke, Historia critica comic. Græc. p. 124-136, et la Dissertation 19 dans le Mythologus de Buttmann, sur les Baptæ et les Cotyttia.

(I) Thucydide, VI, 15. Cf. Plutarque, Reip. Ger. Præc. c. 4, p. 800. L'esquisse que trace Platon (dans les trois premiers chapitres du neuvième livre de la République) du citoyen qui se fait despote et asservit ses concitoyens — convient exactement au caractère d'Alkibiadês. V. aussi le même traité, VI, 6-8, p. 491-494, et la préface mise par Schleiermacher en tête de sa traduction allemande du dialogue platonique appelé le Premier Alkibiadês.

Il n'inspira jamais à personne confiance ni estime; et tôt ou tard, dans un public comme celui d'Athènes, tant de haines et de soupçons accumulés devaient assurément amener un homme public à la ruine, malgré la plus vive admiration pour ses talents. Il fut toujours l'objet de sentiments très-contraires : « Les Athéniens le désiraient, le haïssaient, mais souhaitaient encore l'avoir, » — disait dans les dernières années de la vie d'Alkibiadès un poëte contemporain, — tandis que nous trouvons aussi un autre conseil énergique donné à son sujet : — « Vous ne devriez pas garder un lionceau dans votre ville; mais si vous voulez le garder, vous devez vous résigner à sa conduite (1). » Athènes eut à éprouver la force de son énergie, comme exilé et comme ennemi; mais le grand mal qu'il lui fit fut, en qualité de conseiller, d'éveiller dans ses compatriotes le même désir d'un agrandissement brillant, rapace, périlleux, incertain, qui dictait ses actions personnelles.

En mentionnant actuellement Alkibiadès pour la première fois, j'ai un peu anticipé sur des chapitres futurs, afin de donner une idée générale de son caractère, qui sera expliqué ci-après. Mais au moment où nous sommes parvenu (mars, 420 av. J.-C.), le lionceau était encore jeune et n'avait pas encore acquis toute sa force ni montré ses griffes entièrement poussées.

Il commença à se mettre en avant comme chef de parti, vraisemblablement peu de temps avant la paix de Nikias. Les traditions politiques héréditaires dans sa famille, comme dans celle de son parent Periklès, étaient démocratiques; son grand-père Alkibiadès avait fait une violente opposition aux Pisistratides, et avait même plus tard renoncé publiquement à des relations d'hospitalité établies avec le gouvernement lacédæmonien, par suite de sa forte antipathie pour eux née de causes politiques. Mais Alkibiadès lui-même, en commençant sa vie politique, abandonna cette tradition

____

(1) Aristophane, Ranæ, 1445-1453 ; Plutarque, Alkibiadès, c. 16 ; Plutarque, Nikias, c. 9.

de famille, et se présenta comme partisan d'un sentiment oligarchique et favorable aux Lacédæmoniens, — sans doute beaucoup plus conforme à ses dispositions naturelles que le sentiment démocratique. Il débuta ainsi dans le même parti général que Nikias et que Thessalos, fils de Kimôn, qui dans la suite devinrent ses ennemis acharnés. Et ce fut probablement en partie pour se mettre sur un pied d'égalité avec eux qu'il fit la démarche signalée d'essayer de faire revivre l'ancien lien d'hospitalité qui attachait sa famille à Sparte, lien que son grand-père avait brisé (1).

Afin de servir ce dessein, il déploya une sollicitude particulière pour le bon traitement des prisonniers spartiates pendant leur détention à Athènes. Beaucoup d'entre eux étant de haute famille à Sparte, il comptait naturellement sur leur reconnaissance, aussi bien que sur les sympathies favorables de leurs compatriotes, quand ils seraient rendus. Il défendit à la fois la paix et l'alliance avec Sparte, et la restitution de ses prisonniers. En effet, non-seulement il soutint ces mesures, mais il offrit ses services et fut impatient d'être employé comme agent de Sparte pour les faire réussir à Athènes. Dans ces espérances égoïstes par rapport à Sparte, et surtout dans l'attente d'acquérir, par l'influence des prisonniers rendus, le titre de proxenos de cette cité, — Alkibiadês devint ainsi partisan des concessions philo-laconiennes aveugles et gratuites de Nikias. Mais les prisonniers, à leur retour, ou ne purent pas ou ne voulurent pas amener le résultat qu'il désirait, tandis que les autorités de Sparte rejetèrent toutes ses avances, — non sans rire d'un manière méprisante à l'idée de confier d'importants intérêts politiques aux soins d'un jeune homme connu surtout pour son ostentation, ses dérèglements et son insolence. Il n'est nullement étonnant que les Spartiates jugeassent ainsi, si l'on

---

(1) Thucydide, V, 43, VI, 90; Isokrate, De Bigis, Or. XVI, p. 352, sect. 27-30.

Plutarque (Alkib. c. 14) représente négligemment Alkibiadês commé étant réellement proxenos de Sparte à Athènes.

songe au respect extrême qu'ils avaient tant pour la vieillesse que pour une discipline rigoureuse. Ils préférèrent naturellement Nikias et Lachès, dont la prudence augmentait, si elle ne la suggéra pas dans l'origine, leur défiance à l'égard du nouveau prétendant. Et Alkibiadès n'avait pas encore montré l'activité puissante dont il était capable. Mais ce refus méprisant des Spartiates le piqua tellement au vif que, opérant une révolution complète dans sa marche politique (1), il se jeta immédiatement dans une politique antilaconienne avec une énergie et un talent qu'on ne lui connaissait pas encore auparavant.

C'était, vu la mort récente de Kleôn, le moment favorable pour un nouveau chef politique d'épouser ce parti, et la conduite des Lacédæmoniens le rendait plus favorable encore. Les mois succédaient aux mois, on adressait remontrance sur remontrance, et cependant pas une des restitutions prescrites par le traité en faveur d'Athènes n'avait encore été accomplie. Alkibiadès avait donc des prétextes en abondance pour changer de ton à l'égard des Spartiates, — et pour les dénoncer comme des trompeurs qui avaient violé leurs serments solennels, en abusant de la généreuse confiance d'Athènes. Dans ses antipathies actuelles, son attention se tourna naturellement vers Argos, ville dans laquelle il possédait quelques amis puissants et des hôtes de famille. L'état de cette ville, dégagée par l'expiration de la paix avec Sparte, ouvrait une possibilité de relations avec Athènes, — politique fortement recommandée maintenant par Alkibiadès, qui faisait valoir que Sparte jouait faux jeu avec les Athéniens, uniquement afin de tenir leurs mains liées jusqu'à ce qu'elle eût attaqué et accablé Argos séparément. Cet argument particulier perdit de sa force quand on

---

(1) Thucydide, V, 43. Οὐ μέντοι ἀλλὰ καὶ φρονήματι φιλονεικῶν ἠναντιοῦτο, ὅτι Λακεδαιμόνιοι διὰ Νικίου καὶ Λάχητος ἔπραξαν τὰς σπονδὰς, αὐτὸν διὰ τὴν νεότητα ὑπερίδοντες καὶ κατὰ τὴν παλαιὰν προξενίαν ποτὲ οὖσαν οὐ τιμήσαντες, ἣν τοῦ πάππου ἀπειπόντος αὐτὸς τοὺς ἐκ τῆς νήσου αὐτῶν αἰχμαλώτους θεραπεύων διενοεῖτο ἀνανεώσασθαι · Πανταχόθεν τε νομίζων ἐλασσοῦσθαι τό τε πρῶτον ἀντεῖπεν, etc.

vit qu'Argos acquérait de nouveaux et puissants alliés, — Mantineia, Elis et Corinthe; mais, d'autre part, ces acquisitions donnaient positivement à Argos plus de valeur comme alliée des Athéniens.

Toutefois, ce fut moins l'inclination pour Argos que la colère croissante contre Sparte, qui favorisa les plans philoargiens d'Alkibiadès. Et quand l'ambassadeur lacédæmonien Andromedès arriva de Bœôtia à Athènes, offrant aux Athéniens les seules ruines de Panakton en échange de Pylos, — quand, de plus, on sut que les Spartiates avaient déjà conclu une alliance spéciale avec les Bœôtiens sans consulter Athènes, — l'expression peu mesurée de mécontentement dans l'ekklesia athénienne montra à Alkibiadès que le temps était alors venu de provoquer une décision positive. Tout en prêtant sa voix pour fortifier le mécontentement contre Sparte, il envoya en même temps un avis particulier à ses correspondants, à Argos, pour les exhorter, sous l'assurance du succès et avec la promesse de son aide énergique, à envoyer sans délai une ambassade à Athènes de concert avec les Mantineiens et les Éleiens, demandant à être admis comme alliés athéniens. Les Argiens reçurent cet avis au moment même où leurs citoyens Eustrophos et Æsôn étaient en train de négocier à Sparte le renouvellement de la paix. Ils y avaient été envoyés sous l'impression de la grande crainte qu'Argos ne fût laissée sans alliés pour lutter seule contre les Lacédæmoniens. Mais on ne leur offrit pas plus tôt la chance inespérée d'une alliance avec Athènes, — une vieille amie, une démocratie comme la leur, un État souverain sur mer, qui cependant ne se mêlait pas de leur primauté dans le Péloponèse, — qu'ils ne s'inquiétèrent plus d'Eustrophos et d'Æsôn, et envoyèrent sur-le-champ à Athènes l'ambassade conseillée. Ce fut une ambassade combinée d'Argiens, d'Éleiens et de Mantineiens (1). L'alliance entre ces trois États avait déjà été rendue plus intime par un second traité conclu depuis ce traité, auquel Corinthe était partie,

---

(1) Thucydide, V, 43.

— bien que Corinthe eût refusé de prendre aucune part au second (1).

Mais les Spartiates avaient déjà été alarmés par le rude échec de leur ambassadeur Andromedês, et probablement avertis par des rapports de Nikias et de leurs autres amis athéniens de la crise qui menaçait relativement à une alliance entre Athènes et Argos. En conséquence, ils envoyèrent sans un moment de retard trois citoyens extrêmement populaires à Athènes (2), — Philocharidas, Leôn et Endios, avec de pleins pouvoirs, pour régler tous les sujets de différend. Les ambassadeurs reçurent comme instructions de conjurer toute alliance d'Athènes avec Argos, — d'expliquer que l'alliance de Sparte avec la Bœôtia avait été conclue sans l'intention ni la possibilité de nuire à Athènes, — et en même temps de renouveler la demande que Pylos leur fût rendue en échange de Panakton démoli. Telle était encore la confiance des Lacédæmoniens dans la force de l'assentiment que leur accorderait Athènes, qu'ils ne désespéraient pas d'obtenir une réponse affirmative, même à cette proposition si peu équitable. Et lorsque les trois ambassadeurs, introduits et conseillés par Nikias, eurent leur première entrevue avec le sénat athénien, préparation à une audience devant l'assemblée publique, — l'impression qu'ils firent, en disant qu'ils venaient avec des pleins pouvoirs d'arrangement, fut extrêmement favorable. Elle fut en effet si favorable qu'Alkibiadès finit par craindre que, s'ils avançaient la même chose dans l'assemblée publique, en offrant la perspective de quelques concessions insignifiantes, le parti philo-laconien ne déterminât le sentiment public à accepter un compromis et à empêcher ainsi toute idée d'alliance avec Argos.

Pour obvier à ce renversement de ses plans, il eut recours à une singulière manœuvre. L'un des ambassadeurs lacédæmoniens, Endios, était son hôte privé, par une intimité an-

---

(1) Thucydide, V, 48.
(2) Thucydide, V, 44. Ἀφίκοντο δὲ καὶ Λακεδαιμονίων πρέσβεις κατὰ τάχος, etc.

cienne et particulière existant entre les deux familles (1). Cette circonstance l'aida probablement à obtenir une entrevue secrète avec les ambassadeurs, et lui permit de leur parler avec un plus grand effet, la veille de la réunion de l'assemblée publique et à l'insu de Nikias. Il les accosta avec le ton d'un ami de Sparte, désireux de voir réussir leur proposition; mais il leur donna à entendre qu'ils trouveraient l'assemblée publique turbulente et irritée, très-différente de la tenue tranquille du sénat; de sorte que s'ils déclaraient être venus avec des pleins pouvoirs d'arrangement, le peuple éclaterait de fureur pour agir sur leurs craintes et les amener par la peur à faire d'extravagantes concessions. Il les engageait donc fortement à déclarer qu'ils étaient venus, non pas avec des pleins pouvoirs d'arrangement, mais simplement pour expliquer, discuter et faire un rapport : le peuple verrait alors qu'il ne pourrait rien gagner par intimidation, — des explications seraient écoutées, et les points contestés seraient discutés avec calme, — tandis que lui (Alkibiadês) parlerait expressément en leur faveur. Il conseillerait aux Athéniens, et il avait la confiance de pouvoir enlever ce point, de rendre Pylos, — démarche qui jusqu'à ce jour avait été surtout entravée par son opposition. Il prit à leur égard l'engagement solennel, confirmé, selon Plutarque, par un serment, qu'il adopterait cette conduite s'ils voulaient agir d'après son conseil (2). Les ambassadeurs furent très-frappés de la sagacité apparente de ces suggestions (3), et ils furent encore plus charmés de voir que l'homme de qui ils

---

(1) Thucydide, VIII, 6.

(2) Thucydide, V, 45. Μηχανᾶται δὲ πρὸς αὐτοὺς τοίονδέ τι ὁ Ἀλκιβιάδης · τοὺς Λακεδαιμονίους πείθει, πίστιν αὐτοῖς δοὺς, ἢν μὴ ὁμολογήσωσιν ἐν τῷ δήμῳ αὐτοκράτορες ἥκειν, Πύλον τε αὐτοῖς ἀποδώσειν (πείσειν γὰρ αὐτὸς Ἀθηναίους, ὥσπερ καὶ νῦν ἀντιλέγειν) καὶ τἄλλα ξυναλλάξειν. Βουλόμενος δὲ αὐτοὺς Νικίου τε ἀποστῆσαι ταῦτα ἔπραττε, καὶ ὅπως ἐν τῷ δήμῳ διαβαλὼν αὐτοὺς ὡς οὐδὲν ἀληθὲς ἐν νῷ ἔχουσιν, οὐδὲ λέγουσιν οὐδέποτε ταὐτά, τοὺς Ἀργείους συμμάχους ποιήσῃ.

(3) Plutarque (Alkibiad. c. 14). Ταῦτα δ' εἰπὼν ὅρκους ἔδωκεν αὐτοῖς, καὶ μετέστησεν ἀπὸ τοῦ Νικίου παντάπασι πιστεύοντας αὐτῷ, καὶ θαυμάζοντας ἅμα τὴν δεινότητα καὶ σύνεσιν, ὡς οὐ τοῦ τυχόντος ἀνδρὸς οὖσαν. Et Plutarque, Nikias, c. 10.

attendaient la plus formidable opposition était prêt à parler
en leur faveur. Probablement son langage fut admis et cru
par eux d'autant plus facilement qu'il avait offert ses services
pour devenir l'agent politique de Sparte seulement quelques
mois auparavant, et à ce moment il paraissait simplement
revenir à cette politique. Ils étaient sûrs de l'appui de Nikias et de son parti en toute circonstance : si, en se confor-
mant à la recommandation d'Alkibiadês, ils pouvaient aussi
obtenir son soutien énergique et son influence, ils s'imaginaient que leur cause était assurée du succès. En conséquence, ils consentirent à agir d'après sa suggestion, non-
seulement sans consulter Nikias, mais même sans l'avertir,
— ce que désirait précisément Alkibiadês, et que probablement il leur avait fait promettre.

Le lendemain, l'assemblée publique se réunit, et on introduisit les ambassadeurs; alors Alkibiadês lui-même, avec un
ton d'une douceur particulière, leur demanda sur quel pied
ils venaient (1)? quels pouvoirs ils apportaient avec eux?
Aussitôt ils déclarèrent qu'ils n'avaient pas apporté de pleins
pouvoirs pour traiter et arranger les différends, mais qu'ils
venaient seulement pour expliquer et discuter. Rien ne put
surpasser l'étonnement avec lequel fut entendue leur déclaration. Les sénateurs présents, auxquels ces ambassadeurs
un jour ou deux auparavant avaient publiquement fait la déclaration précisément contraire; le peuple assemblé qui,
instruit de cette affirmation antérieure, était venu prêt à entendre de leur bouche l'ultimatum de Sparte; enfin, et surtout, Nikias lui-même, — leur agent confidentiel et probablement leur hôte à Athènes, — qui les avait sans doute
annoncés comme plénipotentiaires, et avait concerté avec
eux l'arrangement de leur affaire devant l'assemblée, — tous
furent également étonnés, et nul ne sut que faire des mots
que l'on venait d'entendre. Mais l'indignation du peuple

----

(1) Plutarque, Alkib. c. 14. Ἐρω-
τώμενοι δ' ὑπὸ τοῦ Ἀλκιβιάδου πάνυ
φιλανθρώπως, ἐφ' οἷς ἀφιγμένοι τυγ-
χάνουσιν, οὐκ ἔφασαν ἥκειν αὐτοκράτορες.

égala son étonnement. Il y eut une explosion unanime de colère contre la déloyauté et la duplicité constantes des Lacédæmoniens qui ne disaient jamais la même chose deux jours de suite. Pour couronner le tout, Alkibiadês lui-même affecta de partager toute la surprise de la multitude, et fut même le plus bruyant de tous dans les invectives qu'il lança contre les ambassadeurs, dénonçant la perfidie lacédæmonienne et ses desseins méchants dans un langage beaucoup plus amer que celui qu'il avait jamais employé auparavant. Et ce ne fut pas tout (1) : il profita des acclamations véhémentes qui accueillirent ses invectives pour proposer que les ambassadeurs argiens fussent appelés dans l'assemblée, et que l'alliance avec Argos fût conclue sur-le-champ. Et c'eût été certainement fait si un remarquable phénomène, — un tremblement de terre, — n'était survenu pour l'empêcher. Cet incident fit ajourner l'assemblée au lendemain, conformément à un scrupule religieux reconnu alors comme dominant.

Cette remarquable anecdote vient de Thucydide dans toutes ses circonstances principales. Elle jette une vive lumière sur ce caractère sans principes, que nous verrons s'attacher à Alkibiadês pendant toute sa vie ; elle présente en effet une combinaison éhontée d'impudence et de fraude que nous ne pouvons pas mieux décrire qu'en disant qu'elle est exactement dans la veine de Jonathan Wild de Fielding. En dépeignant Kleôn et Hyperbolos, les historiens rivalisent ensemble de fortes expressions pour marquer l'impudence qui fut, dit-on, le trait particulier qui les caractérise. Or, nous n'avons pas sous les yeux de faits spéciaux pour mesurer le degré de vérité qu'elles renferment, bien que comme accusation générale ce soit assez croyable. Mais nous pouvons affirmer en toute assurance qu'aucun des démago-

---

(1) Thucydide, V, 45. Οἱ Ἀθηναῖοι οὔκετι ἠνείχοντο, ἀλλὰ τοῦ Ἀλκιβιάδου πολλῷ μᾶλλον ἢ πρότερον καταβοῶντος τῶν Λακεδαιμονίων, ἐσήκουόν τε καὶ ἕτοιμοι ἦσαν εὐθὺς παραγαγεῖν τοὺς Ἀργείους, etc.

Cf. Plutarque, Alkib. c. 14 ; et Plut. Nikias, c. 10.

gues d'Athènes si décriés, aucun de ces marchands de cuir,
de lampes, de moutons, de cordes, de recoupe, et d'autres
denrées, sur lesquels Aristophane entasse tant d'excellentes
plaisanteries, — ne surpassa jamais, si jamais il égala, l'impudence de ce descendant d'Æakos et de Zeus dans sa manière d'attraper et d'avilir les ambassadeurs lacédæmoniens.
Ces derniers, on doit l'ajouter, montrent une. indifférence
de foi et de constance publiques, — une facilité à rétracter
publiquement ce qu'ils venaient de dire publiquement auparavant, — et une déloyauté à l'égard de leur agent confidentiel, — qui sont vraiment surprenantes et servent à justifier
l'accusation générale de duplicité habituelle si souvent allé-
guée contre le caractére lacédæmonien (1).

Les ambassadeurs déshonorés voulaient sans doute quitter
Athènes immédiatement; mais ce tremblement de terre opp-
portun donna à Nikias quelques heures pour se remettre de
sa déroute inattendue. Dans l'assemblée du lendemain, il
soutint encore que l'amitié de Sparte était préférable à celle
d'Argos, et il insista sur la sagesse qu'il y aurait à différer
toute conclusion d'un engagement avec cette dernière, jusqu'à ce que les intentions réelles de Sparte, actuellement si
contradictoires et si inexplicables, fussent éclaircies. Il soutint que la position d'Athènes par rapport à la paix et à
l'alliance était celle d'un honneur et d'un avantage supérieurs, — que la condition de Sparte était comparativement
malheureuse; qu'Athènes avait ainsi un plus grand intérêt
que Sparte à maintenir ce qui avait été conclu. Mais en
même temps il admit qu'on devait exiger de cette dernière une
explication distincte et péremptoire quant à ses intentions,
et il pria le peuple de l'envoyer lui-même avec quelques
autres collègues pour la demander. Les Lacédæmoniens
sauraient que des ambassadeurs argiens étaient déjà présents à Athènes avec des propositions, et que déjà les Athéniens auraient pu conclure cette alliance s'ils avaient pu se
permettre de porter atteinte à celle qui existait avec Sparte.

____

(1) Euripid. Andromach. 445-455 ; Hérodote, IX, 54 ; Thucyd. IV, 50.

Mais les Lacédæmoniens, si leurs intentions étaient honorables, devaient le prouver sur-le-champ : — 1° en rendant Panakton, non démoli, mais debout; 2° en rendant également Amphipolis ; 3° en renonçant à leur alliance spéciale avec les Bœôtiens, à moins que les Bœôtiens, de leur côté, ne voulussent devenir parties à la paix avec Athènes (1).

L'assemblée athénienne, acquiesçant à la recommandation de Nikias, l'investit de la commission qu'il demandait; preuve remarquable, après l'accablante défaite de la veille, de la force de l'empire qu'il conservait encore sur elle, et de la sincérité du désir qu'elle avait de rester avec Sparte dans les meilleurs termes. Ce fut la dernière chance accordée à Nikias et à sa politique, — chance aussi bonne que possible, puisque tout ce que demandait Sparte était juste; — mais elle le forçait à amener les choses à une issue définitive avec elle, et enlevait tout faux-fuyant ultérieur. Sa mission à Sparte échoua complétement : l'influence de Kleoboulos et de Xenarès, les éphores anti-athéniens, se trouva prédominer; de sorte qu'on n'accéda à aucune de ses demandes. Et même, quand il annonça formellement qu'à moins que Sparte ne renonçât à son alliance spéciale avec les Bœôtiens ou ne forçât ces derniers à accepter la paix avec Athènes, les Athéniens contracteraient immédiatement alliance avec Argos, — la menace ne produisit aucun effet. Il put obtenir seulement, et cela encore comme faveur personnelle pour lui-même, que les serments tels qu'ils étaient fussent formellement renouvelés; vaine concession, qui ne couvrait que faiblement l'humiliation de son départ pour Athènes. L'assemblée athénienne écouta son rapport avec une vive indignation contre les Lacédæmoniens, et avec un déplaisir marqué même contre lui, comme étant l'auteur et le garant de ce traité non exécuté; tandis qu'on permit à Alkibiadès de présenter les ambassadeurs (déjà dans la ville et tout

____

(1) Thucydide, V, 46.

prêts à paraître) d'Argos, de Mantineia et d'Elis, avec lesquels on conclut un pacte aussitôt (1).

Les termes de cette convention, que Thucydide nous donne sans doute d'après le texte gravé sur la colonne publique, comprend deux engagements, — l'un pour la paix, un autre pour l'alliance.

Les Athéniens, les Argiens, les Mantineiens et les Éleiens ont conclu un traité de paix valable sur mer et sur terre, sans dol ni dommage, respectivement pour eux-mêmes et pour les alliés sur lesquels chacun d'eux exerce l'empire (2).

Les termes exprès dans lesquels ces États s'annoncent comme États souverains et déclarent leurs alliés dépendants, méritent d'être signalés. On ne voit pas de mots semblables dans le traité entre Athènes et Lacédæmone. J'ai déjà mentionné que le principal motif de mécontentement de la part de Mantineia et d'Elis à l'égard de Sparte se rattachait à son pouvoir souverain.

Aucun de ces États ne portera les armes contre les autres en vue de leur causer du dommage.

Les Athéniens, les Argiens, les Mantineiens et les Éleiens seront alliés mutuellement pendant cent ans. Si un ennemi envahit l'Attique, les trois cités contractantes prêteront l'aide la plus vigoureuse qu'ils pourront à la requête d'Athènes. Si les forces de la ville envahissante causent du dommage en Attique et se retirent ensuite, les trois autres déclareront cette ville leur ennemie et l'attaqueront; ni l'une ni l'autre des quatre ne suspendra la guerre dans ce cas sans le consentement des autres.

Des obligations réciproques sont imposées à Athènes dans le cas où Argos, Mantineia ou Elis serait attaquée.

Ni l'une ni l'autre des quatre puissances contractantes n'accordera le passage à des troupes par son propre terri-

---

(1) Thucydide, V, 46; Plutarque, Nikias, c. 10.

(2) Thucydide, V, 47. Ὑπερ σφῶν αὐτῶν καὶ τῶν ξυμμάχων ὧν ἄρχουσιν ἑκάτεροι.

toire ou par le territoire des alliés sur lesquels elle pourra à
ce moment exercer l'empire, soit par mer soit par terre, si
ce n'est d'après une résolution commune (1).

Dans le cas où des troupes auxiliaires seraient requises et
envoyées en vertu de ce traité, la ville qui les enverra subviendra à leur entretien pendant l'espace de trente jours, à
partir du jour de leur entrée sur le territoire de la ville requérante. Si on avait besoin de leurs services pendant une
période plus longue, la ville requérante subviendra à leur
entretien au taux de trois oboles æginæennes par chaque hoplite, soldat armé à la légère, ou archer, et d'une drachme
æginéenne, ou six oboles, par chaque cavalier, par jour. La
cité requérante possédera le commandement tout le temps
que le service requis se fera dans son territoire. Mais si une
expédition est entreprise en vertu d'une résolution commune, alors le commandement sera partagé également entre
toutes.

Telles furent les conditions essentielles de la nouvelle alliance. On fit alors une disposition pour les serments, — par
qui? où? quand? en quels termes? combien de fois? ils devaient être prononcés. Athènes dut jurer en son nom et en
celui de ses alliés; mais Argos, Elis et Mantineia, avec leurs
alliés respectifs, durent jurer par villes séparées. On devait
renouveler les serments tous les quatre ans : Athènes, dans
les trente jours qui précédaient chaque fête Olympique, à
Argos, à Elis et à Mantineia; ces trois villes, à Athènes,
dix jours avant chaque fête des grandes Panathénées. « Les
termes du traité de paix et d'alliance, et les serments jurés,
seront gravés sur des colonnes de pierre et placés dans les
temples de chacune des quatre villes, — et aussi sur une

____

(1) Thucydide, V, 48. Καὶ τῶν ξυμμάχων ὧν ἂν ἄρχωσιν ἕκαστοι. Le
temps du verbe et la phrase ici méritent attention, en tant qu'opposés à la
phrase de la première partie du traité,

— τῶν ξυμμάχων ὧν ἄρχουσιν ἑκάτεροι.

La clause imposant une obligation
d'empêcher le passage de troupes demandait à être laissée ouverte pour
être appliquée à chaque cas particulier.

colonne d'airain, pour être placés, à frais communs, à Olympia, pour la fête qui approche actuellement. »

« Les quatre États peuvent, d'un commun accord, faire tous les changements qu'ils voudront dans les dispositions de ce traité, sans violer leurs serments (1). »

La conclusion de ce nouveau traité amena un plus grand degré de complication dans le groupement et l'association des villes grecques qu'on n'en avait jamais connu auparavant. L'ancienne confédération spartiate et l'empire athénien subsistaient encore. Une paix avait été conclue entre les deux États, ratifiée par le vote formel de la majorité des confédérés, non acceptée toutefois par plusieurs membres de la minorité. Non-seulement une paix, mais encore une alliance spéciale avait été conclue entre Athènes et Sparte, et une alliance spéciale entre Sparte et la Bœôtia. Corinthe, membre de la confédération spartiate, était membre également d'une alliance défensive avec Argos, Mantineia et Elis, États qui tous trois avaient conclu une alliance plus intime, d'abord entre eux (sans Corinthe), et récemment alors avec Athènes. Cependant Athènes et Sparte conservaient encore l'alliance (2) contractée entre elles, sans rupture formelle d'un côté ni de l'autre, bien qu'Athènes continuât à se plaindre que les conditions du traité n'eussent pas été remplies. Il n'existait aucune relation quelconque entre Argos et Sparte. Entre Athènes et la Bœôtia, il y avait un armistice qui pouvait être rompu s'il était dénoncé dix jours à l'avance. Enfin Corinthe ne pouvait être amenée, malgré les représentations répétées des Argiens, à se joindre à la nouvelle alliance d'Athènes avec Argos ; de sorte qu'il n'existait pas de relations entre Corinthe et Athènes, tandis que les Corinthiens commençaient, quoique faiblement, à revenir à leurs anciennes tendances vers Sparte (3).

L'alliance entre Athènes et Argos, dont nous venons de

---

(1) Thucydide, V, 47.
(2) Thucydide, V, 48.

(3) Thucydide, V, 48-50.

donner les détails, fut conclue peu de temps avant la fête
Olympique de la quatre-vingt-dixième Olympiade, soit 420
ans avant J.-C.; la fête tombant vers le commencement de
juillet, le traité pouvait être en mai (1). Cette fête fut mémorable pour plus d'une raison. C'était la première qui-avait
été célébrée depuis la conclusion de la paix, dont la clause
principale avait été expressément introduite pour garantir à
tous les Grecs un libre accès aux grands temples panhelléniques, avec la liberté de sacrifier, de consulter l'oracle et
d'assister aux combats. Pendant les onze dernières années,
comprenant deux fêtes Olympiques, Athènes elle-même, et
apparemment tous les nombreux alliés d'Athènes avaient été
exclus du droit d'envoyer leurs ambassades solennelles ou
Théôries, et d'assister comme spectateurs aux jeux Olympiques (2). Maintenant qu'une telle exclusion était écartée,
et que les hérauts Éléiens (qui venaient annoncer les jeux
prochains et proclamer la trêve qui s'y rattachait) foulaient
de nouveau le sol de l'Attique, — la visite des Athéniens
était à leurs propres yeux et à ceux des autres une nouveauté. On n'était pas peu curieux de voir quelle figure
ferait la Théôrie d'Athènes quant à l'apparat et à la splendeur. Et il ne manquait pas de rumeurs inspirées par la mé-
chanceté, qu'Athènes avait été tellement appauvrie par la
guerre, qu'elle ne pouvait paraître avec la magnificence

---

(1) Καταθέντων δὲ καὶ ᾿Ολυμπίασι
στήλην χαλκῆν κοινῇ ᾿Ολυμπίοις τοῖς
νυνί (Thucyd. V, 47), — mots du
traité.

(2) Dorieus de Rhodes fut vainqueur
dans le Pankration, dans les Olymp.
88 et 89 (428-424 av. J.-C.). Rhodes
était comprise au nombre des alliés
tributaires d'Athènes. Mais les athlètes
qui venaient combattre étaient privilégiés et (pour ainsi dire) des personnes
sacrées, qui n'étaient jamais molestées
ni empêchées de venir à la fête, si elles
le voulaient, dans tout état de guerre.
Leur inviolabilité n'avait jamais été
troublée même jusqu'au dur procédé
d'Aratus (Plutarque, Aratus, c. 28).

Mais cela ne prouve pas que des visiteurs rhodiens en général, ou une
Théôrie rhodienne, aient pu venir à
Olympia en sûreté entre 431 et 421
avant J.-C.

On ne peut guère tirer de conclusion
de la présence d'individus, même
comme spectateurs, parce qu'à cette
fête Olympique de 420 avant J.-C.
Lichas le Spartiate était présent comme
spectateur, — bien que tous les Lacé-
démoniens fussent formellement exclus
par une proclamation des Éléiens
(Thucyd. V, 50).

appropriée à l'autel et en présence de Zeus Olympique.

Alkibiadès se fit gloire de faire taire ces conjectures, aussi bien que d'illustrer son nom et sa personne, par un apparat plus imposant que ce qu'on avait jamais vu auparavant. Il s'était déjà distingué dans les fêtes et les liturgies locales d'Athènes par une ostentation qui dépassait ses rivaux athéniens ; mais il se sentait à ce moment placé en vue comme le champion et le chef d'Athènes devant la Grèce. Il avait décrédité son rival politique Nikias, donné une nouvelle direction à la politique d'Athènes par l'alliance argienne, et était sur le point de commencer une série d'opérations dans l'intérieur du Péloponèse contre les Lacédæmoniens. Pour toutes ces raisons il voulut que sa première apparition dans la plaine d'Olympia imposât à tous les spectateurs. La Théôrie athénienne, dont il était membre, fut ornée d'une splendeur de premier ordre, et du plus ample apparat d'aiguières, d'encensoirs d'or, etc., pour le sacrifice et la procession publics (1). Mais quand arrivèrent les courses de char, Alkibiadès lui-même parut comme compétiteur à ses propres frais,—non pas seulement avec un seul char et quatre chevaux bien équipés, ce que les Grecs les plus riches avaient jusque-là considéré comme une gloire personnelle extraordinaire, mais avec le nombre prodigieux de sept chars distincts, chacun avec un attelage de quatre chevaux. Et leur qualité était si supérieure, qu'un de ses chars gagna un premier prix, et un autre un second, de sorte qu'Alkibiadès fut couronné deux fois de rameaux de l'olivier sacré, et deux fois proclamé par le héraut. Un autre de ses sept chars arriva aussi le quatrième ; mais on n'accordait (à ce qu'il semble) ni couronne ni proclamation au char qui arrivait après le second. Nous devons nous rappeler qu'il avait à combattre des compétiteurs de toutes les parties de la Grèce, — non-seulement de simples particuliers, mais même des despotes et des gouver-

---

(1) Au sujet du goût et de l'élégance qui présidaient habituellement à ces spectacles dans Athènes, surpassant en général toute autre cité de la Grèce, V. un remarquable témoignage dans Xénophon, Memorab. III, 3, 12.

nements. Et ce ne fut pas tout. La tente que les Théôres athéniens fournirent aux visiteurs de leur pays venus aux jeux, était élégamment ornée ; mais une tente séparée qu'Alkibiadês fournit pour un banquet public destiné à célébrer son triomphe, en même temps que le banquet lui-même, fut disposée sur un pied encore plus riche et plus dispendieux. Les riches alliés d'Athènes, — Ephesos, Chios et Lesbos, — lui prêtèrent, dit-on, leur aide pour ajouter à ce luxe. Il est extrêmement probable qu'ils étaient désireux de cultiver sa faveur, maintenant qu'il était devenu un des premiers hommes d'Athènes, et qu'il était en train de s'élever davantage. Mais nous devons nous rappeler en outre qu'eux, aussi bien qu'Athènes, avaient été exclus de la fête Olympique, de sorte que leurs propres sentiments en y revenant pour la première fois pouvaient bien les pousser à prendre un intérêt véritable à cette réapparition imposante de la race ionienne au sanctuaire commun de la Hellas.

Cinq années plus tard, dans une discussion importante qui sera rapportée ci-après, Alkibiadês soutenait publiquement devant l'assemblée athénienne que son incomparable luxe olympique avait produit sur l'esprit grec un effet extrêmement avantageux à Athènes (1), en dissipant les soupçons

---

(1) Thucydide, VI, 16. Οἱ γὰρ Ἕλ-ληνες καὶ ὑπὲρ δύναμιν μείζω ἡμῶν τὴν πόλιν ἐνόμισαν τῷ ἐμῷ διαπρεπεῖ τῆς Ὀλυμπίαζε θεωρίας, πρότερον ἐλπί-ζοντες αὐτὴν καταπεπολεμῆσ-θαι · δίοτι ἅρματα μὲν ἕπτα καθῆκα, ὅσα οὐδείς πω ἰδιώτης πρότερον, ἐνίκησά τε, καὶ δεύτερος καὶ τέταρτος ἐγενόμην, καὶ τἄλλα ἀξίως τῆς νίκης παρεσκευα-σάμην. Toute la force de ce luxe grandiose ne peut se comprendre, si nous ne nous rappelons la position spéciale tant d'Athènes et des alliés athéniens à l'égard d'Olympia — que d'Alkibiadês lui-même à l'égard d'Athènes, d'Argos et du reste de la Grèce, dans la première moitié de l'année 420 avant J.-C.

Alkibiadês obtint d'Euripide l'honneur d'une ode triomphale, ou chant de triomphe, pour célébrer cet événement ; Plutarque nous en a conservé quelques vers (Alkib. c. 2). Il est curieux que le poëte avance qu'Alkibiadês fut le premier, le second et le *troisième* dans la course ; tandis qu'Alkibiadês lui-même, plus modeste et sans doute plus exact, prétend seulement qu'il fut le premier, le second et le *quatrième*. Euripide nous apprend qu'Alkibiadês fut couronné deux fois et proclamé deux fois, — δὶς στεφθέντ' ἐλαίᾳ κάρυκι βοᾶν παραδοῦναι. Reiske, Coray et Schaefer ont jugé convenable de changer ce mot δὶς en τρὶς, sans aucune autorité, — ce qui change com-

qu'on avait qu'elle était ruinée par la guerre, et en mettant
hors de question l'étendue de ses richesses et de son pouvoir.
Il avait sans doute raison dans une grande mesure, bien que

---

plétement le fait affirmé. Sintenis,
dans son édition de Plutarque, a rétabli avec raison le mot ὅἰς.

La durée du souvenir de cette fa-
meuse fête Olympique dans l'esprit
public athénien est attestée en partie
par « l'Oratio de Bigis » d'Isokrate,
composée pour défendre le fils d'Alkibiadês au moins vingt-cinq ans plus
tard, peut-être plus. Isokrate répète
l'assertion vague d'Euripide, πρῶτος,
δεύτερος et τρίτος (Or. XVI. p. 353,
sect. 40). Le discours apocryphe appelé discours d'Andocide contre Alkibiadês conserve également un grand
nombre des contes qui circulaient, dont
j'ai admis quelques-uns dans le texte,
parce que je les crois probables en eux-
mêmes, et que le discours lui-même
peut raisonnablement être considéré
comme une composition du milieu du
quatrième siècle avant J.-C. Ce discours présente tous les actes d'Alkibiadês sous un jour très-odieux et avec
une exagération palpable. L'histoire
d'Alkibiadês ayant dérobé un beau
char à un Athénien nommé Diomêdês,
paraît une sorte de variante de l'histoire relative à Tisias, qui figure dans
le discours d'Isokrate. — V. Andocid.
cont. Alkib. sect. 26 ; il se peut qu'Alkibiadês ait laissé un des attelages sans
le payer. Il est probable que l'aide prê-
tée à Alkibiadês par les gens de Chios,
d'Ephesos, etc., telle que la rapporte
ce discours, est vraie en substance, et
elle peut être facilement expliquée.
Cf. Athénée, I, p. 3.

Ce que nous savons au sujet des
arrangements des courses de chars à
Olympia est très-imparfait. Nous ne
savons pas distinctement comment les
sept chars d'Alkibiadês coururent, —
dans combien de courses, — car tous

les sept n'ont pas pu (selon moi) courir
dans une seule et même course. Il a dû
y avoir beaucoup d'autres chars destinés à courir et appartenant à d'autres
compétiteurs; et il semble difficile de
croire que jamais un plus grand nombre que dix ait pu courir dans la même
course, puisqu'il fallait faire douze fois
le tour du but (Pindar. Ol. III, 33 ;
VI, 75). Dix chars rivaux courent dans
la course décrite par Sophokle (Elect.
708), et si nous pouvons nous permettre d'expliquer rigoureusement
l'expression du poëte, — δέχατον ἐχ-
πληρῶν ὄχον, — il semblerait que le
plus grand nombre de chars qui fussent autorisés à courir était de dix.
Même ce nombre si considérable présentait de grands dangers pour les personnes engagées, comme on peut le voir
en lisant Sophokle (cf. Démosth. Ἐρωτ.
Λόγ. p. 410), qui se rapporte, il est
vrai, à une solennité Pythienne, et non
à une Olympique; mais les principales
circonstances ont dû être communes à
toutes deux, — et nous savons que les
douze tours (δωδεκάγναμπτον — δωδε-
κάδρομον) étaient communs aux deux
(Pindar. Pyth. V, 31).

Alkibiadês ne fut pas le seul qui ait
vaincu dans la course de chars de
cette quatre-vingt-dixième Olympiade,
420 avant J.-C. — Lichas le Lacédæmonien remporta aussi une victoire
(Thucyd. V, 50), bien que le char fût
obligé d'entrer sous un autre nom,
puisqu'il était interdit aux Lacédæmoniens d'assister aux jeux.

Le docteur Thirlwall (Hist. of
Greece, vol. III, ch. 24, p. 316), dit :
« Nous ne savons pas que l'Olympiade
(dans laquelle Alkibiadês remporta ces
victoires aux courses de chars) puisse
être fixée distinctement. Mais ce fut

pas assez pour écarter de lui (ce qu'il se proposait de faire) l'accusation tant d'une vanité personnelle outrecuidante que de ces folles dépenses qu'il serait forcé d'essayer de couvrir

---

probablement l'Olympiade 89, 424 av. J.-C. ▸

Selon moi, l'Olympiade 88 (428 av. J.-C.) et l'Olympiade 89 (424 av. J.-C.) sont exclues de la supposition possible, par ce fait que la guerre générale sévissait aux deux époques. Supposer qu'au milieu de l'été de ces deux années de combats, il y eût une trêve olympique permettant à Athènes et à ses alliés d'y envoyer leurs ambassades solennelles, leurs chars pour la lutte, et leurs nombreux visiteurs individuels, — me paraît contraire à toute probabilité. Le mois olympique de 424 avant J.-C. arrivait précisément vers le temps où Brasidas était à l'isthme occupé à lever des troupes pour son expédition projetée en Thrace, et quand il sauvait Megara de l'attaque athénienne. Ce n'était pas pour les visiteurs athéniens paisibles un temps très-tranquille pour passer, en se rendant à Olympia, avec le dispendieux appareil de vaisselle d'or et d'argent et sa dispendieuse Théôrie. Pendant le temps que les Spartiates occupèrent Dekeleia, les processions solennelles d'initiés aux mystères éleusiniens ne purent jamais suivre la voie sacrée d'Athènes à Eleusis. Xen. Hell. I, 4, 20.

De plus, nous voyons que le premier article même tant de la trêve d'une année que de la Paix de Nikias, stipule expressément la liberté pour tous de paraître aux fêtes et aux temples communs. Le premier des deux se rapporte expressément à Delphes; le second est général et embrasse Olympia aussi bien que Delphes. Si les Athéniens avaient visité Olympia en 428 ou 424 avant J.-C. sans obstacle, ces stipulations dans les

traités n'auraient eu ni but ni sens. Mais le fait d'être placées en tête du traité prouve qu'on les regardait comme ayant beaucoup d'intérêt et d'importance.

J'ai placé la fête olympique où Alkibiadês lutta avec ses sept chars, en 420 avant J.-C., pendant la paix, mais immédiatement après la guerre. Aucune autre fête ne me paraît convenable en aucune sorte.

De plus, le docteur Thirlwall admet, comme chose naturelle, qu'il n'y eut qu'une seule course de chars à cette fête Olympique, — que les sept chars d'Alkibiadês coururent tous deux cette seule course, — et que c'est dans la fête de 420 avant J.-C. que Lichas gagna le prix, impliquant qu'Alkibiadês ne pouvait avoir remporté le prix à la même fête.

Je ne sache pas qu'il y ait quelques preuves pour démontrer l'une ou l'autre de ces trois propositions. Elles me paraissent toutes improbables.

Nous savons par Pausanias (VI, 13, 2) que même dans le cas des Stadiodromi ou coureurs qui luttaient dans le Stadion, tous ne couraient pas dans une seule course. Ils étaient divisés en troupes ou fournées, dont nous ne savons pas le nombre. Chaque troupe courait séparément, et les vainqueurs dans chacune des parties luttaient ensemble dans une partie nouvelle : de sorte que le vainqueur qui remportait le grand prix final était sûr d'avoir gagné deux parties.

Or si cet usage était adopté pour les coureurs à pied, à bien plus forte raison devait-il l'être pour les coureurs en char dans le cas où beaucoup de chars étaient amenés à la même fête. Le danger était diminué, la lutte agrandie, et la gloire des compétiteurs rehaussée. La

par péculat ou violence aux dépens du public. Toutes les impressions défavorables suggérées à des Athéniens prudents par sa vie antérieure, furent aggravées par ce faste prodigieux ; à plus forte raison naturellement la jalousie et la haine des compétiteurs personnels. Et ce sentiment ne fut pas le moins réel, bien que comme homme politique il fût alors en plein courant de la faveur publique.

Si la fête de la quatre-vingt-dixième Olympiade fut particulièrement distinguée par la réapparition des Athéniens et de ceux qui se rattachaient à eux, elle fut marquée par une autre nouveauté encore plus frappante, — l'exclusion des Lacédæmoniens. Cette exclusion fut la conséquence des nouveaux intérêts politiques des Éleiens, combinés avec la conscience augmentée de leurs forces que leur inspirait l'alliance récente avec Argos, Athènes et Mantineia. Nous avons déjà mentionné que depuis la paix avec Athènes, les Lacédæmoniens, agissant comme arbitres dans le cas de la ville de Lepreon, que les Éleiens réclamaient comme leur dépendance, l'avaient déclarée autonome, et avaient envoyé un corps de troupes pour la défendre. Probablement les Éleiens avaient récemment renouvelé leurs attaques contre le district, depuis l'union avec leurs nouveaux alliés ; car les Lacédæmoniens y avaient détaché un nouveau corps de mille hoplites immédiatement avant la fête Olympique. L'envoi de ce nouveau détachement donna lieu à la sentence d'exclusion. Les Éleiens étaient les administrateurs privilégiés de la fête, réglant les détails de la cérémonie elle-même, et proclamant formellement par des hérauts le commencement de la trève Olympique, pendant laquelle toute violation du territoire éleien était un péché contre la majesté de Zeus. Dans la présente occasion, ils affirmèrent que les Lacédæmoniens avaient envoyé les mille hoplites dans Lepreon, et

---

fête Olympique durait cinq jours, long temps pour pourvoir à l'amusement d'une foule si considérable de spectateurs. Il se peut donc qu'Alkibiadês et Lichas aient tous les deux été vainqueurs aux courses de chars à la même fête : naturellement il n'y a qu'un des deux qui ait pu remporter le grand prix final, — et quel fut-il ? c'est ce qu'il est impossible de dire.

pris un fort nommé Phyrkos, deux possessions éleiennes, —
après la proclamation de la trêve. En conséquence, ils impo-
sèrent à Sparte l'amende prescrite par la « loi Olympienne, »
de deux mines pour chaque homme, — deux mille mines en
tout : une partie pour Zeus Olympios, une partie pour les
Éleiens eux-mêmes. Pendant l'intervalle entre la proclamation de la trêve et le commencement de la fête, les Lacédæmoniens envoyèrent faire des remontrances au sujet de cette
amende, qui, selon eux, avait été imposée injustement, vu
que les hérauts n'avaient pas encore proclamé la trêve à
Sparte quand les hoplites arrivèrent à Lepreon. Les Éleiens
répondirent qu'à ce moment la trêve avait déjà été proclamée
chez eux-mêmes (car ils la proclamaient d'abord dans leur
pays avant que leurs hérauts franchissent les frontières), de
sorte que toute opération militaire leur était interdite ; ce
dont les hoplites lacédæmoniens avaient profité pour commettre leurs dernières agressions. A cela les Lacédæmoniens
répliquèrent que la conduite des Éleiens eux-mêmes con-
tredisait leur propre allégation ; car ils avaient envoyé les
hérauts éleiens à Sparte proclamer la trêve après avoir appris
l'envoi des hoplites, — montrant ainsi qu'ils ne considéraient
pas la trêve comme ayant été déjà violée. Les Lacédæmoniens ajoutèrent qu'après l'arrivée du héraut à Sparte, ils
n'avaient pas pris de nouvelles mesures militaires. Quelle
était la vérité dans cette question contestée ? c'est ce que
nous n'avons pas le moyen de décider. Mais les Éleiens
rejetèrent l'explication, tout en offrant, si les Lacédæmoniens voulaient leur rendre Lepreon, d'abandonner la partie
de l'amende qui devait leur revenir, et de payer de leur
propre trésor en faveur des Lacédæmoniens la portion qui
appartenait au dieu. Cette nouvelle proposition, étant également refusée, fut modifiée encore par les Éleiens. Ils donnèrent à entendre qu'ils seraient satisfaits si les Lacédæmoniens, au lieu de payer l'amende immédiatement, voulaient
publiquement, sur l'autel, à Olympia, en présence des Grecs
assemblés, jurer de la payer à une date future. Mais les Lacédæmoniens ne voulurent écouter la proposition ni de payement ni de promesse. Conséquemment les Éleiens, comme

juges d'après la loi Olympique, leur interdirent le temple de
Zeus Olympique et leur enlevèrent le privilége d'y sacrifier,
ainsi que celui de se présenter aux jeux et d'y prendre part ;
c'est-à-dire de s'y présenter sous la forme d'une ambassade
sacrée appelée Théôrie, occupant une place formelle et reconnue à la solennité (1).

Comme tous les autres États grecs (à la seule exception
de Lepreon) étaient représentés par leurs Théôries (2) aussi
bien que par des spectateurs individuels, de même la Théôrie
spartiate « brillait par son absence » d'une manière pénible
et injurieusement apparente. Si grand en effet fut l'affront
fait aux Lacédæmoniens, rattachés comme ils l'étaient à
Olympia par un lien ancien, particulier, et qui n'avait jamais
encore été rompu, — si marquée fut la preuve de la dégra-
dation comparative dans laquelle ils étaient tombés, par la
paix faite avec Athènes à la suite du désastre sphaktérien (3),
— qu'on les supposa disposés à mettre l'exclusion au défi,
et à escorter leurs Théôres dans le temple à Olympia pour y
faire le sacrifice, sous la protection d'une force armée. Les
Éleiens jugèrent même nécessaire de mettre leurs jeunes
hoplites sous les armes, et d'appeler à leur aide mille hoplites
de Mantineia aussi bien que le même nombre d'Argos, dans
le dessein de repousser cette attaque probable ; tandis qu'un
détachement de cavalerie athénienne fut posté à Argos
pendant la fête, pour prêter aide en cas de besoin. L'alarme
qui régnait parmi les spectateurs de la fête était très-sérieuse,
et elle fut considérablement aggravée par un incident qui
se présenta après la course de chars. Leichas (4), Lacédæmonien de grande fortune et de beaucoup de conséquence,
avait fait mettre sur la liste un char destiné à courir, qu'il
fut obligé de faire inscrire, non en son propre nom, mais au

---

(1) Thucydide, V, 49, 50.
(2) Thucydide, V, 50. Λακεδαιμόνιοι
μὲν εἴργοντο τοῦ ἱεροῦ, θυσίας καὶ ἀγώ-
νων, καὶ οἴκοι ἔθυον · οἱ δὲ ἄλλοι Ἕλ-
ληνες ἐθεώρουν, πλὴν Λεπρεατῶν.
(3) Thucydide, V, 28. Κατὰ γὰρ τὸν

χρόνον τοῦτον ἥ τε Λακεδαίμων μάλιστα
δὴ κακῶς ἤκουσε, καὶ ὑπερώφθη διὰ τὰς
ξυμφορὰς, οἵτε Ἀργεῖοι ἄριστα ἔσχον
τοῖς πᾶσι, etc.
(4) V. une précédente note, p. 316.

nom de la fédération bœôtienne. La sentence d'exclusion l'empêchait de prendre à la fête une part ostensible, mais elle ne l'empêchait pas d'y assister comme spectateur; et quand il vit son char proclamé victorieux sous le titre de Bœôtien, son impatience de se faire connaître devint irrésistible. Il s'avança au milieu de l'arène, et plaça une couronne sur la tête du cocher, s'annonçant ainsi comme le maître. C'était un manque flagrant de décorum et une violation manifeste de l'ordre de la fête : en conséquence, les serviteurs officiels armés de leurs bâtons intervinrent sur-le-champ pour remplir leur devoir, en le châtiant et en le repoussant à sa place avec des coups (1). De là naquit une grande appréhension d'une intervention lacédæmonienne armée. Toutefois il n'y eut rien de pareil; les Lacédæmoniens, pour la première et la dernière fois dans leur histoire, offrirent leur sacrifice Olympique chez eux, et la fête se passa sans interruption (2). La hardiesse des Éleiens à faire cet affront au plus puissant État de la Grèce est si étonnante, que nous ne pouvons guère nous tromper en supposant qu'ils avaient été inspirés par Alkibiadès, et encouragés par l'aide armée

---

(1) Thucydide, V, 50. Λίχας ὁ Ἀρχεσιλάου Λακεδαιμόνιος ἐν τῷ ἀγῶνι ὑπὸ τῶν ῥαβδούχων πληγὰς ἔλαβεν, ὅτι νικῶντος τοῦ ἑαυτοῦ ζεύγους, καὶ ἀνακηρυχθέντος Βοιωτῶν δημοσίου κατὰ τὴν οὐκ ἐξουσίαν τῆς ἀγωνίσεως, προελθὼν ἐς τὸν ἀγῶνα ἀνέδησε τὸν ἡνίοχον, βουλόμενος δηλῶσαι ὅτι ἑαυτοῦ ἦν τὸ ἅρμα.

Nous voyons par comparaison avec cet incident combien la manière d'agir à Athènes était moins brutale et moins dure, et sous quel jour sérieux on considérait les coups portés à une personne. A la fête athénienne des Dionysia, si une personne dans le théâtre commettait un désordre ou se glissait à une place qui proprement ne lui appartenait pas, l'archonte ou ses agents était à la fois autorisé et requis de ré-

primer le désordre, en mettant la personne dehors, et en la condamnant à l'amende si cela était nécessaire. Mais il n'avait pas le droit de la frapper. S'il le faisait, il était lui-même passible d'une peine prononcée ensuite par le dikasterion (Demost. cont. Meidiam, c. 49). — On peut faire remarquer que des mesures plus sommaires étaient probablement nécessaires pour maintenir l'ordre dans un hippodrome ouvert que dans un théâtre fermé. On doit raisonnablement tenir quelque compte de cette différence.

(2) Cependant on verra que les Lacédæmoniens se rappelèrent cette insulte des Éleiens, et qu'ils s'en vengèrent douze ans plus tard, dans la plénitude de leur pouvoir (Xénoph. Hellen. III, 2, 21 ; Diodore, XIV, 17).

des alliés. A ce moment il ne mettait pas moins d'ostentation à humilier Sparte qu'à faire briller Athènes.

L'abaissement de l'influence de Sparte et de l'estime à l'égard de cet État fut bientôt prouvé de nouveau par le sort de la colonie de la Trachinienne Hêrakleia, établie près des Thermopylæ pendant la troisième année de la guerre. Cette colonie, bien qu'elle comprît d'abord un corps nombreux de colons, par suite de la confiance générale dans la puissance lacédæmonienne, et qu'elle fût toujours gouvernée par un harmoste lacédæmonien, — n'avait jamais prospéré. Elle avait été persécutée dès le commencement par les tribus voisines, et administrée par des gouverneurs aussi durs que cupides. L'établissement de la ville avait été regardé dès le début par les voisins, en particulier par les Thessaliens, comme une invasion de leur territoire; et, pendant l'hiver qui suivit la fête Olympique que nous venons de décrire, leurs hostilités toujours vexatoires avaient été poussées à un point de violence plus grand que jamais. Ils avaient défait les Hêrakleotes dans une bataille ruineuse, et tué Xenarês, le gouverneur lacédæmonien. Mais, bien que la ville fût si réduite qu'elle était hors d'état de se maintenir sans une aide étrangère, Sparte était trop embarrassée par des ennemis et par des esprits vacillants dans le Péloponèse pour pouvoir la secourir; et les Bœótiens, observant son impuissance, craignirent qu'elle n'invoquât l'intervention d'Athènes. En conséquence, ils jugèrent prudent d'occuper Hêrakleia avec un corps de troupes bœótiennes, et renvoyèrent le gouverneur lacédæmonien Hegesippidas pour une prétendue mauvaise conduite. Et les Lacédæmoniens ne purent s'opposer à cet acte, bien qu'à l'occasion il donnât lieu de leur part à un reproche plein d'indignation.(1)

____

(1) Thucydide, V, 51, 52.

TABLE DES MATIÈRES

DU NEUVIÈME VOLUME

DEUXIÈME PARTIE

GRÈCE HISTORIQUE

CHAPITRE I

DEPUIS LES TROUBLES DE KORKYRA DANS LA CINQUIÈME ANNÉE DE LA GUERRE DU PÉLOPONÈSE, JUSQU'A LA FIN DE LA SIXIÈME ANNÉE

CHAPITRE II

SEPTIÈME ANNÉE DE LA GUERRE. — PRISE DE SPHAKTERIA

CHAPITRE III

HUITIÈME ANNÉE DE LA GUERRE

CHAPITRE IV

TRÊVE D'UN AN. — RENOUVELLEMENT DE LA GUERRE ET BATAILLE D'AMPHIPOLIS. — PAIX DE NIKIAS

CHAPITRE V

DE LA PAIX DE NIKIAS A LA FÊTE OLYMPIQUE DE LA QUATRE-VINGT-DIXIÈME OLYMPIADE

FIN DE LA TABLE DU NEUVIÈME VOLUME

ERRATUM

———

Page 50 note *lire* spécifiée *au lieu de* spécifié.
 » 75 ligne 12 emporter » transporter.
 » 174 » 29 Kerdylion » Kordylion.
 » 195 » note 2 πολιτείων τοιούτων.
 » 251 » 14 aux voix » au vote.
 » 275 » 14 qu'imposer » que d'imposer.
 » 290 » 21 de » du.
 » 293 » 6 montre » montrent.

1866. — Imp. Pougart-Davyl et Cᵉ, rue du Bac, 32.

www.ingramcontent.com/pod-product-compliance
Ingram Content Group UK Ltd.
Pitfield, Milton Keynes, MK11 3LW, UK
UKHW022059120726
13694UKWH00001B/241